Gramatologia

Coleção Estudos
Dirigida por J. Guinsburg

Equipe de realização – Tradução: Miriam Chnaiderman e Renato Janine Ribeiro; Revisão: Paulo de Salles Oliveira; Produção: Ricardo W. Neves e Sergio Kon.

Jacques Derrida

GRAMATOLOGIA

 PERSPECTIVA

Título do original em francês
De la Gramatologie

© 1967, by Les Éditions de Minuit, Paris

Dados Internacionais de Catalogação na Publicação (CIP)
(Câmara Brasileira do Livro, SP, Brasil)

Derrida, Jacques;
　Gramatologia / Jacques Derrida ; [tradução Miriam Chnaiderman e Renato Janine Ribeiro]. – São Paulo : Perspectiva, 2017. – (Estudos ; 16)

Título original: De la gramatologie.
6ª reimpr. da 2. ed. de 2000
ISBN 978-85-273-0206-7

1. Linguagem – Filosofia 2. Linguagem e línguas
I. Título II. Série.

06-4748　　　　　　　　　　　　　　　　　　　　CDD-401

Índices para catálogo sistemático:
　1. Filosofia da linguagem 401
　2. Linguagem : Filosofia 401

2ª edição – 6ª reimpressão
[PPD]

Direitos reservados em língua portuguesa à
EDITORA PERSPECTIVA LTDA.
Av. Brigadeiro Luís Antônio, 3025
01401-000 São Paulo SP Brasil
Telefax: (011) 3885-8388
www.editoraperspectiva.com.br

2019

Sumário

Advertência.. IX

I. A Escritura Pré-Literal

Epígrafe 3

1. *O Fim do Livro e o Começo da Escritura* 7
   O programa... 8
   O significante e a verdade............................... 13
   O ser escrito... 22

2. *Linguística e Gramatologia*................................. 33
   O fora e o dentro.. 36
   O fora ✗ o dentro 53
   A brisura 80

3. *Da Gramatologia como Ciência Positiva*............ 91
   A álgebra: arcano e transparência.................... 93
   A ciência e o nome do homem 101
   A charada e a cumplicidade das origens............ 109

II. Natureza, Cultura, Escritura

Introdução à "Época de Rousseau"...................... 121

1. *A Violência da Letra: de Lévi-Strauss a Rousseau* 125
   A guerra dos nomes próprios............................. 132

    A escritura e a exploração do homem pelo
    homem 146
2. *"Este Perigoso Suplemento.."*............................. 173
    Do cegamento ao suplemento.......................... 176
    A cadeia dos suplementos................................ 187
    O exorbitante. Questão de método 193

3. *Gênese e Escritura do* Essai sur l'Origine
   des Langues.. 201
    I. O lugar do *Essai*.. 201
       A escritura, mal político e mal linguístico .. 204
       O debate atual: a economia da Piedade 208
       O primeiro debate e a composição do *Essai* 234
    II. A imitação... 238
       O intervalo e o suplemento 239
       A estampa e as ambiguidades do formalismo 245
       O torno da escritura..................................... 264
    III. A articulação 280
       "Este movimento de vareta…" 280
       A inscrição da origem 295
       O pneuma... 300
       Este "simples movimento de dedo".
       A escritura e a proibição do incesto 310

4. *Do Suplemento à Fonte*: *A Teoria da Escritura*... 327
    A metáfora originária... 329
    História e sistema das escrituras....................... 343
    O alfabeto e a representação absoluta 360
    O teorema e o teatro 370
    O suplemento de origem.................................... 382

Advertência

A primeira parte deste ensaio, "A escritura pré-literal"[1], desenha em traços largos uma matriz teórica. Indica certos pontos de referência históricos e propõe alguns conceitos críticos.

Estes são postos à prova na segunda parte: "Natureza, cultura, escritura". Momento, se assim se quiser, do exemplo – embora esta noção aqui seja, com todo o rigor, inadmissível. Do que, por comodidade, ainda nomeamos exemplo, cumpriria então, procedendo com mais paciência e lentidão, justificar a escolha e demonstrar a Necessidade*. Trata-se de uma leitura do que

---

1. Pode-se considerá-la como o desenvolvimento de um ensaio publicado na revista *Critique* (dezembro de 1965 – janeiro de 1966). A ocasião nos fora proporcionada por três importantes publicações: M. V.-David, *Le débat sur les écritures et l'hiéroglyphe aux XVIIe et XVIIIe siècles* (1965) (DE); A. Leroi-Gourhan, *Le geste et la parole* (1965) (GP); *L'écriture et la psychologie des peuples* (Actes d'un colloque, 1963) (EP).

* Para deixarmos clara a distinção existente em francês entre *besoin* (exigência nascida da natureza ou da vida social; estado de privação) e *necessité* (obrigação, coerção inelutável, encadeamento necessário na ordem das razões ou das matérias – eventualmente também um *besoin* imperioso), decidimos representá-los respectivamente por *necessidade* e *Necessidade*. Autoriza-nos a esta distinção, puramente gráfica e sem expressão fonética, a justificação que dá o Autor para a palavra *différance* (port. *diferância*), inventada por ele mesmo para distinguir-se de *différence* (port. *diferença*): "... este silêncio, funcionando no interior somente de uma escritura dita fonética, assinala ou lembra de modo muito oportuno que, contrariamente a um enorme preconceito, não há escritura fonética. Não há escritura pura e rigorosamente fonética. A escritura dita fonética só pode funcionar, em princípio e de direito, e não apenas por uma insuficiência empírica e técnica, se admitir em si mesma signos 'não fonéticos' (pontuação, espaçamento etc.) que, como se perceberia muito rapidamente ao examinar-se a sua estrutura e Necessidade, toleram muito mal o conceito de signo. Ou melhor, o jogo da diferença ... é ele mesmo silencioso. A diferença entre dois fonemas é inaudível, e só ela permite a estes serem operarem como tais" ("La différance", in *Théorie d'ensemble*, obra coletiva. Aux Editions du Seuil, 1968, pp. 41-66). (N. dos T.)

poderíamos talvez denominar a *época* de Rousseau. Leitura apenas esboçada: considerando, com efeito, a Necessidade da análise, a dificuldade dos problemas, a natureza de nosso desígnio, acreditamo-nos autorizados a privilegiar um texto curto e pouco conhecido, o *Essai sur l'origine des langues*. Teremos de explicar o lugar que concedemos a esta obra. Se nossa leitura permanece inacabada, é também por outra razão: embora não tenhamos a ambição de ilustrar um novo método, tentamos produzir, muitas vezes embaraçando-nos neles, problemas de leitura crítica. Nossa interpretação do texto de Rousseau depende estreitamente das proposições arriscadas na primeira parte. Estas exigem que a leitura escape, ao menos pelo seu eixo, às categorias clássicas da história: da história das ideias, certamente, e da história da literatura, mas talvez, antes de mais nada, da história da filosofia.

Em torno deste eixo, como é óbvio, tivemos de respeitar normas clássicas, ou pelo menos tentamos fazê-lo. Embora a palavra *época* não se esgote nestas determinações, lidávamos com uma *figura estrutural* tanto quanto com uma *totalidade histórica*. Esforçamo-nos por isso em associar as duas formas de atenção que pareciam requeridas, repetindo assim a questão do texto, do seu estatuto histórico, do seu tempo e do seu espaço próprios. Esta época *passada* é, com efeito, constituída totalmente como um *texto*, num sentido* destas palavras que teremos a determinar. Que ela conserve, enquanto tal, valores de legibilidade e uma eficácia de modelo; que desordene assim o tempo da linha ou a linha do tempo – eis o que quisemos sugerir ao interrogarmos de passagem, para nele encontrarmos apelo, o rousseauísmo declarado de um etnólogo moderno.

---

* Sobre esse termo, ver a segunda nota que fizemos no capítulo IV da Segunda Parte. (N. dos T.)

I. A Escritura Pré-Literal

Epígrafe

> 1. Aquele que brilhar na ciência da escritura brilhará como o sol. Um escriba (EP, p. 87).
> Ó Samas (deus do sol), com tua luz perscrutas a totalidade dos países, como se fossem signos cuneiformes (*ibidem*).
> 2. Esses três modos de escrever correspondem com bastante exatidão aos três diversos estados pelos quais se podem considerar os homens reunidos em nação. A pintura dos objetos convém aos povos selvagens; os signos das palavras e das orações, aos povos bárbaros; e o alfabeto, aos povos policiados.
> Jean-Jacques Rousseau, *Essai sur l'origine des langues*.
> 3. A escritura alfabética é em si e para si a mais inteligente. Hegel, *Enciclopédia**.

Essa tripla epígrafe não se destina apenas a concentrar a atenção sobre o *etnocentrismo* que, em todos os tempos e lugares, comandou o conceito da escritura. Nem apenas sobre o que denominaremos *logocentrismo*: metafísica da escritura fonética (por exemplo, do alfabeto) que em seu fundo não foi mais – por razões enigmáticas mas essenciais e inacessíveis a um simples

---

* Indicamos, nos locais apropriados, quando usamos tradução brasileira dos textos referidos pelo Autor. Muitas vezes, porém, devido à precisão vocabular de Derrida, fomos levados a alterar sensivelmente certas passagens das traduções citadas, o que fizemos sem indicação específica em cada caso. (N. dos T.)

relativismo histórico – do que o etnocentrismo mais original e mais poderoso, que hoje está em vias de se impor ao planeta, e que comanda, numa única e mesma *ordem* :

1. o *conceito da escritura* num mundo onde a fonetização da escritura deve, ao produzir-se, dissimular sua própria história;

2. a *história da metafísica* que, apesar de todas as diferenças e não apenas de Platão a Hegel (passando até por Leibniz) mas também, fora dos seus limites aparentes, dos pré-socráticos e Heidegger, sempre atribuiu ao *logos* a origem da verdade em geral: a história da verdade, da verdade da verdade, foi sempre, com a ressalva de uma excursão metafórica de que deveremos dar conta, o rebaixamento da escritura e seu recalcamento fora da fala "plena";

3. o *conceito da ciência* ou da cientificidade da ciência – o que sempre foi determinado como *lógica* – conceito que sempre foi um conceito filosófico, ainda que a prática da ciência nunca tenha cessado, de fato, de contestar o imperialismo do *logos*, por exemplo fazendo apelo, desde sempre e cada vez mais, à escritura não fonética. Sem dúvida, esta subversão sempre foi contida no interior de um sistema alocutório que gerou o projeto da ciência e as convenções de toda característica não fonética[1]. Nem poderia ser de outro modo. Mas exclusivamente em nossa época, no momento em que a fonetização da escritura – origem histórica e possibilidade estrutural tanto da filosofia como da ciência, condição da *episteme* – tende a dominar completamente a cultura mundial[2], a ciência não pode mais satisfazer-se em nenhum de seus avanços. Esta inadequação já se pusera em movimento, desde sempre. Mas algo, hoje, deixa-a aparecer como tal, per-

---

1. Cf., por exemplo, as noções de "elaboração secundária" ou de "simbolismo de segunda intenção" in E. Ortigues, *Le discours et le symbole*, pp. 62 e 171. "O simbolismo matemático é uma convenção de escritura, um simbolismo escriturial. É somente por abuso de vocabulário ou analogia que se fala de uma 'linguagem matemática'. O algoritmo é, na verdade, uma 'característica', consiste em caracteres escritos. Não fala, a não ser por intermédio de uma língua que fornece não apenas a expressão fonética dos caracteres, mas também a formulação dos axiomas que permitem determinar o valor destes caracteres. É verdade que, a rigor, seria possível decifrar caracteres desconhecidos, mas isto supõe sempre um saber adquirido, um pensamento já formado pelo uso da fala. Portanto, em todas as hipóteses, o simbolismo matemático é fruto de uma elaboração secundária, supondo previamente o uso do discurso e a possibilidade de conceber convenções explícitas. Nem por isso deixará o algoritmo matemático de exprimir leis formais de simbolização, estruturas sintáxicas, independentes de tal ou qual modo de expressão particular." Sobre estes problemas, cf. também Gilles-Gaston Granger, *Pensée formelle et science de l'homme*, p. 38 e sobretudo pp. 43 e 50 e ss. (sobre o *Renversement des rapports de la langue orale et de l'écriture*). (N. dos T.)

2. Todas as obras consagradas à história da escritura tratam do problema da introdução da escritura fonética em culturas que até então não a praticavam. Cf., por exemplo. EP, pp. 44 e ss. ou *La réforme de l'écriture chinoise*, in: *Linguistique, Recherches Internationales à la Lumière du Marxisme*, N° 7, maio-junho 1958. (N. dos T.)

mite, de certa forma, assumi-la, sem que esta novidade se possa traduzir pelas noções sumárias de mutação, de explicitação, de acumulação, de revolução ou de tradição. Estes valores pertencem, sem dúvida, ao sistema cuja descolocação* se apresenta hoje como tal, descrevem estilos de movimento histórico que só tinham sentido – como o conceito de história mesmo – no interior da época logocêntrica.

Pela alusão a uma ciência da escrita guiada pela metáfora, pela metafísica e pela teologia[3], a epígrafe não deve apenas anunciar que a ciência da escrita – a *gramatologia*[4] – espalha pelo mundo os signos de sua liberação por meio de esforços decisivos. Estes esforços são necessariamente discretos e dispersos, quase imperceptíveis: isto se deve ao seu sentido e à natureza do meio em que produzem sua operação. Desejaríamos principalmente sugerir que, por mais necessária e fecunda que seja a sua empresa, e ainda que, na melhor das hipóteses, ela superasse todos os obstáculos técnicos e epistemológicos, todos os entraves teológicos e metafísicos que até agora a limitaram, uma tal ciência da escrita corre o risco de nunca vir à luz como tal e sob esse nome. De nunca poder definir a unidade do seu projeto e do seu objeto. De não poder escrever o discurso do seu método nem descrever os limites do seu campo. Por razões essenciais: a unidade de tudo o que se deixa visar hoje, através dos mais diversos conceitos da ciência e da escrita, está determinada

---

* *Descolocar*: termo pelo qual traduzimos o verbo francês *disloquer*. Este difere de *déplacer* (deslocar), bem mais frequente, por incluir uma ideia de *violência* no movimento que imprime. Também tem o sentido – importante em nosso contexto – de efetuar o despejo de um locatário do seu *alojamento*. (N. dos T.)

3. Não visamos aqui apenas aos "preconceitos teológicos" que, num momento e lugar referenciáveis**, inflectiram ou reprimiram a teoria do signo escrito nos séculos XVII e XVIII. Falaremos a seu respeito mais adiante, a propósito do livro de M.-V. David. Estes preconceitos são apenas a manifestação mais vistosa e mais bem circunscrita, historicamente determinada, de um pressuposto constitutivo, permanente, essencial à história do Ocidente, e portanto à totalidade da metafísica, mesmo quando se dá como ateia.

** *Referenciar*: verbo pelo qual traduzimos o francês *repérer*, composto do substantivo *repère* que é, mais simplesmente, "ponto de referência". O verbo derivado indica a ação de colocar ou instalar pontos de referência, que podem – em sentido mais concreto – ser postes ou marcos numa estrada, ou – também – a operação de introduzir marcos de referência num texto. (N. dos T.)

4. *Gramatologia*: "tratado das letras, do alfabeto, da silabação, da leitura e da escritura", Littré. Ao que sabemos, em nossos dias apenas I. J. Gelb empregou esta palavra para designar o projeto de uma ciência moderna. Cf. *A Study of writing, the foundations of grammatology*, 1952 (o subtítulo desaparece na reedição de 1963). Embora se preocupe com a classificação sistemática ou simplificada e apresente hipóteses controvertidas sobre a monogênese ou a poligênese das escrituras, este livro segue o modelo das histórias clássicas da escrita. (Observe-se que a definição de Littré é retomada, exatamente nos mesmos termos por Aurélio Buarque de Hollanda no seu *Pequeno Dicionário Brasileiro da Língua Portuguesa* – onde se admite a variante *gramaticologia*.) (N. dos T.)

em princípio, com maior ou menor segredo mas sempre, por uma época histórico-metafísica cuja *clausura* nos limitamos a entrever. Não dizemos: cujo *fim*. As ideias de ciência e escritura – e por isso também a de ciência da escritura – têm sentido para nós apenas a partir de uma origem e no interior de um mundo a que *já* foram atribuídos um certo conceito do signo (diremos mais adiante: *o* conceito de signo) e um certo conceito das relações entre fala e escritura. Relação muito determinada apesar do seu privilégio, apesar de sua Necessidade e da abertura de campo que regeu durante alguns milênios, sobretudo no Ocidente, a ponto de hoje nele poder produzir sua descolocação e denunciar, por si mesma, seus limites.

Talvez a meditação paciente e a investigação rigorosa em volta do que ainda se denomina provisoriamente escritura, em vez de permanecerem aquém de uma ciência da escritura ou de a repelirem por alguma reação obscurantista, deixando-a – ao contrário – desenvolver sua positividade ao máximo de suas possibilidades, sejam a errância de um pensamento fiel e atento ao mundo irredutivelmente por vir que se anuncia no presente, para além da clausura do saber. O futuro só se pode antecipar na forma do perigo absoluto. Ele é o que rompe absolutamente com a normalidade constituída e por isso somente se pode anunciar, *apresentar-se*, na espécie da monstruosidade. Para este mundo por vir e para o que nele terá feito tremer os valores de signo, de fala e de escritura, para aquilo que conduz aqui o nosso futuro anterior, ainda não existe epígrafe.

1. O Fim do Livro e o Começo da Escritura

Sócrates, aquele que não escreve
NIETZSCHE

Independentemente do que se pense sob esta rubrica, não há dúvida de que o *problema da linguagem* nunca foi apenas um problema entre outros, Mas nunca, tanto como hoje, invadira *como tal* o horizonte mundial das mais diversas pesquisas e dos discursos mais heterogêneos em intenção, método e ideologia, A própria desvalorização da palavra "linguagem", tudo o que – no crédito que lhe é dado – denuncia a indolência do vocabulário, a tentação da sedução barata, o abandono passivo à moda, a consciência de vanguarda, isto é, a ignorância, tudo isso testemunha. Esta inflação do signo "linguagem" é a inflação do próprio signo, a inflação absoluta, a inflação mesma. Contudo, por uma face ou sombra sua, ela ainda faz signo: esta crise é também um sintoma. Indica, como que a contragosto, que uma época histórico-metafísica *deve* determinar, enfim, como linguagem a totalidade de seu horizonte problemático. Deve-o, não somente porque tudo o que o desejo quisera subtrair ao jogo da linguagem é retomado neste, mas também porque, simultaneamente, a linguagem mesma acha-se ameaçada em sua vida, desamparada, sem amarras por não ter mais limites, devolvida à sua própria finidade no momento exato em que seus limites parecem apagar-se, no momento exato em que o significado infinito que parecia excedê-la deixa de tranquilizá-la a respeito de si mesma, de contê-la e de *cercá-la*.

O PROGRAMA

Ora, por um movimento lento cuja Necessidade mal se deixa perceber, tudo aquilo que – há pelo menos uns vinte séculos – manifestava tendência e conseguia finalmente reunir-se sob o nome de linguagem começa a deixar-se deportar ou pelo menos resumir sob o nome de escritura. Por uma Necessidade que mal se deixa perceber, tudo acontece como se – deixando de designar uma forma particular, derivada, auxiliar da linguagem em geral (entendida como comunicação, relação, expressão, significação, constituição do sentido ou do pensamento etc.), deixando de designar a película exterior, o duplo inconsistente de um significante maior, o *significante do significante* – o conceito de escritura começava a ultrapassar a extensão da linguagem. Em todos os sentidos desta palavra, a escritura *compreenderia* a linguagem. Não que a palavra "escritura" deixe de designar o significante do significante, mas aparece, sob uma luz estranha, que o "significante do significante" não mais define a reduplicação acidental e a secundariedade decaída. "Significante do significante" descreve, ao contrário, o movimento da linguagem: na sua origem, certamente, mas já se pressente que uma origem, cuja estrutura se soletra como "significante do significante", arrebata-se e apaga-se a si mesma na sua própria produção. O significado funciona aí desde sempre como um significante. A secundariedade, que se acreditava poder reservar à escritura, afeta todo significado em geral, afeta-o desde sempre, isto é, desde o *início do jogo*. Não há significado que escape, mais cedo ou mais tarde, ao jogo das remessas significantes, que constitui a linguagem. O advento da escritura é o advento do jogo*; o jogo entrega-se hoje a si mesmo, apagando o limite a partir do qual se acreditou poder regular a circulação dos signos, arrastando consigo todos os significados tranquilizantes, reduzindo todas as praças-fortes, todos os abrigos do fora-de-jogo que vigiavam o campo da linguagem. Isto equivale, com todo o rigor, a destruir o conceito de "signo" e toda a sua lógica. Não é por acaso que esse *transbordamento* sobrevém no momento em que a extensão do conceito de linguagem apaga todos os seus limites. Como veremos: esse transbordamento e esse apagamento têm o mesmo sentido, são um único e mesmo fenômeno. Tudo acontece como se o conceito ocidental de linguagem (naquilo que, para além da

* Sobre a noção de jogo e signo, convém ler "A Estrutura, o signo e o jogo no discurso das ciências humanas", in *A Escritura e a Diferença*, Ed. Perspectiva, 1971. (N. dos T.)

sua plurivocidade e para além da oposição estreita e problemática entre fala e língua, liga-o *em geral* à produção fonemática ou glossemática, à língua, à voz, à audição, ao som e ao sopro, à fala) se revelasse hoje como a forma ou a deformação de uma escritura primeira[1]: mais fundamental do que a que, antes desta conversão, passava por mero "suplemento da fala" (Rousseau). Ou a escritura não foi nunca um mero "suplemento", ou então é urgente construir uma nova lógica do "suplemento". É esta urgência que nos guiará, mais adiante, na leitura de Rousseau.

Estas deformações não são contingências históricas que poderíamos admirar ou lamentar. Seu movimento foi absolutamente necessário – de uma Necessidade que não pode apresentar-se, para ser julgada, perante nenhuma outra instância. O privilégio da *phoné* não depende de uma escolha que teria sido possível evitar. Responde a um momento da *economia* (digamos, da "vida" da "história" ou do "ser como relação a si"). O sistema do "ouvir-se-falar" através da substância fônica – que *se dá* como significante não exterior, não mundano, portanto não empírico ou não contingente – teve de dominar durante toda uma época a história do mundo, até mesmo produziu a ideia de mundo, a ideia de origem do mundo a partir da diferença entre o mundano e o não mundano, o fora e o dentro, a idealidade e a não idealidade, o universal e o não universal, o transcendental e o empírico etc.[2]

Com um sucesso desigual e essencialmente precário, esse movimento teria tendido aparentemente, como em direção ao seu *telos*, a confirmar a escritura numa função segunda e instrumental: tradutora de uma fala plena e plenamente *presente* (presente a si, a seu significado, ao outro, condição mesma do tema da presença em geral), técnica a serviço da linguagem, *porta-voz* (porte-parole), intérprete de uma fala originária que nela mesma se subtrairia à interpretação.

Técnica a serviço da linguagem: não recorremos aqui a uma essência geral da técnica que já nos seria familiar e que nos ajudaria a *compreender*, como um exemplo, o conceito estreito e

1. Falar aqui de uma escritura primeira não implica afirmar uma prioridade cronológica de fato. Este é o conhecido debate: a escritura é "anterior à linguagem fonética", como afirmaram (por exemplo) Metchnaninov e Marr, e mais tarde Loukotka? (Conclusão assumida pela primeira edição da Grande Enciclopédia Soviética, e depois contradita por Stálin. A respeito deste debate, cf. V. Istrine, "Langue et Écriture" in *Linguistique*, *op. cit.*, pp. 35, 60. O debate desenvolveu-se também em torno das teses do Padre van Ginneken. A respeito da discussão dessas teses, cf. Février, *Histoire de l'écriture*, Payot, 1948-1959, pp. 5 e ss.). Tentaremos mostrar, mais adiante, por que os termos e as premissas de ura tal debate nos impõem a suspeição.

2. Este é um problema que foi abordado mais diretamente em nossa obra *La Voix et le Phénomène* (P. U. F., 1967).

historicamente determinado da escritura. Ao contrário, acreditamos que um certo tipo de questão sobre o sentido e a origem da escritura precede ou pelo menos se confunde com um certo tipo de questão sobre o sentido e a origem da técnica. É por isso que nunca a noção de técnica simplesmente esclarecerá a noção de escritura.

Tudo ocorre, portanto, como se o que se denomina linguagem apenas pudesse ter sido, em sua origem e em seu fim, um momento, um modo essencial mas determinado, um fenômeno, um aspecto, uma espécie da escritura. E só o tivesse conseguido fazer esquecer, *enganar**, no decorrer de uma aventura: como esta aventura mesma. Aventura, afinal de contas, bastante curta. Ela se confundiria com a história que associa a técnica e a metafísica logocêntrica há cerca de três milênios. E se aproximaria hoje do que é, propriamente, sua *asfixia*. No caso em questão – e este é apenas um exemplo entre outros –, dessa tão falada morte da civilização do livro, que se manifesta inicialmente pela proliferação convulsiva das bibliotecas. Apesar das aparências, esta morte do livro anuncia, sem dúvida (e de uma certa maneira desde sempre), apenas uma morte da fala (de uma fala *que se pretende* plena) e uma nova mutação na história da escritura, na história como escritura. Anuncia-a à distância de alguns séculos – deve-se calcular aqui conforme a esta escala, sem contudo negligenciar a qualidade de uma duração histórica muito heterogênea: tal é a aceleração, e tal o seu sentido qualitativo, que seria outro engano avaliar prudentemente segundo ritmos passados. "Morte da fala" é aqui, sem dúvida, uma metáfora: antes de falar de desaparecimento, deve-se pensar em uma nova situação da fala, em sua subordinação numa estrutura cujo arconte ela não será mais.

Afirmar, assim, que o conceito de escritura excede e compreende o de linguagem supõe, está claro, uma certa definição da linguagem e da escritura. Se não a tentássemos justificar, estaríamos cedendo ao movimento de inflação que acabamos de assinalar, que também se apoderou da palavra "escritura", o que não aconteceu fortuitamente. Já há algum tempo, com efeito, aqui e ali, por um gesto e por motivos profundamente necessários, dos quais seria mais fácil denunciar a degradação do que desvendar a origem, diz-se "linguagem" por ação, movimento, pensamento, reflexão, consciência, inconsciente, experiência, afetividade etc. Há, agora, a tendência a designar por "escritura"

* A expressão *donner le change* foi traduzida por *enganar*, pois tem esse sentido na linguagem corrente. (N. dos T.)

tudo isso e mais alguma coisa: não apenas os gestos físicos da inscrição literal, pictográfica ou ideográfica, mas também a totalidade do que a possibilita; e a seguir, além da face significante, até mesmo a face significada; e, a partir daí, tudo o que pode dar lugar a uma inscrição em geral, literal ou não, e mesmo que o que ela distribui no espaço não pertença à ordem da voz: cinematografia, coreografia, sem dúvida, mas também "escritura" pictural, musical, escultural etc. Também se poderia falar em escritura atlética e, com segurança ainda maior, se pensarmos nas técnicas que hoje governam estes domínios, em escritura militar ou política. Tudo isso para descrever não apenas o sistema de notação que se anexa secundariamente a tais atividades, mas a essência e o conteúdo dessas atividades mesmas. É também neste sentido que o biólogo fala hoje de escritura e *programa*, a respeito dos processos mais elementares da informação na célula viva. Enfim, quer tenha ou não limites essenciais, todo o campo coberto pelo *programa* cibernético será campo de escritura. Supondo-se que a teoria da cibernética possa desalojar de seu interior todos os conceitos metafísicos – e até mesmo os de alma, de vida, de valor, de escolha, de memória – que serviam antigamente para opor a máquina ao homem[3], ela terá de conservar, até denunciar-se também a sua pertencença histórico-metafísica, a noção de escritura, de traço, de grama ou de grafema. Antes mesmo de ser determinado como humano (juntamente com todos os caracteres distintivos que sempre foram atribuídos ao homem, e com todo o sistema de significações que implicam) ou como a-humano, o *grama* – ou o *grafema* – assim denominaria o elemento. Elemento sem simplicidade. Elemento – quer seja entendido como o meio ou como o átomo irredutível – da arquissíntese em geral, daquilo que deveríamos proibir-nos a nós mesmos de definir no interior do sistema de oposições da metafísica, daquilo que portanto não *deveríamos* nem mesmo denominar a *experiência* em geral, nem tampouco a origem do *sentido* em geral.

Esta situação anunciou-se desde sempre. Por que está a ponto de se fazer reconhecer *como tal* e *a posteriori?* Essa questão exigiria uma análise interminável. Tomemos apenas alguns pontos de referência, como introdução ao objetivo limitado a que nos propomos aqui. Já aludimos às matemáticas *teóricas*:

---

3. Sabe-se que Wiener, por exemplo, embora abandone à "semântica" a oposição, que julga demasiado grosseira e geral, entre o vivo e o não vivo etc., continua – apesar de tudo – empregando expressões como "órgãos dos sentidos", "órgãos motores" etc., para qualificar partes da máquina.

sua escritura, quer seja entendida como grafia sensível (e esta já supõe uma identidade, portanto uma idealidade de sua forma, o que torna em princípio absurda a noção tão correntemente aceita de "significante sensível"), quer como síntese ideal dos significados ou como rastro operatório em outro nível, quer ainda – mais profundamente – como a *passagem* de umas às outras, nunca em absoluto esteve ligada a uma produção fonética. No interior das culturas que praticam a escritura dita fonética, as matemáticas não são apenas um enclave. Este é assinalado, aliás, por todos os historiadores da escritura: eles lembram, ao mesmo tempo, as imperfeições da escritura alfabética, que por tanto tempo foi considerada a escritura mais cômoda e "mais inteligente"[4]. Este enclave é também o lugar onde a prática da linguagem científica contesta do dentro, e cada vez mais profundamente, o ideal da escritura fonética e toda a sua metafísica implícita (*a* metafísica), isto é, particularmente a ideia filosófica da *episteme*; e também a de *istoria*, que é profundamente solidária com aquela, apesar da dissociação ou oposição que as relacionou entre si numa das fases de seu caminhar comum. A história e o saber, *istoria* e *episteme*, foram determinados sempre (e não apenas a partir da etimologia ou da filosofia) como desvios *em vista* da reapropriação da presença.

Mas, para além das matemáticas teóricas, o desenvolvimento das *práticas* da informação amplia imensamente as possibilidades da "mensagem", até onde esta já não é mais a tradução "escrita" de uma linguagem, o transporte de um significado que poderia permanecer falado na sua integridade. Isso ocorre também simultaneamente a uma extensão da fonografia e de todos os meios de conservar a linguagem falada, de fazê-la funcionar sem a presença do sujeito falante. Este desenvolvimento, unido aos da etnologia e da história da escritura, ensina-nos que a escritura fonética, meio da grande aventura metafísica, científica, técnica, econômica do Ocidente, está limitada no tempo e no espaço, e limita-se a si mesma no momento exato em que está impondo sua lei às únicas áreas culturais que ainda lhe escapavam. Mas esta conjunção não fortuita da cibernética e das "ciências humanas" da escritura conduz a uma subversão mais profunda.

---

4. Cf., por exemplo, EP, pp. 126, 148, 355 etc. De um outro ponto de vista cf. Jakobson, *Essais de linguistique générale*, p. 116 da tradução francesa.

O SIGNIFICANTE E A VERDADE

A "racionalidade" – mas talvez fosse preciso abandonar esta palavra, pela razão que aparecerá no final desta frase –, que comanda a escritura assim ampliada e radicalizada, não é mais nascida de um *logos* e inaugura a destruição, não a demolição mas a de-sedimentação, a desconstrução de todas as significações que brotam da significação de *logos*. Em especial a significação de *verdade*. Todas as determinações metafísicas da verdade, e até mesmo a que nos recorda Heidegger para além da onto-teologia metafísica, são mais ou menos imediatamente inseparáveis da instância do *logos* ou de uma razão pensada na descendência do *logos*, em qualquer sentido que seja entendida: no sentido pré-socrático ou no sentido filosófico, no sentido do entendimento infinito de Deus ou no sentido antropológico, no sentido pré-hegeliano ou no sentido pós-hegeliano. Ora, dentro deste *logos*, nunca foi rompido o liame originário e essencial com a *phoné*. Seria fácil mostrá-lo e tentaremos precisá-lo mais adiante. Tal como foi mais ou menos implicitamente determinada, a essência da *phoné* estaria imediatamente próxima daquilo que, no "pensamento" como *logos*, tem relação com o "sentido"; daquilo que o produz, que o recebe, que o diz, que o "reúne". Se Aristóteles, por exemplo, considera que "os sons emitidos pela voz (τὰ ἐν τῇ φωνῇ) são os símbolos dos estados da alma (παθήματα τῆς ψυχῆς) e as palavras escritas os símbolos das palavras emitidas pela voz" (*Da Interpretação* 1, 16 a 3), é porque a voz, produtora dos *primeiros símbolos*, tem com a alma uma relação de proximidade essencial e imediata. Produtora do primeiro significante, ela não é um mero significante entre outros. Ela significa o "estado de alma" que, por sua vez, reflete ou reflexiona* as coisas por semelhança natural. Entre o ser e a alma, as coisas e as afeções**, haveria uma relação de tradução ou de significação natural; entre a alma e o *logos*, uma relação de simbolização convencional. E a *primeira* convenção, a que se referiria imediatamente à ordem da significação natural e universal, produzir-se-ia como linguagem falada. A linguagem escrita fixaria convenções, que ligariam entre si outras convenções.

---

* Em francês, os verbos *refléter* e *réfléchir* – cuja distinção encontra correspondência, em português, nos substantivos *reflexo* e *reflexão*. (N. dos T.)

** Traduzimos por *afegão* o substantivo *affection*, visto que o Autor, ao empregá-lo, joga constantemente com o seu duplo sentido: *afeição* e *afecção*. (N. dos T.)

"Assim como a escritura não é a mesma para todos os homens, as palavras faladas não são tampouco as mesmas, enquanto são idênticos para todos os estados de alma de que estas expressões são *imediatamente os signos* (σημεία πρώτωζ), como também são idênticas às coisas cujas imagens são esses estados" (16ª o grifo é nosso).

Exprimindo naturalmente as coisas, as afeções da alma constituem uma espécie de linguagem universal que, portanto, pode apagar-se por si própria. É a etapa da transparência. Aristóteles pode omiti-la às vezes sem correr riscos[5]. Em todos os casos, a voz é o que está mais próximo do significado, tanto quando este é determinado rigorosamente como sentido (pensado ou vivido) como quando o é, com menos precisão, como coisa. Com respeito ao que uniria indissoluvelmente a voz à alma ou ao pensamento do sentido significado, e mesmo à coisa mesma (união que se pode fazer, seja segundo o gesto aristotélico que acabamos de assinalar, seja segundo o gesto da teologia medieval, que determina a *res* como coisa criada a partir de seu *eidos*, de seu sentido pensado no *logos* ou entendimento infinito de Deus), todos significante, e em primeiro lugar o significante escrito, seria derivado. Seria sempre técnico e representativo. Não teria nenhum sentido constituinte. Esta derivação é a própria origem da noção de "significante". A noção de signo implica sempre, nela mesma, a distinção do significado e do significante, nem que fossem no limite, como diz Saussure, como as duas faces de uma única folha. Tal noção permanece, portanto, na descendência deste logocentrismo que é também um fonocentrismo: proximidade absoluta da voz e do ser, da voz e do sentido do ser, da voz e da idealidade do sentido. Hegel mostra muito bem o estranho privilégio do som na idealização, na produção do conceito e na presença a si do sujeito.

"Este movimento ideal, pelo qual se diria que se manifesta a simples subjetividade, ressoando a alma do corpo, a orelha percebe-o da mesma maneira teórica pela qual o olho percebe a cor ou a forma a interioridade do objeto tornando-se assim a do próprio sujeito" (*Estética*, III, I., p. 16 da trad. francesa). "... A orelha, ao contrário, sem voltar-se praticamente para os ob-

---

5. É o que mostra Pierre Aubenque (*Le Problème de l'Être chez Aristote*, pp. 106 e ss.). No decorrer de uma notável análise, que muito nos inspirou aqui, P. Aubenque observa, com efeito: "É verdade que em outros textos Aristóteles qualifica como símbolo a relação da linguagem às coisas: 'Não é possível trazer à discussão as próprias coisas, mas, no lugar das coisas, servir-nos-emos de seus nomes como símbolos'. O intermediário, constituído pelo estado de alma, é aqui suprimido ou pelo menos negligenciado, mas esta supressão é legítima, porque, comportando-se os estados de alma como as coisas, estas podem ser-lhes imediatamente substituídas. Em compensação, não se pode substituir, sem mais, a coisa pelo nome..." (pp. 107-108).

jetos, percebe o resultado desse tremor interno do corpo pelo qual se manifesta e se revela, não a figura material, mas uma primeira idealidade vinda da alma" (p. 296).

O que é dito a respeito do som em geral vale *a fortiori* para a fonia, pela qual, em virtude do ouvir-se-falar – sistema indissociável – o sujeito afeta-se a si mesmo e refere-se a si no elemento da idealidade.

Já se pressente, portanto, que o fonocentrismo se confunde com a determinação historial do sentido do ser em geral como *presença*, com todas as subdeterminações que dependem desta forma geral e que nela organizam seu sistema e seu encadeamento historial (presença da coisa ao olhar como *eidos*, presença como substância/essência/existência (*ousia*), presença temporal como ponta (*stigmé*) do agora ou do instante (*nun*), presença a si do cogito, consciência, subjetividade, copresença do outro e de si, intersubjetividade como fenômeno intencional do ego etc.). O logocentrismo seria, portanto, solidário com a determinação do ser do ente como presença. Na medida em que um tal logocentrismo não está completamente ausente do pensamento heideggeriano, talvez ele ainda o retenha nesta época da onto-teologia, nesta filosofia da presença, isto é, *na* filosofia. Isto significaria, talvez, que não é sair de uma época o poder desenhar a sua clausura. Os movimentos da pertencença ou da não pertencença à época são por demais sutis, as ilusões a este respeito são fáceis demais, para que se possa tomar uma decisão aqui.

A época do *logos*, portanto, rebaixa a escritura, pensada como mediação de mediação e queda na exterioridade do sentido. Pertenceria a esta época a diferença entre significado e significante, ou pelo menos o estranho desvio de seu "paralelismo", e sua mútua exterioridade, por extenuada que seja. Esta pertencença organizou-se e hierarquizou-se numa história. A diferença entre significado e significante pertence de maneira profunda e implícita à totalidade da grande época abrangida pela história da metafísica, de maneira mais explícita e mais sistematicamente articulada à época mais limitada do criacionismo e do infinitismo cristãos, quando estes se apoderam dos recursos da conceitualidade grega. Esta pertencença é essencial e irredutível: não se pode conservar a comodidade ou a "verdade científica" da oposição estoica, e mais tarde medieval, entre *signans* e *signatum* sem com isto trazer a si também todas as suas raízes metafísico-teológicas. A estas raízes não adere apenas (e já é muito) a distinção entre o sensível e o inteligível, com tudo o que comanda, isto é, *a* metafísica na sua totalidade. E esta distinção é geralmente aceita como óbvia pelos linguistas e semiólogos mais vigilantes, por aqueles mesmos que pensam que a cientificidade de seu trabalho começa onde termina a metafísica. Assim, por exemplo:

> "O pensamento estruturalista moderno estabeleceu claramente: a linguagem é um sistema de signos, a linguística é parte integrante da ciência dos signos, a *semiótica* (ou, nos termos de Saussure, a *semiologia*). A definição medieval – *aliquid stat pro aliquo* –, ressuscitada por nossa época, mostrou-se sempre válida e fecunda. Assim é que a marca constitutiva de todo signo em geral, e em particular do signo linguístico, reside no seu caráter duplo: cada unidade linguística é bipartida e comporta dois aspectos; um sensível e outro inteligível – de um lado o *signans* (o significante de Saussure), de outro o *signatum* (o significado). Estes dois elementos constitutivos do signo linguístico (e do signo em geral) supõem-se e chamam-se necessariamente um ao outro".[6]

Mas a estas raízes metafísico-teológicas vinculam-se muitos outros sedimentos ocultos. Assim, a "ciência" semiológica ou, mais estritamente, linguística, não pode conservar a diferença entre significante e significado – a própria ideia de signo – sem a diferença entre o sensível e o inteligível, é certo, mas também sem conservar ao mesmo tempo, mais profunda e mais implicitamente, a referência a um significado que possa "ocorrer", na sua inteligibilidade, antes de sua "queda", antes de toda expulsão para a exterioridade do "este mundo" sensível. Enquanto face de inteligibilidade pura, remete a um *logos* absoluto, ao qual está imediatamente unido. Este *logos* absoluto era, na teologia medieval, uma subjetividade criadora infinita: a face inteligível do signo permanece voltada para o lado do verbo e da face de Deus.

É claro que não se trata de "rejeitar" estas noções: elas são necessárias e, pelo menos hoje, para nós, nada mais é pensável sem elas. Trata-se inicialmente de por em evidência a solidariedade sistemática e histórica de conceitos e gestos de pensamento que, frequentemente, se acredita poder separar inocentemente. O signo e a divindade têm o mesmo local e a mesma data de nascimento. A época do signo é essencialmente teológica. Ela não *terminará* talvez nunca. Contudo, sua *clausura* histórica está desenhada.

Um motivo a mais para não renunciarmos a estes conceitos é que eles nos são indispensáveis hoje para abalar a herança de que fazem parte. No interior da clausura, por um movimento oblíquo e sempre perigoso, que corre permanentemente o risco

---

6. R. Jakobson, *Essais de linguistique générale*, trad. fr., p. 162. Sobre este problema, sobre a tradição do conceito de signo e sobre a originalidade da contribuição saussuriana no interior desta continuidade, cf. Ortigues, *op. cit.*, p. 54 e ss.

de recair aquém daquilo que ele desconstrói, é preciso cercar os conceitos críticos por um discurso prudente e minucioso, marcar as condições, o meio e os limites da eficácia de tais conceitos, designar rigorosamente a sua pertencença à máquina que eles permitem desconstituir; e, simultaneamente, a brecha por onde se deixa entrever, ainda inomeável, o brilho do além-clausura. O conceito de signo, aqui, é exemplar. Acabamos de marcar a sua pertencença metafísica. Contudo, sabemos que a temática do signo é, desde cerca de um século, o trabalho de agonia de uma tradição que pretendia subtrair o sentido, a verdade, a presença, o ser etc., ao movimento da significação. Lançando a suspeição, como fizemos agora, sobre a diferença entre significado e significante ou sobre a ideia de signo em geral, devemos imediatamente esclarecer que não se trata de fazê-lo a partir de uma instância da verdade presente, anterior, exterior ou superior ao signo, a partir do lugar da diferença apagada. Muito pelo contrário. Inquieta-nos aquilo que, no conceito de signo – que nunca existiu nem funcionou fora da história da filosofia (da presença) –, permanece sistemática e genealogicamente determinado por esta história. É por isso que o conceito e principalmente o trabalho da desconstrução, seu "estilo", ficam expostos por natureza aos mal-entendidos e ao des-conhecimento*.

A exterioridade do significante é a exterioridade da escritura em geral e tentaremos mostrar, mais adiante, que não há signo linguístico antes da escritura. Sem esta exterioridade, a própria ideia de signo arruína-se. Como todo o nosso fundo e toda a nossa linguagem desabariam com ela, como a sua evidência e o seu valor conservam – num certo ponto de derivação – uma solidez indestrutível, seria mais ou menos tolo concluir, da sua pertencença a uma época, que se deva "passar a outra coisa" e livrar-se do signo, desse termo e dessa noção. Para se perceber adequadamente o gesto que esboçamos aqui, cumprirá entender** de uma maneira nova as expressões "época", "clausura de uma época",

* Ao grafarmos desta maneira a tradução do termo *méconnaissance* (e seus compostos), quisemos frisar a atitude implicada de *recusa* ou *negação* de reconhecimento e conhecimento. Não se trata de simples ignorância, porém de um gesto ditado por má-fé (não reconhecer um parente ou ato seu) ou, mais geralmente, pela clausura da época (numa certa data, certos pensamentos e até percepções são impossíveis). – Mantivemos, porém, a tradução já consagrada de *irreconhecível* para o adjetivo *méconnaissable*. (N. dos T.)

** O verbo francês *entendre* é mais usualmente traduzido como *ouvir*; no entanto, também tem a acepção de "compreender", "entender" – e o Autor pressupõe este duplo sentido ao utilizá-lo. Embora em português o verbo *entender* seja mais frequentemente usado como sinônimo de "compreender", também pode significar "ouvir" – e, ao empregá-lo em certos contextos, procuramos manter a ambiguidade pretendida por Derrida. (N. dos T.)

"genealogia histórica"; e a primeira coisa a fazer é subtraí-las a todo relativismo.

Assim, no interior desta época, a leitura e a escritura, a produção ou a interpretação dos signos, o texto em geral, como tecido de signos, deixam-se confinar na secundariedade. Precedem-nos uma verdade ou um sentido já constituídos pelo e no elemento do *logos*. Mesmo quando a coisa, o "referente", não está imediatamente em relação com o *logos* de um deus criador onde ela começou como sentido falado-pensado, o significado tem, em todo caso, uma relação imediata com o *logos* em geral (finito ou infinito), mediata com o significante, isto é, com a exterioridade da escritura. Quando isto parece não acontecer, é que uma mediação metafórica se insinuou na relação e simulou a imediatez: a escritura da verdade na alma**, oposta pelo *Fedro* (278 a) à má escritura (à escritura no sentido "próprio" e corrente, à escritura "sensível", "no espaço"), o livro da natureza e a escritura de Deus, particularmente na Idade Média; tudo o que funciona como *metáfora* nestes discursos confirma o privilégio do *logos* e funda o sentido "próprio" dado então à escritura: signo significante de um significante significante ele mesmo de uma verdade eterna, eternamente pensada e dita na proximidade de um *logos* presente. O paradoxo a que devemos estar atentos é então o seguinte: a escritura natural e universal, a escritura inteligível e intemporal recebe este nome por metáfora. A escritura sensível, finita etc., é designada como escritura no sentido próprio; ela é então pensada do lado da cultura, da técnica e do artifício: procedimento humano, astúcia e um ser encarnado por acidente ou de uma criatura finita. É claro que esta metáfora permanece enigmática e remete a um sentido "próprio" da escritura como primeira metáfora. Este sentido "próprio" é ainda impensado pelos detentores deste discurso. Não se trataria, portanto, de inverter o sentido próprio e o sentido figurado, mas de determinar o sentido "próprio" da escritura como a metaforicidade mesma.

Em "O simbolismo do livro", este belo capítulo (§ 10) de *A literatura europeia e a Idade Média latina*, E. R. Curtius descreve com uma grande riqueza de exemplos a evolução que vai do *Fedro* a Calderón, até parecer "inverter a situação" (p. 372 da tradução francesa) pela "nova consideração de que gozava o livro" (p. 374). Contudo, parece que esta modificação, por importante

---

** O Autor desenvolve esta análise no seu artigo "La pharmacie de Platon", publicado inicialmente nos n⁰ˢ 32 e 33 da revista *Tel Quel* (inverno e primavera de 1968) e mais tarde reunido em *La Dissémination*, Aux Éditions du Seuil, 1972. (N. dos T.)

que seja em efeito, abriga uma continuidade fundamental. Como acontecia com a escritura da verdade na alma, em Platão, ainda na Idade Média é uma escritura entendida em sentido metafórico, isto é, uma escritura *natural*, eterna e universal, o sistema da verdade significada, que é reconhecida na sua dignidade. Como no *Fedro*, uma certa escritura decaída continua a ser-lhe oposta. Seria preciso escrever uma história desta metáfora que sempre opõe a escritura divina ou natural à inscrição humana e laboriosa, finita e artificiosa. Seria preciso articular rigorosamente suas etapas, marcadas pelos pontos de referência que acumulamos aqui, seguir o tema do livro de Deus (natureza ou lei, na verdade lei natural) através de todas as suas modificações.

Rabi Eliezer disse: "Se todos os mares fossem de tinta, todos os lagos plantados de cálamos, se o céu e a terra fossem pergaminhos e se todos os humanos exercessem a arte de escrever – eles não esgotariam a Torá que aprendi, enquanto isso não diminuiria a própria Torá de mais do que leva a ponta de um pincel mergulhado no mar."[7][*]

Galileu:

"A natureza está escrita em linguagem matemática."

Descartes:

"... lendo o grande livro do mundo..."

Cleanto, em nome da religião natural, nos *Diálogos...* de Hume: "E este livro, que a natureza é, não contém algum discurso ou raciocínio inteligível, mas sim um grande e inexplicável enigma".

Bonnet:

"Parece-me mais filosófico supor que nossa terra é um livro que o grande Ser entregou a inteligências que nos são muito superiores para que o lessem, e onde elas estudam a fundo os traços infinitamente multiplicados e variados de sua adorável sabedoria."

G. H. Von Schubert:

"Esta língua feita de imagens e de hieróglifos, de que se serve a Sabedoria suprema em todas as suas revelações à humanidade – que volta a encontrar-

---

7. Citado por E. Levinas, in *Difficile Liberté*, p. 44.
* Segundo Nathan Ausubel, porém, (em *Conhecimento Judaico*, Rio de Janeiro, Editora Tradição, 1964, p. 250), a citação é de Johanan ben Zakai, que viveu no século I, e o texto é o seguinte: "Se os céus fossem feitos de pergaminho, se todas as árvores da floresta fossem transformadas em penas de escrever, e se todos os seres humanos fossem escribas, ainda assim seriam insuficientes para que se escrevesse e registrasse tudo o que aprendi de meus mestres. E no entanto toda a sabedoria que adquiri nada mais é do que a água que um cão pode lamber do mar!" (N. dos T.)

-se na linguagem mais próxima à Poesia – e que, em nossa condição atual, assemelha-se mais à expressão metafórica do sonho do que à prosa da vigília – pode-se perguntar se esta língua não é a verdadeira língua da região superior. Se, enquanto nos acreditamos acordados, não estaremos mergulhados num sono milenar, ou ao menos no eco de seus sonhos, onde somente perceberemos da língua de Deus algumas falas isoladas e obscuras, como quem dorme percebe os discursos à sua volta."

Jaspers :
"O mundo é o manuscrito de um outro, inacessível a uma leitura universal e que somente a existência decifra."

Acima de tudo, deve-se evitar negligenciar as diferenças profundas que marcam todas estas maneiras de tratar a mesma metáfora. Na história destas maneiras, o corte mais decisivo aparece no momento em que se constitui, ao mesmo tempo que a ciência da natureza, a determinação da presença absoluta como presença a si, como subjetividade. É o momento dos grandes racionalismos do século XVII. Desde então, a condenação da escritura decaída e finita tomará outra forma, a que nós ainda vivemos: é a não presença a si que será denunciada. Assim começaria a explicar-se a exemplariedade do momento "rousseauísta", que abordaremos mais adiante. Rousseau repete o gesto platônico, referindo-se agora a um outro modelo da presença: presença a si no sentimento, no cogito sensível que carrega simultaneamente em si a inscrição da lei divina. De um lado, a escritura *representativa*, decaída, segunda, instituída, a escritura no sentido próprio e estreito, é condenada no *Ensaio sobre a origem das línguas* (ela "tira o nervo" da fala; "julgar o gênio" através dos livros é o mesmo que "querer pintar um homem a partir do seu cadáver" etc.). A escritura, no sentido corrente, é letra morta, é portadora de morte. Ela asfixia a vida. De outro lado, sobre a outra face do mesmo propósito, venera-se a escritura no sentido metafórico, a escritura natural, divina e viva; ela iguala em dignidade a origem do valor, a voz da consciência como lei divina, o coração, o sentimento etc.

"A Bíblia é o mais sublime de todos os livros... mas, enfim, é um livro... não é em algumas folhas esparsas que se deve procurar a lei de Deus, mas sim no coração do homem, onde a sua mão dignou-se escrevê-la" (*Carta a Vernes*).
"Se a lei natural estivesse escrita apenas na razão humana, ela seria pouco capaz de dirigir a maior parte das nossas ações. Mas ela também está gravada, em caracteres indeléveis, no coração do homem... É aí que ela lhe grita..." (*O estado de guerra*).

A escritura natural está imediatamente unida à voz e ao sopro. Sua natureza não é gramatológica mas pneumatológica. É hierática, bem próxima da santa voz interior da *Profissão de Fé*, da voz que se ouve ao se entrar em si: presença plena e veraz da fala divina a nosso sentimento interior:

"Quanto mais eu entro em mim e me consulto, mais eu leio estas palavras escritas na minha alma: sê justo e serás feliz... Não infiro estas regras dos princípios de alguma alta filosofia, mas encontro-as, no fundo do meu coração, escritas pela natureza em caracteres indeléveis".

Haveria muito a dizer sobre o fato de a unidade nativa da voz e da escritura ser *prescritiva*. A arquifala é escritura porque é uma lei. Uma lei natural. A fala principiante é ouvida, na intimidade da presença a si, como voz do outro e como mandamento.

Há portanto uma boa e uma má escritura: boa e natural, a inscrição divina no coração e na alma; perversa e artificiosa, a técnica, exilada na exterioridade do corpo. Modificação totalmente interior do esquema platônico: escritura da alma e escritura do corpo, escritura do dentro e escritura do fora, escritura da consciência e escritura das paixões, assim como há uma voz da alma e uma voz do corpo: "A consciência é a voz da alma, as paixões são a voz do corpo" (*Profissão de Fé*). A "voz da natureza", a "santa voz da natureza", confundindo-se com a inscrição e a prescrição divinas, é preciso voltar-se incessantemente a ela, entreter-se nela, dialogar entre seus signos, falar-se e responder-se entre suas páginas.

"Ter-se-ia dito que a natureza desdobrava a nossos olhos toda a sua magnificência, para oferecer o seu texto a nossos colóquios..." "Fechei portanto todos os livros. Há apenas um aberto a todos os olhos, é o da natureza. É neste livro grande e sublime que eu aprendo a servir e a adorar seu autor."

Assim, a boa escritura foi sempre *compreendida*. Compreendida como aquilo mesmo que devia ser compreendido: no interior de uma natureza ou de uma lei natural, criada ou não, mas inicialmente pensada numa presença eterna. Compreendida, portanto, no interior de uma totalidade e encoberta num volume ou num livro. A ideia do livro é a ideia de uma totalidade, finita ou infinita, do significante; essa totalidade do significante somente pode ser o que ela é, uma totalidade, se uma totalidade constituída do significante preexistir a ela, vigiando sua inscrição e seus signos, independentemente dela na sua idealidade. A ideia do livro, que remete sempre a uma totalidade natural, é profundamente estranha ao sentido da escritura. É a proteção enciclopédica da teologia e do logocentrismo contra a disrupção da escritura, contra sua energia aforística e, como precisaremos mais adiante, contra a diferença em geral. Se distinguimos o texto do livro, diremos que a destruição do livro, tal como se anuncia hoje em todos os domínios, desnuda a superfície do texto. Esta violência necessária responde a uma violência que não foi menos necessária.

O SER ESCRITO

A evidência tranquilizante na qual teve de se organizar e ainda tem de viver a tradição ocidental seria então a seguinte: a ordem do significado não é nunca contemporânea, na melhor das hipóteses é o avesso ou o paralelo sutilmente defasado – o tempo de um sopro – da ordem do significante. E o signo deve ser a unidade de uma heterogeneidade, uma vez que o significado (sentido ou coisa, noema ou realidade) não é em si um significante, um *rastro**: em todo caso, não é constituído em seu sentido por sua relação ao *rastro* possível. A essência formal do significado é a *presença*, e o privilégio de sua proximidade ao *logos* como *phoné* é o privilégio da presença. Resposta ineslutável assim que se pergunta "o que é o signo?", isto é, quando se submete o signo à questão da essência, ao *ti esti*. A "essência formal" do signo pode ser determinada apenas a partir da presença. Não se pode contornar esta resposta, a não ser que se recuse a forma mesma da questão e se comece a pensar que o signo é esta coisa mal nomeada, a única, que escapa à questão instauradora da filosofia: "O que é...?"[8]

Aqui, radicalizando os conceitos de *interpretação*, de *perspectiva*, de *avaliação*, de *diferença* e todos os motivos "empiristas" ou não filosóficos que, no decorrer de toda a história do Ocidente, não cessaram de atormentar a filosofia e só tiveram a fraqueza, aliás inelutável, de produzirem-se no campo filosófico, Nietzsche, longe de permanecer *simplesmente* (junto com Hegel e como desejaria Heidegger) na metafísica, teria contribuído poderosamente para libertar o significante de sua dependência ou de sua derivação com referência ao *logos* e ao conceito conexo de verdade ou de significado primeiro, em qualquer sentido em que seja entendido. A leitura e portanto a

---

* O substantivo francês *trace* não deve ser confundido nem com *trait* (traço) nem com *tracé* (traçado), pois se refere a marcas deixadas por uma ação ou pela passagem de um ser ou objeto (*Dictionnaire Robert*). Por isso o traduzimos como *rastro*. (N. dos T.)

8. Este é um tema que tentamos desenvolver na obra *La Voix et Le Phénomène*.

escritura, o texto, seriam para Nietzsche operações "originárias"[9] (colocamos esta palavra entre aspas por razões que aparecerão mais adiante) com respeito a um sentido que elas não teriam de transcrever ou de descobrir inicialmente, que portanto não seria uma verdade significada no elemento original e na presença do *logos*, como *topos noetós*, entendimento divino ou estrutura de necessidade apriorística. Para salvar Nietzsche de uma leitura de tipo heideggeriano, parece, portanto, que acima de tudo não se deve tentar restaurar ou explicitar uma "ontologia" menos ingênua, intuições ontológicas profundas acedendo a alguma verdade originária, toda uma fundamentalidade oculta sob a aparência de um texto empirista ou metafísico. É impossível desconhecer mais a virulência do pensamento nietzschiano. Ao contrário, deve-se *acusar* a "ingenuidade" de um arrombamento* que não pode esboçar uma sortida para fora da metafísica, que não pode *criticar* radicalmente a metafísica senão utilizando de uma certa maneira, num certo tipo ou num certo estilo de *texto*, proposições que, lidas no *corpus* filosófico, isto é, segundo Nietzsche, mal lidas ou não lidas, sempre foram e sempre serão "ingenuidades", signos incoerentes de pertencença absoluta. Talvez não seja preciso, portanto, arrancar Nietzsche à leitura heideggeriana, mas, ao contrário, entregá-lo totalmente a ela, subscrever sem reserva esta interpretação; de uma *certa maneira* e até o ponto onde, o conteúdo do discurso nietzschiano estando algo mais ou menos perdido para a questão do ser, sua forma reencontre sua estranheza absoluta, onde seu texto reclame enfim um outro tipo de leitura, mais fiel a seu tipo de escritura: Nietzsche *escreveu* o que escreveu. Escreveu que a escritura – e em primeiro lugar a sua – não está originariamente sujeita ao *logos* e à verdade. E que esta sujeição

---

9. O que não quer dizer, por simples inversão, que o significante seja fundamental ou primeiro. O "primado" ou a "prioridade" do significante seria uma expressão insustentável e absurda, se formulada ilogicamente na mesma lógica que ela quer, legitimamente sem dúvida, destruir. Nunca o significante precederá de direito o significado, sem o que não seria mais significante e o significante "significando" não teria mais nenhum significado possível. O pensamento, que se anuncia nesta impossível fórmula sem conseguir alojar-se nela, deve portanto enunciar-se de outro modo: e somente poderá fazê-lo se lançar a suspeição sobre a ideia mesma de "signo-de", que permanecerá sempre ligada àquilo mesmo que aqui se coloca em questão. Portanto, no limite, destruindo toda a conceitualidade ordenada em torno do conceito de signo (significante e significado, expressão e conteúdo etc.).

* Em francês, *percée*: antônimo de *clausura* (ou fechamento). Trata-se da abertura – feita à força – que "proporciona uma passagem ou dá um ponto de vista"; "ação de fender, romper as defesas do inimigo" (*Robert*). (N. dos T.)

veio a ser* no decorrer de uma época cujo sentido nos será necessário desconstruir. Ora, nesta direção (mas apenas nesta direção pois, lida de outra maneira, a demolição nietzschiana permanece dogmática e, como todas as inversões, cativa do edifício metafísico que pretende derrubar. Neste ponto e nesta *ordem de leitura*, as demonstrações de Heidegger e de Fink são irrefutáveis), o pensamento heideggeriano não abalaria, ao contrário, reinstalaria a instância do *logos* e da verdade do ser como *primum signatum*: significado, num certo sentido, "transcendental" (como se dizia na Idade Média que o transcendental – *ens, unum, verum, bonum* – era o *primum cognitum*) implicado por todas as categorias ou por todas as significações determinadas, por todo léxico e por toda sintaxe, e portanto por todo significante linguístico, não se confundindo simplesmente com nenhum deles, deixando-se pré-compreender através de cada um deles, permanecendo irredutível a todas as determinações epocais que – contudo – ele possibilita, abrindo assim a história do *logos* e não sendo ele próprio senão pelo *logos*: isto é, *não sendo nada* antes do *logos* e fora do *logos*. O *logos do* ser, "o Pensamento, dócil à Voz do Ser"[10] é o primeiro e último recurso do signo, da diferença entre o *signans* e o *signatum*. É preciso um significado transcendental, para que a diferença entre significado e significante seja, em algum lugar, absoluta e irredutível. Não é por acaso que o pensamento do ser, como pensamento deste significado transcendental, manifesta-se por excelência na voz: isto é, numa língua de palavras. A voz *ouve-se* – isto é, sem dúvida, o que se denomina a consciência – no mais próximo de si como o apagamento absoluto do significante: autoafeção pura que tem necessariamente a forma do tempo e que não toma emprestado fora de si, no mundo ou na "realidade", nenhum significante acessório, nenhuma substância de expressão alheia à sua própria espontaneidade. É a experiência única do significado produzindo-se espontaneamente, do dentro de si, e contudo, enquanto conceito significado, no elemento da idealidade ou da universalidade. O caráter não mundano desta substância de expressão é constitutivo desta idealidade. Esta experiência do apagamento do significante na voz não é uma ilusão entre outras – uma vez

---

* O termo francês *devenir* traduz-se *devir* quando substantivo, *vir-a-ser* ou *tornar-se* quando verbo. (N. dos T.)

10. Posfácio a *Was ist Metaphysik*, p. 46. [Na tradução de Ernildo Stein (*Que é Metafísica*, Livraria Duas Cidades, 1969), lê-se: "o pensamento, dócil à voz do ser" – p. 57.] A instância da voz também domina a análise do *Gewissen* em *Sein und Zeit* (pp. 267 e ss.)

que é a condição da ideia mesma de verdade – mas mostraremos, em outro lugar, em que ela se logra. Este logro é a história da verdade e não é dissipado com tanta pressa. Na clausura desta experiência, a palavra é vivida como a unidade elementar e indecomponível do significado e da voz, do conceito e de uma substância de expressão transparente. Esta experiência seria considerada na sua maior pureza – e ao mesmo tempo na sua condição de possibilidade – como experiência do "ser". A palavra "ser" ou, em todo caso, as palavras que designam nas diferentes línguas o sentido do ser, seria com algumas outras, uma "palavra originária" (*Urwort*[11]), a palavra transcendental que assegura a possibilidade do ser-palavra a todas as outras palavras. Seria pré-compreendida em toda linguagem enquanto tal e – esta é a abertura de *Sein und Zeit* – apenas esta pré-compreensão permitiria abrir a questão do sentido do ser em geral, para além de todas as ontologias regionais e de toda a metafísica: questão que enceta* a filosofia (por exemplo, no *Sofista*) e se deixa recobrir por ela, questão que Heidegger repete ao lhe submeter a história da metafísica. Não há dúvida de que o sentido do ser não é a palavra "ser" nem o conceito de ser – Heidegger lembra-o sem cessar. Mas, como este sentido não é nada fora da linguagem e da linguagem de palavras, liga-se, senão a tal ou qual palavra, a tal ou qual sistema de línguas (*concesso non doto*), pelo menos à possibilidade da palavra em geral. E da sua irredutível simplicidade. Seria possível pensar, portanto, que resta apenas decidir entre duas possibilidades. 1º – Uma linguística moderna, isto é, uma ciência da significação, que cinda a unidade da palavra e rompa com sua pretensa irredutibilidade, tem ainda a ver com a "linguagem"? Heidegger provavelmente duvidaria desta possibilidade. 2º – Inversamente, tudo o que se medita tão profundamente sob o nome de pensamento ou de questão do ser não estaria encerrado numa velha linguística da palavra, que aqui seria praticada sem o saber? Sem o saber, porque uma tal linguística, quer seja espontânea ou sistemática, sempre teve de compar-

---

11. Cf. "Das Wesen der Sprache", e "Das Wort", in *Unterwegs zur Sprache* (1959).

* *Encetar*, tradução do verbo *entamer*, que o *Dictionaire Robert* define como: *a* – "cortar por incisão; tirar uma parte, cortando, de alguma coisa ainda intata; cortar, penetrar" (neste sentido, o dicionário remete ao verbo *percer*, traduzido por nós como *arrombar*); *b* – "pôr a mão em (algo a fazer)". No *Pequeno Dicionário Brasileiro da Língua Portuguesa*, encontramos os seguintes sentidos para o verbo *encetar*: "principiar; começar a gastar ou a cortar; tirar parte de; estrear; experimentar; *pron.* estrear-se; fazer alguma coisa em primeiro lugar ou pela primeira vez". (N. dos T.)

tilhar os pressupostos da metafísica. Ambas se movem sobre o mesmo solo.

É óbvio que a alternativa não poderia ser tão simples.

De um lado, com efeito, se a linguística moderna permanece inteiramente encerrada numa conceitualidade clássica, se em particular ela emprega ingenuamente a palavra *ser* e tudo o que esta supõe, aquilo que nesta linguística desconstrói a unidade da palavra em geral não mais pode ser circunscrito, segundo o modelo das questões heideggerianas, tal como funciona poderosamente desde o início de *Sein und Zeit*, como ciência ôntica ou ontologia regional. Na medida em que a questão de ser se une indissoluvelmente, sem se lhe reduzir, à pré-compreensão da *palavra ser*, a linguística que trabalha na desconstrução da unidade constituída desta palavra não precisa mais esperar, de fato ou de direito, que se coloque a questão do ser, para definir seu campo e a ordem de sua dependência.

Não apenas seu campo não é mais simplesmente ôntico, mas os limites da ontologia que lhe corresponderia não têm mais nada de regional. E o que aqui dizemos da linguística ou pelo menos de um certo trabalho que pode fazer-se nela e graças a ela, não podemos dizê-lo com respeito a toda investigação, *enquanto e na medida rigorosa em que* viesse a desconstituir os conceitos-palavras fundadores da ontologia, do ser privilegiadamente? Fora da linguística, é na investigação psicanalítica que este arrombamento parece ter hoje as maiores oportunidades de ampliar-se.

No espaço rigorosamente delimitado deste arrombamento, estas "ciências" não são mais *dominadas* pelas questões de uma fenomenologia transcendental ou de uma ontologia fundamental. Talvez se diga então, seguindo a ordem das questões inauguradas por *Sein und Zeit* e radicalizando as questões da fenomenologia husserliana, que este arrombamento não pertence à própria ciência, que o que assim parece produzir-se num campo ôntico ou numa ontologia regional não lhes pertence de direito e já se junta à própria questão do ser.

Pois, de outro lado, é a *questão* do ser que Heidegger coloca à metafísica. E com ela a questão da verdade, do sentido, do *logos*. A meditação incessante desta questão não restaura confianças. Pelo contrário, ela as exclui de sua profundidade própria, o que é mais difícil – tratando-se do sentido do ser – do que se acredita geralmente. Interrogando a véspera de toda determinação do ser, abalando as seguranças da onto-teologia, uma tal meditação contribui, tanto quanto a linguística mais atual, para descolocar a unidade de sentido do ser, isto é, em última instância, a unidade da palavra.

É assim que, depois de evocar a "voz do ser", Heidegger lembra que ela é silenciosa, muda, insonora, sem palavra, originariamente *áfona* (*die Gewähr der lautlosen Stimme verborgener Quellen...*)*. Não se ouve a voz das fontes. Ruptura entre o sentido originário do ser e a palavra, entre o sentido e a voz, entre a "voz do ser" e a *phoné*, entre o "apelo do ser" e o som articulado; uma tal ruptura, que ao mesmo tempo confirma uma metáfora fundamental e lança a suspeição sobre ela ao acusar a defasagem metafórica, traduz bem a ambiguidade da situação heideggeriana com respeito à metafísica da presença e ao logocentrismo. Ela ao mesmo tempo está compreendida nestes e os transgride. Mas é impossível fazer a partilha. O próprio movimento da transgressão a retém, às vezes, aquém do limite. Ao contrário do que sugeríamos mais atrás, seria preciso lembrar que o sentido do ser não é nunca simples e rigorosamente um "significado", para Heidegger. Não é por acaso que não é utilizado esse termo: isto quer dizer que o ser escapa ao movimento do signo, proposição que tanto se pode entender como uma repetição da tradição clássica quanto como uma desconfiança face a uma teoria metafísica ou técnica da significação. De outro lado, o sentido do ser não é nem "primeiro", nem "fundamental", nem "transcendental", quer se entendam estes termos no sentido escolástico, kantiano ou husserliano. O desprendimento do ser como "transcendendo" as categorias do ente, a abertura da ontologia fundamental são apenas momentos necessários mas provisórios. Desde a *Introdução à Metafísica*, Heidegger renuncia ao projeto e à palavra de "ontologia"[12]. A dissimulação necessária, originária e irredutível do sentido do ser, sua ocultação na eclosão mesma da presença, este retiro sem o qual não haveria sequer história do ser que fosse totalmente *história* e história *do ser*, a insistência de Heidegger em marcar que o ser se produz como história apenas pelo *logos* e não é nada fora deste, a diferença entre o ser e o ente, tudo isto indica bem que, fundamentalmente, nada escapa ao movimento do significante e que, em última instância, a diferença entre o significado e o significante *não é nada*. Esta proposição de transgressão, se não for tomada num discurso preveniente, corre o risco de formular a própria

---

* "A garantia da voz silenciosa das fontes ocultas". (N. dos T.)

12. P. 50 da tradução francesa de G. Kahn. [Recorremos, para a *Introdução à Metafísica*, à tradução brasileira de E. Carneiro Leão, Tempo Brasileiro (Rio), 2a edição, 1969. O texto citado acha-se nas pp. 67-68 – (N. dos T.).]

regressão. Deve-se, portanto, *passar pela* questão do ser, tal como é colocada por Heidegger e apenas por ele, para a onto--teologia e mais além dela, para aceder ao pensamento rigoroso desta estranha não diferença e determiná-la corretamente. Que o "ser", tal como é fixado sob suas formas sintáticas e lexicológicas gerais no interior da área linguística e da filosofia ocidentais, não seja um significado primeiro e absolutamente irredutível, que ainda esteja enraizado num sistema de línguas e numa "significância" histórica determinada, embora estranhamente privilegiada como virtude de desvelamento e de dissimulação, Heidegger lembra-o às vezes: particularmente quando convida a meditar o "privilégio" da "terceira pessoa do singular do presente do indicativo" e do "infinitivo". A metafísica ocidental, como limitação do sentido do ser no campo da presença, produz-se como a dominação de uma forma linguística[13]. Inter-

13. *Introdução à Metafísica* (escrito em 1935), p. 103 da tradução francesa (p. 118 da tradução brasileira): "Tudo isso acena na direção daquilo com que nos deparamos na primeira caracterização da experiência e interpretação grega do Ser. Se nos ativermos à interpretação usual do infinitivo, o verbo 'ser' retira então o seu sentido do caráter unitário e determinado do horizonte, que guia a compreensão. Em síntese: nós compreendemos então o substantivo verbal 'ser' pelo infinitivo, o qual, por sua vez, se reporta sempre ao 'é' e à variedade por ele exposta (*que nós expusemos*). A forma verbal singular e determinada, 'é' a *terceira pessoa do singular do indicativo presente* possui aqui uma proeminência. Não compreendemos o 'ser' com relação ao 'tu és', 'vós sois', 'eu sou' ou 'eles seriam' embora todas essas formas expressem também, e do mesmo modo que o 'é', variações verbais do 'ser'. Por outro lado, sem o querer e quase se não fosse possível de outra maneira, explicamos o infinitivo 'ser' a partir do 'é'. Por conseguinte o 'ser' possui a significação indicada, que recorda a concepção grega da Essencialização* do Ser (*da estância do ser*), uma determinação, portanto, que não nos caiu por acaso do céu mas que desde milênios, vem dominando a nossa existência Histórica (*nosso estar-Aí proventual*) (*Geschichte des Wesens*)**. Com um só golpe, pois, o nosso esforço em determinar a significação verbal do 'ser' se transforma expressamente naquilo que é realmente: uma reflexão sobre a proveniência de nossa *História oculta*." (*uma meditação sobre a origem de nosso ser-Aí proventual*). Seria necessário, é claro citar integralmente a análise que assim se termina. (Pusemos entre colchetes e em grifo as expressões usadas na tradução francesa, citada por Derrida, quando divergem de Carneiro Leão.) (N. dos T.)

* Sobre a palavra *Essencialização*, transcrevemos a nota de Carneiro Leão em sua tradução de Heidegger, já citada: "O verbo 'wesen' é arcaico em alemão. Usa-se apenas em algumas formas e palavras, como 'gewesen' (= sido), 'ab-wesend' (= ausente), 'an-wesend' (= presente), 'das Wesen' (= a propriedade, a essência) etc. Heidegger o reintroduziu na linguagem da filosofia. Como termo técnico de seu pensamento, significa a dinâmica pela qual um ente chega ao vigor de sua essência na existência humana. Esta dinâmica é sempre Historicamente instaurada pela vicissitude da Verdade do Ser. Para exprimir toda essa estrutura existencial usamos na tradução um neologismo. 'essencializar' 'essencialização'.". (*Introdução à Metafísica*, p. 219). (N. dos T.)

** Nota de Carneiro Leão sobre História-Historiografia (*Geschichte-Historie*): "Em geral a língua alemã tem duas palavras que se usam promiscuamente, 'Geschichte' e 'Historie'. 'Geschichte' provém do verbo 'geschehen' (= acontecer, dar-se, processar--se), e significa o conjunto dos acontecimentos humanos no curso do tempo. 'Historie' de origem grega através do latim, é a ciência da 'Geschichte'. Em sua filosofia Heidegger distingue rigorosamente as duas palavras, e entende, a partir de sua interpretação da História do Ser, 'Geschichte' dialeticamente como a iluminação da diferença onto-

rogar a origem desta dominação não equivale a hipostasiar um significado transcendental, mas a questionar sobre o que constitui a nossa história e o que produziu a transcendentalidade mesma. Heidegger também o lembra quando, em *Zur Seinsfrage*, pela mesma razão, não permite ler a palavra "ser" senão sob uma cruz (*kreuzweise Durchstreichung*) (o riscar cruciforme). Esta cruz não é, contudo, um signo simplesmente negativo (p. 31)*. Esta rasura é a última escritura de uma época. Sob seus traços apaga-se, conservando-se legível, a presença de um significado transcendental. Apaga-se conservando-se legível, destrói-se dando a ver a ideia mesma de signo. Enquanto delimita a onto-teologia, a metafísica da presença e o logocentrismo, esta última escritura é também a primeira escritura.

Daí vir a reconhecer, não aquém dos caminhos heideggerianos mas no seu horizonte, e ainda neles mesmos, que o sentido do ser não é um significado transcendental ou trans-epocal (ainda que fosse sempre dissimulado na época) mas já, num sentido propriamente *inaudito*, um rastro significante determinado, é afirmar que, no conceito decisivo de diferença ôntico-ontológica, *tudo não deve ser pensado de um só gole*: ente e ser, ôntico e ontológico, "ôntico-ontológico" seriam, num estilo original, *derivados* com respeito à diferença; e, em relação ao que denominaremos mais adiante a *diferência*, conceito econômico designando a produção do diferir, no duplo sentido desta palavra. A diferença-ôntico-ontológica e seu fundamento (*Grund*) na "transcendência do Dasein" (*Vom Wesen des Grundes*, (Da essência do fundamento) p. 16) não seriam em absoluto originários. A diferência**, sem mais, seria mais "originária", mas não se poderia mais denominá-la "origem" nem "fundamento", pertencendo estas noções essencialmente à história da onto-teologia, isto é, ao sistema funcionando como apagamento da diferença. Esta só pode, contudo, ser pensada na sua maior proximidade sob uma condição: que se comece determinando-a como diferença ôntico-ontológica, antes de riscar esta determinação. A Necessidade da passa-

---

lógica. Daí poder falar em 'Geschichte' do ente e em 'Geschichte' do Ser. Traduzimos 'Historie' por historiografia e 'Geschichte' do ente por história com minúscula e 'Geschichte' do Ser por História com maiúscula" (*Ibidem*, pp. 77-78). (N. dos T.)

* Texto publicado em português pela Livraria Duas Cidades (1969), com o título de *Sobre o Problema do Ser* e juntamente com *O Caminho do Campo*, em tradução de Ernildo Stein, revisada por J. G. Nogueira Moutinho. As citações referem-se às pp. 44 e 45 desta edição. (N. dos T.)

** O Autor cria o termo *différance*, contrastando-o com *différence* ("diferença") e justificando o neologismo no texto já citado, publicado em *Théorie d'ensemble*. Mantivemos a tradução *diferência*, já utilizada em *A Escritura e a Diferença*, trad. Maria Beatriz Marques Nizza da Silva, São Paulo, Perspectiva, 1971. (N. dos T.)

gem pela determinação riscada, a Necessidade deste *torno de escritura* é irredutível. Pensamento discreto e difícil que, através de tantas mediações despercebidas, deveria carregar todo o peso de nossa questão, de uma questão que denominamos ainda, provisoriamente, *historial*. É graças a ela que, mais tarde, poderemos tentar fazer comunicarem-se a diferência e a escritura.

A hesitação destes pensamentos (aqui, os de Nietzsche e de Heidegger) não é uma "incoerência": tremor* próprio a todas as tentativas pós-hegelianas e a esta passagem entre duas épocas. Os movimentos de desconstrução não solicitam as estruturas do fora. Só são possíveis e eficazes, só ajustam seus golpes se habitam estas estruturas. Se as habitam *de uma certa maneira*, pois sempre se habita, e principalmente quando nem se suspeita disso. Operando necessariamente do interior, emprestando da estrutura antiga todos os recursos estratégicos e econômicos da subversão, emprestando-os estruturalmente, isto é, sem poder isolar seus elementos e seus átomos, o empreendimento de desconstrução é sempre, de um certo modo, arrebatado pelo seu próprio trabalho. Eis o que não deixa de assinalar, diligentemente, aquele que começou o mesmo trabalho em outro lugar da mesma habitação. Nenhum exercício está mais difundido em nossos dias do que este, e deveria poder-se formalizar as suas regras.

Já Hegel estava preso neste jogo. *De um lado*, não há dúvida de que ele *resumiu* a totalidade da filosofia do *logos*. Determinou a ontologia como lógica absoluta; reuniu todas as delimitações do ser como presença; designou à presença a escatologia da parúsia, da proximidade a si da subjetividade infinita. E é pelas mesmas razões que teve de rebaixar ou subordinar a escritura. Quando critica a característica leibniziana, o formalismo do entendimento e o simbolismo matemático, faz o mesmo gesto: denunciar o ser-fora-de-si do *logos* na abstração sensível ou intelectual. A escritura é este esquecimento de si, esta exteriorização, o contrário da memória interiorizante, da *Erinnerung*** que abre a história do espírito. É o que dizia o *Fedro*: a escritura é ao mesmo tempo mnemotécnica e potência de esquecimento. Naturalmente, a crítica hegeliana da escritura detém-se diante do alfabeto. Enquanto escritura fonética, o alfabeto é simultaneamente mais servil, mais desprezível, mais secundário ("A escritura alfabética exprime *sons* que, por sua vez, são já signos. Ela consiste, portanto, em signos de signos" ("aus Zeichen der

---

* Alusão a *Temor e Tremor*, de S. Kierkegaard. (N. dos T.)

** Substantivo alemão composto do verbo *erinnern* e que significa "recordação, lembrança". Deriva-se do termo *inner*, "interior", "interno". (N. dos T.)

Zeichen", *Enciclopédia*, § 459), mas é também a melhor escritura, a escritura do espírito: seu apagamento diante da voz, aquilo que nela respeita a interioridade ideal dos significantes fônicos, tudo pelo qual ela sublima o espaço e a vista, tudo isto a torna a escritura da história, isto é, a escritura do espírito infinito referindo-se a si mesmo em seu discurso e em sua cultura:

> "Segue-se daí que aprender a ler e escrever uma escritura alfabética é ter um meio de cultura de infinita riqueza (*unendliches Bildungsmittel*) e não bastante apreciado; já que conduz o espírito, do concreto sensível, à atenção para com o momento formal, à palavra sonora e aos seus elementos abstratos, e contribui de maneira essencial para fundar e purificar no sujeito o campo da interioridade."

Neste sentido, ela é a *Aufhebung** das outras escrituras, e particularmente da escritura hieroglífica e da característica leibniziana, que haviam sido criticadas anteriormente num único e mesmo gesto. (A *Aufhebung* é, de maneira mais ou menos implícita, o conceito dominante de quase todas as histórias da escritura, ainda hoje. Ela é *o* conceito da história e da teleologia.) Hegel prossegue, com efeito:

> "O hábito adquirido cancela depois também a especificidade pela qual a escritura alfabética aparece, no interesse da vista, como um caminho indireto (*Umweg*) para alcançar pela audibilidade as representações; o que faz semelhantemente à escritura hieroglífica, de modo que no uso dela não temos necessidade de ter presente à consciência, diante de nós, a mediação dos sons".

É sob esta condição que Hegel retoma, por conta própria, o elogio leibniziano da escritura não fonética. Ela pode ser praticada pelos surdos e pelos mudos, dizia Leibniz. Hegel:

> "Além de *conservar-se* – pela prática que transforma a escritura alfabética em hieróglifos – a capacidade de abstração adquirida com aquele primeiro exercício, a leitura hieroglífica é para si mesma uma leitura surda e uma escritura muda (*ein taubes Lesen und ein stummes Schreiben*); o audível ou temporal, e o visível ou espacial, têm, de fato, cada um seu próprio fundamento e de igual validade um que o outro; mas, na escritura alfabética, há somente um fundamento, isto é, a exata relação pela qual a língua visível se refere à língua sonora só como signo; a inteligência se exterioriza imediata e incondicionalmente no falar".

O que trai a escritura mesma, no seu momento não fonético, é a vida. Ela ameaça de um único movimento o sopro, o espírito,

---

* Termo empregado por Hegel e que corresponde ao verbo *aufheben*, que Jean Wahl propôs traduzir em francês como "surprimer", neologismo exemplar que dá conta do seu duplo sentido: suprimir algo, levando-o à sua máxima perfeição. (N. dos T.)

a história como relação a si do espírito. Ela é o seu fim, a sua finidade, a sua paralisia. Cortando o sopro, esterilizando ou imobilizando a criação espiritual na repetição da letra, no comentário ou na *exegese*, confinada num meio estreito, reservada a uma minoria, ela é o princípio de morte e de diferença no devir do ser. Ela está para a fala como a China está para a Europa:

"Só ao caráter exegético[14] da cultura espiritual chinesa é adequada a escritura hieroglífica; e, além disso, este modo de escritura só pode ser próprio daquela minoria de um povo que tem a posse exclusiva da cultura espiritual."...
"Uma linguagem de escritura hieroglífica reclamaria uma filosofia tão exegética como é, em geral, a cultura dos chineses."

Se o momento não fonético ameaça a história e a vida do espírito como presença a si no sopro, é porque ameaça a substancialidade, este outro nome metafísico da presença, da *ousia*. Inicialmente sob a forma do substantivo. A escritura não fonética quebra o nome. Ela descreve relações e não denominações. O nome e a palavra, estas unidades do sopro e do conceito, apagam-se na escritura pura. A este respeito, Leibniz é tão inquietante quanto o chinês na Europa:

"Esta circunstância da notação analítica das representações na escritura hieroglífica, que levou Leibniz ao engano de considerá-la como mais vantajosa que a escritura alfabética, é, ao contrário, o que contradiz a exigência fundamental da linguagem em geral, o nome." "...toda diferença (*Abweichung*) na análise produziria uma formação diversa do nome escrito".

O horizonte do saber absoluto é o apagamento da escritura no *logos*, a reassunção do rastro na parúsia, a reapropriação da diferença, a consumação do que denominamos, em outro lugar[15], a *metafísica do próprio*.

E contudo, tudo o que Hegel pensou neste horizonte, isto é, tudo menos a escatologia, pode ser relido como meditação da escritura. Hegel é *também* o pensador da diferença irredutível. Reabilitou o pensamento como *memória produtora de signos*. E reintroduziu, como tentaremos mostrar em outro lugar, a Necessidade essencial do rastro escrito num discurso filosófico – isto é, socrático – que sempre acreditara poder dispensá-lo: último filósofo do livro e primeiro pensador da escritura.

14. *Idem Stavarischen*, palavra do alemão arcaico que até agora se traduziu como "imóvel", "estático" (cf. Gibelin, pp 255-257). (Para as citações da *Enciclopédia das Ciências Filosóficas*, de Hegel, recorremos, com certas alterações, à tradução brasileira de Lívio Xavier, em três volumes, São Paulo, Athena Editora, 1936.) (N. dos T.)

15. "A Palavra soprada", em *A Escritura e a Diferença*, trad. de Maria Beatriz Marques Nizza da Silva, São Paulo, Perspectiva, 1971.

2. Linguística e Gramatologia

> *A escritura não é senão a representação da fala; é esquisito preocupar-se mais com a determinação da imagem que do objeto.*
>
> J. J. Rousseau, *Fragmento inédito de um ensaio sobre a língua.*

O conceito de escritura deveria definir o campo de uma ciência. Mas, pode ele ser estabelecido pelos cientistas, fora de todas predeterminações histórico-metafísicas que acabamos de situar tão secamente? O que significará uma ciência da escritura uma vez estabelecida:

1º que a própria ideia de ciência nasceu numa certa época da escritura;

2º que foi pensada e formulada, enquanto tarefa, ideia, projeto, numa linguagem que implica um certo tipo de relações determinadas – estrutural e axiologicamente – entre fala e escritura;

3º que, nessa medida, ela, primeiramente, ligou-se ao conceito e à aventura da escritura fonética, valorizada como o *telos* de toda escritura, enquanto o que sempre foi o modelo exemplar da cientificidade – a matemática – jamais cessou de afastar-se de tal aventura;

4º que a ideia mais rigorosa de uma *ciência geral da escritura* nasceu, por razões não fortuitas, numa certa época da história do mundo (que se evidencia por volta do século XVIII) e num certo sistema determinado das relações entre a fala "viva" e a inscrição;

5º que a escritura não é somente um meio auxiliar a serviço da ciência – e eventualmente seu objeto – mas, antes de mais nada, conforme lembrou particularmente Husserl em *A Origem da Geometria*, a condição de possibilidade dos objetos ideais e, portanto, da objetividade científica. Antes de ser seu objeto, a escritura é a condição da *episteme*;

6º que a própria historicidade está ligada à possibilidade da escritura: à possibilidade da escritura em geral, para além destas formas particulares de escritura em nome das quais por muito tempo se falou de povos sem escritura e sem história. Antes de ser o objeto de uma história – de uma ciência histórica – a escritura abre o campo da história – do devir histórico. E aquela (*Historie*, diríamos em alemão) supõe este (*Geschichte*).

A ciência da escritura deveria, portanto, ir buscar seu objeto na raiz da cientificidade. A história da escritura deveria voltar-se para a origem da historicidade. Ciência da possibilidade da ciência? Ciência da ciência que não mais teria a forma da *lógica* mas sim da *gramática*? História da possibilidade da história que não mais seria uma arqueologia, uma filosofia da história ou uma história da filosofia?

As ciências *positivas* e clássicas da escritura não podem senão reprimir este tipo de questão. Até certo ponto, esta repressão é até mesmo necessária para o progresso da investigação positiva. Além do fato de que ainda estaria presa à lógica filosofante, a questão onto-fenomenológica relativa à essência, ou seja, relativa à origem da escritura, não poderia, sozinha, senão paralisar ou esterilizar a pesquisa histórica e tipológica dos *fatos*.

Nossa intenção, assim, não é confrontar este problema pré-judicial, esta seca necessária e, de certa facilidade, fácil questão de direito, com o poder e eficácia das pesquisas positivas a que hoje nos é dado assistir. Jamais a gênese e o sistema das escrituras propiciaram explorações tão profundas, extensas e seguras. Muito menos, trata-se de confrontar a questão com o peso das descobertas, porquanto, as questões são imponderáveis. Se esta não o é, completamente, talvez seja porque seu recalcamento tem consequências efetivas no próprio conteúdo de pesquisas que, no presente caso e privilegiadamente, ordenam-se sempre ao redor de problemas de definição e de começo.

Menos que qualquer outro, o gramatólogo pode evitar interrogar-se sobre a essência de seu objeto sob a forma de uma questão de origem: "O que é a escritura?" quer dizer "onde e quando começa a escritura?" As respostas geralmente aparecem muito rapidamente. Circulam em conceitos realmente pouco criticados e movem-se em evidências que desde sempre parecem óbvias. Ao redor destas respostas, de cada vez ordenam-se uma tipologia e uma perspectiva do devir das escrituras. Todas as obras que tratam da história da escritura são compostas da mesma forma: uma classificação de tipo filosófico e teleológico esgota os problemas críticos em algumas páginas, passando-se em seguida à exposição dos fatos. Contraste entre a fragilidade teórica das reconstruções e a riqueza histórica, arqueológica, etnológica, filológica da informação.

Origem da escritura, origem da linguagem, as duas questões dificilmente se separam. Ora, os gramatólogos, que em geral são, por formação, historiadores, epigrafistas, arqueólogos, raramente ligam suas pesquisas à ciência moderna da linguagem. Surpreendemo-nos ainda mais sendo a linguística, entre as "ciências do homem", aquela a que é atribuída, à cientificidade como exemplo, com uma unanimidade solícita e insistente.

Pode, pois, a gramatologia, de direito esperar da linguística um socorro essencial que quase nunca de fato procurou? Não se revela, ao contrário, eficazmente agindo no próprio movimento pelo qual a linguística se instituiu como ciência, um pressuposto metafísico quanto às relações entre fala e escritura? Não obstaria a constituição de uma ciência geral da escritura um tal pressuposto? Ao levantar este pressuposto não se alteraria a paisagem em que, pacificamente, estabeleceu-se a ciência da linguagem? Para melhor e para pior? Para o cegamento e para a produtividade? Tal é o segundo tipo de questão que gostaríamos de esboçar agora. Para precisá-la, preferimos aproximarmo-nos, como de um exemplo privilegiado, do projeto e textos de Ferdinand de Saussure. Que a particularidade do exemplo não rompa a generalidade de nosso propósito: procuremos aqui e ali, fazer algo mais além de supô-lo.

A linguística pretende, pois, ser a ciência da linguagem. Deixemos aqui de lado todas as decisões implícitas que estabeleceram um tal projeto e todas as questões que a fecundidade desta ciência deixa adormecidas em relação à sua própria origem. Consideremos primeiro simplesmente, do ponto de vista que nos interessa, que a cientificidade desta ciência comumente é reconhecida devido a seu fundamento *fonológico. A* fonologia, afirma-se hoje, frequentemente, comunica sua cientificidade à linguística que serve, ela mesma, de modelo epistemológico para todas as ciências humanas. Visto que a orientação deliberada e sistematicamente fonológica da linguística (Troubetzkói, Jakobson, Martinet) realiza uma intenção que foi de início a de

Saussure, dirigir-nos-emos, no essencial e pelo menos provisoriamente, a esta última. O que dela diremos valerá *a fortiori* para as formas mais acusadas do fonologismo? O problema será pelo menos colocado.

A ciência linguística determina a linguagem – seu campo de objetividade – em última instância e na simplicidade irredutível de sua essência, como a unidade de *phoné, glossa* e *logos*. Esta determinação é anterior de direito a todas as diferenciações eventuais que puderam surgir nos sistemas terminológicos das diferentes escolas (língua/fala; código/ /mensagem; esquema/uso; linguística/lógica; fonologia/fonemática/fonética/glossemática). E mesmo que queiramos confinar a sonoridade do lado do significante sensível e contingente (o que seria literalmente impossível, uma vez que identidades formais recortadas numa massa sensível já são idealidades não puramente sensíveis), será necessário admitir que a unidade imediata e privilegiada que fundamenta a significância e o ato de linguagem é a unidade articulada do som e do sentido na fonia. Em relação a esta unidade, a escritura seria sempre derivada, inesperada, particular, exterior, duplicando o significante: fonética. "Signo de signo", diziam Aristóteles, Rousseau e Hegel.

Entretanto, a intenção que institui a linguística geral como ciência permanece, sob este ponto de vista, na contradição. Um propósito declarado confirma com efeito, dizendo o que é aceito sem ser dito, a subordinação da gramatologia, a redução histórico-metafísica da escritura à categoria de instrumento subordinado a uma linguagem plena e originariamente falada. Mas um outro gesto (não dizemos um outro propósito, pois, aqui, o que não segue sem dizer é feito sem ser dito, escrito sem ser proferido) liberta o porvir de uma gramatologia geral, de que a linguística fonológica seria somente uma região dependente e circunscrita. Sigamos em Saussure esta tensão do gesto e do propósito.

O FORA E O DENTRO

De um lado, segundo a tradição ocidental que rege não só teoricamente mas na prática (*no princípio de sua prática*) as relações entre a fala e a escritura, Saussure reconhece a esta não mais que uma função *estrita e derivada*. Estrita porque não é senão uma entre outras, modalidade dos eventos que podem sobrevir a uma linguagem cuja essência, conforme parecem ensinar os fatos, sempre pode permanecer pura de qualquer relação com a escritura. "A língua tem uma tradição oral independente da escritura" (*Curso de linguística geral*, p. 35)* Derivada porque *representativa*: significante do significante primeiro, representação da voz presente a si, da significação imediata, natural e direta do sentido (do significado, do conceito, do objeto ideal ou como se queira). Saussure retoma a definição tradicional da escritura que já em Platão e em Aristóteles se estreitava ao redor do modelo da escritura fonética e da linguagem de palavras. Lembremos a definição aristotélica: "Os sons emitidos pela voz são os símbolos dos estados da alma, e as palavras escritas, os símbolos das palavras emitidas pela voz". Saussure: "Língua e escritura são dois sistemas distintos de signos; *a única razão de ser* do segundo é *representar* o primeiro" (*Curso de linguística geral*, p. 34. O grifo é nosso). Esta determinação representativa, mais que relacionar-se sem dúvida essencialmente com a ideia de signo, não traduz uma escolha ou uma avaliação, não trai um pressuposto psicológico ou metafísico próprio a Saussure; descreve, ou melhor, reflete a estrutura de um certo tipo de escritura: a escritura fonética, aquela de que nos servimos e em cujo elemento a *episteme* em geral (ciência e filosofia), a linguística em particular, puderam instaurar-se. Seria necessário, aliás, dizer *modelo* mais que *estrutura*: não se trata de um sistema construído e funcionando perfeitamente, mas sim de um ideal dirigindo explicitamente um funcionamento que *de fato* nunca é totalmente fonético. De fato, mas também por razões de essência às quais frequentemente voltaremos.

Este *factum* da escritura fonética é maciço, é verdade, comanda toda nossa cultura e toda nossa ciência, e certamente não é um fato entre outros. Não responde, contudo, nenhuma Necessidade de essência absoluta e universal. Ora, é a partir dele que Saussure definiu o projeto e o objeto da linguística geral: "O objeto linguístico não se define pela combinação da palavra escrita e da palavra falada; *esta última por si só constitui tal objeto*" (p. 34. O grifo é nosso).

A forma da questão, a que ele assim respondeu, predestinava a resposta. Tratava-se de saber que tipo de *palavra* é objeto da linguística e quais são as relações entre estas unidades atômicas que são a palavra escrita e a palavra falada. Ora, a palavra (*vox*) já é uma unidade do sentido e do som, do conceito e da voz, ou,

---

* Tradução de Antonio Chelini, José Paulo Paes e Izidoro Blikstein, 2ª ed., São Paulo, Editora Cultrix, 1970. (N. dos T.)

para falar mais rigorosamente a linguagem saussuriana, do significado e do significante. Aliás, esta última terminologia fora primeiramente proposta somente no domínio da língua falada, da linguística no sentido estrito e não da semiologia ("Propomo-nos a conservar o termo *signo* para designar o total, e a substituir *conceito* e *imagem acústica* respectivamente por *significado* e *significante*" p. 81). A *palavra* já é, pois, uma unidade constituída, um efeito "do fato, de certo modo misterioso, de o 'pensamento-som' implicar divisões" (p. 131). Mesmo que a palavra seja, por sua vez, articulada, mesmo que implique outras divisões, enquanto se colocar a questão das relações entre fala e escritura, considerando unidades indivisíveis do "pensamento-som", a resposta já estará pronta. A escritura será "fonética", será o fora, a representação exterior da linguagem e deste "pensamento-som". Deverá necessariamente operar a partir de unidades de significação já constituídas e em cuja formação não tomou parte.

Objetarão, talvez, que, longe de contradizê-la, a escritura nunca fez outra coisa senão confirmar a linguística da palavra. Até aqui, com efeito, demos a impressão de considerar que, somente a fascinação por esta unidade a que se chama *palavra*, tinha impedido conceder à escritura a consideração que ela merecia. Com isso, parecêramos supor que, acaso se cessasse de conceder um privilégio absoluto à palavra, a linguística moderna se tornaria muito mais atenta à escritura e deixaria, enfim, de dela suspeitar. André Martinet chega à conclusão inversa. Em seu estudo sobre *A palavra*[1], descreve a Necessidade a que obedece a linguística atual, sendo conduzida, se não a excluir completamente o conceito de palavra, ao menos a tornar flexível seu uso, a associá-lo a conceitos de unidades menores ou maiores (monemas ou sintagmas). Ora, creditando e consolidando, no interior de certas áreas linguísticas, a divisão da linguagem em

1. In *Diogène*, 51, 1965 A. Martinet alude à "audácia" que "teria sido preciso" há pouco tempo para "pensar em afastar o termo 'palavra' lá onde a pesquisa tivesse mostrado não ser possível dar deste termo uma definição universalmente aplicável" (p. 39) ... "A semiologia, tal como os recentes estudos deixam entrever, não tem nenhuma necessidade da palavra" (p. 40)... "Há muito tempo que gramáticos e linguistas se deram conta de que a análise do enunciado podia-se realizar para além da palavra sem cair, por causa disso, na fonética, isto é, desembocar em segmentos do discurso, tais como a sílaba ou o fonema, que não têm mais nada a ver com o sentido" (p. 41). "Roçamos aí no que torna a noção de palavra tão suspeita para qualquer linguista verdadeiro: não poderia ser questão para ele aceitar as grafias tradicionais sem verificar, anteriormente, se reproduzem com fidelidade a estrutura verdadeira da língua de que supostamente elas fazem a notação" (p. 48). A. Martinet propõe para concluir substituir "na prática linguística" a noção de palavra pela de "sintagma", "grupo de vários signos *mínima*" que se denominará "monemas".

palavras, a escritura teria assim encorajado a linguística clássica em seus preconceitos. A escritura teria construído ou ao menos condensado a "tela da palavra".

"O que um linguista contemporâneo pode dizer da palavra ilustra bem a que revisão geral dos conceitos tradicionais a pesquisa funcionalista e estruturalista dos trinta e cinco últimos anos teve de proceder, visando dar uma base científica à observação e à descrição das línguas. Certas aplicações da linguística, tais como as pesquisas relativas à tradução mecânica pelo relevo que dão à forma escrita da linguagem, poderiam fazer acreditar na importância fundamental das divisões do texto escrito e fazer esquecer que é do enunciado oral que sempre é preciso partir para compreender a natureza real da linguagem humana. Também, mais que nunca, é indispensável insistir sobre a Necessidade de desenvolver o exame para além das aparências imediatas e das estruturas mais familiares ao investigador. É por trás da tela da palavra que aparecem mais frequentemente os traços realmente fundamentais da linguagem humana."

Não se pode senão subscrever estas advertências. Deve-se, todavia, reconhecer que elas somente atraem a suspeição sobre um certo tipo de escritura: a escritura fonética conformando-se às divisões empiricamente determinadas e praticadas da língua oral comum. Os procedimentos de tradução mecânica, a que se faz alusão, regem-se da mesma maneira sobre esta prática espontânea. Para além deste modelo e deste conceito da escritura, toda esta demonstração deve, ao que parece, ser reconsiderada. Pois permanece presa à limitação saussuriana que procuramos reconhecer.

Saussure, com efeito, limita a dois o número de sistemas de escritura, ambos definidos como sistemas de representação da linguagem oral, ou porque representam *palavras*, de modo sintético e global, ou porque representam *foneticamente* elementos sonoros constituindo as palavras:

"Existem somente dois sistemas de escritura: 1°) o sistema ideográfico, em que a palavra é representada por um signo único e estranho aos sons de que ela se compõe. Este signo se relaciona com o conjunto da palavra, e por isso, indiretamente, com a ideia que exprime. O exemplo clássico deste sistema é a escritura chinesa. 2°) o sistema dito comumente "fonético", que visa a reproduzir a série de sons que se sucedem na palavra. As escrituras fonéticas são ora silábicas, ora alfabéticas, vale dizer, baseadas nos elementos irredutíveis da fala. Além disso, as escrituras ideográficas se tornam facilmente mistas: certos ideogramas, distanciados de seu valor inicial terminam por representar sons isolados" (p. 36).

Esta limitação, no fundo, é justificada, aos olhos de Saussure, pela noção do arbitrário do signo. A escritura sendo definida como "um sistema de signos", não há escritura "simbólica" (no sentido saussuriano), nem escrita figurativa: não há *escritura* na medida em que o grafismo mantém uma relação de figuração natural e de semelhança, qualquer que seja esta, com o que é então não *significado* mas representado, desenhado etc. O conceito de escritura pictográfica ou de escritura natural seria, pois, contraditório para Saussure. Se pensamos na fragilidade agora reconhecida das noções de pictograma, de ideograma etc., na incerteza das fronteiras entre as escrituras ditas pictográficas, ideográficas, fonéticas, medimos não só a imprudência da limitação saussuriana mas também a necessidade para a linguística geral, de abandonar toda uma família de conceitos herdados da metafísica – frequentemente por intermédio de uma psicologia – e que se agrupam ao redor do conceito de arbitrário. Tudo isso remete para além da oposição natureza/cultura, a uma oposição que sobrevém entre *physis* e *nomos*, *physis* e *techné* cuja última função é, talvez, *derivar* a historicidade; e, paradoxalmente, não reconhecer seus direitos à história, à produção, à instituição etc., a não ser sob a forma do arbitrário e sobre o fundo de naturalismo. Mas, deixemos provisoriamente esta questão em aberto: talvez, este gesto que preside, em verdade, à instituição da metafísica, também ele esteja inscrito no conceito de história e mesmo no conceito de tempo.

Saussure introduz, em acréscimo, uma outra limitação compacta:

"Limitaremos nosso estudo ao sistema fonético, e, especialmente àquele em uso hoje em dia, cujo protótipo é o alfabeto grego" (p. 36).

Estas duas limitações são tão mais tranquilizantes na medida em que aparecem no momento exato para responder à mais legítima das exigências: a cientificidade da linguística tem, com efeito, como condição, que o campo linguístico tenha fronteiras rigorosas, que este seja um sistema regido por uma Necessidade interna e que, de uma certa maneira, sua estrutura seja fechada. O conceito representativista da escritura facilita as coisas. Se a escritura não é mais que a "figuração" (p. 33) da língua, temos o direito de excluí-la da interioridade do sistema (pois seria necessário crer que existe aqui um *dentro* da língua), assim como a imagem deve poder se excluir, sem perda do sistema da realidade. Ao se propor como tema "a representação da língua pela escritura", Saussure começa, assim, por colocar que a escritura é "por si, estranha ao sistema interno" da língua (p. 33). Externo/interno, imagem/realidade, representação/presença, tal é a velha grade a que está entregue o desejo de desenhar o campo de uma ciência. E de qual ciência? De uma ciência que não mais pode responder ao conceito clássico de *episteme* porque seu campo tem como originalidade – uma originalidade que ele inaugura – que a abertura da "imagem", que nele se dá, aparece como a condição da "realidade": relação que não mais se deixa pensar na diferença simples e na exterioridade sem compromisso da "imagem" e da "realidade", do "fora" e do "dentro", da "aparência" e da "essência", com todo o sistema das oposições que aí se encadeiam necessariamente. Platão, que no fundo dizia o mesmo sobre as relações entre a escritura, a fala e o ser (ou a ideia), tinha – pelo menos a respeito da imagem, da pintura e da imitação – uma teoria mais sutil, mais crítica e mais inquieta que aquela que preside ao nascimento da linguística saussuriana.

Não é por acaso que a consideração exclusiva da escritura fonética permite responder à exigência do "sistema interno". A escritura fonética tem justamente como princípio funcional respeitar e proteger a integridade do "sistema interno" da língua, mesmo que não o consiga de fato. *A limitação saussuriana não satisfaz, por uma feliz comodidade, à exigência científica do "sistema interno". Esta exigência mesma é constituída, enquanto exigência epistemológica em geral, pela própria possibilidade da escritura fonética e pela exterioridade da "notação" à lógica interna.*

Mas não simplifiquemos: existe também, sobre este ponto, uma inquietude de Saussure. Sem isso, por que daria ele tanta atenção a este fenômeno externo, a esta figuração exilada, a este fora, a este duplo? Por que julga ele "impossível fazer abstração" do que é entretanto designado como o próprio abstrato em relação ao dentro da língua?

"Conquanto a escritura seja, por si, estranha ao sistema interno, é impossível fazer abstração de um processo através do qual a língua é ininterruptamente figurada; cumpre conhecer a utilidade, os defeitos e os inconvenientes de tal processo" (p. 33).

A escritura teria pois a exterioridade que é atribuída aos utensílios; sendo, além disso, ferramenta imperfeita e técnica perigosa, diríamos quase que maléfica. Compreendemos melhor por que, em vez de tratar desta figuração exterior num apêndice ou nas margens, Saussure a ela consagra um capítulo tão trabalhoso quase que na abertura do *Curso*. É que se trata, mais do que delinear, de proteger e mesmo restaurar o sistema interno da língua na pureza de seu conceito contra a contaminação mais grave, mais pérfida, mais permanente que não parou de ameaçá-lo, até mesmo alterá-lo, no decorrer do que Saussure quer, de qualquer forma, considerar como uma história externa, como uma série de acidentes afetando a língua, e lhe sobrevindo *do fora*, no momento da "notação" (p. 34), como se a escritura começasse e terminasse com a notação. O mal da escritura vem do fora (ἔξωθεν), já dizia o *Fedro* (275 a). A contaminação pela escritura, seu feito ou sua ameaça, são denunciados com acentos de moralista e de pregador pelo linguista genebrês. O acento conta: tudo se passa como se, no momento em que a ciência moderna do *logos* quer aceder à sua autonomia e à sua cientificidade, fosse ainda necessário abrir o processo de uma heresia. Este acento começava a se deixar entender assim que, no momento de atar já na mesma possibilidade, a *episteme* e o *logos*, *o Fedro* denunciava a escritura como intrusão da técnica artificiosa, efratura* de uma espécie totalmente original, violência arquetípica: irrupção do *fora* no *dentro*, encetando a interioridade da alma, a presença viva da alma a si no verdadeiro *logos*, a assistência que dá a si mesma a fala. Desta forma enfurecida, a veemente argumentação de Saussure aponta mais que um erro teórico, mais que uma falta moral: uma espécie de nódoa e, antes de mais nada, um pecado. O pecado foi definido frequentemente – por Malebranche e por Kant, entre outros – como a inversão das relações naturais entre a alma e o corpo na paixão. Saussure acusa aqui a inversão de relações naturais entre a fala e a escritura. Não é uma simples analogia: a escritura, a letra, a inscrição sensível, sempre foram consideradas pela tradição ocidental como o corpo e a matéria exteriores ao espírito, ao sopro, ao verbo e ao *logos*. E o problema relativo à alma e ao corpo, sem dúvida alguma, derivou-se do problema da escritura a que parece – ao invés – emprestar as metáforas.

A escritura, matéria sensível e exterioridade artificial: uma "vestimenta". Por vezes, contestou-se que a fala fosse uma vestimenta para o pensamento. Husserl, Saussure, Lavelle não deixaram de fazê-lo. Mas, alguma vez duvidou-se que a escri-

---

* *Efratura*, ou o mesmo que "efração" e "efracção", é termo médico para indicar – segundo Laudelino Freire – o "arrombamento", e traduz aqui o francês *effraction*, que tem sentido jurídico de arrombar uma porta. Denomina-se "bris de clôture" a efratura cometida *de fora* da casa, segundo o *Robert*, sendo que "cloture" (palavra fundamental neste livro, por nós traduzida *clausura*) aqui se refere precisamente ao conjunto de peças que fecham e trancam uma porta. – Note-se que usamos "arrombamento" para traduzir *percée*. (N. dos T.)

tura fosse uma vestimenta da fala? Para Saussure chega a ser uma vestimenta de perversão, de desarranjo, hábito de corrupção e de disfarce, máscara de festa que deve ser exorcizada, ou seja, conjurada pela boa fala: "A escritura vela a visão da língua: ela não é uma vestimenta e sim uma travestimenta" (p. 40). Estranha "imagem". Já se lança suspeição que, se a escritura é "imagem" e "figuração" exterior, esta "representação" não é inocente. O fora mantém com o dentro uma relação que, como sempre, não é nada menos do que simples exterioridade. O sentido do fora sempre foi no dentro, prisioneiro fora do fora, e reciprocamente.

Logo, uma ciência da linguagem deveria reencontrar relações *naturais*, isto é, simples e originais, entre a fala e a escritura, isto é, entre um dentro e um fora. Deveria restaurar sua juventude absoluta e sua pureza de origem, aquém, de uma história e de uma queda que teriam pervertido as relações entre o fora e o dentro. Aí haveria, pois, uma *natureza* das relações entre signos linguísticos e signos gráficos, e é o teórico do arbitrário do signo que dela nos lembra. Segundo os pressupostos histórico-metafísicos que evocamos mais acima, haveria aí, primeiramente, um liame *natural* do sentido aos sentidos e é o que passa do sentido ao som: "liame natural, diz Saussure, o único verdadeiro, o do som" (p. 35). Este liame natural do significado (conceito ou sentido) ao significante fônico condicionaria a relação natural subordinando a escritura (imagem visível, diz-se) à fala. É esta relação natural que teria sido invertida pelo pecado original da escritura: "A imagem gráfica acaba por se impor à custa do som... e inverte-se a relação natural" (p. 35). Malebranche explicava o pecado original, pelo descuido, pela tentação de facilidade e de preguiça, por este *nada* que foi a "distração" de Adão, único culpado diante da inocência do verbo divino: este não exerceu nenhuma força, nenhuma eficácia, pois *não* aconteceu *nada*. Aqui também, cedeu-se à *facilidade*, que curiosamente, mas como sempre, está do lado do artifício técnico e não na inclinação do movimento natural deste modo contrariado ou desviado:

> "Primeiramente, a imagem gráfica das palavras nos impressiona como um objeto permanente e sólido, mais apropriado que o som para constituir a unidade da língua através do tempo. Pouco importa que esse liame seja *superficial* e crie uma unidade puramente *factícia*; é muito mais *fácil* de aprender que o liame *natural*, o único verdadeiro, o do som" (p. 35. O grifo é nosso).

Que "a imagem gráfica das palavras nos impressiona como um objeto permanente e sólido, mais apropriado que o som para constituir a unidade da língua através do tempo" não é, contudo, também um fenômeno natural? É que em verdade, uma natureza má, "superficial", "factícia" e "fácil", por embuste, apaga a natureza boa: a que liga o sentido ao som, o "pensamento-som". Fidelidade à tradição que sempre fez comunicar a escritura com a violência fatal da instituição política. Tratar-se-ia, como para Rousseau por exemplo, de uma ruptura com a natureza, de uma usurpação que acompanha o cegamento teórico sobre a essência natural da linguagem, de qualquer forma sobre o liame natural entre os "signos instituídos" da voz e "a primeira linguagem do homem", o "grito da natureza" (segundo *Discurso*). Saussure: "Mas a palavra escrita se mistura tão intimamente com a palavra falada de que é *a imagem* que acaba por *usurpar-lhe* o papel principal" (p. 34. O grifo é nosso). Rousseau: "A escritura não é senão a representação da fala; é esquisito preocupar-se mais com a determinação da *imagem* que do *objeto*". Saussure: "Quando se diz que cumpre pronunciar uma letra desta ou daquela maneira, toma-se a *imagem* por modelo ... Para explicar esta esquisitice, acrescenta-se que neste caso trata-se de uma pronúncia excepcional" (p. 40[2]). O que é insuportável e fascinante, é exatamente esta intimidade enredando a imagem à coisa, a grafia à fonia, de tal forma que, por um efeito de espelho, de inversão e de perversão, a fala parece, por sua vez, o *speculum* da escritura que "usurpa, assim, o papel principal". A representação ata-se ao que representa, de modo que se fala como se escreve, pensa-se como se o representado não fosse mais que a sombra ou o reflexo do representante. Promiscuidade perigosa, nefasta cumplicidade entre o reflexo e o refletido que se deixa seduzir de modo narcisista. Neste jogo da representação, o ponto

---

2. Estendamos nossa citação para aí tornar sensíveis o tom e o afeto destas proposições teóricas. Saussure *ataca* a escritura: "Outro resultado, é que quanto menos a escritura representa o que deve representar, tanto mais se esforça a tendência a tomá-la por base; os gramáticos se obstinam em chamar a atenção sobre a forma escrita. Psicologicamente, o fato se explica muito bem, mas tem consequências deploráveis. O emprego que se costuma fazer das palavras 'pronunciar' e 'pronúncia' é uma consagração desse abuso e inverte a relação legítima e real existente entre a escritura e a língua. Quando se diz que cumpre pronunciar uma letra desta ou daquela maneira, toma-se a imagem por modelo. Para que se possa pronunciar *oi* como *wa*, seria mister que ele existisse por si mesmo. Na realidade, é *wa* que se escreve *oi*". Em vez de meditar esta estranha proposição, a *possibilidade de* tal *texto* ("é o *wa* que se escreve *oi*"), Saussure concatena: "Para explicar esta esquisitice, acrescenta-se que, nesse caso, trata-se de uma pronúncia excepcional do *o* e do *i*; mas uma vez, uma expressão falsa, pois implica uma dependência da língua no tocante à forma escrita. Dir-se-ia que se permite algo contra a escritura, como se o signo gráfico fosse a norma" (p. 40).

de origem torna-se inalcançável. Há coisas, águas e imagens, uma remessa infinita de uns aos outros mas sem nascente. Não há mais uma origem simples. Pois o que é refletido desdobra-se *em si mesmo* e não só como adição a si de sua imagem. O reflexo, a imagem, o duplo desdobra o que ele reduplica. A origem da especulação torna-se uma diferença. O que se pode ver não é uno e a lei da adição da origem à sua representação, da coisa à sua imagem, é que um mais um fazem pelo menos três. Ora, a usurpação histórica e a esquisitice teórica que instalam a imagem nos direitos da realidade são determinadas como *esquecimento* de uma origem simples. Por Rousseau mas também para Saussure. O deslocamento é somente anagramático: "acabamos por esquecer que aprendemos a falar antes de aprender a escrever, e inverte-se a relação natural" (p. 35). Violência do esquecimento. A escritura, meio mnemotécnico, suprimindo a boa memória, a memória espontânea, significa o esquecimento. É bem precisamente isso que dizia Platão em *Fedro*, comparando a escritura à fala como a *hypomnesis* à *mneme*, o auxiliar lembrete à memória viva. Esquecimento porque mediação e saída fora de si do *logos*. Sem a escritura, este permaneceria em si. A escritura é a dissimulação da presença natural, primeira e imediata do sentido à alma no *logos*. Sua violência sobrevém à alma como inconsciência. Assim, desconstruir esta tradição não consistirá em invertê-la, em inocentar a escritura. Antes, em mostrar por que a violência da escritura não *sobrevém* a uma linguagem inocente. Há uma violência originária da escritura porque a linguagem é primeiramente, num sentido que se desvelará progressivamente, escrita. A "usurpação" começou desde sempre. O sentido do bom direito aparece num efeito mitológico de retorno.

"As ciências e as artes" escolheram domiciliar nesta violência, seu "progresso" consagrou o esquecimento e "corrompeu os costumes". Saussure anagramatiza ainda Rousseau: "A língua literária aumenta ainda mais a importância imerecida da escritura (...) A escritura se arroga, nesse ponto uma importância a que não tem direito" (pp. 35-36). Quando os linguistas enredam-se num erro teórico a este respeito, quando se deixam apanhar, eles são *culpados*, seu erro é primeiramente *moral*: cederam à imaginação, à sensibilidade, à paixão, caíram na "armadilha" (p. 34) da escritura, deixaram-se fascinar pelo "prestígio da escritura" (*ibidem*), deste costume, desta segunda natureza. "A língua tem, pois, uma tradição oral independente da escritura, e bem diversamente fixa: todavia, o prestígio da forma escrita nos impede de vê-lo". Não seríamos, pois, cegos ao visível, mas sim, cegados pelo visível, ofuscados pela escritura. "Os primeiros linguistas se enganaram nisso da mesma maneira que, antes deles, os humanistas. O próprio Bopp... Seus sucessores imediatos caíram na mesma armadilha." Rousseau já dirigia a mesma crítica aos Gramáticos: "Para os Gramáticos, a arte da palavra não é quase nada diversa da arte da escritura".[3] Como sempre, a "armadilha" é o artifício dissimulado na natureza. Isto explica que o *Curso de linguística geral* trate *primeiramente* deste estranho sistema externo que é a escritura. Preliminar necessária. Para restituir o natural a si mesmo é preciso *primeiramente* desmontar a armadilha. Ler-se-á um pouco além:

"Ter-se-ia que substituir de imediato o artificial pelo natural, isso, porém, é impossível enquanto não tenham sido estudados os sons da língua ainda; pois, separados de seus signos gráficos, eles representam apenas noções vagas, e prefere-se então o apoio, ainda que enganoso, da escritura. Assim, os primeiros linguistas que nada sabiam da fisiologia dos sons articulados, caíam a todo instante, nestas armadilhas: desapegar se da letra era para eles, perder o pé; para nós, constitui o primeiro passo rumo à verdade" (p. 42; início do capítulo sobre *A fonologia*).

Para Saussure, ceder ao "prestígio da escritura" é, dizíamos há pouco, ceder à *paixão*. É a paixão – e examinamos com cuidado esta palavra – que Saussure analisa e critica aqui, como moralista e psicólogo de velhíssima tradição. Como se sabe, a paixão é tirânica e escravizante: "A crítica filológica é falha num particular: apega-se muito servilmente à língua escrita e esquece a língua viva" (p. 18). "Tirania da letra" afirma logo mais Saussure (p. 41). Esta tirania é, no fundo, a dominação do corpo sobre a alma, a paixão é uma passividade e uma doença da alma, a perversão moral é *patológica*. A ação de volta da escritura sobre a fala é "viciosa", afirma Saussure, "trata-se (propriamente) de um fato patológico" (pp. 40 e 41). A inversão das relações naturais teria assim engendrado o perverso culto da letra-imagem: pecado de idolatria, "superstição pela letra" diz Saussure nos *Anagramas*[4], onde, aliás, tem dificuldades para provar a existência de um "fonema anterior a toda escritura". A perversão do artifício engendra monstros. A escritura, como to-

---

3. Manuscrito colhido na Pléiade sob o título *Prononciation* (t. II, p. 1248). Situa-se sua redação por volta de 1761 (ver a nota dos editores da Pléiade). A frase que acabamos de citar é a última do fragmento tal como está publicado na Pléiade. Ela não aparece na edição parcial do mesmo grupo de notas por Streckeisen-Moultou, sob o título de "Fragment d'un Essai sur les langues" e "Notes détachées sur le même sujet", in *Oeuvres inédites de J.-J. Rousseau*, 1861. p. 295.

4. Texto apresentado por J. Starobinski no *Mercure de France* (fev. 1964).

das as línguas artificiais que se gostaria de fixar e subtrair à história viva da língua natural, participa da monstruosidade. É um afastamento da natureza. A característica de tipo leibniziano e o esperanto estariam aqui no mesmo caso. A irritação de Saussure diante de tais possibilidades dita-lhe comparações triviais: "O homem que pretendesse criar uma língua imutável, que a posteridade deveria aceitar tal qual a percebesse, se assemelharia à galinha que chocou um ovo de pata" (p. 91). E Saussure quer salvar não apenas a *vida natural* da língua mas também os hábitos naturais da escritura. É preciso proteger a vida espontânea. Assim, no interior da escritura fonética comum, é preciso não se permitir a introdução da exigência científica e do gosto da exatidão. A racionalidade seria aqui portadora de morte, desolação e de monstruosidade. Daí por que manter a ortografia comum protegida dos procedimentos de notação do linguista e *evitar a multiplicação dos signos diacríticos*:

> "Haveria razões para substituir um alfabeto fonológico à ortografia atual? Esta questão tão interessante pode apenas ser aflorada aqui; para nós, a escritura fonológica deve servir apenas aos linguistas. Antes de tudo, como fazer os ingleses, alemães, franceses etc. adotarem um sistema uniforme. Além disso, um alfabeto aplicável a todos os idiomas correria o risco de atravancar-se de signos diacríticos; sem falar do aspecto desolador que apresentaria uma página de um texto que tal, é evidente que, a força de precisar, semelhante escritura obscureceria o que quisesse esclarecer e atrapalharia o leitor. Estes inconvenientes não seriam compensados por vantagens suficientes. Fora da Ciência, a exatidão fonológica não é muito desejável" (p. 44).

Que não se confunda nossa intenção. Pensamos que são boas as razões de Saussure, e não se trata de questionar, *ao nível em que ele o diz*, a verdade *do que diz* Saussure com tal entonação. E na medida em que uma problemática explícita, uma *crítica* das relações entre fala e escritura não é elaborada, o que ele denuncia como preconceito cego dos linguistas clássicos ou da experiência comum continua realmente um preconceito cego, sobre a base de um pressuposto geral que é, sem dúvida, comum aos acusados e ao promotor.

Preferiríamos colocar os limites e os pressupostos do que aqui parece óbvio e tem para nós as características e a validade da evidência. Os limites já começaram a aparecer: por que um projeto de linguística *geral, relativo ao sistema interno em geral da língua em geral*, desenha os limites de seu campo dele excluindo como *exterioridade em geral*, um sistema *particular* de escritura, por importante que seja este, e, ainda que fosse *de fato* universal?[5] Sistema particular que tem justamente por *princípio* ou ao menos por projeto *declarado* ser exterior ao sistema da língua falada. Declaração de princípio, voto piedoso e violência histórica de uma fala sonhando sua plena presença a si, vivendo a si mesma como sua própria reassunção: autodenominada linguagem, autoprodução da fala dita viva, capaz, dizia Sócrates, de se dar assistência a si mesma, *logos* que acredita ser para si mesmo seu próprio pai, elevando-se assim acima do discurso escrito, *infans* e enfermo por não poder responder quando é interrogado e que, tendo "sempre necessidade da assistência de seu pai" (τοῦ πατρὸς ἀεῖ δεῖται βοηθοῦ – *Fedro* 275 d) deve pois ter nascido de um corte de uma *expatriação* primeira, consagrando-o à errância, ao cegamento, ao luto. Autodenominada linguagem mas fala iludida ao se crer totalmente viva, e violenta por não ser "capaz de se defender" (δυνατὸς μὲυ ἀμῦναι ἑαυτῷ) a não ser expulsando o outro e primeiramente, o *seu* outro, precipitando-o *fora* e *abaixo* sob o nome de escritura. Mas, por mais importante que seja e nem que fosse de fato universal ou chamado a vir-a-ser universal, este modelo particular, a escritura fonética, *não existe*: nunca nenhuma prática é puramente fiel a seu princípio. Antes mesmo de falar, conforme faremos mais adiante, de uma infidelidade radical e *a priori* necessária, pode-se já notar os seus fenômenos compactos na escritura matemática ou na pontuação, *no espaçamento* em geral, que dificilmente podem ser considerados como simples acessórios da escritura. Que uma fala dita viva possa prestar-se ao espaçamento na sua própria escritura, eis o que originariamente a relaciona com sua própria morte.

A "usurpação" enfim de que fala Saussure, a violência pela qual a escritura se substituiria, à sua própria origem, ao que deveria não somente tê-la engendrado mas ser engendrado por si mesmo, uma tal inversão de poder não pode ser uma aberração acidental. A usurpação nos remete necessariamente a uma profunda possibilidade de essência. Esta inscreve-se, não há dúvida, na própria fala e teria sido necessário interrogá-la, talvez mesmo de partida.

5. Aparentemente, Rousseau é mais prudente no fragmento sobre a *Prononciation*: "A análise do pensamento se faz pela fala, e a análise da fala pela escritura; a fala representa o pensamento por signos convencionais, e a escritura representa da mesma forma a fala; assim, a arte de escrever é somente uma representação mediata do pensamento, *ao menos quanto às línguas vocais, as únicas que sejam usadas entre nós*" (p. 1249) (O grifo é nosso). Apenas aparentemente, pois se Rousseau não se permite aqui falar *em geral* de todo sistema, como Saussure, as noções de mediate e de "língua vocal" deixam o enigma intato. Portanto, deveremos voltar aí.

Saussure confronta o sistema da língua falada com o sistema da escritura fonética (e mesmo alfabética) como com o *telos* da escritura. Esta teleologia leva a interpretar como crise passageira e acidente de percurso toda irrupção do não fonético na escritura, e se teria o direito de considerá-la como um etnocentrismo ocidental, um primitivismo pré-matemático e um intuicionismo pré-formalista. Mesmo que esta teleologia responda a alguma Necessidade absoluta, deve ser problematizada como tal. O escândalo da "usurpação" a isto convidava expressamente e do interior. A armadilha, a usurpação, como foram possíveis? Na resposta a esta questão, Saussure nunca vai além de uma psicologia das paixões ou da imaginação; e de uma psicologia reduzida a seus esquemas mais convencionais. Explica-se aqui, melhor que em qualquer outra parte, por que toda a linguística, setor determinado no interior da semiologia, colocou-se sob a autoridade e a vigilância da psicologia: "Cabe ao psicólogo determinar o lugar exato da semiologia" (p. 24). A afirmação do liame essencial, "natural", entre a *phoné* e o sentido; o privilégio atribuído a uma ordem de significante (que se torna então o significado maior de todos os outros significantes) pertencem expressamente, e em contradição com outros níveis do discurso saussuriano, a uma psicologia da consciência e da consciência intuitiva. O que aqui não é interrogado por Saussure, é a possibilidade essencial da não intuição. Como Husserl, Saussure determina teleologicamente esta não intuição como *crise*. O simbolismo *vazio* da notação escrita – na técnica matemática por exemplo – é, também para o intuicionismo husserliano, o que nos exila para longe da evidência *clara* do sentido, isto é, da presença plena do significado na sua verdade, abrindo assim a possibilidade da crise. Esta é verdadeiramente uma crise do *logos*. No entanto, esta possibilidade permanece, para Husserl, ligada ao próprio movimento da verdade e à produção da objetividade ideal: esta, com efeito, tem uma necessidade essencial da escritura[6]. Por toda uma face de seu texto, Husserl nos dá a pensar que a negatividade da crise não é um simples acidente. Mas, então, é sobre o conceito de crise que seria necessário lançar suspeição, no que o liga a uma determinação dialética e teleológica da negatividade.

Por outro lado, para dar conta da "usurpação" e da origem da "paixão" o argumento clássico e bastante superficial da permanência sólida da coisa escrita, para não ser simplesmente falso, recorre a descrições que, precisamente, não são mais da

6. Cf. *A origem da geometria*.

alçada da psicologia. Esta, não poderá jamais encontrar em seu espaço aquilo pelo qual se constitui a ausência do signatário, sem falar da ausência de referente. Ora, a escritura é o nome destas duas ausências. Explicar a usurpação pelo poder de duração da escritura, pela virtude de *dureza* da substância de escritura, não será contradizer, além do mais, do que em outro lugar é afirmado da tradição oral da língua que seria "independente da escritura e, bem diversamente fixa"? (p. 35). Se estas duas "fixidezas" fossem da mesma natureza e se a fixidez da língua falada fosse superior e independente, a origem da escritura, seu "prestígio" e sua pretensa nocividade permaneceriam um mistério inexplicável. Tudo ocorre, então, como se Saussure quisesse *ao mesmo tempo* demonstrar a alteração da fala pela escritura, denunciar o mal que esta faz àquela, e sublinhar a independência inalterável e natural da língua. "A língua independe da escritura" (p. 34), tal é a verdade da natureza. E, no entanto, a natureza é afetada – de fora – por uma perturbação que a modifica no seu dentro, que a desnatura e obriga-a a afastar-se de si mesma. A natureza desnaturando-se a si mesma, afastando-se *de si mesma*, acolhendo naturalmente seu fora no seu dentro, é a *catástrofe*, evento natural que perturba a natureza, ou a *monstruosidade*, afastamento natural na natureza. A função assumida no discurso rousseauísta, conforme veremos, pela catástrofe, é aqui delegada à *monstruosidade*. Citemos na sua totalidade, a conclusão do capítulo VI do *Curso* ("Representação da língua pela escritura"), que deveria ser comparada com o texto de Rousseau sobre a *Pronúncia*:

"Todavia, a tirania da letra vai mais longe ainda; à força de impor-se à massa, influi na língua e a modifica. Isso só acontece nos idiomas muito literários em que o documento escrito desempenha papel considerável. Então, a imagem visual alcança criar pronúncias viciosas; trata-se, propriamente, de um fato patológico. Isso se vê amiúde em francês. Dessarte, para o nome de família *Lefèvre* (do latim *faber*) havia duas grafias, uma popular e simples, *Lefèvre*, outra erudita e etimológica, *Lefèbvre*. Graças à confusão de *v* e *u* na escrita antiga, *Lefèbvre* foi lida *Lefebvre*, com um *b* que jamais existiu realmente na palavra, e um *u* proveniente de um equívoco. Ora, atualmente esta forma é de fato pronunciada" (p. 41).

Onde está o mal? Talvez se diga. E o que se investiu na "fala viva" que torne insuportáveis estas "agressões" da escritura? Que comece mesmo por determinar a ação constante da escritura como deformação e agressão? Qual proibição assim se transgrediu? Onde está o sacrilégio? Por que a língua maternal deveria ser subtraída à operação da escritura? Por que determinar esta operação como uma violência, e por que a transformação seria somente uma deformação? Por que a língua materna deveria não ter história, ou, o que dá na mesma, produzir sua própria história de modo perfeitamente natural, autístico e doméstico, sem nunca ser afetada de nenhum fora? Por que querer punir a escritura por um crime monstruoso, a ponto de pensar em reservar-lhe, no próprio tratamento científico, um "compartimento especial" mantendo-a à distância? Pois, é exatamente numa espécie de leprosário intralinguístico que Saussure quer conter e concentrar este problema das deformações pela escritura. E, por estar convencido de que ele receberia muito mal se inocentes questões que acabamos de colocar – uma vez que, por fim, *Lefébure não está mal* e podemos gostar deste jogo – leiamos o que se segue. Explica-nos que não há aí um "jogo natural" e seu acento é pessimista: "É provável que estas deformações se tornem sempre mais frequentes, e que se pronunciem cada vez mais letras inúteis". Como em Rousseau, e no mesmo contexto, a capital é acusada: "Em Paris já se diz: *sept femmes*, fazendo soar o *t*". Estranho exemplo. O afastamento histórico – pois é mesmo a história que seria necessária parar para proteger a língua contra a escritura, somente se prolongará:

"Darmester prevê o dia em que se pronunciarão até mesmo as duas letras finais de *vingt*, verdadeira *monstruosidade* ortográfica. Essas *deformações* fônicas pertencem verdadeiramente à língua, apenas *não resultam de seu funcionamento natural*; são devidas a um fator que lhe é *estranho*. A Linguística deve pô-las em observação num *compartimento especial*: são casos teratológicos" (p. 41. O grifo é nosso).

Vê-se que os conceitos de fixidez, de permanência e de duração, que servem aqui para pensar as relações da fala e da escritura são muito frouxos e abertos a todos os investimentos* não críticos. Exigiriam análises mais atentas e mais minuciosas. O mesmo se dá com a explicação segundo a qual "na maioria dos indivíduos as impressões visuais são mais nítidas e mais duradouras que as impressões acústicas" (p. 35). Esta explicação da "usurpação" não é só empírica em sua forma, ela é problemática em seu conteúdo, refere-se a uma metafísica e a uma

---

* Segundo o *Vocabulaire de la Psychanalyse* (Presses Universitaires de France, 1968), de Jean Laplanche e J.-B. Pontalis, o substantivo "investissement" (tradução do alemão *Besetzung*) corresponde ao inglês "cathexis" e, em português, aos termos *investimento* (que adotamos) ou *carga*. Trata-se, em Freud, de "conceito econômico: faz que uma certa energia psíquica se ache ligada a uma representação ou a um grupo de representações, a uma parte do corpo, a um objeto etc." (N. dos T.)

velha fisiologia das faculdades sensíveis incessantemente desmentida pela ciência, assim como pela experiência da linguagem e do corpo próprio como linguagem. Faz imprudentemente da visibilidade o elemento sensível, simples e essencial da escritura. Sobretudo, ao considerar o audível como o meio *natural* em que a língua deve *naturalmente* recortar e articular seus signos instituídos, aí exercendo desta forma seu arbitrário, esta explicação exclui qualquer possibilidade de alguma relação natural entre fala e escritura no exato momento em que a afirma. Ela confunde, então, as noções de natureza e de instituição de que se serve constantemente, em vez de demiti-las deliberadamente, o que, indubitavelmente deveria ser a primeira coisa a fazer. Ela contradiz, por fim e sobretudo, a afirmação capital segundo a qual "o essencial da língua é estranho ao caráter fônico do signo linguístico" (p. 14). Logo nos deteremos nesta afirmação, nela transparece o avesso da assertiva saussuriana denunciando as "ilusões da escritura".

O que significam estes limites e estes pressupostos? Primeiramente, que uma linguística não é *geral* enquanto definir seu fora e seu dentro, a partir de modelos linguísticos *determinados*; enquanto não distinguir rigorosamente a essência e o fato em seus graus respectivos de generalidade. O sistema da escritura em geral não é exterior ao sistema da língua em geral, a não ser que se admita que a divisão entre o exterior e o interior passe no interior do interior ou no exterior do exterior, chegando a imanência da língua a ser essencialmente exposta à intervenção de forças aparentemente estranhas a seu sistema. Pela mesma razão a escritura em geral não é "imagem" ou "figuração" da língua em geral, a não ser que se reconsidere a natureza, a lógica e o funcionamento da imagem no sistema de que se quereria excluí-la. A escritura não é signo do signo, a não ser que o afirmemos, o que seria mais profundamente verdadeiro, de todo signo. Se todo signo remete a um signo, e se "signo de signo" significa escritura, tornar-se-ão inevitáveis algumas conclusões, que consideraremos no momento oportuno. O que Saussure via sem vê-lo, sabia sem *poder* levá-lo em conta, seguindo nisto toda a tradição da metafísica, é que um certo modelo de escritura impôs-se necessária mas provisoriamente, (quase à infidelidade de princípio, à insuficiência de fato e à usurpação permanente) como instrumento e técnica de representação de um sistema de língua. E que este movimento, único em seu estilo, foi mesmo tão profundo que permitiu pensar, *na língua*, conceitos tais como os de signo, técnica, representação, língua. É no sistema de língua associado à escritura fonético-alfabética que se produziu a metafísica logocêntrica determinando o sentido do ser como presença. Este logocentrismo, esta *época* da plena fala sempre colocou entre parênteses, *suspendeu*, reprimiu, por razões essenciais, toda reflexão livre sobre a origem e o estatuto da escritura, toda ciência da escritura que não fosse *tecnologia* e *história de uma técnica* apoiadas numa mitologia e numa metafórica da escritura natural. É este logocentrismo que, ao limitar através de uma má abstração o sistema interno de língua em geral, impede a Saussure e à maior parte de seus sucessores[7] a determinação plena e explícita do que tem como nome "o objeto integral e concreto da linguística" (p. 16).

Mas, inversamente, conforme anunciamos mais acima, é justamente quando não lida expressamente com a escritura, justamente quando acreditou fechar o parêntese relativo a este problema, que Saussure libera o campo de uma gramatologia geral. Que não somente não mais seria excluída da linguística geral, como também dominá-la-ia e nela a compreenderia. Então percebe-se que o que havia sido desterrado, o errante proscrito da linguística, nunca deixou de perseguir a linguagem como sua primeira e mais íntima possibilidade. Então, algo se escreve no discurso saussuriano, que nunca foi dito e que não é senão a própria escritura como origem da linguagem. Então, da usurpação e das armadilhas condenadas no capítulo VI, é esboçada uma explicação profunda mas indireta, que alterará até mesmo a forma da questão a que ele respondeu muito precocemente.

O FORA X O DENTRO

A tese do *arbitrário* do signo (tão mal denominado, e não só pelas razões que mesmo Saussure reconhecia[8]) deveria proibir a distinção radical entre signo linguístico e signo gráfico.

---

7. "A face significante da língua somente pode consistir em regras segundo as quais é ordenada a face fônica do ato de fala." Troubetzkói, *Princípios de fonologia*, tr. fr., p. 2. É em *Fonologia e fonética* de Jakobson e Halle (primeira parte de *Fundamentals of language*, recolhida e traduzida in *Essais de linguistique générale*, p. 103) que a linha fonologista do projeto saussuriano se encontra, a que parece, mais sistemática e rigorosamente defendida, especialmente contra o ponto de vista "algébrico" de Hjelmslev.

8. P. 101. Para além dos escrúpulos formulados pelo próprio Saussure, todo um sistema de críticas intralinguísticas pode ser oposto à tese do "arbitrário do signo". Cf. Jakobson, "À procura da essência da linguagem", in *Linguística e Comunicação*, Ed. Cultrix, e Martinet, *A linguística sincrônica*, Ed. Tempo Brasileiro. Mas estas críticas não ferem – e não o pretendem aliás – a intenção profunda de Saussure visando a descontinuidade e a imotivação próprias à estrutura, se não a origem do signo.

Sem dúvida, esta tese se refere somente, *no interior* de uma relação pretensamente natural entre a voz e o sentido em geral, entre a ordem dos significantes fônicos e o conteúdo dos significados ("o liame natural, o único verdadeiro, o do som"), à Necessidade das relações entre significantes e significados determinados. Somente estas últimas relações seriam regidas pelo arbitrário. No interior da relação "natural" entre os significantes fônicos e seus significados *em geral*, a relação entre cada significante determinado e cada significado determinado seria "arbitrária".

Ora, a partir do momento em que se considera a totalidade dos signos determinados, falados e *a fortiori* escritos, como instituições imotivadas, dever-se-ia excluir toda relação de subordinação natural, toda hierarquia natural entre significantes ou ordens de significantes. Se "escritura" significa inscrição e primeiramente instituição durável de um signo (e é este o único núcleo irredutível do conceito de escritura), a escritura em geral abrange todo o campo dos signos linguísticos. Neste campo pode aparecer a seguir uma certa espécie de significantes instituídos, "gráficos" no sentido estrito e derivado desta palavra, regidos por uma certa relação a outros significantes instituídos, portanto "escritos" mesmo que sejam "fônicos". A ideia mesma de instituição – logo, do arbitrário do signo – é impensável antes da possibilidade da escritura e fora de seu horizonte. Isto é, simplesmente fora do próprio horizonte, fora do mundo como espaço de inscrição, abertura para a emissão e *distribuição* espacial dos signos, para o *jogo regrado* de suas diferenças, mesmo que fossem "fônicas".

Continuemos por algum tempo a utilizar esta oposição da natureza e da instituição, de *physis* e de *nomos* (que também significa, não esqueçamos, distribuição e divisão regida precisamente pela *lei*) que uma meditação da escritura deveria abalar uma vez que funciona em toda parte como óbvia particularmente no discurso da linguística. Assim, é necessário concluirmos que somente os signos ditos *naturais*, aqueles que Hegel e Saussure chamam de "símbolos", escapam à semiologia como gramatologia. Mas caem, *a fortiori*, fora do campo da linguística como região da semiologia geral. A tese do arbitrário do signo contesta, pois indiretamente, mas, sem apelo, o propósito declarado de Saussure, quando ele expulsa a escritura para as trevas exteriores da linguagem. Esta tese justifica uma relação convencional entre o fonema e o grafema (na escritura fonética, entre o fonema, significante-significado, e o grafema, puro significante) mas proíbe, por isso mesmo, que este seja uma "imagem" daquele. Ora, seria indispensável para a exclusão da escritura como "sistema externo" que esta estampasse uma "imagem", uma "representação" ou uma "figuração", um reflexo exterior da realidade da língua.

Pouco importa, pelo menos aqui, que haja, de fato, uma filiação ideográfica do alfabeto. Esta importante questão é muito debatida pelos historiadores da escritura. O que conta aqui, é que na estrutura sincrônica e no princípio sistemático da escritura alfabética – e fonética em geral – nenhuma relação de representação "natural" esteja implicada, nenhuma relação de semelhança ou de participação, nenhuma relação "simbólica" no sentido hegeliano-saussuriano, nenhuma relação "iconográfica" no sentido de Peirce.

Portanto, deve-se recusar, em nome do arbitrário do Signo, a definição saussuriana da escritura como "imagem" – logo, como símbolo natural – da língua. Sem pensar que o fonema é o próprio *inimaginável*, e que nenhuma visibilidade a ele pode se *assemelhar*, basta considerar o que diz Saussure da diferença entre o símbolo e o signo (p. 82) para que não mais compreendamos como pode ao mesmo tempo dizer que a escritura é "imagem" ou "figuração" da língua e, em outro lugar, definir a língua e a escritura como "dois sistemas distintos de signos" (p. 34). Pois, o próprio do signo é não ser imagem. Através de um movimento que, sabe-se, deu tanto a pensar a Freud na *Traumdeutung**, Saussure acumula desta forma os argumentos contraditórios para conseguir a decisão satisfatória: a exclusão da escritura. Na verdade, mesmo na escritura dita fonética, o significante "gráfico" remete ao fonema através de uma rede com várias dimensões que o liga, como todo significante, a outros significantes escritos e orais, no interior de um sistema "total", ou seja, aberto a todas as cargas de sentidos possíveis. É da possibilidade deste sistema total que é preciso partir.

Portanto, Saussure nunca pôde pensar que a escritura fosse verdadeiramente uma "imagem", uma "figuração", uma "representação" da língua falada, um símbolo Se considerarmos que ele precisou, contudo, destas noções inadequadas para decretar a exterioridade da escritura, devemos concluir que todo um estrato de seu discurso, a intenção do capítulo VI ("Representação da língua pela escritura") não era em nada científica. Ao afirmar isto, não visamos, inicialmente, a intenção ou a motivação de Ferdinand de Saussure, mas toda a tradição não crítica de que

* Referência à obra de Freud. *A Interpretação dos Sonhos*. (N. dos T.)

aqui é ele o herdeiro. A que zona do discurso pertence este funcionamento estranho da argumentação, esta coerência do desejo produzindo-se de modo quase que onírico – mas, mais esclarecendo o sonho que se deixando esclarecer por ele – através de uma lógica contraditória? Como se articula este funcionamento com o conjunto do discurso teórico através de toda a história da ciência? Ou melhor, como, a partir do interior, trabalha ele o próprio conceito de ciência? Somente quando esta questão estiver elaborada – se estiver algum dia –, quando se tiver determinado fora de qualquer psicologia (assim como de qualquer ciência do homem), fora da metafísica (que hoje pode ser "marxista" ou "estruturalista"), os conceitos requeridos por este funcionamento, quando se for capaz de respeitar todos os seus níveis de generalidade e de enquadramento, somente então poderá ser colocado rigorosamente o problema da pertencença articulada de um texto (teórico ou qualquer outro) a um conjunto: aqui, por exemplo, a situação do texto saussuriano, de que por enquanto não tratamos, é evidente, como um índice muito claro numa situação dada, sem ainda pretender colocar os conceitos requeridos pelo funcionamento de que acabamos de falar. Nossa justificativa seria a seguinte: este índice e alguns outros (de modo geral, o tratamento do conceito de escritura) já nos dão o meio seguro para encetar a desconstrução da *totalidade maior* – o conceito de *episteme* e a metafísica logocêntrica – em que se produziram sem jamais colocar a questão radical da escritura, todos os métodos ocidentais de análise, de explicação, de leitura ou de interpretação.

É preciso agora pensar a escritura como ao mesmo tempo mais exterior à fala, não sendo sua "imagem" ou seu "símbolo" e, mais interior à fala que já é em si mesma uma escritura. Antes mesmo de ser ligado à incisão, à gravura, ao desenho ou à letra, a um significante remetendo, em geral, a um significante por ele significado, o conceito de grafia implica, como a possibilidade comum a todos os sistemas de significação, a instância do *rastro instituído*. Daqui para frente nosso esforço visará arrancar lentamente estes dois conceitos ao discurso clássico de que necessariamente são emprestados. Este esforço será trabalhoso e sabemos *a priori* que sua eficácia nunca será pura e absoluta.

O rastro instituído é "imotivado" mas não é caprichoso. Como a palavra "arbitrário", segundo Saussure, ele "não deve dar a ideia de que o significante dependa da livre escolha do que fala" (p. 83). Simplesmente, não tem nenhuma "amarra natural" com o significado na realidade. A ruptura desta "amarra natural" vem-nos recolocar em questão muito mais a ideia de naturalidade que a de amarra. É por isso que a palavra "instituição" não deve ser apressadamente interpretada no sistema das oposições clássicas.

Não se pode pensar o rastro instituído sem pensar a retenção da diferença numa estrutura de remessa onde a diferença aparece *como tal* e permite desta forma uma certa liberdade de variação entre os termos plenos. A ausência de um *outro* aqui-agora, de um outro presente transcendental, de uma *outra* origem do mundo manifestando-se como tal, apresentando-se como ausência irredutível na presença do rastro, não é uma fórmula metafísica que substituída por um conceito científico da escritura. Esta fórmula, mais que a contestação *da* metafísica, descreve a estrutura implicada pelo "arbitrário do signo", desde que se pense a sua possibilidade aquém da oposição derivada entre natureza e convenção, símbolo e signo etc. Estas oposições somente têm sentido a partir da possibilidade do rastro. A "imotivação" do signo requer uma síntese em que o totalmente outro anuncia-se como tal – sem nenhuma simplicidade, nenhuma identidade, nenhuma semelhança ou continuidade – no que não é ele. *Anuncia-se como tal*: aí está toda a *história*, desde o que a metafísica determinou como o "não vivo" até a "consciência", passando por todos os níveis da organização animal. O rastro, onde se imprime a relação ao outro, articula sua possibilidade sobre todo o campo do ente, que a metafísica determinou como ente-presente a partir do movimento escondido do rastro. É preciso pensar o rastro antes do ente. Mas o movimento do rastro é necessariamente ocultado, produz-se como ocultação de si. Quando o outro anuncia-se como tal, apresenta-se na dissimulação de si. Esta formulação não é teológica, como se poderia crer com alguma precipitação. O "teológico" é um momento determinado no movimento total do rastro. O campo do ente, antes de ser determinado como campo de presença, estrutura-se conforme as diversas possibilidades – genéticas e estruturais – do rastro. A apresentação do outro como tal, isto é, a dissimulação de seu "como-tal", começou desde sempre e nenhuma estrutura do ente dela escapa.

É por isso que o movimento da "imotivação" passa de uma estrutura a outra quando o "signo" atravessa a etapa do "símbolo". É num certo sentido e segundo uma certa estrutura determinada do "como-tal" que somos autorizados a dizer que ainda não há imotivação no que Saussure chama de "símbolo" e que não interessa – pelo menos provisoriamente, diz ele – à semiologia. A estrutura geral do rastro imotivado faz comunicar na mesma possibilidade e sem que possamos separá-los a não ser por abstração, a estrutura da relação com o outro, o movimento da temporalização e a linguagem como escritura. Sem remeter a uma "natureza", a imotivação do rastro sempre *veio-a-ser*. Para dizer a verdade, não existe rastro imotivado: o rastro é indefinidamente seu próprio vir-a-ser-imotivado. Em linguagem saussuriana, seria necessário dizer, o que Saussure não faz: não há símbolo e signo e sim um vir-a-ser-signo do símbolo.

Assim, não seria preciso dizê-lo, o rastro de que falamos não é mais *natural* (não é a marca, o signo natural, ou o índice no sentido husserliano) que *cultural*, não mais físico que psíquico, biológico que espiritual. É aquilo a partir do qual um vir-a-ser-imotivado do signo é possível e com ele, todas as oposições ulteriores entre a *physis* e seu outro.

Em seu projeto de semiótica. Peirce parece ter estado mais atento que Saussure à irredutibilidade deste vir-a-ser-imotivado. Em sua terminologia, é de um vir-a-ser-imotivado que é necessário falar, a noção de símbolo tendo aqui um papel análogo àquele do signo que Saussure opõe precisamente ao símbolo:

"Symbols grow. They come into being by development out of other signs, particulary from icons, or from mixed signs partaking of the nature of icons and symbols. We think only in signs. These mental signs are of mixed nature; the symbols parts of them are called concepts. If a man makes a new symbol, it is by thoughts involving concepts. So it is only out of symbols that a new symbol can grow. Omne symbolum de symbolo[9].*

Peirce faz justiça a duas exigências aparentemente incompatíveis. A falha aqui seria sacrificar uma pela outra. É preciso reconhecer o enraizamento do simbólico (no sentido de Peirce: do "arbitrário do signo") no não simbólico, numa ordem de significação anterior e ligada: "Symbols grow. They come into being by development out of other signs, particularly from icons, or from mixed signs..." Mas este enraizamento não deve comprometer a originalidade estrutural do campo simbólico, a autonomia de um domínio, de uma produção e de um jogo: "So it is

---
9. *Elements of Logic*, liv. II, p. 302.

* "Símbolos crescem. Passam a ser, brotando de outros signos, particularmente de ícones ou de signos mistos que partilham da natureza de ícones ou símbolos. Pensamos somente em signos. Estes signos mentais são de natureza mista; as suas partes-símbolos são denominadas conceitos. Se um homem produz um novo símbolo, é através de pensamentos envolvendo conceitos. Portanto, é só a partir de símbolos que um novo símbolo pode surgir. *Omne symbolum de symbolo.*" (N. dos T.)

only out of symbols that a new symbol can grow. Omne symbolum de symbolo".

Mas nos dois casos o enraizamento genético remete de signo a signo. Nenhum solo de não significação – entendido como insignificância ou como intuição de uma verdade presente – estende-se, para firmá-lo, sob o jogo e o devir dos signos. A semiótica não depende mais de uma lógica. A lógica, segundo Peirce, não é senão uma semiótica: "A lógica, em seu sentido geral, não é, conforme creio ter mostrado, senão um outro nome para a semiótica (σημειωτιχή), a doutrina quase necessária, ou formal dos signos". E a lógica no sentido clássico, a lógica "propriamente dita", a lógica não formal dirigida pelo valor de verdade, não ocupa nesta semiótica mais que um nível determinado e não fundamental. Como em Husserl (mas a analogia, apesar de dar muito que pensar, pararia por aí e cumpre manipulá-la prudentemente), o nível mais baixo, a fundação de possibilidade da lógica (ou semiótica) corresponde ao projeto da *Grammatica speculativa* de Thomas d'Erfurt, abusivamente atribuída a Duns Scot. Como Husserl, Peirce a isto se refere expressamente. Trata-se de elaborar, nos dois casos, uma doutrina formal das condições a que um discurso deve satisfazer para ter um sentido, para "querer dizer", mesmo sendo falso ou contraditório. A morfologia geral deste querer dizer[10] (*Bedeutung, meaning*) é independente de qualquer lógica da verdade.

"A ciência da semiótica tem três ramos. Duns Scot chamou ao primeiro de *grammatica speculativa*. Poderíamos chamá-lo *gramática pura*. Tem como tarefa determinar o que deve ser verdadeiro do *representamen* utilizado por todo espírito científico para que ele possa exprimir um sentido qualquer (*any meaning*). O segundo é a lógica propriamente dita. É a ciência do que é quase necessariamente verdadeiro dos *representamina* de qualquer inteligência científica para que ela possa ter um *objeto* qualquer, ou seja, ser verdadeira. Em outras palavras, a lógica propriamente dita é a ciência formal das condições da verdade das representações. Ao terceiro ramo, chamarei, imitando o modo de Kant ao restaurar velhas associações de palavras assim instituindo uma nomenclatura para concepções novas, *retórica pura*. Tem como tarefa determinar as leis segundo as quais, em toda inteligência científica, um signo gera um outro signo, e mais particularmente segundo as quais um pensamento engendra um outro"[11].

Peirce vai muito longe em direção ao que chamamos mais acima a desconstrução do significado transcendental, que, num

---

10. Nós justificamos esta tradução de *Bedeuten* por querer-dizer em *La Voix et le phénomène*.
11. *Philosophical writings, cap.* 7, p. 99.

ou outro instante, daria um final tranquilizante à remessa de signo a signo. Identificamos o logocentrismo e a metafísica da presença como o desejo exigente, potente, sistemático e irreprimível, de um tal significado. Ora, Peirce considera a indefinidade da remessa como o critério que permite reconhecer que se lida efetivamente com um sistema de signos. *O que enceta o movimento da significação é o que torna impossível a sua interrupção. A própria coisa é um signo.* Proposição inaceitável para Husserl cuja fenomenologia permanece, por isso – isto é, em seu "princípio dos princípios" – a restauração mais radical e mais crítica da metafísica da presença. A diferença entre a fenomenologia de Husserl e a de Peirce é fundamental pois refere-se aos conceitos de signo e de manifestação da presença, às relações entre a representação e a apresentação originária da própria coisa (a verdade). Peirce aqui, indubitavelmente, está mais próximo do inventor da palavra *fenomenologia*: Lambert propunha-se com efeito "reduzir a *teoria das coisas* à *teoria dos signos*". Segundo a "faneroscopia" ou "fenomenologia" de Peirce, a *manifestação* ela mesma não revela uma presença, ela faz signo. Pode-se ler nos *Princípios da fenomenologia* que "a ideia de *manifestação* é a ideia de um signo"[12]. Portanto, não há uma fenomenalidade que reduza o signo ou o represente para enfim deixar a coisa significada brilhar no clarão de sua presença. A tal "própria coisa" é desde sempre um *representamen* subtraído à simplicidade da evidência intuitiva. O *representamen* funciona somente suscitando um *interpretante* que torna-se ele mesmo signo e assim ao infinito. A identidade a si do significado se esquiva e se desloca incessantemente. O próprio do *representamen* é ser si e um outro, de se produzir como uma estrutura de remessa, de se distrair de si. O próprio do *representamen* é não ser *próprio*, isto é, absolutamente *próximo* de si (*prope, proprius*). Ora, o *representado* é desde sempre um *representamen*. Definição de signo:

"*Anything which determines something else* (*its interpretant*) *to refer to an object to which itself refers* (*its object*) *in the same way, the interpretant becoming in turn a sign, and so on ad infinitum* ... *If the series of successive interpretants comes to an end, the sign is thereby rendered imperfect, at least*".[13]*

12. P. 93. Lembremos que Lambert opunha a fenomenologia à aleteologia.
13. *Elements of Logic*, liv. II, p. 302.
  * "*Qualquer coisa que determina algo que não ela* (*o seu interpretante*) *para referir-se a um objeto ao qual ela mesma se refere* (*o seu objeto*) *da mesma forma, o interpretante tornando-se por sua vez um signo, e daí por diante ad infinitum...* Se a série de interpretantes sucessivos chega a um fim, o signo torna-se então, pelo menos, imperfeito." (N. dos T.)

Portanto, só há signos havendo sentido. *We think only in signs*. O que vem arruinar a noção de signo no momento mesmo em que, como em Nietzsche, sua exigência é reconhecida no absoluto de seu direito. Poderíamos denominar *jogo* a ausência do significado transcendental como ilimitação do jogo, isto é, como abalamento da onto-teologia e da metafísica da presença. Não surpreende que a comoção deste abalamento, trabalhando a metafísica desde sua origem, deixe-se *chamar como tal* na época em que, recusando-se a ligar a linguística à semântica (o que ainda fazem todos os linguistas europeus, de Saussure a Hjelmslev), expulsando o problema do *meaning* para fora de suas pesquisas, alguns linguistas americanos referem-se incessantemente ao modelo do jogo. Aqui, será necessário pensar que a escritura é o jogo na linguagem. (*O Fedro* (277 e) condenava exatamente a escritura como jogo – *paidia* – opunha esta criancice à séria e adulta gravidade (*spoudè*) da fala). Este *jogo*, pensado como a ausência do significado transcendental, não é um jogo *no mundo*, como sempre o definiu para o *conter*, a tradição filosófica e como o pensam também os teóricos do jogo (ou aqueles que, a seguir e além de Bloomfield, remetem a semântica à psicologia ou a alguma outra disciplina regional). Para pensar radicalmente o jogo, é, pois, preciso primeiramente *esgotar* seriamente a problemática ontológica e transcendental, atravessar paciente e rigorosamente a questão do sentido do ser, do ser do ente e da origem transcendental do mundo – da mundanidade do mundo – seguir efetivamente e até o fim o movimento crítico das questões husserliana e heideggeriana, conservar-lhes sua eficácia e sua legibilidade. Que seja sob rasura e sem o que os conceitos de jogo e de escritura a que se terá recorrido permanecerão presos nos limites regionais e num discurso empirista, positivista ou metafísico. O alarde que os defensores de um tal discurso oporiam então à tradição pré-crítica e à especulação metafísica não seria senão a representação mundana de sua própria operação. É pois o *jogo do mundo* que é preciso pensar *primeiramente*: antes de tentar compreender todas as formas de jogo no mundo[14].

Estamos pois, desde que entramos no jogo, no vir-a-ser--imotivado do símbolo. Em relação a este devir, a oposição do diacrônico e do sincrônico também é derivada. Ela não saberia

---

14. É bem evidentemente a Nietzsche que nos remetem mais uma vez estes temas presentes no pensamento de Heidegger (cf. "La chose", 1950, tradução francesa in *Essais et conférences*, p. 214 e ss. *Le principe de raison*, 1955-1956, tradução francesa, p. 240 e ss.), de Fink (*Le jeu comme symbole du monde*, 1960) e, na França, de K. Axelos (*Vers la pensée planétaire*, 1964 e *Einführung in ein künftiges Denken*, 1966).

dirigir com pertinência uma gramatologia. A imotivação do rastro deve agora ser entendida como uma operação e não como um estado, como um movimento ativo, uma desmotivação e não como uma estrutura dada. Ciência do "arbitrário do signo", ciência da imotivação do rastro, ciência da escritura antes da fala e na fala, a gramatologia desta forma abrangeria o mais vasto campo em cujo interior a linguística desenharia por abstração seu espaço próprio, com os limites que Saussure prescreve a seu sistema interno e que seria preciso reexaminar prudentemente em cada sistema fala/escritura através do mundo e da história.

Por uma substituição que não seria só verbal, dever-se-ia, então, substituir *semiologia* por *gramatologia* no programa do *Curso de linguística geral*.

"Chamá-la-emos (gramatologia) ... Como tal ciência não existe ainda, não se pode dizer o que será; ela tem direito porém, à existência, seu lugar está determinado de antemão. A linguística não é senão uma parte desta ciência geral, as leis que a (gramatologia) descobrirá serão aplicáveis à linguística" (p. 24).

O interesse desta substituição não será somente dar à teoria da escritura a envergadura necessária contra a repressão logocêntrica e a subordinação à linguística. Libertará o projeto semiológico mesmo daquilo que, apesar de sua maior extensão teórica, permanecia *dirigido* pela linguística, ordenava-se com relação a ela como ao mesmo tempo seu centro e seu *telos*. *Embora a semiologia seja na verdade, mais geral e mais compreensiva que a linguística, ela continuava a regular-se sobre o privilégio de uma de suas regiões. O signo linguístico permanecia exemplar para a semiologia*, dominava-a como signo-mestre e como o modelo gerador: o "padrão" ("patrão").

"Pode-se, pois, dizer, escreveu Saussure, que os signos inteiramente arbitrários realizam melhor que os outros o ideal do procedimento semiológico; eis por que a língua, o mais complexo e o mais difuso dos sistemas de expressão, é também a mais característica de todos; nesse sentido a linguística pode erigir-se em *padrão geral de toda semiologia*, se bem a língua não seja senão um sistema particular" (p. 52. O grifo é nosso).

Desta forma, ao reconsiderar a ordem de dependência prescrita por Saussure, invertendo aparentemente a relação da parte ao todo, Barthes completa na verdade a mais profunda intenção do *Curso*:

"Em suma, é necessário admitir desde agora a possibilidade de inverter algum dia a proposição de Saussure: a linguística não é uma parte, mesmo que privilegiada, da ciência geral dos signos, é a semiologia que é uma parte da linguística"[15].

Essa inversão coerente, submetendo a semiologia a uma "translinguística" leva uma linguística historicamente dominada pela metafísica logocêntrica à sua plena explicitação, para a qual, com efeito, não há nem deveria haver, "um sentido senão nomeado" (*ibidem*). Dominada pela pretensa "civilização da escrita" que habitamos, civilização da escrita pretensamente fonética, isto é, do *logos* onde o sentido do ser, em seu *telos*, está determinado como *parúsia*. Para descrever o *fato* e *a vocação da significação* na clausura desta época e desta civilização em vias de desaparecimento na sua própria mundialização, a inversão barthesiana é fecunda e indispensável.

Agora, procuremos ir além destas considerações formais e arquitetônicas. Perguntemo-nos, de forma mais interior e mais concreta, em que a língua não é somente uma espécie de escritura, "comparável à escritura" – curiosamente diz Saussure (p. 24) – mas sim uma espécie da escritura. Ou antes, uma vez que as relações não são mais aqui de extensão e de fronteira, uma possibilidade fundamentada na possibilidade geral da escritura. Ao mostrá-lo, ao mesmo tempo explicar-se-ia, a pretensa "usurpação" que não pôde ser um acidente infeliz. Ela, ao contrário, supõe uma raiz comum e exclui por isso mesmo a semelhança da "imagem", a derivação ou reflexão representativa. E se reconduziria assim, ao seu verdadeiro sentido, à sua primeira possibilidade, à analogia aparentemente inocente e didática que faz com que Saussure diga:

"A língua é um sistema de signos exprimindo ideias, e, *comparável*, por isso, *à escritura*, ao alfabeto dos surdos-mudos, aos ritos simbólicos, às formas de polidez, aos sinais militares etc. Ela é apenas o principal destes sistemas" (p. 24. O grifo é nosso).

Também não é por acaso que, noventa e duas páginas mais adiante, ao explicar a *diferença fônica* como condição do *valor* linguístico ("considerado em seu aspecto material"[16]) ele deve tomar ao exemplo da escritura todo seu recurso pedagógico:

---

15. *Communications*, 4, p. 2.
16. "Só a parte conceitual do valor é constituída unicamente por relações e diferenças com os outros termos da língua, pode-se dizer o mesmo de sua parte material. O que importa na palavra não é o som em si, mas as diferenças fônicas que permitem distinguir essa palavra de todas as outras, pois são elas que levam a significação ... nunca

"Como se comprova existir idêntico estado de coisas nesse outro sistema de signos que é a escritura, nós o tomaremos como termo de comparação para esclarecer toda esta questão" (p. 138).

Seguem quatro rubricas demonstrativas tomando todos seus esquemas e todo seu conteúdo à escritura[17].

Portanto, é a ele mesmo que, decididamente, é preciso opor Saussure. Antes de ser ou de não ser "notado", "representado", "figurado" numa "grafia", o signo linguístico implica uma escritura originária. Daqui para frente, não é mais à tese do arbitrário do signo a que apelaremos diretamente, mas sim àquela que lhe é associada por Saussure como um correlato indispensável e que nos parece fundamentá-la: a tese da *diferença* como fonte de valor linguístico[18].

Quais são, do ponto de vista gramatológico, as consequências deste tema agora tão bem conhecido (e ao qual, além do mais, já Platão, no *Sofista*, consagrara algumas reflexões...)?

Não sendo jamais a diferença, em si mesma e por definição, uma plenitude sensível, sua Necessidade contradiz a alegação de uma essência naturalmente fônica da língua. Contesta ao mesmo tempo a pretensa dependência natural do significante gráfico. Aí está uma consequência a que chega mesmo Saussure, contra as premissas definindo o sistema interno da língua. Ele deve agora excluir aquilo mesmo que lhe permitira, no entanto, excluir a escritura: o som e seu "liame natural" com o sentido. Por exemplo:

"O essencial da língua, conforme veremos, é estranho ao caráter fônico do signo linguístico" (p. 14).

um fragmento de língua poderá basear-se, em última análise, noutra coisa que não seja sua não coincidência com o resto" (p. 137).

17. "Como se comprova existir idêntico estado de coisas nesse outro sistema de signos que é a escritura nós o tomaremos como termo de comparação para esclarecer toda a questão. De fato:

1. os signos da escritura são arbitrários; nenhuma relação, por exemplo, entre a letra *t* e o som que ela designa;
2. o valor das letras é puramente negativo e diferencial; assim, a mesma pessoa pode escrever *t* com as variantes tais como *t* ⊀ t. A única coisa essencial e que este signo não se confunda em sua escritura com o de *l*, de *d* etc.;
3. os valores da escritura só funcionam pela sua oposição recíproca dentro de um sistema definido, composto de um número determinado de letras. Este caráter, sem ser idêntico ao segundo, está estreitamente ligado com ele, pois ambos dependem do primeiro. Como o signo gráfico é arbitrário, sua forma importa pouco ou melhor só tem importância dentro dos limites impostos pelo sistema;
4. o meio de produção do signo é totalmente indiferente, pois não importa ao sistema (isto decorre também da primeira característica). Quer eu escreva as letras em branco ou preto em baixo ou alto relevo, com uma pena ou um cinzel, isto não tem importância para sua significação" (p. 139).

18. "*Arbitrário* e *diferencial* são duas qualidades correlativas" (p. 137).

E num parágrafo consagrado à diferença:

"Ademais é impossível que o som, elemento material, pertença por si à língua. Ele não é para ela mais que uma coisa secundária, matéria que põe em jogo. Todos os valores convencionais apresentam esse caráter de não se confundir com o elemento tangível que lhe serve de suporte..." "Em sua essência, ele/o significante linguístico/ este não é de modo algum fônico, ele é incorpóreo, constituído, não por sua substância material, mas somente pelas diferenças que separam sua imagem acústica de todas as outras" (pp. 137-138).
"O que haja de ideia ou de matéria fônica num signo importa menos do que o que existe ao redor deles nos outros signos" (p. 139).

Sem esta redução da matéria fônica, a distinção, decisiva para Saussure, entre língua e fala, não teria nenhum rigor. O mesmo se daria para as oposições desta decorrentes, entre código e mensagem, esquema e uso etc. Conclusão: "A fonologia – cumpre repetir – não passa de disciplina auxiliar [da ciência da língua] e só se refere à fala" (p. 43). A fala, portanto, se extrai deste fundo de escritura, notada ou não, que é a língua, e é aqui que se deve meditar a conivência entre as duas "fixidades". A redução da *phoné* revela esta conivência. O que Saussure afirma, por exemplo, do signo em geral e que "confirma" pela escritura, vale também para a língua: "A continuidade do signo no tempo, ligada à alteração no tempo, é um princípio da semiologia geral; sua confirmação se encontra nos sistemas de escritura, a linguagem dos surdos-mudos etc." (p. 91).

Portanto, a redução da substância fônica não permite somente distinguir entre a fonética de um lado (e *a fortiori* a acústica ou a fisiologia dos órgãos fonadores) e a fonologia de outro. Faz também da própria fonologia uma "disciplina auxiliar". Aqui a direção indicada por Saussure conduz para além do fonologismo dos que se declaram seus seguidores neste ponto: Jakobson julga verdadeiramente impossível e ilegítima a indiferença para com a substância fônica da expressão. Ele critica desta forma a glossemática de Hjelmslev que requer e pratica a neutralização da substância sonora. E no texto citado mais acima, Jakobson e Halle defendem que a "exigência teórica" de uma pesquisa dos invariantes colocando entre parênteses a substância sonora (como um conteúdo empírico e contingente) é:

1. *impraticável* uma vez que, conforme "nota Eli Fischer--Jorgensen", "leva-se em conta a substância sonora em cada etapa da análise". Mas, é isto "uma preocupante contradição" conforme querem Jakobson e Halle? Não se pode levá-la em conta como um fato servindo de exemplo, como fazem os feno-

menólogos, que sempre necessitam, conservando-o presente sob suas vistas, de um conteúdo empírico exemplar na leitura de uma essência que é de direito independente?

2. *inadmissível de direito* uma vez que não se pode considerar que "na linguagem, a forma se opõe à substância como uma constante a uma variável". É durante esta segunda demonstração que fórmulas literalmente saussurianas reaparecem com referência às relações entre fala e escritura; a ordem da escritura é a ordem da exterioridade, do "ocasional", do "acessório", do "auxiliar", do *"parasitário"* (p. 116-117. O grifo é nosso). A argumentação de Jakobson e de Halle recorre à gênese factual e invoca a secundariedade da escritura no sentido corrente: "Somente depois de dominar a linguagem falada aprende-se a ler e a escrever". Supondo-se que esta proposição do senso comum esteja rigorosamente provada, o que não acreditamos (cada um de seus conceitos trazendo consigo um problema imenso), ainda seria necessário assegurar-se da sua pertinência na argumentação. Mesmo que o "depois" fosse aqui uma representação fácil, que se soubesse bem aquilo que se pensa e diz ao assegurar que se aprende a escrever *depois* de ter aprendido a falar, seria suficiente isto para concluir pelo caráter parasitário daquilo que desta forma vem "depois"? E o que é um parasita? E se a escritura fosse precisamente o que nos obriga a reconsiderar nossa lógica do parasita?

Num outro momento da crítica, Jakobson e Halle lembram a imperfeição da representação gráfica; esta imperfeição apoia-se nas "estruturas fundamentalmente dissemelhantes das letras e dos fonemas":

"As letras nunca reproduzem completamente os diferentes traços distintivos nos quais repousa o sistema fonemático, e negligenciam infalivelmente as relações estruturais entre estes traços" (p. 116).

Sugerimos mais acima: a divergência radical entre os dois elementos – gráfico e fônico – não exclui a derivação? A inadequação da representação gráfica não diz respeito somente à escritura alfabética comum, à qual o formalismo glossemático não se refere essencialmente? Por fim, se se aceita toda argumentação fonologista, assim apresentada, é preciso ainda reconhecer que ela opõe um conceito "científico" da fala a um conceito vulgar da escritura. O que desejaríamos mostrar é que não se pode excluir a escritura da experiência geral das "relações estruturais entre os traços". O que vem, bem entendido, a reformar o conceito da escritura.

Enfim, se a análise jakobsoniana neste ponto é fiel a Saussure, não o é ela sobretudo ao Saussure do capítulo VI? Até que ponto Saussure teria defendido a inseparabilidade da matéria e da forma que permanece como o argumento mais importante de Jakobson e Halle (p. 117)? Poder-se-ia repetir esta questão a propósito da posição de A. Martinet que, neste debate, segue ao pé da letra o capítulo VI do *Curso*[19]. E, somente o capítulo VI, de que A. Martinet dissocia *expressamente* a doutrina da que, no *Curso*, apaga o privilégio da substância fônica. Depois de explicar por que "uma língua morta com ideografia perfeita" ou seja, uma comunicação passando pelo sistema de uma escritura generalizada "não poderia ter nenhuma autonomia real", e por que *todavia* "um tal sistema seria algo de tão particular que se pode muito bem compreender que os linguistas *desejem excluí-lo* do domínio de sua ciência" (*A linguística sincrônica**, p. 18. O grifo é nosso), A. Martinet critica os que, seguindo um certo Saussure, questionam o caráter essencialmente fônico do signo linguístico:

"Muitos serão tentados a dar razão a Saussure que enuncia que 'o essencial da língua... é estranho ao caráter fônico do signo linguístico' e vão além do ensinamento do mestre ao declarar que o signo linguístico não tem necessariamente este caráter fônico".

19. Esta fidelidade literal se exprime:
1. na exposição crítica da tentativa de Hjelmslev (*Au sujet des fondements de la théorie linguistique de L. Hjelmslev* in *Bulletin de la Société de Linguistique de Paris*, t. 42, p. 40) : "Hjelmslev é perfeitamente lógico consigo mesmo quando declara que um texto escrito tem para o linguista exatamente o mesmo valor que um texto falado, pois a escolha da substância não importa. Recusa-se mesmo a admitir que a substância falada seja primitiva e a substância escrita derivada. Parece que seria suficiente fazer-lhe notar que, com algumas exceções patológicas, todos os homens falam, mas poucos sabem escrever, ou ainda, que as crianças sabem falar muito antes de aprenderem a escritura. *Portanto, não insistiremos*" (O grifo é nosso).
2. nos *Elements de linguistique générale* em que todo o capítulo sobre o caráter vocal da linguagem retoma os argumentos e as palavras do Capítulo VI do *Curso*: "Aprende-se a falar antes de aprender a ler: a leitura vem dobrar a fala, *nunca o inverso* (O grifo é nosso. Esta proposição nos parece totalmente contestável, e já ao nível da experiência comum que tem nesta argumentação força de lei). A. Martinet conclui: "O estudo da escritura representa uma disciplina distinta da linguística, embora, praticamente, uma de suas anexas. A linguística faz, pois, abstração dos fatos de grafia" (p. 11). Vê-se como funcionam estes conceitos de *anexo* e de *abstração*: a escritura e sua ciência são estranhas mas não independentes, o que não as impede de serem inversamente, imanentes mas não essenciais. Apenas o bastante "*fora*" para não afetar a integridade da língua *mesma*, na sua pura e original identidade a si, em sua propriedade; apenas o bastante "*dentro*" para não ter direito a nenhuma independência prática ou epistemológica. E reciprocamente.
3. *em Le mot* (já citado): "É do enunciado oral que sempre é preciso partir para compreender a natureza real da linguagem humana" (p. 53).
4. enfim, e sobretudo, em *A dupla articulação da linguagem*, in *A linguística sincrônica*.

* Há tradução brasileira: *A Linguística Sincrônica*, tradução de Lilian Arantes, Rio, Ed. Tempo Brasileiro, 1971. (N. dos T.)

Neste ponto preciso não se trata de "ir além" do ensinamento do mestre, mas de segui-lo e prolongá-lo. Não fazê-lo não seria agarrar-se ao que, no capítulo VI, limita maciçamente a pesquisa formal ou estrutural e contradiz as aquisições mais incontestáveis da doutrina saussuriana? Para evitar ultrapassar não se corre o risco de voltar aquém?

Acreditamos que a escritura generalizada não é somente a ideia de um sistema por inventar, de uma característica hipotética ou de uma possibilidade futura. Pensamos, pelo contrário, que a língua oral pertence já a esta escritura. Mas isto supõe uma modificação do conceito de escritura que, por enquanto, somente antecipamos. Supondo-se mesmo que não se dê este conceito modificado, supondo-se que se considere um sistema de escritura pura como uma hipótese de futuro ou como uma hipótese de trabalho, deve um linguista recusar diante desta hipótese os meios de pensá-la e de integrar a sua formulação em seu discurso teórico? O fato de que a maior parte o recuse cria um direito teórico? É o que parece pensar A. Martinet. Depois de elaborar uma hipótese de linguagem puramente "datilológica", escreve:

"Deve-se reconhecer que o paralelismo entre esta 'datilologia' e a fonologia é completa tanto em matéria sincrônica quanto diacrônica, e que se podia utilizar para a primeira a terminologia usual para a segunda, a não ser, bem entendido, quando os termos comportem uma referência à substância fônica. É claro que se não *desejamos* excluir do domínio linguístico os sistemas do tipo deste que acabamos de imaginar, é muito importante modificar a terminologia tradicional relativa à articulação dos significantes de modo a dela eliminar toda referência à substância fônica como faz Luis Hjelmslev quando emprega 'cenema' e 'cenemática' em lugar de 'fonema' e 'fonologia'. *Todavia, compreender-se-á que a maior parte dos linguistas hesitem em modificar inteiramente o edifício terminológico tradicional pela única vantagem teórica de poder incluir no domínio de sua ciência os sistemas puramente hipotéticos. Para que consintam considerar uma tal revolução,* seria necessário convencê-los que, nos sistemas linguísticos confirmados, não há nenhum interesse para eles em considerar a substância fônica das unidades de expressão como lhes interessando diretamente" (pp. 20-21. O grifo é nosso).

Mais uma vez, não duvidamos do valor destes argumentos fonologistas cujos pressupostos tentamos, mais acima, fazer aparecer. Uma vez assumidos estes pressupostos, seria absurdo reintroduzir, por confusão, a escritura derivada no campo da linguagem oral e no interior do sistema desta derivação. Sem escapar ao etnocentrismo, embaralhar-se-iam, então, todas as fronteiras no interior de sua esfera de legitimidade. Não se trata pois de aqui reabilitar a escritura no sentido estrito, nem de inverter a ordem de dependência quando evidente. O fonologismo não sofre nenhuma objeção enquanto se conservam os conceitos correntes de fala e de escritura que formam o tecido sólido de sua argumentação. Conceitos correntes, cotidianos e, além do mais, o que não é contraditório, habitados por uma velha história, limitados por fronteiras pouco visíveis, mas tanto mais rigorosas.

Desejaríamos, antes, sugerir que a pretensa derivação da escritura, por mais real e sólida que seja, só fora possível sob uma condição: que a linguagem "original", "natural" etc. nunca tivesse existido, nunca tivesse sido intacta, intocada pela escritura, que sempre tivesse sido ela mesma uma escritura. Arquiescritura cuja Necessidade aqui queremos indicar e cujo novo conceito pretendemos desenhar; e que continuamos a denominar escritura somente porque ela se comunica essencialmente com o conceito vulgar da escritura. Este, só pôde, historicamente, impor-se pela dissimulação da arquiescritura, pelo desejo de uma fala expelindo seu outro e seu duplo e trabalhando para reduzir sua diferença. Se persistimos nomeando escritura esta diferença, é porque, no trabalho de repressão histórica, a escritura era, situacionalmente, destinada a significar o mais temível da diferença. Ela era aquilo que, mais de perto, ameaçava o desejo da fala viva, daquilo que do dentro e desde seu começo, encetava-a. E a diferença, nós o experimentaremos progressivamente, não é pensada sem o *rastro*.

Esta arquiescritura, embora seu conceito seja requerido pelos temas do "arbitrário do signo" e da diferença, não pode, nunca poderá ser reconhecida como *objeto* de uma *ciência*. Ela é aquilo mesmo que não se pode deixar reduzir à forma da *presença*. Ora, esta comanda toda objetividade do objeto e toda relação de saber. Daí, o que seríamos tentados a considerar na sequência do *Curso* como um "progresso" retroabalando as posições não críticas do capítulo VI, nunca dá lugar a um novo conceito "científico" da escritura.

Pode-se afirmar o mesmo do algebrismo de Hjelmslev que, não há dúvida, extraiu as consequências mais rigorosas deste progresso?

Os *Princípios de gramática geral* (1928) dissociavam na doutrina do *Curso* o princípio fonologista e o princípio da diferença. Eles extraíam um conceito de *forma* que permitia distinguir entre a diferença formal e a diferença fônica e isto no interior mesmo da língua "falada" (p. 117). A gramática é independente da semântica e da fonologia (p. 118).

Esta independência é o próprio princípio da glossemática como ciência formal da língua. Sua formalidade supõe que "não há nenhuma conexão necessária entre os sons e a linguagem"[20]. Esta formalidade é ela mesma a condição de uma análise puramente funcional. A ideia de função linguística e de unidade puramente linguística – o glossema – não exclui, portanto, somente a consideração da substância de expressão (substância material) mas também da substância de conteúdo (substância imaterial). "Uma vez que a língua é uma forma e não uma substância (F. de Saussure), os glossemas são, por definição, independentes da substância, imaterial (semântica, psicológica e lógica) e material (fônica, gráfica etc.)"[21]. O estudo do funcionamento da língua, de seu *jogo*, supõe que se coloque entre parênteses a substância do *sentido* e, entre outras substâncias possíveis, a do *som*. A unidade do som e do sentido é exatamente aqui, conforme propúnhamos mais acima, o fechamento tranquilizante do jogo. Hjelmslev situa seu conceito de *esquema* ou *jogo* da língua, na descendência de Saussure, de seu formalismo e de sua teoria do valor. Embora prefira comparar o valor linguístico ao "valor de troca das ciências econômicas" mais que ao "valor puramente lógico-matemático", determina um limite a esta analogia:

"Um valor econômico é por definição um valor de dupla face: não só tem o papel de constante frente às unidades concretas do dinheiro como tem também ela mesma o papel das variáveis frente a uma quantidade fixada da mercadoria que lhe serve de padrão. Em linguística, ao contrário, não há nada que corresponda ao padrão. Daí que o xadrez e não o fato econômico permaneça para F. de Saussure a mais fiel imagem de uma gramática. O esquema da língua é, em última análise *um jogo* e nada mais"[22].

Nos *Prolegômenos a uma teoria da linguagem* (1943), fazendo agir a oposição *expressão/conteúdo* que substitui a diferença *significante/significado*, podendo cada um destes termos serem considerados segundo os pontos de vista da *forma* ou da *substância*, Hjelmslev critica a ideia de uma linguagem *naturalmente* ligada à substância de expressão fônica. É sem razão que até aqui se "supôs que a substância-de-expressão de uma linguagem falada deveria ser constituída exclusivamente por sons".

20. *On the Principles of Phonematics*, 1935, *Proceedings of the Second International Congress of Phonetic Sciences*, p. 51.
21. L. Hjelmslev e H. J. Uldall, *Études de linguistique structurale organisées au sein du Cercle linguistique de Copenhague* (*Bulletin*, 11, 35, pp. 13 e ss.).
22. "Langue et parole" (1943) in *Essais linguistiques*, p. 77.

"Desta forma, como particularmente fizeram notar E. e K. Zwirner, não se levou em conta o fato de que o discurso é acompanhado, de que certos componentes do discurso podem ser substituídos pelo gesto e que em realidade, como o afirmam E. e K. Zwirner, não são somente os pretensos órgãos da fala (garganta, boca e nariz) que participam da atividade da linguagem 'natural', mas quase todo conjunto dos músculos estriados. Além do mais, é possível substituir a substância habitual de gestos-e-sons por qualquer outra substância apropriada em outras circunstâncias exteriores. Assim a mesma forma linguística pode também ser manifestada na escritura, como se dá na notação fonética ou fonemática e nas ortografias ditas fonéticas, como por exemplo o dinamarquês. Eis uma substância 'gráfica' que se dirige exclusivamente ao olho e que não exige ser transposta em 'substância' fonética para ser aprendida ou compreendida. E esta 'substância' gráfica pode ser, precisamente do ponto de vista da substância, de diferentes espécies"[23].

Recusando pressupor uma "derivação" das substâncias a partir da substância de expressão fônica, Hjelmslev remete este problema para fora do campo da análise estrutural e propriamente linguística:

"Além do mais, nunca se sabe com certeza total o que é derivado e o que não o é; não devemos esquecer que a descoberta da escritura alfabética está escondida na pré-história (B. Russel tem toda razão ao chamar nossa atenção para o fato de que não temos nenhum meio de decidir se a mais antiga forma de expressão humana é escritura ou fala), embora a afirmação de que ela repousa sobre uma análise fonética constitui somente uma das hipóteses diacrônicas; ela poderia da mesma forma repousar sobre uma análise formal da estrutura linguística. Mas, de qualquer forma, conforme o reconhece a linguística moderna, as considerações diacrônicas não são pertinentes para a descrição sincrônica" (pp. 104-105).

Que esta crítica glossemática seja operada ao mesmo tempo graças a Saussure e contra ele; que, conforme sugeríamos mais acima, o espaço próprio de uma gramatologia seja ao mesmo tempo aberto e fechado pelo *Curso de linguística geral*, é o que H. J. Uldall formula notavelmente. Para mostrar que Saussure não desenvolveu "todas as consequências teóricas de sua descoberta", escreve:

"Isto é tanto mais curioso quando consideramos que as suas consequências práticas foram largamente extraídas, foram extraídas mesmo milhares de

---

23. *Omkring sprogteoriens grundlaeggelse*, pp. 91-93 (trad. ingl.: *Prolegomena to a theory of language*, pp. 103-104).
Cf. também "La stratification du langage" (1954) in *Essais linguistiques* (*Travaux du cercle linguistique de Copenhague*, XII, 1959). O projeto e a terminologia de uma *grafemática*, ciência da substância de expressão gráfica aí são precisados (p. 41). A complexidade da álgebra proposta tem por objetivo remediar o fato de que do ponto de vista da distinção entre forma e substância "a terminologia saussuriana pode-se prestar a confusão" (p. 48). Hjelmslev aí demonstra como "uma única e mesma forma da expressão pode ser manifestada por substâncias diversas: fônica, gráfica, sinais com bandeiras etc." (p. 49).

anos antes de Saussure, pois, é somente graças ao conceito da diferença entre forma e substância que podemos explicar a possibilidade para a linguagem e a escritura, de existirem ao mesmo tempo como expressões de uma única e mesma linguagem. Se uma destas duas substâncias, o fluxo do ar ou o fluxo da tinta (*the stream of air or the stream of ink*) fosse uma parte integrante da própria linguagem, não seria possível passar de uma a outra sem mudar a linguagem"[24].

Indubitavelmente a Escola de Copenhague libera, desta forma, um campo de pesquisas: a atenção torna-se disponível não só para a pureza de uma forma desligada de qualquer liame "natural" a uma substância, mas também para tudo o que, na estratificação da linguagem, depende da substância de expressão gráfica. Uma descrição original e rigorosamente delimitada pode assim ser prometida. Hjelmslev reconhece que uma "análise da escritura sem considerar o som ainda não foi empreendida" (p. 105). Lamentando também que "a substância da tinta não tenha merecido, da parte dos linguistas, a atenção que dedicaram à substância do ar", H. J. Uldall delimita esta problemática e sublinha a independência mútua das substâncias de expressão. Ilustra-o particularmente pelo fato de que, na ortografia, nenhum grafema corresponde aos acentos da pronunciação (esta era para Rousseau a miséria e a ameaça da escritura), e que, reciprocamente, na pronúncia, nenhum fonema corresponde ao espaçamento (*spacing*) entre as palavras escritas (pp. 13-14).

Ao reconhecer a especificidade da *escritura*, a glossemática não se dava somente os meios de descrever o elemento *gráfico*. Ela designava o acesso ao elemento *literário*, àquilo que na literatura passa por um texto irredutivelmente gráfico, atando o *jogo da forma* a uma substância de expressão determinada. Se existe na literatura algo que não se deixa reduzir à voz, ao *epos* ou à poesia, só se pode recuperá-lo com a condição de isolar com rigor este liame do *jogo da forma* e da substância de expressão gráfica. (Reconhecer-se-á ao mesmo tempo que a "pura literatura" assim respeitada no que tem de irredutível, trás também o risco de limitar o jogo, a atá-lo. O desejo de atar o jogo é, além do mais, irreprimível.) Este interesse pela literatura ma-

---

24. "Speech and writing", 1938, in *Acta linguistica*, IV, 1944, pp. 11 e ss. Uldall remete também a um estudo do Dr. Joseph Vachek, "Zum Problem der geschriebenen Sprache" (*Travaux du cercle linguistique de Prague*, VIII, 1939) para indicar "a diferença entre os pontos de vista fonológico e glossemático".

Cf. também Eli Fischer-Jorgensen, "Remarques sur les principes de l'analyse phonémique", in *Recherches Structurales*, 1949 (*Travaux du cercle linguistique de Prague*, vol. V, pp. 231 e ss.); B. Siertsema, *A study of glossematics*, 1955 (e principalmente o cap. VI), e Hennings Spang-Hanssen, "Glossematics", in *Trends in European and American linguistics*, 1930-1960, 1963, pp. 147 e ss.

nifestou-se efetivamente na Escola de Copenhague[25]. Ele suprime assim a desconfiança rousseauísta e saussuriana em relação às artes literárias. Radicaliza o esforço dos formalistas russos, precisamente do *Opoiaz*, que talvez privilegiasse, na sua atenção ao ser-literário da literatura, a instância fonológica e os modelos literários que ela domina. Principalmente a poesia. Aquilo que, na história da literatura e na estrutura de um texto literário em geral, escapa a esta instância, merece, portanto um tipo de descrição cujas normas e condições de possibilidade a glossemática talvez tenha melhor extraído. Ela talvez tenha-se preparado melhor para estudar desta forma o extrato puramente gráfico na estrutura do texto literário e na história do vir-a-ser--literário da literalidade, principalmente na sua "modernidade".

Sem dúvida, um novo domínio é desta forma aberto a pesquisas inéditas e fecundas. E, no entanto, não é este paralelismo ou esta paridade reencontrada das substâncias de expressão que nos interessa aqui acima de tudo. Vimos bem que, caso a substância fônica perdesse seu privilégio, não seria em proveito da substância gráfica que se presta às mesmas substituições. No que ela pode ter de liberador e de irrefutável, a glossemática opera ainda aqui com um conceito corrente da escritura. Por mais original e por mais irredutível que seja, a "forma de expressão" ligada por correlação à "substância de expressão" *gráfica* permanece muito determinada. É muito dependente e muito derivada em relação à arquiescritura de que falamos aqui. Esta agiria não só na forma e substância da expressão gráfica, mas também nas da expressão não gráfica. Constituiria não só o esquema unindo a forma a toda substância, gráfica ou outra, mas o movimento da *sign-function* ligando um conteúdo a uma expressão, seja ela gráfica ou não. Este tema não podia ter nenhum lugar na sistemática de Hjelmslev.

É que a arquiescritura, movimento da diferência, arquissíntese irredutível abrindo ao mesmo tempo uma única e mesma possibilidade a temporalização, a relação ao outro e a linguagem, não pode, enquanto condição de todo sistema linguístico, fazer parte do sistema linguístico ele-mesmo, ser situado como um objeto em seu campo. (O que não quer dizer que ela tenha um lugar real *alhures*, num *outro sítio* determinável). Seu conceito não saberia enriquecer em nada a descri-

---

25. E já, de maneira bastante programática nos *Prolegomena* (tradução inglesa pp. 114-115). Cf. também Ad. Stender-Petersen, "esquisse d'une théorie structurale de la littérature"; e Svend Johansen, "La notion de signe dans la glossématique et dans l'esthétique", in *Travaux du cercle linguistique de Copenhague*, vol. V, 1949.

ção científica, positiva e "imanente" (no sentido que Hjelmslev dá a esta palavra) do próprio sistema. Desta forma, o fundador da glossemática teria, não há dúvida, contestado a sua Necessidade, assim como rejeita, em bloco e legitimamente, todas as teorias extralinguísticas que não partam da imanência irredutível do sistema linguístico[26]. Ele teria visto nesta noção um destes apelos à experiência de que uma teoria deve dispensar-se[27]. Ele não teria compreendido por que o nome de escritura permanecia neste X que se torna tão diferente do que sempre se denominou "escritura".

Já começamos a justificar esta palavra, e antes de mais nada, a necessidade desta comunicação entre o conceito de arquiescritura e o conceito vulgar de escritura por ele submetido à desconstrução. Continuaremos a fazê-lo mais adiante. Quanto ao conceito de experiência, ele é aqui bastante embaraçoso. Como todas as noções de que aqui nos servimos, ele pertence à história da metafísica e nós só podemos utilizá-lo sob rasura. *"Experiência"* sempre designou a relação a uma presença, tenha ou não esta relação a forma da consciência. Devemos, todavia, de acordo com esta espécie de contorção e de contenção à qual o discurso é aqui obrigado esgotar os recursos do conceito de experiência antes e com o fim de alcançá-la, por desconstrução, em sua última profundeza. É a única condição para escapar ao mesmo tempo ao "empirismo" e às críticas "ingênuas" da experiência. Assim, por exemplo, a experiência, da qual "a teoria, diz Hjelmslev, deve ser independente" não é o todo da experiência. Corresponde sempre a um certo tipo de experiência factual ou regional (histórica, psicológica, fisiológica, sociológica etc.), dando lugar a uma ciência ela mesma regional e, enquanto tal, rigorosamente exterior à linguística. Não se dá nada disso no caso da experiência como arquiescritura. A colocação entre parênteses das regiões da experiência ou da totalidade da experiência natural deve descobrir um campo de experiência transcendental. Esta só é acessível na medida em que, depois de ter extraído, como o fez Hjelmslev, a especifici-

26. *Omkring*, p. 9, (trad. ingl. *Prolegomena*, p. 8).
27. P. 14. O que não impede Hjelmslev de "aventurar-se a denominar" seu princípio diretor um "princípio empírico" (p. 12, tradução inglesa p. 11). "Mas, acrescenta, estamos prontos a abandonar" este nome se a investigação epistemológica mostrar que ele é impróprio. De nosso ponto de vista, é uma simples questão de terminologia que não afeta a manutenção do princípio." Aí não está senão um exemplo do convencionalismo terminológico de um sistema que, tomando de empréstimo todos seus conceitos à história da metafísica que ele quer manter à distância (forma/substância, conteúdo/expressão etc.) acredita poder neutralizar toda a sua carga histórica por alguma declaração de intenção, um prefácio ou aspas.

dade do sistema linguístico e colocado fora de jogo todas as ciências extrínsecas e as especulações metafísicas, coloca-se a questão da origem transcendental do próprio sistema, como sistema dos objetos de uma ciência, e, correlatamente, do sistema teórico que o estuda: aqui, do sistema objetivo e "dedutivo" que quer ser a glossemática. Sem isto, o progresso decisivo realizado por um formalismo respeitador da originalidade de seu objeto, do "sistema imanente de seus objetos", é espreitado pelo objetivismo cientista, isto é, por uma outra metafísica desapercebida ou inconfessada. Ação que se reconhece frequentemente na Escola de Copenhague. É para evitar recair neste objetivismo ingênuo que nós nos referimos aqui a uma transcendentalidade que, em outro lugar, colocamos em questão. É que há, acreditamos, um aquém e um além da crítica transcendental. Fazer de forma que o além não volte a aquém, é reconhecer na contorção a Necessidade de um *percurso*. Este percurso deve deixar no texto um sulco. Sem este sulco, abandonado ao simples conteúdo de suas conclusões, o texto ultra-transcendental parecerá sempre a ponto de se confundir com o texto pré-crítico. Nós devemos formar e meditar hoje a lei desta semelhança. O que denominamos aqui rasura dos conceitos deve marcar os lugares desta meditação por vir. Por exemplo, o valor de arquia transcendental deve fazer sentir sua Necessidade antes de ele mesmo se deixar rasurar. O conceito de arquirrastro deve fazer justiça tanto a esta Necessidade quanto a esta rasura. Ele é com efeito, contraditório e inadmissível na lógica da identidade. O rastro não é somente a desaparição da origem, ele quer dizer aqui – no discurso que proferimos é segundo o percurso que seguimos – que a origem não desapareceu sequer, que ela jamais foi retroconstituída a não ser por uma não origem, o rastro, que se torna, assim, a origem da origem. Desde então, para arrancar o conceito de rastro ao esquema clássico que o faria derivar de uma presença ou de um não rastro originário e que dele faria uma marca empírica, é mais do que necessário falar de rastro originário ou de arquirrastro. E, no entanto, sabemos que este conceito destrói seu nome e que, se tudo começa pelo rastro acima de tudo não há rastro originário[28]. Devemos então *situar*, como um simples *momento do discurso*, a redução fenomenológica e a referência de estilo husserliano a uma experiência transcendental. Na medida em

---

28. Quanto a esta crítica do conceito de origem em geral (empírica e/ou transcendental) tentamos em outro lugar indicar o esquema de uma argumentação (Introdução à *L'origine de la Géométrie de Husserl*, 1962, p. 60, tradução francesa de G. Derrida).

que o conceito de experiência em geral – e de experiência transcendental, em Husserl, particularmente – permanece dirigido pelo tema da presença, ele participa no movimento de redução do rastro. O Presente Vivo (*lebendige Gegenwart*) é a forma universal e absoluta da experiência transcendental a que nos remete Husserl. Nas descrições do movimento da temporalização tudo o que não atormenta a simplicidade e a dominação desta forma parece-nos assinalar a pertencença da fenomenologia transcendental à metafísica. Mas isto deve compor com as forças de ruptura. Na temporalização originária e no movimento da relação ao outro, como Husserl os descreve efetivamente, a não apresentação ou a des-apresentação é tão "originária" como a apresentação. *É por isso que um pensamento do rastro não pode romper com uma fenomenologia transcendental nem a ela se reduzir.* Aqui, como em outros lugares, colocar o problema em termos de escolha, obrigar ou se acreditar, inicialmente, obrigado a responder-lhe por um *sim* ou um *não*, conceber a pertencença como uma submissão ou a não pertencença como um falar com franqueza, é confundir alturas, caminhos e estilos bem diferentes. Na desconstrução da arquia, não se procede a uma eleição.

Admitimos, pois, a necessidade de passar pelo conceito de arquirrastro. Como esta necessidade nos conduz desde o dentro do sistema linguístico? Em que o caminho que vai de Saussure a Hjelmslev nos proíbe contornar o rastro originário?

Em que sua passagem pela *forma* é uma passagem pela *imprensão**. E o sentido da diferência em geral nos seria mais acessível se a unidade desta dupla passagem nos aparecesse mais claramente.

Nos dois casos, é preciso partir da possibilidade de neutralizar a substância fônica.

De um lado, o elemento fônico, o termo, a plenitude que se denomina sensível, não apareceriam como tais sem a diferença ou a oposição que lhes dão *forma*. Tal é o alcance mais evidente do apelo à diferença como redução da substância fônica. Ora, aqui, o aparecer e o funcionamento da diferença supõem uma síntese originária que nenhuma simplicidade absoluta precede. Tal seria, pois, o rastro originário. Sem uma retenção na unidade minimal da experiência temporal, sem um rastro retendo o outro como outro no mesmo, nenhuma dife-

---

* O termo francês *empreinte* tem o sentido de marca por sulcos em baixo-relevo, deixadas por um corpo que é pressionado sobre uma superfície (imprensado). Ou seja, impressão deixada por uma prensa: *imprensão*. (N. dos T.)

rença faria sua obra e nenhum sentido apareceria. Portanto, não se trata aqui de uma diferença constituída mas, antes de toda determinação de conteúdo, do movimento puro que produz a diferença. *O rastro (puro) é a diferência.* Ela não depende de nenhuma plenitude sensível, audível ou visível, fônica ou gráfica. É, ao contrário, a condição destas. Embora *não exista*, embora não seja nunca um *ente-presente* fora de toda plenitude, sua possibilidade é anterior, de direito, a tudo que se denomina signo (significado/ significante, conteúdo/ expressão etc.), conceito ou operação, motriz ou sensível. Esta diferência, portanto, não é mais sensível que inteligível, e ela permite a articulação dos signos entre si no interior de uma mesma ordem abstrata – de um texto fônico ou gráfico por exemplo – ou entre duas ordens de expressão. Ela permite a articulação da fala e da escritura – no sentido corrente – assim como ela funda a oposição metafísica entre o sensível e o inteligível, em seguida entre significante e significado, expressão e conteúdo etc. Se a língua já não fosse, neste sentido, uma escritura, nenhuma "notação" derivada seria possível; e o problema clássico das relações entre fala e escritura não poderiam surgir. As *ciências* positivas da significação, bem entendido, podem descrever somente a *obra* e o *fato* da diferência, as diferenças determinadas e as presenças determinadas às quais elas dão lugar. Não pode haver ciência da diferência ela mesma em sua operação, nem tampouco da origem da presença ela mesma, isto é, de uma certa não origem.

A diferência é portanto a formação da forma. Mas ela é, por *outro lado*, o ser impresso da impressão. Sabe-se que Saussure distingue entre a "imagem acústica" e o som objetivo (p. 80). Ele assim se dá o direito de "reduzir", no sentido fenomenológico da palavra, as ciências da acústica e da fisiologia no momento em que institui a ciência da linguagem. A imagem acústica, é a estrutura do aparecer do som que não é nada menos que o som aparecendo. É à imagem acústica que ele denomina *significante*, reservando o nome de *significado* não à coisa, bem entendido (ela é reduzida pelo ato e pela própria idealidade da linguagem), mas ao "conceito", noção sem dúvida infeliz aqui: digamos, à idealidade do sentido. "Propomo-nos a conservar o termo *signo* para designar o total, e substituir *conceito* e *imagem acústica* respectivamente por *significado* e *significante*'". A imagem acústica é o *entendido*: não o *som* entendido mas o ser-entendido do som. O ser-entendido é estruturalmente fenomenal e pertence a uma ordem radicalmente heterogênea à do som real no mundo*. Não se pode recortar esta heterogeneidade sutil mas absolutamente decisiva, a não ser por uma redução fenomenológica. Esta é, portanto, indispensável a qualquer análise do ser-entendido, seja ela inspirada por preocupações linguísticas, psicanalíticas ou outras.

Ora, a "imagem acústica", o aparecer estruturado do som, a "matéria sensível" *vivida* e *informada* pela diferença, o que Husserl denominaria a estrutura *hylé/morphé*, distinta de toda realidade mundana, Saussure a nomeia "imagem psíquica" : "Esta (a imagem acústica) não é o som material, coisa puramente física, mas a imprensão psíquica deste som, a representação que dele nos dá o testemunho de nossos sentidos; tal imagem é sensorial, e se chegamos a chamá-la "material" é somente neste sentido e por oposição ao outro termo da associação, o conceito, geralmente mais abstrato" (p. 80). Embora a palavra "psíquico" talvez não convenha – a não ser que se tome, em relação a ela uma precaução fenomenológica – a originalidade de um certo lugar está bem marcada.

Antes de precisá-lo notemos que não se trata aqui necessariamente do que Jakobson e outros linguistas puderam criticar sob o título de "ponto de vista mentalista":

"Segundo a mais antiga destas concepções, que remonta a Baudouin de Courtenay mas ainda não está morta, o fonema é um som imaginado ou intencional que se opõe ao som efetivamente emitido como um fenômeno 'psicofonético' ao fato 'fisiofonético'. É o equivalente psíquico de um som interiorizado"[29].

Embora a noção de "imagem psíquica" assim definida (ou seja, seguindo uma psicologia pré-fenomenológica da imaginação) tenha de fato esta inspiração mentalista, poder-se-ia de-

* Ver nota 5, no capítulo I da Primeira Parte.

29. *Op. cit.*, p. 1,11. Hjelmslev formula as mesmas reservas: "Coisa curiosa, a linguística, que se colocara em guarda por tanto tempo contra toda tintura de 'psicologismo', parece aqui, ainda que fosse numa certa medida e em proporções bem guardadas, estar de volta à 'imagem acústica' de F. de Saussure e igualmente ao 'conceito', sob condição de interpretar esta palavra em estrita conformidade com a doutrina que acabamos de expor; enfim, reconhecer, embora com as reservas necessárias, que dos dois lados do signo linguístico. se está em presença de um 'fenômeno inteiramente psíquico' (*Curso de Linguística Geral* p. 19). Mas isto é antes uma parcial coincidência de nomenclaturas que uma analogia real. Os termos introduzidos por F. de Saussure, e as interpretações dadas no *Curso*, foram abandonadas porque se prestam a equívoco e convém não refazer os erros. Além do mais, hesitamos de nossa parte, diante da questão relativa a saber em que medida as pesquisas que aqui preconizamos podem ser consideradas como sendo de ordem psicológica: a razão é que a psicologia parece ser uma disciplina cuja definição ainda deixa muito a desejar" ("La stratification du langage", 1954, in *Essais linguistiques*, p. 56). Em *Langue et parole* (1943) Hjelmslev, colocando o mesmo problema, já evocava estas "numerosas nuanças de que o mestre de Genebra pode plenamente ter consciência mas sobre as quais não julgou útil insistir; os motivos que puderam determinar esta atitude naturalmente nos escapam" (p. 76).

fendê-la contra a crítica de Jakobson sob condição de esclarecer: 1º) que se pode conservá-la sem que seja necessário afirmar que "a linguagem interior se reduz aos traços distintivos com exclusão dos traços configurativos ou redundantes"; 2º) que não se retenha a qualificação de *psíquica* se esta designa exclusivamente uma *outra realidade natural, interna e não externa*. É aqui que a correção husserliana é indispensável e transforma até as premissas do debate. Componente real (*reell* e não *real*) do vivido, e estrutura *hylé/ morphé* não é uma realidade (*Realität*). Quanto ao objeto intencional, por exemplo o conteúdo da imagem, ele não pertence realmente (*reell*) nem ao mundo nem ao vivido: componente não real do vivido. A imagem psíquica de que fala Saussure não deve ser uma realidade interna copiando uma realidade externa. Husserl, que critica nas *Ideias I* este conceito do "retrato", mostra também na *Krisis* (pp. 63 e ss.) como a fenomenologia deve superar a oposição naturalista de que vivem a psicologia e as ciências do homem, entre a "experiência interna" e a "experiência externa". Portanto, é indispensável salvar a distinção entre o som aparecendo e o aparecer do som para evitar a pior, porém mais corrente das confusões; e é em princípio possível fazê-lo sem "querer superar a antinomia entre invariância e variabilidade, ao atribuir a primeira à experiência interna e a segunda, à experiência externa" (Jakobson, *op. cit.*, p. 112). A diferença entre a invariância e a variabilidade não separa os dois domínios entre si, ela os divide a um e a outro neles mesmos. Isto indica claramente que a essência da *phoné* não poderia ser lida diretamente e de início no texto de uma ciência mundana, de uma psicofisiofonética.

Tomadas estas precauções, deve-se reconhecer que é na zona específica desta imprensão e deste rastro, na temporalização de um *vivido* que não é nem *no* mundo nem num "outro mundo", que não é mais sonoro que luminoso, não mais *no* tempo que *no* espaço, que as diferenças aparecem entre os elementos ou, melhor, produzem-nos, fazem-nos surgir como tais e constituem *textos*, cadeias e sistemas de rastros. Estas cadeias e estes sistemas podem-se desenhar somente no tecido deste rastro ou imprensão. A diferença inaudita entre o aparecendo e o aparecer (entre o "mundo" e o "vivido") é a condição de todas as outras diferenças, de todos os outros rastros, e *ela já é um rastro*. Assim, este último conceito é absolutamente e de direito "anterior" a toda problemática *fisiológica* sobre a natureza do engrama ou *metafísica* sobre o sentido da presença de que o rastro se dá, desta forma, a decifrar. *O rastro é verdadeiramente a origem absoluta do sentido em geral. O que vem afirmar mais uma vez, que não há origem absoluta do sentido em geral. O rastro é a diferência* que abre o aparecer e a significação. Articulando o vivo sobre o não vivo em geral, origem de toda repetição, origem da idealidade, ele não é mais ideal que real, não mais inteligível que sensível, não mais uma significação transparente que uma energia opaca e *nenhum conceito da metafísica pode descrevê-lo.* E como ele é *a fortiori* anterior à distinção entre as regiões da sensibilidade, ao som tanto quanto à luz, há um sentido em estabelecer uma hierarquia "natural" entre a impressão acústica, por exemplo, e a impressão visual (gráfica)? A imagem gráfica não é vista; e a imagem acústica não é ouvida (entendida). A diferença entre as unidades plenas da voz permanece inaudita. Invisível também a diferença no corpo da inscrição.

A BRISURA*

> Vós sonhastes, suponho, encontrar uma única palavra para designar a diferença e a articulação. Folheando ao acaso o *Robert*, quiçá eu a encontrei, desde que se jogue sobre a palavra, ou antes, que se indique o seu duplo sentido. Esta palavra é rotura: "– Parte fragmentada, quebrada. Cf. brecha, fratura, fenda, fragmento. – Articulação por charneira de duas partes de uma obra de carpintaria. de serraria. A rotura de uma veneziana. Cf. Junta."
>
> ROGER LAPORTE (*carta*).

Origem da experiência do espaço e do tempo, esta escritura da diferença, este tecido do rastro permite à diferença entre o espaço e o tempo articular-se, aparecer como tal na unidade de uma experiência (de um "mesmo" vivido a partir de um "mesmo" corpo próprio). Portanto, esta articulação permite a uma cadeia gráfica ("visual" ou "tátil", "espacial") adaptar-se, eventualmente de forma linear, sobre uma cadeia falada ("fônica", "temporal"). É da possibilidade primeira desta articulação que cumpre partir. A diferença é a articulação.

É exatamente o que diz Saussure em contradição com o capítulo VI :

---

* Como se vê da definição transcrita em epígrafe pelo Autor, esta palavra possui um duplo sentido, de que nem *rotura* nem *juntura* (alternativas estudadas, entre outras) conseguem dar conta. Por isso preferimos aportuguesar a palavra francesa *brisure*. (N. dos T.)

"A questão do aparelho vocal se revela, pois, secundária no problema da linguagem. Certa definição do que se chama *linguagem articulada* poderia confirmar esta ideia. Em latim, *articulus* significa 'membro, partes, subdivisão numa série de coisas'; em matéria de linguagem, a articulação pode designar não só a divisão da cadeia falada em sílabas, como a subdivisão das cadeias das significações em unidades significativas... Apegando-se a esta segunda definição, poder-se-ia dizer que *não é a linguagem falada que é natural ao homem*, mas a faculdade de constituir uma língua, isto é, um sistema de signos distintos correspondentes a ideias distintas" (p. 18. O grifo é nosso).

A ideia de "imprensão psíquica" comunica, pois, essencialmente, com a ideia de articulação. Sem a diferença entre o sensível aparecendo e seu aparecer vivido ("imprensão psíquica"), a síntese temporalizadora, permitindo às diferenças aparecer numa cadeia de significações, não poderia fazer sua obra. Que a "imprensão" seja irredutível, quer também dizer que a fala é originariamente passiva, mas num sentido da passividade que toda metáfora intramundana só poderia trair. Esta passividade é também a relação a um passado, a um desde-sempre-lá que nenhuma reativação da origem poderia plenamente dominar e despertar à presença. Esta impossibilidade de reanimar absolutamente a evidência de uma presença originária, remete-nos, pois, a um passado absoluto. É isto que nos autorizou a denominar rastro o que não se deixa resumir na simplicidade de um presente. Na verdade, seria possível objetar-nos que, na síntese indecomponível da temporalização, a protensão é tão indispensável quanto a retensão. E suas duas dimensões não se acrescentam mas se implicam uma e outra de um estranho modo. O que se antecipa na protensão não desune o presente de sua identidade a si menos do que o faz o que se retém no rastro. Certamente. Mas, a privilegiar a antecipação, corria-se o risco, então, de apagar a irredutibilidade do desde-sempre-lá e a passividade fundamental que se denomina tempo. Por outro lado, se o rastro remete a um passado absoluto é porque obriga-nos a pensar um passado que não se pode mais compreender, na forma da presença modificada, como um presente-passado. Ora, como passado sempre significou presente-passado, o passado absoluto que se retém no rastro não merece mais rigorosamente o nome de "passado". Outro nome a rasurar, tanto mais que o estranho movimento do rastro anuncia tanto quanto recorda: a diferência difere. Com a mesma precaução e sob a mesma rasura, pode-se dizer que sua passividade é também sua relação ao "futuro". Os conceitos de *presente*, de *passado* e de *futuro*, tudo o que nos conceitos de tempo e de história deles supõe a evidência clássica – o conceito metafísico de tempo em geral – não pode descrever adequadamente a estrutura do rastro. E desconstruir a simplicidade da presença não acarreta somente levar em conta os horizontes de presença potencial, e mesmo de uma "dialética" da protensão e da retensão que se instalaria no coração do presente em vez de contorná-lo. Portanto, não se trata de complicar a estrutura do tempo, conservando-lhe a sua homogeneidade e sucessividade fundamentais, mostrando, por exemplo, que o presente passado e o presente futuro constituem originariamente, dividindo-a, a forma do presente vivo. Uma tal complicação, que em suma é aquela mesma que Husserl descreveu, atém-se, apesar de uma audaciosa redução fenomenológica, à evidência, à presença de um modelo linear, objetivo e mundano. O *agora* B seria enquanto tal, constituído pela retensão do *agora* A e pela protensão do *agora* C; apesar de todo o jogo que se seguiria, do fato de que cada um dos três *agora* reproduz nele mesmo esta estrutura, este modelo da sucessividade proibiria que um *agora* X tomasse o lugar do *agora* A, por exemplo, e que, por um efeito de retardamento inadmissível para a consciência, uma experiência seja determinada em seu próprio presente, por um presente que não a teria precedido imediatamente mas ser-lhe-ia amplamente "anterior". É o problema do efeito retardado (*nachtraglich*)* de que fala Freud. A temporalidade a que se refere não pode ser a que se presta a uma fenomenologia da consciência ou da presença e, não há dúvida, pode-se, então, contestar o direito de ainda denominar tempo, agora, presente anterior, retardo etc., tudo que aqui está em questão.

Na sua maior formalidade, este imenso problema se enunciaria deste modo: é a temporalidade descrita por uma fenomenologia transcendental, tão "dialética" quanto possível, um solo o qual somente viriam modificar estruturas, digamos inconscientes, da temporalidade? Ou então o modelo fenomenológico é ele mesmo constituído como uma trama de linguagem, de lógica, de evidência, de segurança fundamental, sobre uma cadeia que não é a sua? E que tal é a dificuldade mais aguda, não tem mais nada de mundano? Pois, não é por acaso que a fenomenologia transcendental da *consciência* interna do tempo,

---

* *Nachtraglich*: termo psicanalítico geralmente traduzido em francês como "après coup", e que pode equivaler ao português "posterior". Segundo o *Vocabulaire de la Psychanalyse*, já citado: "Termo frequentemente empregado por Freud em relação com sua concepção de temporalidade e de causalidade psíquicas: experiências, impressões, rastros mnésicos são remanejados ulteriormente em função de experiências novas, do acesso a um outro grau de desenvolvimento. Pode ser-lhes então conferida, juntamente com um novo sentido, uma eficácia psíquica." (N. dos T.)

tão preocupada, no entanto, em colocar entre parênteses o tempo cósmico, deve, enquanto consciência e mesmo enquanto consciência interna, viver um tempo cúmplice do tempo do mundo. Entre a consciência, a percepção (interna ou externa) e o "mundo", a ruptura não é, talvez possível, ainda que sob a forma sutil da redução.

Portanto, é num certo sentido inaudito que a fala é no mundo, enraizada nesta passividade que a metafísica denomina sensibilidade em geral. Como não há linguagem não metafórica aqui a opor às metáforas, é necessário, como queria Bergson, multiplicar as metáforas antagonistas. "Querer sensibilizado", é assim que Maine de Biran por exemplo, com uma intenção um pouco diferente, nomeava a fala vogal. Que o *logos* seja primeiramente imprensão e que esta imprensão seja o recurso escritural da linguagem, isto significa, certamente, que o *logos* não é uma atividade criadora, o elemento contínuo e pleno da fala divina etc. Mas, não se teria dado um passo além da metafísica, se dela se conservasse sequer um novo motivo da "volta à finidade", da "morte de Deus" etc. É esta conceitualidade e esta problemática que é necessário desconstruir. Elas pertencem à onto-teologia que contestam. A diferência é, também, outra que a finidade.

Segundo Saussure, a passividade da fala é, antes de mais nada, sua relação à língua. A relação entre a passividade e a diferença não se distingue da relação entre a *inconsciência* fundamental da linguagem (como enraizamento na língua) e o *espaçamento* (pausa, branco, pontuação, intervalo em geral etc.) que constitui a origem da significação. É porque "a língua é uma forma e não uma substância" (p. 141) que, paradoxalmente, a atividade da fala pode e sempre deve nela se munir. Mas, se ela é uma forma, é porque "na língua só existem diferenças" (p. 139). O *espaçamento* (notar-se-á que esta palavra afirma articulação do espaço e do tempo, o vir-a-ser-espaço do tempo e o vir-a-ser-tempo do espaço) é sempre o não percebido, o não presente e o não consciente. *Como tais*, se ainda se pode empregar esta expressão de maneira não fenomenológica: pois, passamos aqui mesmo o limite da fenomenologia. A arquiescritura como espaçamento não pode-se dar *como tal*, na experiência fenomenológica de uma *presença*. Ela marca o *tempo morto* na presença do presente vivo, na forma geral de toda presença. O tempo morto age. Daí por que, uma vez mais, apesar de todos os recursos discursivos que lhe deve tomar de empréstimo, o pensamento do rastro não se confundirá jamais com uma fenomenologia da escritura. Como uma fenomenologia do signo em geral, uma fenomenologia da escritura é impossível. Nenhuma intuição pode-se dar lá onde "os 'brancos' na verdade assumem a importância" (Prefácio ao *Coup de dés*).

Talvez compreenda-se melhor por que Freud disse, do trabalho do sonho, que é mais comparável a uma escritura que a uma linguagem, e a uma escritura hieroglífica que a uma escritura fonética[30]. E por que Saussure disse a respeito da língua que ela "não constitui, pois, uma função do sujeito falante" (p. 22). Proposições estas que é necessário entender, com ou sem a cumplicidade de seus autores, além das simples inversões de uma metafísica da presença ou da subjetividade consciente. Constituindo-o e descolocando-o ao mesmo tempo, a escritura é outra que o sujeito, em qualquer sentido em que seja entendida. Ela não poderá jamais ser pensada sob sua categoria; de qualquer maneira que ela seja modificada, afetada de consciência ou inconsciência, esta remeterá, por todo o fio de sua história, à substancialidade de uma presença impassível sob os acidentes ou à identidade do próprio na presença da relação a si. E sabe-se que o fio desta história não corria nas orlas da metafísica. Determinar um X como sujeito não é jamais uma operação de pura convenção, não é jamais quanto à escritura um gesto indiferente.

Ora, o espaçamento como escritura é o vir-a-ser-ausente e o vir-a-ser-inconsciente do sujeito. Pelo movimento de sua deriva, a emancipação do signo retroconstitui, o desejo da presença. Este devir – ou esta deriva – não sobrevém ao sujeito que o escolheria ou nele se deixaria passivamente arrebatar. Como relação do sujeito à sua morte, este devir é a própria constituição da subjetividade. Em todos os níveis de organização da vida, isto é, da *economia da morte*. Todo grafema é por essência testamentário[31]. E a ausência original do sujeito da escritura é também a da coisa ou do referente.

---

30. Tentamos deste ponto de vista uma leitura de Freud ("Freud e a cena da escritura" in *A escritura e a diferença*). Ela coloca em evidência a comunicação entre o conceito de rastro e a estrutura do "de-retardamento" de que falamos mais acima.

31. Mais de um sistema mitológico é habitado por este tema. Entre muitos outros exemplos, Tote, o deus egípcio da escritura evocado no *Fedro*, o inventor da astúcia técnica, o análogo a Hermes, exercia também funções essenciais no rito funerário. Era na ocasião, barqueiro de mortos. Inscrevia as contas antes do juízo final. Ocupava também a função de secretário suplente que usurpava o primeiro lugar: do rei, do pai, do sol de seu olho. Por exemplo: "De regra geral, o olho de Hórus tornou-se o olho lunar. A lua como tudo que diz respeito ao mundo astral, muito intrigou os egípcios. Segundo uma lenda, a lua teria sido criada pelo deus-sol para substituí-lo durante a noite: era Tote que Rá designara para exercer esta alta função de suplência. Um outro mito procurava explicar as vicissitudes da lua por um combate periódico cujos protagonistas eram Hórus e Séti. No curso da luta, o olho de Hórus lhe foi arrancado, mas Séti, finalmente vencido,

Na horizontalidade do espaçamento, que não é outra dimensão senão a de que falamos até aqui e que não se lhe opõe como a superfície à profundidade, não cabe sequer dizer que o espaçamento corta, cai e faz cair no inconsciente: este não é nada sem esta cadência e antes desta cesura. A significação, assim, não se forma senão no oco da diferença: da descontinuidade e da discrição, do rapto e da reserva do que não aparece. Esta brisura da linguagem como escritura, esta descontinuidade pôde, num momento dado, na linguística, ir de encontro a um precioso preconceito continuísta. Renunciando a ele, a fonologia deve renunciar claramente a toda distinção radical entre a fala e a escritura, renunciar assim não a si mesma, à fonologia, mas ao fonologismo. O que reconhece Jakobson a este respeito, nos é, muito importante aqui:

"O fluxo da linguagem falada, fisicamente contínua, confrontou na origem a teoria da comunicação com uma situação consideravelmente mais complicada" (Shannon e Weaver) do que o conjunto finito de elementos discretos que apresentava a linguagem escrita. A análise linguística, todavia, conseguiu resolver o discurso oral numa série finita de informações elementares. Estas unidades discretas, últimas, ditas 'traços distintivos' são agrupadas em 'feixes' simultâneos, denominados fonemas, que, por sua vez, encadeiam-se para formar sequências. Assim, pois, a forma na linguagem, tem uma estrutura manifestamente granular e é suscetível de uma descrição quântica"[32].

A brisura marca a impossibilidade para um signo, para a unidade de um significante e de um significado, de produzir-se na plenitude de um presente e de uma presença absoluta. Daí por que não há fala plena, quer se queira restaurá-la por ou contra a psicanálise. Antes de pensar em reduzir ou em restaurar o sentido da fala plena que afirma ser a verdade, é preciso colocar

foi obrigado a devolver a seu vencedor o olho que lhe havia tomado; segundo outras versões o olho teria retornado sozinho ou ainda teria sido trazido por Tote. Seja o que for Hórus reencontra com alegria seu olho e o repõe no seu lugar depois de o ter purificado. Os egípcios denominaram este olho o *oudjat* "aquele que está com boa saúde". Veremos que o papel do olho *oudjat* foi considerável na religião funerária, na lenda osiriana e na cerimônia da oferenda. Esta lenda teve mais tarde uma contrapartida solar: contava-se que o senhor universal, na origem do mundo, viu-se, não se sabe por qual razão, privado de seu olho. Encarregou Shou e Tefnout de olho reconduzir. A ausência dos dois mensageiros foi tão longa que Rá foi obrigado a substituir o infiel. O olho, assim que foi por fim reconduzido por Shou e por Tefnout, foi tomado de cólera (a) ao ver que seu lugar havia sido tomado. Rá, para apaziguá-lo, transformou-o em serpente-uraeus e o colocou sobre sua fronte como símbolo de seu poder; além disso, encarregou-o de defendê-lo contra seus inimigos." (a) O olho verteu lágrimas (*rémyt*) de onde nasceram os homens (*remet*); a origem mítica dos homens repousa, como se vê, num simples jogo de palavras (Jacques Vandier, *La religion égyptienne*, PUF, pp. 39-40). Aproximar-se-á este mito de suplência da história do olho em Rousseau (cf. mais adiante p. 182).

32. *Linguistique et théorie de la communication* (*op. cit.*, pp. 87-88).

a questão do sentido de sua origem na diferença. Tal é o lugar de uma problemática do *rastro*.

Por que do *rastro?* O que nos guiou na escolha desta palavra? Começamos a responder a esta questão. Mas esta questão é tal, e tal a natureza de nossa resposta, que os lugares de uma e de outra devem deslocar-se constantemente. Se as palavras e os conceitos só adquirem sentido nos encadeamentos de diferenças, não se pode justificar sua linguagem, e a escolha dos termos, senão no interior de uma tópica e de uma estratégia histórica. Portanto, a justificação não pode jamais ser absoluta e definitiva. Ela responde a um estado das forças e traduz um cálculo histórico. Assim, além das que já definimos, um certo número de dados, pertencendo ao discurso da época, progressivamente nos impuseram esta escolha. A palavra *rastro* deve fazer por si mesma referência a um certo número de discursos contemporâneos com cuja força entendemos contar. Não que os aceitemos em sua totalidade. Mas a palavra *rastro* estabelece com eles a comunicação que nos parece a mais certa e permite-nos fazer a economia dos desenvolvimentos que neles demonstraram sua eficácia. Assim, aproximamos este conceito de rastro daquele que está no centro dos últimos escritos de E. Levinas e de sua crítica da ontologia[33]: relação à illidade como à alteridade de um passado que nunca foi e não pode nunca ser vivido na forma, originária ou modificada, da presença. Colocada aqui, e não no pensamento de Levinas, de acordo com uma intenção heideggeriana, esta noção significa, por vezes para além do discurso heideggeriano, o abalamento de uma ontologia que, em seu curso mais interior, determinou o sentido do ser como presença e o sentido da linguagem como continuidade plena da fala. Tornar enigmático o que se crê entender sob os nomes de proximidade, de imediatez, de presença (o próximo, o próprio e o pre- de presença), tal seria, pois, a intenção última do presente ensaio. Esta desconstrução da presença passa pela da consciência, logo, pela noção irredutível do rastro (*Spur*), tal qual aparece no discurso nietzschiano assim como no discurso freudiano. Por fim, em todos os campos científicos e notadamente no da biologia, esta noção parece hoje dominante e irredutível.

Se o rastro, arquifenômeno da "memória" que é preciso pensar antes da oposição entre natureza e cultura, animalidade e

---

33. Cf. principalmente "La trace de l'atre" in *Tijdschrift voor filosofie*, set. 1963, e nosso ensaio, "Violence et métaphysique, essai sur la pensée d'Em manuel Lavinas". *Revue de máiaphvsique et de morale*, 1964, 3 e 4. Este artigo foi também publicado na edição francesa de *A Escritura e a Diferença*, muito embora não faça parte da edição brasileira.

humanidade etc., pertence ao próprio movimento da significação, esta está *a priori* escrita, que se a inscreva ou não, sob uma forma ou outra, num elemento "sensível" e "espacial" que se denomina "exterior". Arquiescritura, possibilidade primeira da fala, e em seguida da "grafia" no sentido estrito, lugar natal de "usurpação" denunciada desde Platão até Saussure, este rastro é a abertura da primeira exterioridade em geral, a enigmática relação do vivo com seu outro e de um dentro com um fora: o espaçamento. O fora, exterioridade "espacial" e "objetiva" de que acreditamos saber o que é como a coisa mais familiar do mundo, como a própria familiaridade, não apareceria sem o grama, sem a diferença como temporalização, sem a não presença do outro inscrita no sentido do presente, sem a relação com a morte como estrutura concreta do presente vivo. A metáfora seria proibida. A presença-ausência do rastro, o que não se deveria sequer chamar sua ambiguidade mas sim seu jogo (pois a palavra "ambiguidade" requer a lógica da presença, mesmo quando começa a desobedecer-lhe), traz em si os problemas da letra e do espírito do corpo e da alma e de todos os problemas cuja afinidade primeira lembramos. Todos os dualismos, todas as teorias da imortalidade da alma ou do espírito, tanto quanto os monismos, espiritualistas ou materialistas, dialéticos ou vulgares, são o tema único de uma metafísica cuja história inteira teve que tender em direção à redução do rastro. A subordinação do rastro à presença plena resumida no *logos*, o rebaixamento da escritura abaixo de uma fala sonhando sua plenitude, tais são os gestos requeridos por uma onto-teologia determinando o sentido arqueológico e escatológico do ser como presença, como parusia, como vida sem diferença: outro nome da morte, historial metonímia onde o nome de Deus mantém a morte em respeito. Daí por que, se este movimento abre sua época sob a forma do platonismo, ele se realiza no momento da metafísica infinitista. Somente o ser infinito pode reduzir a diferença na presença. Neste sentido, o nome de Deus, ao menos tal como se pronuncia nos racionalismos clássicos é o nome da própria indiferença. Só o infinito positivo pode suspender o rastro, "sublimá-lo" (propôs-se recentemente traduzir a *Aufhebung* hegeliana por sublimação; esta tradução vale o que vale enquanto tradução, mas esta aproximação interessa-nos aqui). Portanto, não se deve falar de "preconceito teológico", funcionando aqui ou lá, quando está em causa a plenitude do *logos*: o *logos* como sublimação do rastro é *teológico*. As teologias infinitistas são sempre logocentrismos, quer sejam ou não criacionismos.

Spinoza mesmo dizia do entendimento – ou *logos* – que este era o modo infinito *imediato* da substância divina, chamando-o mesmo seu filho eterno no *Breve Tratado*. É ainda a esta época, concluindo-se com Hegel, com uma teologia do conceito absoluto como logos, que pertencem todos os conceitos não críticos, creditados pela linguística, ao menos na medida em que ela deve confirmar – e como a isso escaparia uma *ciência?* – o decreto saussuriano recortando o "sistema interno da língua".

Estes conceitos são precisamente os que permitiram a exclusão da escritura: imagem ou representação, sensível e inteligível, natureza e cultura, natureza e técnica etc. São solidários com toda a conceitualidade metafísica e em particular com uma determinação naturalista, objetivista e derivada da diferença entre o fora e o dentro.

E, sobretudo, com um "conceito vulgar do tempo". Tomamos de empréstimo a Heidegger esta expressão. Ela designa, ao fim de *Sein und Zeit**, um conceito de tempo pensado a partir do movimento espacial ou do agora, e que domina toda a filosofia da *Physica* de Aristóteles à *Lógica* de Hegel[34]. Este conceito, que determina toda a ontologia clássica, não nasceu de um erro de filósofo ou de uma falha teórica, é interior à totalidade da história do Ocidente, ao que une sua metafísica à sua técnica. E nós o veremos mais adiante comunicar com a linearização da escritura e o conceito linearista da fala. Este linearismo é indubitavelmente inseparável do fonologismo: ele pode elevar a voz na medida mesma em que uma escritura linear pode parecer submeter-se a ele. Toda a teoria saussuriana da "linearidade do significante" poderia ser interpretada deste ponto de vista.

"Os significantes acústicos dispõem apenas da linha do tempo: seus elementos se apresentam um após o outro; formam uma cadeia. Este caráter aparece imediatamente quando os representamos pela escritura..." "O significante, sendo de natureza auditiva, desenvolve-se no tempo, unicamente e tem as características que toma do tempo: a) representa uma extensão, e, b) esta extensão é mensurável numa só dimensão: é uma linha"[35].

Este é um ponto em que Jakobson se separa de Saussure de forma decisiva, ao substituir a homogeneidade da linha pela estrutura da pauta musical, "o acorde em música"[36]. O que aqui está

* Obra de Martin Heidegger *O Ser e o Tempo*. (N. dos T.)

34. Permitimo-nos aqui remeter a um ensaio (a sair), *Ousia et Grammè*, *note sur une note de Sein und Zeit*.

35. P. 84. Ver também tudo que concerne ao "tempo homogêneo", pp. 50 e ss.

36. *Op. cit.*, p. 165. Cf. também artigo de *Diogène* já citado.

em questão, não é a afirmação, por Saussure da essência temporal do discurso, mas sim, o conceito de tempo que conduz esta afirmação e esta análise: tempo concebido como sucessividade linear, como "consecutividade". Este modelo funciona só e em todo o *Curso*, mas Saussure dele está menos seguro, ao que parece, nos *Anagramas*. Seu valor parece-lhe, em todo caso, problemático e um precioso parágrafo elabora uma questão deixada em suspenso:

> "Que os elementos que formam uma palavra *se sigam*, aí está uma verdade que mais valeria não considerar em linguística como algo sem interesse porque evidente, mas sim como algo que dá de antemão o princípio central de toda reflexão útil sobre as palavras. Num domínio infinitamente especial como esse com que temos a lidar, é sempre em virtude da lei fundamental da palavra humana em geral que pode-se colocar uma questão como a da consecutividade ou não consecutividade"[37].

Este conceito linearista do tempo é, portanto, uma das mais profundas aderências do conceito moderno de signo à sua história. Pois, no limite é o próprio conceito de signo que permanece inserido na história da ontologia clássica e na distinção, por mais tênue que seja, entre a face significante e a face significada. O paralelismo, a correspondência das faces ou dos planos, aí não muda nada. Que esta distinção, aparecida primeiramente na lógica estoica, tenha sido necessária à coerência de uma temática escolástica dominada pela teologia infinitista, eis o que nos impede tratar como uma contingência ou uma comodidade o empréstimo que dela se faz hoje. Nós o havíamos sugerido no começo, talvez suas razões apareçam melhor agora. O *signatum* remetia sempre, como a seu referente, a uma *res*, a um ente criado ou, de qualquer forma, primeiramente pensado e dito, pensável e dizível no presente eterno no *logos* divino e precisamente no seu sopro. Se ele vinha a ter relação com a fala de um espírito finito (criado ou não; de qualquer forma de um ente intracósmico) pelo *intermediário* de um *signans*, o *signatum* tinha uma relação *imediata* com o *logos* divino que o pensava na presença e para o qual ele não era um rastro. E para a linguística moderna, se o significante é rastro, o significado é um sentido pensável em princípio na presença plena de uma consciência intuitiva. A face significada na medida em que ainda é distinguida originariamente da face significante não é consi-

---

37. *Mercure de France*, fev. 1964, p. 254. Apresentando este texto, J. Starobinski evoca o modelo musical e conclui: "Esta leitura desenvolve-se segundo um outro *tempo* (e num outro tempo) : no limite se sai do tempo da 'consecutividade' própria à linguagem habitual". Poder-se-ia, sem dúvida, dizer *próprio ao conceito habitual* de tempo e de linguagem.

derada como um rastro: de direito, não tem necessidade do significante para ser o que é. É na profundidade desta afirmação que é necessário colocar o problema das relações entre a linguística e a semântica. Esta referência ao sentido de um significado pensável e possível fora de qualquer significante, permanece na dependência da onto-teo-teleologia que acabamos de evocar. Portanto, é a ideia de signo que seria necessário desconstruir por uma meditação sobre a escritura que se confundiria, conforme deve fazê-lo, com uma *solicitação* da onto-teologia, repetindo-a fielmente na sua *totalidade* e *abalando-a* nas suas evidências mais seguras[38]. Aí se é conduzido com toda Necessidade uma vez que o rastro afeta a totalidade do signo sob suas duas faces. Que o significado seja originário e essencialmente (e não somente para um espírito finito e criado) rastro, que ele seja *desde sempre em posição de significante*, tal é a proposição aparentemente inocente em que a metafísica do *logos*, da presença e da consciência deve refletir a escritura como sua morte e seu recurso.

38. Se escolhemos demonstrar a necessidade desta desconstrução privilegiando as referências saussurianas, não é somente porque Saussure ainda domina a linguística e a semiologia contemporâneas: é porque ele nos parece também se manter nos limites: ao mesmo tempo na metafísica que é preciso desconstruir e além do conceito de signo (significante/significado) do que ainda se serve. Mas, com que escrúpulos, que hesitação intermináveis, principalmente quando se trata da diferença entre as duas "faces" do signo e do "arbitrário", melhor o compreendemos ao ler R. Goedel, *Les sources manuscrites du Cours de linguistique générale*, 1957, pp. 190 e ss. Notemos de passagem: não está excluído que a literalidade do *Curso*, à qual muito tivemos que nos referir, apareça um dia muito suspeita, à luz dos inéditos cuja publicação se prepara atualmente Pensamos em particular nos *Anagrammes*. Até que ponto Saussure é responsável pelo *Curso* tal como foi redigido e dado para ler depois de sua morte? A questão não é nova. Seria necessário precisar que, *ao menos aqui*, não podemos lhe dar nenhuma pertinência? A não ser que se confunda profundamente a natureza de nosso projeto, ter-se-á percebido que, preocupando-nos muito pouco com o *próprio* pensamento de Ferdinand de Saussure *ele mesmo*, interessamo-nos por um *texto* cuja literalidade deve o papel que se sabe depois de 1915, funcionando num sistema de leituras, influências, desconhecimentos, empréstimos, refutações etc. O que aí se pôde ler – e também o que não se pôde aí ler – sob o título de *Cours de linguistique générale* importava-nos com exclusão de qualquer intenção escondida e "verdadeira" de Ferdinand de Saussure. Se se descobrisse que este texto nele ocultou um outro – e nunca teremos que nos defrontar senão com textos – e o ocultou num sentido determinado, a leitura que acabamos de propor não seria, ao menos por esta única razão, enfraquecida. Muito ao contrário. Esta situação, além do mais, fora prevista pelos editores do *Curso*, bem ao fim do seu primeiro Prefácio.

3. Da Gramatologia como Ciência Positiva

Em que condições uma gramatologia é possível? Sua condição fundamental é, certamente, a solicitação do logocentrismo. Mas esta condição de possibilidades transforma-se em condição de impossibilidade. Com efeito, ela corre o risco de abalar também o conceito da ciência. A grafemática ou a gramatografia deveriam deixar de apresentar-se como ciências; a sua mira deveria ser exorbitante com respeito a um *saber* gramato-*lógico*.

Sem nos aventurarmos aqui até esta Necessidade perigosa, e no interior das normas tradicionais da cientificidade em direção das quais fazemos um recuo provisório, repetimos a questão: em que condições a gramatologia é possível?

Sob a condição de saber o que é a escritura e como se regula a plurivocidade deste conceito. Onde começa a escritura? Quando começa a escritura? Onde e quando o rastro, escritura em geral, raiz comum da fala e da escritura, se comprime como "escritura" no sentido corrente? Onde e quando se passa de uma escritura a outra, da escritura em geral à escritura em sentido estrito, do rastro à grafia, depois, de um sistema gráfico a outro, e, no campo de um código gráfico, de um discurso gráfico a outro etc.?

Onde e quando começa...? Questão de origem. Ora, que não haja origem, isto é, origem simples; que as questões de origem conduzem com ela uma metafísica da presença, eis o que uma meditação do rastro deveria, sem dúvida, ensinar-nos. Sem nos aventurarmos aqui até esta Necessidade perigosa, continuando a colocar questões de origem, devemos nestas reconhecer duas alturas. "Onde" e "quando" podem abrir questões empíricas: quais são os lugares e os momentos determinados dos primeiros fenômenos de escritura, na história e no mundo? A estas questões devem responder o levantamento e a pesquisa dos fatos: história no sentido corrente, a que foi praticada até hoje por quase todos os arqueólogos, epigrafistas e pré-historiadores que interrogaram as escrituras no mundo.

Mas a questão de origem confunde-se inicialmente com a questão da essência. Pode-se igualmente dizer que ela pressupõe uma questão ontofenomenológica, no sentido rigoroso do termo. Deve-se saber *o que* é a escritura, para poder-se perguntar, sabendo-se de que se fala e de que *é questão*, onde e quando começa a escritura. Que é a escritura? Pelo que ela se reconhece? Qual certeza de essência deve guiar o levantamento empírico? Guiá-lo de direito, pois é uma Necessidade de fato que o levantamento empírico fecunde, por precipitação, a reflexão sobre a essência[1]. Esta deve operar sobre "exemplos", e poder-se-ia mostrar em que esta impossibilidade de começar pelo começo de direito, tal como é designado pela lógica da reflexão transcendental, remete à originariedade (sob rasura) do rastro, isto é, à raiz da escritura. O que já nos ensinou o pensamento do rastro, é que ele não podia simplesmente ser submetido à questão ontotenomenológica da essência. O rastro *não é nada*, não é um ente, excede a questão *o que é* e eventualmente a possibilita. Aqui não se pode nem mesmo confiar na oposição do fato e do direito, que nunca funcionou a não ser no sistema da questão *o que é*, sob todas as suas formas metafísicas, ontológicas e transcendentais. Sem nos aventurarmos até a Necessidade perigosa da questão sobre a arquiquestão "o que é", abriguemo-nos ainda no campo do saber gramatológico.

A escritura sendo totalmente histórica, é ao mesmo tempo natural e surpreendente que o interesse científico pela escritura tenha sempre tomado a forma de uma história da escritura. Mas a ciência exigia também que uma teoria da escritura viesse orientar a pura descrição dos fatos – supondo-se que esta última expressão tenha um sentido.

---

1. Sobre as dificuldades empíricas de uma pesquisa das origens empíricas, cf. M. Cohen, *La grande invension de l'écriture*, 1958, tomo I, pp. 3 e ss. Com a *Histoire de l'écriture*, de J. G. Février (1948-1959[1]), trata-se da obra mais importante, na França, sobre a história da escritura. M. V.-David consagrou a ambos um estudo em *Critique*, junho de 1960.

A ÁLGEBRA: ARCANO E TRANSPARÊNCIA

A que ponto o século XVIII, marcando aqui um corte, tentou fazer justiça a estas duas exigências, eis o que é muito frequentemente ignorado ou subestimado. Se, por razões profundas e sistemáticas, o século XIX nos deixou uma pesada herança de ilusões ou de desconhecimentos, tudo o que se refere à teoria do signo escrito no final do século XVII e no decorrer do século XVIII foi a sua vítima privilegiada[2].

Devemos, portanto, aprender a reler o que está assim embaralhado para nós. Madeleine V.-David, um dos espíritos que, na França, animaram incessantemente o levantamento histórico da escritura pela vigilância da questão filosófica[3], acaba de reunir numa preciosa obra as peças essenciais de um relatório: o de um debate apaixonando todos os espíritos europeus no final do século XVII e durante todo o século XVIII. Sintoma cegante e desconhecido da crise da consciência europeia. Os primeiros projetos de uma "história geral da escritura" (a expressão é de Warburton e data de 1742[4]) nasceram num meio de pensamento em que o trabalho propriamente científico devia incessantemente sobrepujar aquilo mesmo que lhe dava seu movimento: o preconceito especulativo e a presunção ideológica. O trabalho crítico progride por etapas e pode-se reconstituir posteriormente a sua estratégia. Vence inicialmente o preconceito *"teológico"*: é assim que Fréret qualifica o mito de uma escritura primitiva e natural dada por Deus, tal como a escritura hebraica para Blaise de Vigenère; em seu *Traité des chiffres ou secrètes manières d'escrire* (1586), diz que tais caracteres são "os mais antigos de todos, e mesmo formados pelo próprio dedo do Soberano Deus". Sob todas as suas formas, quer sejam manifestas ou sorrateiras, esse teologismo,

2. M. V.-David propõe uma explicação particular para este acontecimento. "É certo que, no pensamento do século XIX, se produziu um vazio, depois da apologia, demasiado exclusiva, dos fatos de língua (começada com Herder). Paradoxalmente, o século das grandes decifrações fez tábua rasa da longa preparação destas decifrações, ostentando sua desafeição face ao problema dos signos... Assim fica um vazio a ser preenchido, uma continuidade a ser restabelecida... O melhor a fazer neste sentido seria assinalar... os textos de Leibniz que tratam, muitas vezes conjuntamente, dos fatos chineses e dos projetos de escritura universal, e das múltiplas posições possíveis do escrito e do falado... Mas talvez não padeçamos somente dos cegamentos do século XIX face aos signos. Sem dúvida, nossa qualidade de escrevedores 'alfabéticos' também contribui poderosamente para dissimular-nos tais aspectos essenciais da atividade escritural" (Intervenção em EP, pp. 352-353).

3. Ela o fez em particular em *Les dieux et le destin en Babylonie* (P.U.F., 1949) (cf. principalmente o último capítulo, sobre *Le règne de l'écriture*); e em numerosos artigos da *Revue Philosophique*, do *Bulletin de la société linguistique de Paris*, de *Critique*, do *Journal de psychologie* e do *Journal asiatique*. M. V.-David foi discípula e tradutora de B. Hrozny.

4. DE, pp. 34 e ss.

que na verdade não é um preconceito e é mais do que isto, constituiu o obstáculo maior a toda gramatologia. Nenhuma história da escritura podia conciliar-se com ele. E inicialmente nenhuma história da escritura-mesma daqueles que cegava: o alfabeto, quer seja hebreu ou grego. O elemento da ciência da escritura devia permanecer invisível em sua história, e, privilegiadamente, àqueles que podiam perceber a história das outras escrituras. Assim, não é surpreendente que o descentramento necessário siga o vir--a-ser-legível das escrituras não ocidentais. Não se aceita a história do alfabeto antes de se reconhecer a multiplicidade dos *sistemas* de escritura e de se lhes designar uma história, quer se esteja ou não capacitado a determiná-la cientificamente.

Este primeiro descentramento limita-se a si mesmo. Recentra-se num solo a-histórico, que, de maneira análoga, concilia o ponto de vista lógico-filosófico (cegamento sobre a condição do lógico-filosófico: a escritura fonética) e o ponto de vista teológico[5]. É o preconceito "*chinês*": todos os projetos filosóficos de escritura e de linguagem universais, pasilalia, poligrafia, pasigrafia, chamados por Descartes, esboçados pelo Padre Kircher, Wilkins[6], Leibniz etc., encorajaram a ver na escritura chinesa, que então era descoberta, um modelo de língua filosófica assim subtraído à história. Tal é, em todo caso, a *junção* do modelo chinês nos projetos de Leibniz. O que, a seus olhos, liberta da voz a escritura chinesa é também o que, arbitrariamente e por artifício de invenção, arranca-a à história e torna-a própria à filosofia.

A exigência filosófica que guia Leibniz já fora formulada várias vezes antes dele. Dentre todos em que se inspira, há inicialmente o próprio Descartes. Respondendo a Mersenne, que lhe havia comunicado um panfleto, cuja origem nós ignoramos, exaltando um sistema de seis proposições para uma língua universal, Descartes começa por dizer toda a sua desconfiança[7]. Considera com desdém certas proposições, destinadas, segundo ele, apenas a "valorizar a droga" e a "louvar a mercadoria". E tem "má opinião" da palavra "*arcano*": "assim que eu vejo apenas a palavra *arcano* em alguma proposição, começo a ter má opinião desta".

---

5. Aqueles que eram denominados os "Jesuítas de Cantão" obstinavam-se em descobrir a presença das influências ocidentais (judaico-cristãs e egípcias) na escritura chinesa. Cf. V. Pinot, *La Chine et la formation de l'esprit philosophique en France* (1640-1740), 1932, e DE, pp. 59 e ss.

6. Athanase Kircher, *Polygraphia nova et universalis et combinatoria arte detecta*. John Wilkins, *An essay towards a real character and a philosophical language*, 1668.

7. Carta a Mersenne, 20 de novembro de 1629. Cf. também L. Couturat e L. Léau, *Histoire de la langue universelle*, p. 10 e ss.

Opõe a este projeto argumentos que são, como se recordará[8], os de Saussure:

> "...o mau encontro das letras, que produziriam frequentemente sons desagradáveis e insuportáveis à audição: pois toda a diferença das inflexões das palavras fez-se, pelo uso, apenas para evitar este defeito, e é impossível que vosso autor tenha podido remediar este inconveniente, fazendo sua gramática universal para todas as espécies de nações; pois é que é fácil e agradável em nossa língua é rude e insuportável para os alemães, e assim por diante."

Esta língua exigiria ademais que se aprendessem as "palavras primitivas" de todas as línguas, "o que é por demais enfadonho".

A não ser comunicando-as "por escrito". E esta é uma vantagem que Descartes não deixa de reconhecer:

> "Pois se para as palavras primitivas cada um se servir das de sua língua, é verdade que não terá muito trabalho, mas em compensação será entendido apenas por seus conterrâneos, a não ser que o faça por escrito, quando quem desejar entendê-lo terá o trabalho de procurar todas as palavras no dicionário, o que é por demais enfadonho para se esperar que se torne usual... Portanto, toda a utilidade que vejo poder sair desta invenção é para a escritura: a saber, que ele fizesse imprimir um grosso dicionário em todas as línguas em que desejasse ser entendido, e para cada palavra primitiva pusesse caracteres comuns, que respondessem ao sentido e não às sílabas, como um mesmo caráter para *amar*, *amare* e φιλεῖν; e quem tivesse este dicionário e soubesse a sua gramática poderia, procurando um por um todos estes caracteres, interpretar em sua língua o que estaria escrito. Mas isto seria bom apenas para ler mistérios e revelações; pois, para outras coisas, seria necessário que não se tivesse quase o que fazer, para se dar o trabalho de procurar todas as palavras num dicionário, e assim não vejo muito uso para isto. Mas pode ser que me engane".

E com uma ironia profunda, talvez mais profunda do que irônica, Descartes designa ao erro possível uma outra causa eventual, além da não evidência, da falta de atenção ou da precipitação da vontade: uma *falha de leitura*. O valor de um sistema de língua ou de escritura não se mede segundo a intuição, a clareza ou a distinção da ideia, segundo a presença do objeto na evidência. O próprio sistema deve ser *decifrado*.

> "Mas pode ser que me engane; apenas vos desejei escrever tudo o que podia conjeturar sobre estas seis proposições que me enviastes, para que, quando virdes a invenção, possais dizer se bem a decifrei."

A profundeza arrasta a ironia para mais longe do que, *seguindo o seu autor*, ela desejaria ir. Talvez mais longe do que o fundamento da certeza cartesiana.

---

8. *Supra*, p. 57.

Depois do que, em forma de adição e de *post-scriptum*, Descartes define muito simplesmente o projeto leibniziano. É verdade que vê nele o romance da filosofia: apenas a filosofia pode escrevê-lo, e portanto ela depende inteiramente dele, mas por isso mesmo ela não poderá esperar nunca "vê-lo em uso".

"... a invenção desta língua depende da verdadeira filosofia; pois de outra maneira é impossível enumerar todos os pensamentos dos homens, e colocá-los em ordem, e mesmo apenas distingui-los de modo a serem claros e simples, o que é, a meu ver, o maior segredo que se possa ter para adquirir a boa ciência... Ora, eu mantenho que esta língua é possível, e que se pode achar a ciência de que ela depende, pelo meio da qual os camponeses poderiam julgar da verdade das coisas melhor do que o fazem hoje os filósofos. Mas não espereis vê-la jamais em uso; isto pressupõe grandes mudanças na ordem das coisas, e seria necessário que o mundo inteiro não fosse senão um paraíso terrestre, o que só é bom de propor-se no país dos romances"[9].

Leibniz refere-se expressamente a esta carta e ao princípio *analítico* que nela se formula. Todo o projeto implica a decomposição em ideias simples. É a única via para substituir o raciocínio pelo cálculo. Neste sentido, a característica universal depende em seu princípio da filosofia, mas pode-se empreendê-la sem esperar o acabamento da filosofia:

"Entretanto, embora esta língua dependa da verdadeira filosofia, não depende da sua perfeição. Isto é, esta língua pode ser estabelecida, embora a filosofia não seja perfeita: e, à medida que crescer a ciência dos homens, esta

9. Julgamos preferível restituir o contexto desta citação: "De resto, acho que se poderia acrescentar a isto uma invenção, tanto para compor as palavras primitivas desta língua quanto para seus caracteres; de modo que ela poderia ser ensinada em muito pouco tempo, e isto por meio da ordem, isto é, estabelecendo uma ordem entre todos os pensamentos que podem entrar no espírito humano, assim como há uma naturalmente estabelecida entre os números; e assim como se pode aprender em um dia a nomear todos os números até o infinito e a escrevê-los numa língua desconhecida, embora sejam uma infinidade de palavras diferentes, que se pudesse fazer o mesmo com respeito a todas as outras palavras necessárias para exprimir todas as outras coisas que caem no espírito dos homens. Se isto se encontrasse, não duvido que esta língua logo tivesse curso pelo mundo; pois há muitas pessoas que de bom grado empregariam cinco ou seis dias de tempo, para se poderem fazer entender por todos os homens. Mas não acredito que vosso autor tenha pensado nisto, tanto porque nada o testemunha em todas as suas proposições, quanto porque a invenção desta língua depende da verdadeira filosofia; pois de outra maneira é impossível enumerar todos os pensamentos dos homens, e colocá-los em ordem, e mesmo apenas distingui-los de modo a serem claros e simples, o que é, a meu ver, o maior segredo que se possa ter para adquirir a boa ciência. E se alguém tivesse explicado bem quais são as ideias simples que estão na imaginação dos homens, das quais se compõe tudo o que eles pensam, e isto fosse aceito por todos, eu ousaria esperar a seguir uma língua universal muito cômoda de se aprender, de se pronunciar e de se escrever e, o que é o principal, que auxiliaria o juízo, representando-lhe tão distintamente todas as coisas que lhe seria quase impossível enganar-se; enquanto, de uma maneira totalmente oposta, as palavras que temos possuem quase apenas significações confusas, das quais, tendo-se o espírito dos homens acostumado a elas de longa data, por isso mesmo não entende quase nada perfeitamente. Ora, eu mantenho que esta língua é possível..."

língua também crescerá. Aguardando isso, ela será um auxílio maravilhoso, tanto para empregar o que sabemos, como para ver o que nos falta e ainda para inventar os meios de alcançá-lo, mas acima de tudo para exterminar as controvérsias nas matérias que dependem do raciocínio. Pois então será a mesma coisa raciocinar e calcular"[10].

Sabe-se que estas não são as únicas correções da tradição cartesiana. O analitismo de Descartes é intuicionista, o de Leibniz remete para além da evidência, para a ordem, a relação, o ponto de vista[11].

A característica "poupa o espírito e a imaginação, cujo uso deve ser acima de tudo parcimonioso. Este é o principal objetivo desta grande ciência que me acostumei a denominar *Característica*, da qual o que denominamos Álgebra ou Análise é apenas um ramo muito pequeno: uma vez que é ela que dá as palavras às línguas, as letras às palavras, os algarismos à Aritmética, as notas à Música; é ela que nos ensina o segredo de fixar o raciocínio e de obrigá-lo a deixar como rastros visíveis em pequeno volume sobre o papel, para ser examinado à vontade: é ela, enfim, que nos faz raciocinar com poucas despesas, pondo caracteres em lugar das coisas, para desembaraçar a imaginação"[12].

Apesar de todas as diferenças que separam os projetos de língua ou de escritura universais nesta época (em especial quanto à história e à linguagem[13]), o conceito do simples absoluto neles sempre está, necessária e indispensavelmente, agindo. Ora, seria fácil mostrar que ele remete sempre a uma teoria infinitista e ao *logos* ou entendimento infinito de Deus[14]. É por isso que, apesar da aparência, e apesar de toda a sedução que pode legitimamente

10. *Opuscules et fragments inédits de Leibniz*, Couturat, pp. 27-28.
11. Cf. Y. Belaval, *Leibniz critique de Descartes*, especialmente pp. 181 e ss.
12. *Opuscules et fragments inédits de Leibniz*, Couturat, pp. 98-99.
13. Cf. *Histoire de la langue universelle*, Couturat, pp. 1-28. Y. Belaval, *op. cit.*, pp. 181 e ss., e DE, cap. IV.
14. Cf. por exemplo, entre tantos outros textos, *Monadologie* 1 a 3 e 51. Aqui não entra, nem em nosso propósito nem em nossas possibilidades, fazer a demonstração interna do liame entre a característica e a teologia infinitista de Leibniz. Para tanto seria necessário atravessar e esgotar o conteúdo mesmo do projeto. Remetemos, neste ponto às obras já citadas. Como Leibniz, quando deseja lembrar – numa carta – o liame entre a existência de Deus e a possibilidade da escritura universal, diremos aqui que "esta é uma proposição cuja demonstração (não saberíamos) dar bem, sem explicar em seu curso os fundamentos da característica": "Mas, por hora, basta-me notar que o que é o fundamento de minha característica também o é da demonstração da existência de Deus; pois os pensamentos simples são os elementos da característica, e as formas simples são a fonte das coisas. Ora, sustento que todas as formas simples são compatíveis entre si. Esta é uma proposição cuja demonstração eu não saberia dar bem, sem explicar em seu curso os fundamentos da característica. Mas, se é concedida tal demonstração, segue-se que a natureza de Deus, que encerra todas as formas simples tomadas absolutamente, é possível. Ora, provamos acima que Deus é, desde que seja possível. Portanto ele existe. Como queríamos demonstrar." (*Lettre à la princesse Elisabeth*, 1678). Há uma ligação essencial entre a possibilidade do *argumento ontológico* e a da Característica.

exercer sobre a nossa época, o projeto leibniziano de uma característica universal que não seja essencialmente fonética não interrompe em nada o logocentrismo. Ao contrário, ela o confirma produz-se nele e graças a ele, assim como a crítica hegeliana a que será submetida. É a cumplicidade destes dois movimentos contraditórios que visamos aqui. Há uma unidade profunda, no interior de uma certa época histórica, entre a teologia infinitista, o logocentrismo e um certo tecnicismo. A escritura originária e pré- ou metafonética, que tentamos pensar aqui, não conduz a nada menos do que um "ultrapassamento" da fala pela máquina.

O logocentrismo é uma metafísica etnocêntrica, num sentido original e não "relativista". Está ligado à história do Ocidente. O modelo chinês interrompe-o apenas aparentemente quando Leibniz se refere a ele para ensinar a Característica. Não apenas este modelo permanece uma representação doméstica[15], mas apenas se faz o seu elogio para nele designar uma carência e definir correções necessárias. O que Leibniz se empenha em atribuir à escritura chinesa é seu arbitrário e portanto a sua independência face à história. Este arbitrário tem um liame essencial com a essência não fonética que Leibniz acredita poder atribuir à escritura chinesa. Esta parece ter sido "inventada por um surdo" (*Novos Ensaios*):

"*Loqui* est voce articulata signum dare cogitationis suae. *Scribere* est id facere permanentibus in charta ductibus. Quos ad vocem referri non est necesse, ut apparet ex Sinensium characteribus" (*Opuscules*, p. 497).

Em outro lugar:

"Há, talvez, algumas línguas artificiais que são plenamente de escolha e inteiramente arbitrárias, como se acredita que foi a da China, ou como são as de Georgius Dalgarnus e do falecido sr. Wilkins, bispo de Chester"[16].

Numa carta ao Padre Bouvet (1703), Leibniz empenha-se em distinguir a escritura egípcia, popular, sensível, alegórica, e a escritura chinesa, filosófica e intelectual:

15. Cf. DE, cap. IV.
16. *Nouveaux essais*, III, II, § 1. Dalgarno publicou em 1661 a obra intitulada *Ars signorum, vulgo character universalis et lingua philosophica*. Sobre Wilkins, cf. *supra*, Couturat, *op. cit.*, e DE, *passim*. Uma escritura ou uma língua de pura instituição e puramente arbitrária não pode ter sido inventada, como *sistema*, senão de um só golpe. É o que, antes de Duclos, de Rousseau e de Lévi-Strauss (cf. *infra*), Leibniz julga provável: "Assim pensava Golius, célebre matemático e grande conhecedor das línguas, que a língua deles é artificial, isto é, que foi inventada de uma só vez por algum homem hábil, para estabelecer um comércio de palavras entre a quantidade de nações diferentes que habitavam este grande país que denominamos China, embora esta língua possa encontrar-se alterada, hoje, pelo longo uso" (III, I, § 1).

"...os caracteres chineses são talvez mais filosóficos, e parecem construídos sobre considerações mais intelectuais, de modo a darem os números, a ordem e as relações; assim, há apenas traços desligados, que não visam a nenhuma semelhança com alguma espécie de corpo".

Isto não impede Leibniz de prometer uma escritura, da qual a chinesa seria ainda apenas o esboço:

"Esse tipo de cálculo daria ao mesmo tempo uma espécie de escritura universal, que teria a vantagem da dos chineses, porque todos a entenderiam em suas próprias línguas, mas que superaria infinitamente a chinesa, pois seria possível aprendê-la em poucas semanas, tendo os caracteres bem ligados segundo a ordem e a conexão das coisas, enquanto os chineses, que têm uma infinidade de caracteres segundo a variedade das coisas, precisam da vida de um homem para aprenderem o bastante a sua escritura"[17].

O conceito da escritura chinesa funcionava, portanto, como uma espécie de alucinação europeia. Isto não implicava nada de casual: este funcionamento obedecia a uma Necessidade rigorosa. E a alucinação traduzia menos uma ignorância do que um desconhecimento. Ela não era incomodada pelo saber, limitado mas real, de que então se podia dispor a respeito da escritura chinesa.

Ao mesmo tempo que o "preconceito chinês", um *"preconceito hieroglifista"* produzira o mesmo efeito de cegamento interessado. A ocultação, longe de proceder – em aparência – do desprezo etnocêntrico, toma a forma da admiração hiperbólica. Não terminamos de verificar a Necessidade deste esquema. Nosso século não está liberto dele: cada vez que o etnocentrismo é precipitado e barulhentamente invertido, algum esforço abriga-se silenciosamente por trás do espetacular para consolidar um dentro e retirar deste algum benefício doméstico. O espantoso Padre Kircher emprega assim todo o seu gênio para abrir o Ocidente à egiptologia[18], mas a excelência mesma que ele reconhece a uma escritura "sublime" proíbe toda decifração científica desta. Evocando o *Prodromus coptus sive aegyptiacus* (1636), M. V.-David escreve:

"Esta obra é, em tal das suas partes, o primeiro manifesto da investigação egiptológica, uma vez que o autor nela determina a *natureza da língua egípcia antiga* – tendo-lhe sido fornecido por outra via o instrumento desta

---

17. *Die philosophische Schriften*, ed. *Gerhardt*, T. VII, p. 25 e DE, p. 67. Sobre todos estes problemas, *cf.* também R. F. Merkel, "Leibniz und China", in *Leibniz zu seinem 300 Gerburtstag*, 1952. Sobre as cartas trocadas com o Padre Bouvet a respeito do pensamento e da escritura chineses, cf. pp. 18-20 e Baruzi, *Leibniz*, 1909, pp. 156-165.

18. DE, cap. III.

descoberta (a). O mesmo livro descarta, contudo, todo projeto de decifração dos hieróglifos.

(a) cf. *Língua aegyptiaca restituta*"[19].

O procedimento do desconhecimento por assimilação não é aqui, como no caso de Leibniz, de tipo racionalista e calculador. É místico:

"Os hieróglifos, lê-se no *Prodromus*, são efetivamente uma escritura, mas não a escritura composta de letras, palavras e partes do discurso determinadas, que utilizamos em geral. São uma escritura muito mais excelente, mais sublime e mais próxima das abstrações, que, por tal encadeamento engenhoso dos símbolos, ou seu equivalente, propõe *de um só olhar* (*uno intuitu*) à inteligência do sábio um raciocínio complexo, noções elevadas, ou algum mistério insigne oculto no seio da natureza ou da Divindade"[20].

Há, portanto, entre o racionalismo e o misticismo, uma certa cumplicidade. A escritura do outro é investida, cada vez, de esquemas domésticos. O que poderíamos denominar então, com Bachelard, um "corte epistemológico", opera-se principalmente graças a Fréret e a Warburton. Pode-se acompanhar a laboriosa extração pela qual ambos prepararam a decisão, o primeiro sobre o exemplo chinês, o segundo sobre o exemplo egípcio. Com muito respeito por Leibniz e pelo projeto de escritura universal, Fréret despedaça a representação da escritura chinesa por este implicada: "A escritura chinesa não é, portanto, uma língua filosófica na qual nada haja a desejar... Os chineses nunca tiveram nada de semelhante"[21].

Mas nem assim Fréret se libertou do preconceito hieroglifista: preconceito que Warburton destrói criticando violentamente o Padre Kircher[22]. O propósito apologético que anima esta crítica não excluía sua eficácia.

19. DE, pp. 43-44.

20. *Prodromus*, p. 260, citado e traduzido por Drioton (cf. DE, p. 46). Sobre os projetos poligráficos de A. Kircher, cf. *Polygraphia nova et universalis ex combinatoria arte detecta*, 1663. Sobre suas relações com Lulle, Bêcher, Dalgarno, Wilkins, Leibniz, cf. DE, pp. 61 e ss.

21. *Réflexions sur les principes généraux de l'art d'écrire, et en particulier sur les fondements de l'écriture chinoise*, 1718, p 629. Cf. também o *Essai sur la chronologie générale de l'écriture*, que trata da "história judaica", "abstração feita do respeito religioso que a Bíblia inspira" (DE, pp. 80 e ss.).

22. *Essai sur les hiéroglyphes des Egyptiens, où l'on voit l'Origine et le Progrés du Langage et de l'Écriture, l'Antiquité des Sciences en Egypte, et l'Origine du culte des animaux, avec des Observations sur l'Antiquité des Hiéroglyphes Scientifiques, et des Rémarques sur la Chronologie et sur la première Écriture des Chinois*, 1744. Este é o título da tradução francesa de um fragmento de *The divine legation of Moses* (1737-1741). Teremos de medir, mais adiante, a influência desta obra sobre Condillac, Rousseau e os colaboradores da *Encyclopédie*.

É no campo teórico assim liberado que as técnicas científicas de decifração são reguladas pelo abade Barthélemy e depois por Champollion. Pode então nascer uma reflexão sistemática sobre as relações entre a escritura e a fala. A maior dificuldade era já conceber, de maneira histórica e sistemática ao mesmo tempo, a coabitação organizada, num mesmo código gráfico, de elementos figurativos, simbólicos, abstratos e fonéticos[23].

A CIÊNCIA E O NOME DO HOMEM

A gramatologia havia entrado na via segura de uma ciência? As técnicas de decifração, sabe-se não cessaram de progredir em ritmo acelerado[24]. Mas as histórias gerais da escritura, nas quais a preocupação de classificação sistemática sempre orientou a simples descrição, permanecerão durante muito tempo comandadas por conceitos teóricos, que se sente nitidamente não estarem à altura de imensas descobertas. De descobertas que precisamente deveriam ter estremecido os fundamentos mais seguros de nossa conceitualidade filosófica, inteiramente ordenada com respeito a uma situação determinada das relações entre *logos* e escritura. Todas as grandes histórias da escritura se abrem pela exposição de um projeto classificatório e sistemático. Mas poder-se-ia transpor hoje ao domínio da escritura o que Jakobson diz das línguas após a tentativa tipológica de Schlegel:

"As questões de tipologia conservaram durante muito tempo um caráter especulativo e pré-científico. Enquanto a classificação genética das línguas avançava a passos gigantes, os tempos ainda não estavam maduros para uma classificação tipológica" (*op. cit.*, p. 69).

Uma crítica sistemática dos conceitos utilizados pelos historiadores da escritura não pode haver-se seriamente com a rigidez ou a diferenciação insuficiente de um aparelho teórico se inicialmente não tiver referenciado as falsas evidências que guiam o trabalho. Evidências ainda mais eficazes por pertencerem à camada mais profunda, mais antiga e aparentemente a mais natural, a menos histórica de nossa conceitualidade, a que melhor se subtrai à crítica, e inicialmente porque a suporta, a nutre e a informa: o próprio solo histórico nosso.

Em todas as histórias ou tipologias gerais da escritura, encontra-se por exemplo, aqui ou ali, uma concessão análoga à que fa-

---
23. DE, pp. 126-131.
24. Cf. E. Doblhofer, *Le déchiffrement des écritures*, 1959. e EP. p. 352.

zia dizer P. Berger, autor, na França, da primeira grande *História da escritura na antiguidade* (1892): "Na maior parte dos casos, os fatos não se conformam a distinções que ... são justas apenas em teoria" (p. XX). Ora, tratava-se de nada menos do que das distinções entre escrituras fonética e ideográfica, silábica e alfabética, entre imagem e símbolo etc. O mesmo se dá com o conceito instrumentalista e tecnicista da escritura, inspirado pelo modelo fonético, do qual só convém, aliás, numa ilusão teleológica, e que o primeiro contato com as escrituras não ocidentais deveria bastar para denunciar. Ora, este instrumentalismo está implicado em toda parte. Em nenhum lugar foi formulado tão sistematicamente, com todas as suas consequências, como por M. Cohen: sendo a linguagem um "instrumento", a escritura é "o prolongamento de um instrumento"[25]. Não seria possível descrever melhor a exterioridade da escritura à fala, da fala ao pensamento, do significante ao significado em geral. Há muito a pensar sobre o preço que assim paga à tradição metafísica uma linguística – ou uma gramatologia – que se diz, no caso considerado, marxista. Mas o mesmo tributo se reconhece por toda parte: teleologia logocêntrica (expressão pleonástica); oposição entre natureza e instituição; jogo das diferenças entre símbolo, signo, imagem etc.; um conceito ingênuo da representação; uma oposição não criticada entre sensível e inteligível, entre a alma e o corpo; um conceito objetivista do corpo próprio e da diversidade das funções sensíveis (os "cinco sentidos" considerados como outros tantos aparelhos à disposição do falante ou do escrevedor); a oposição entre a análise e a síntese, o abstrato e o concreto, que desempenha um papel decisivo nas classificações propostas por J. Février e M. Cohen e no debate que as opõe;, um conceito do conceito sobre o qual a mais clássica reflexão filosófica deixou poucas marcas; uma referência à consciência e à inconsciência que reclamaria com toda Necessidade um uso mais vigilante destas noções e alguma consideração pelas investigações que as tomam como tema[26]; uma noção de signo que a filosofia, a linguística e a semio-

---

25. *Op. cit.*, p. 2. M. V.-David, nos trabalhos já citados, critica este instrumentalismo. O instrumentalismo, cuja dependência metafísica não seria possível exagerar, também inspira frequentemente a definição linguística da essência da linguagem, assimilada a uma função e, o que é mais grave, a uma função exterior a seu conteúdo ou a seu agente. É o que é sempre implicado pelo conceito de ferramenta. Assim, A. Martinet toma sob sua responsabilidade e desenvolve longamente a definição da linguagem como "instrumento", "ferramenta" etc., quando a natureza "metafórica" desta definição, reconhecida pelo autor, deveria torná-la problemática e renovar a questão sobre o sentido da instrumentalidade, sobre o sentido do funcionamento e sobre o funcionamento do sentido (Cf. *Éléments de linguistique générale*, pp. 12-14, 25).

26. Cf., por exemplo, M. Cohen, *op. cit.*, p. 6.

logia esclarecem rara e fracamente. A concorrência entre a história da escritura e a ciência da linguagem é vivida às vezes em termos mais de hostilidade do que de colaboração. Supondo-se mesmo que a concorrência seja admitida. Assim, a respeito da grande distinção operada por J. Février entre "escritura sintética" e "escritura analítica", assim como a respeito da noção de "palavra" que nela desempenha um papel central, o autor nota: "O problema é de ordem linguística, não o abordaremos aqui" (*op. cit.*, p. 49). Em outro lugar, a não comunicação com a linguística é justificada por J. Février nestes termos:

> A matemática "é uma língua especial que não tem mais nenhuma relação com a linguagem, é uma espécie de língua universal, vale dizer que constatamos através das matemáticas que a linguagem – eu me vingo dos linguistas – é absolutamente incapaz de dar conta de certas formas do pensamento moderno. E, neste momento, a escritura, que foi de tal modo desconhecida, toma o lugar da linguagem, depois de ter sido a sua serva" (EP, p. 349).

Poder-se-ia mostrar que todos estes pressupostos e todas as oposições assim creditadas formam sistema: circula-se de umas às outras no interior de uma única e mesma estrutura.

A teoria da escritura não precisa apenas de uma liberação intracientífica e epistemológica, análoga à que foi operada por Fréret e Warburton sem tocarem nos fundamentos de que falamos aqui. Deve-se, sem dúvida, empreender hoje uma reflexão na qual a descoberta "positiva" e a "desconstrução" da história da metafísica, em todos os seus conceitos, se controlem reciprocamente, minuciosamente, laboriosamente. Sem isto, toda liberação epistemológica corre o risco de ser ilusória ou limitada, propondo apenas comodidades práticas ou simplificações nacionais sobre fundamentos que não são afetados pela crítica. Tal é, sem dúvida, o limite do notável empreendimento de I. J. Gelb (*op. cit.*): apesar de imensos progressos, apesar do projeto de instaurar uma cientificidade gramatológica e de criar um sistema unificado de noções simples, flexíveis e manejáveis, apesar da exclusão de conceitos inadequados – tal como o de ideograma – a maior parte das oposições conceituais que acabamos de evocar continuam a funcionar nele com toda a segurança.

Adivinha-se, porém, através de trabalhos recentes, o que deverá ser um dia a extensão de uma gramatologia chamada a não mais receber seus conceitos diretores de outras ciências humanas ou, o que vem a dar quase no mesmo, da metafísica tradicional. Isto se adivinha através da riqueza e da novidade da informação, e de seu tratamento também, mesmo se a conceitualização permanece muitas vezes, nestas obras de arrombamento, aquém de um aríete audacioso e seguro.

O que aqui nos parece anunciar-se é que, de um lado, a gramatologia não deve ser uma das *ciências humanas* e, de outro lado, que não deve ser uma *ciência regional* entre outras.

Ela não deve ser *uma das ciências do homem*, porque coloca de início, como sua questão própria, a questão do *nome do homem*. Liberar a unidade do conceito do homem é, sem dúvida, renunciar à velha ideia dos povos ditos "sem escritura" e "sem história". A. Leroi-Gourhan mostra-o bem: recusar o nome de homem e o poder de escritura fora de sua comunidade é um único e mesmo gesto. Na verdade, aos povos ditos "sem escritura" nunca falta mais que um certo tipo de escritura. Recusar a tal ou qual técnica de consignação o nome de escritura, tal é o "etnocentrismo, que melhor define a visão pré-científica do homem" e faz, ao mesmo tempo, que "em numerosos grupos humanos, a única palavra pela qual os membros designam seu grupo étnico é a palavra 'homem'" (GP. 11, p. 32 e *passim*).

Mas não basta denunciar o etnocentrismo e definir a unidade antropológica pela disposição da escritura. Assim, A. Leroi-Gourhan não mais descreve a unidade do homem e da aventura humana pela simples possibilidade da grafia em geral: mas antes como uma etapa ou uma articulação na história da vida – do que denominamos aqui a diferência – como história do grama. Em vez de recorrer aos conceitos que servem habitualmente para distinguir o homem dos outros viventes (instinto e inteligência, ausência ou presença da fala, da sociedade, da economia etc. etc.), apela-se aqui à noção de *programa*. Deve-se entendê-la, certamente, no sentido da cibernética, mas esta mesma só é inteligível a partir de uma história das possibilidades do rastro como unidade de um duplo movimento de protenção e retenção. Este movimento transborda largamente as possibilidades da "consciência intencional". Esta é uma emergência que faz aparecer o grama *como tal* (isto é, segundo uma nova estrutura de não presença) e sem dúvida possibilita o surgimento dos sistemas de escritura no sentido estrito. Da "inscrição genética" e das "curtas cadeias" programáticas regulando o comportamento da ameba ou do anelídeo até a passagem para além da escritura alfabética às ordens do *logos* e de um certo *homo sapiens*, a possibilidade do grama estrutura o movimento de sua história segundo níveis, tipos, ritmos rigorosamente originais[27]. Mas não se pode pensá-los sem o conceito, mais geral,

---

27. Cf. GP, II, pp. 12 e ss., 23 e ss., 262 e ss.

de grama. Este é irredutível e inexpugnável. Se se aceitasse a expressão arriscada por A. Leroi-Gourhan, poder-se-ia falar de uma "liberação da memória", de uma exteriorização do rastro, começada desde sempre mas cada vez maior, que, dos programas elementares dos comportamentos ditos "instintivos" até a constituição dos fichários eletrônicos e das máquinas de leitura, amplia a diferência e a possibilidade da estocagem (*mise en réserve*): esta constitui e apaga ao mesmo tempo, no mesmo movimento, a subjetividade dita consciente, seu *logos* e seus atributos teológicos.

A história da escritura se erige sobre o fundo da história do grama como aventura das relações entre a face e a mão. Aqui, por uma precaução cujo esquema temos de repetir incessantemente, precisemos que a história da escritura não é explicada a partir do que acreditamos saber da face e da mão, do olhar, da fala e do gesto. Ao contrário, trata-se de desorganizar este saber familiar, e de despertar, a partir desta história, o sentido da mão e da face. A. Leroi-Gourhan descreve a lenta transformação da motricidade manual que liberta o sistema audiofônico para a fala, o olhar e a mão para a escritura[28]. É difícil, em todas estas descrições, evitar a linguagem mecanicista, tecnicista, teleológica, no momento exato em que se trata precisamente de reencontrar a origem e a possibilidade do movimento, da máquina, da *tekhné*, da orientação em geral. Para dizer a verdade, isto não é difícil, é por essência impossível. E o é para todo discurso. De um discurso a outro, a diferença aqui só pode ser a de modo de habitação no interior de uma conceitualidade prometida ou já submetida ao arruinamento. Nela e já sem ela, deve-se tentar aqui re-apreender a unidade do gesto e da fala, do corpo e da linguagem, da ferramenta e do pensamento, antes de articular-se a originalidade de um e de outro e sem que esta unidade profunda dê origem ao confusionismo. Não se deve confundir estas significações originais *na órbita* do sistema onde se opõem. Mas deve-se, pensando a história do sistema, exceder em alguma parte, de maneira *exorbitante*, o seu sentido e o seu valor.

Acede-se então a esta representação do *anthropos*: equilíbrio precário ligado à escritura manovisual[29]. Este equilíbrio é lentamente ameaçado. Sabe-se, pelo menos, que "nenhuma alteração maior", gerando um "homem futuro" que não mais seria um "homem", "já não pode quase produzir-se sem a perda da mão,

28. I, p. 119 e ss.
29. P. 161 e ss.

da dentição e, por conseguinte, da posição erecta. Uma humanidade anodonte e que viveria deitada, empregando o que lhe restasse dos membros anteriores para apertar botões, não é completamente inconcebível"[30].

O que ameaça desde sempre este equilíbrio confunde-se com o mesmo que enceta a *linearidade* do símbolo. Vimos que o conceito tradicional do tempo, toda uma organização do mundo e da linguagem eram solidários com isto. A escritura no sentido estrito – e principalmente a escritura fonética – enraízam-se num passado de escritura não linear. Foi preciso vencê-lo e pode-se, se assim se quiser, falar aqui de êxito técnico: garantia uma maior segurança e maiores possibilidades de capitalização num mundo perigoso e angustiante. Mas isto não se fez de *uma vez*. Instalou-se uma guerra, e um recalque de tudo o que resistia à linearização. E de início do que Leroi-Gourhan denomina "mitograma", escritura que soletra seus símbolos na pluridimensionalidade: nele o sentido não está sujeito à sucessividade, à ordem do tempo lógico ou à temporalidade irreversível do som. Esta pluridimensionalidade não paralisa a história na simultaneidade, ela corresponde a uma outra camada da experiência histórica e pode-se também considerar, inversamente, o pensamento linear como uma redução da história. É verdade que então seria preciso, talvez, empregar um outro termo: o de história foi, sem dúvida, associado sempre a um esquema linear do desenrolamento da presença, quer sua linha relacione a presença final à presença originária segundo a reta ou segundo o círculo. Pela mesma razão, a estrutura simbólica pluridimensional não se dá na categoria do simultâneo. A simultaneidade coordena dois presentes absolutos, dois pontos ou instantes de presença, e permanece um conceito linearista.

O conceito de *linearização* é muito mais eficaz, fiel e interior do que os utilizados habitualmente para classificar as escrituras e descrever a sua história (pictograma, ideograma, letra etc.). Denunciando mais de um preconceito, em particular quanto às relações entre o ideograma e o pictograma, quanto ao pretenso "realismo" gráfico, Leroi-Gourhan lembra a unidade, no mitograma, de tudo aquilo cuja disrupção é marcada pela escritura linear: a técnica (a gráfica, em particular), a arte, a religião, a economia. Para reencontrar o acesso a esta unidade, a esta outra

---

30. P. 183. Remetemos também ao *Eloge de la main*, de H. Focillon, e ao livro de Jean Brun, *La main et l'esprit*. Num contexto totalmente diferente, designamos, em outro lugar, a *época* da escritura como a *suspensão* do *estar-de-pé* ("Força e Significação" e "A palavra soprada", em *A Escritura e a Diferença*).

estrutura de unidade, é preciso des-sedimentar "quatro mil anos de escritura linear"[31].

A norma linear não pode jamais impor-se de maneira absoluta pelas mesmas razões que, de seu interior, limitaram o fonetismo gráfico. Agora as conhecemos: estes limites surgiram ao mesmo tempo que a possibilidade do que limitavam, eles abriam o que acabavam e nós já os nomeamos: discrição, diferência, espaçamento. A produção da norma linear pesou, portanto, sobre estes limites e marcou os conceitos de símbolo e linguagem. Deve-se pensar conjuntamente o processo de linearização, tal como Leroi-Gourhan o descreve numa vasta escala histórica e a crítica jakobsoniana do conceito linearista de Saussure. A "linha" representa apenas um modelo particular, qualquer que seja seu privilégio. Este modelo veio a ser modelo e conserva-se, enquanto modelo, inacessível. Se se dá por aceito que a linearidade da linguagem não prescinde deste conceito vulgar e mundano da temporalidade (homogênea, dominada pela forma do agora e pelo ideal do movimento contínuo, reto ou circular), que Heidegger mostrou determinar do interior toda a ontologia, de Aristóteles a Hegel, a meditação da escritura e a desconstrução da história da filosofia tornam-se inseparáveis.

O modelo enigmático da *linha* é, portanto, aquilo mesmo que a filosofia não podia ver enquanto tinha os olhos abertos sobre o dentro da sua própria história. Esta noite se desfaz um pouco no momento em que a linearidade – que não é a perda ou a ausência, mas o recalcamento do pensamento simbólico pluridimensional[32] – afrouxa sua opressão porque começa a esterilizar a economia técnica e científica que, durante muito tempo, ela favoreceu. Desde muito tempo, com efeito, a sua possibilidade foi estruturalmente solidária com a da economia, da técnica e da ideologia. Esta solidariedade aparece nos processos de entesouramento, de capitalização, de sedentarização, de hierarquização, da formação da ideologia pela classe dos que escrevem, ou antes, dos que dispõem dos escribas[33]. Não que a reaparição

---

31. Tomo I, cap. IV. O autor mostra aí, em particular, que "assim como a emergência da agricultura não se faz sem intervenção de estados anteriores, a da escritura não se faz tampouco a partir de um nada gráfico" (p. 278): e que "a ideografia é anterior à pictografia" (p. 280).

32. Talvez se possam interpretar assim certas observações de Leroi-Gourhan sobre a "perda do pensamento simbólico multidimensional" e sobre o pensamento que "se afasta da linguagem linearizada" (I, pp. 293-299).

33. Cf. EP, pp. 138-139. G. P. I., pp. 238-250. "O desenvolvimento das primeiras cidades não corresponde apenas à aparição do técnico do fogo mas... a escritura nasce ao mesmo tempo que a metalurgia. Ainda aqui, não se trata de uma coincidência..." (I, p. 252). "É no momento em que começa a estabelecer-se o capitalismo agrário que apa-

maciça da escritura não linear interrompa esta solidariedade estrutural; muito ao contrário. Mas ela transforma profundamente a sua natureza.

O fim da escritura linear é efetivamente o fim do livro[34], mesmo que, ainda hoje, seja na forma do livro que se deixam – bem ou mal – embainhar novas escrituras, quer sejam literárias ou teóricas. Aliás, trata-se menos de confiar ao invólucro do livro escrituras inéditas do que de ler, enfim, o que, nos volumes, já se escrevia entre as linhas. É por isso que, começando-se a escrever sem linha, relê-se também a escritura passada segundo uma outra organização do espaço. Se o problema da leitura ocupa hoje a dianteira da ciência, é em virtude deste suspenso entre duas épocas da escritura. Porque começamos a escrever, a escrever de outra maneira, devemos reler de outra maneira.

Desde há mais de um século, pode-se perceber esta inquietude da filosofia, da ciência, da literatura, cujas revoluções de-

---

rece o meio de fixá-lo numa contabilidade escrita e é também no momento em que se afirma a hierarquização social que a escritura constrói as suas primeiras genealogias" (p. 253). "A aparição da escritura não é fortuita; depois de milênios de amadurecimento nos sistemas de representação mitográfica emerge, com o metal e a escravidão, a notação linear do pensamento (ver cap. VI). Seu conteúdo não é fortuito" (II p. 67, cf. também pp. 161-162).

Embora seja hoje muito mais bem conhecida e descrita, esta solidariedade estrutural, notadamente entre a capitalização e a escritura, foi reconhecida desde muito tempo: entre vários outros, por Rousseau, Court de Gebelin, Engels etc.

34. Portanto, a escritura linear "constituiu, durante vários milênios, independentemente de seu papel de conservador da memória coletiva, por seu desenrolamento numa só dimensão, o instrumento de análise de onde saiu o pensamento filosófico e científico. A conservação do pensamento pode agora ser concebida de outro modo do que nos livros, que ainda conservam, apenas por pouco tempo, a vantagem de seu rápido manuseio. Uma vasta 'magnetoteca' de seleção eletrônica fornecerá, num futuro próximo, a informação pré-selecionada e restituída instantaneamente. A leitura conservará sua importância durante séculos ainda, apesar de uma sensível regressão para a maioria dos homens, mas a escritura [entendamo-la no sentido de inscrição linear] está verossimilmente convidada a desaparecer depressa, substituída por aparelhos-ditafone de impressão automática. Deve-se ver nisso uma espécie de restituição do estado anterior ao avassalamento fonético da mão? Pensaria antes que se trata de um aspecto do fenômeno geral de regressão manual (v. p. 60) e de uma nova 'liberação'. Quando às consequências a longo prazo sobre as formas do raciocínio, sobre uma volta ao pensamento difuso e multidimensional, são imprevisíveis no ponto em que estamos. O pensamento científico é, antes, molestado pela Necessidade de estirar-se na fieira tipográfica e é certo que, se algum procedimento permitisse apresentar os livros de modo que a matéria dos diferentes capítulos se oferecesse simultaneamente sob todas as suas incidências, os autores e seus usuários encontrariam nisso uma vantagem considerável. É certo, contudo, que, se o raciocínio científico não tem, sem dúvida, nada a perder com a desaparição da escritura, não há dúvida de que a filosofia, a literatura, verão as suas formas evoluírem. Isto não é especialmente lamentável, uma vez que o impresso conservará as formas de pensar curiosamente arcaicas, que os homens terão usado durante o período do grafismo alfabético; quanto às formas novas, estarão para as antigas como o aço para o sílex, sem dúvida não um instrumento mais cortante, mas um instrumento mais manejável. A escritura passará à infraestrutura sem alterar o funcionamento da inteligência, como uma transição que terá tido alguns milênios de primazia" (GP, II, pp. 261-262. Cf. também EP, *Conclusions*).

vem todas ser interpretadas como abalos destruindo pouco a pouco o modelo linear. Entendamos o modelo *épico*. O que se dá hoje a pensar não pode ser escrito segundo a linha e o livro, a não ser que se imitasse a operação que consistiria em ensinar as matemáticas modernas com o auxílio de um ábaco. Esta inadequação não é *moderna*, mas hoje se denuncia melhor do que nunca. O acesso à pluridimensionalidade e a uma temporalidade des-linearizada não é uma simples regressão ao "mitograma": ao contrário, faz toda a racionalidade sujeita ao modelo linear aparecer como uma outra forma e uma outra época da mitografia. A metarracionalidade ou a metacientificidade que assim se anunciam na meditação da escritura não podem, portanto, encerrar-se numa ciência do homem, assim como não podem responder à ideia tradicional da ciência. De um só e mesmo gesto, elas transpõem o *homem*, a *ciência* e a *linha*.

Menos ainda esta meditação pode manter-se nos limites de uma *ciência regional*.

A CHARADA E A CUMPLICIDADE DAS ORIGENS

Mesmo que fosse uma grafologia. E mesmo uma grafologia renovada, fecundada pela sociologia, pela história, pela etnografia, pela psicanálise.

"Já que os traçados individuais revelam particularidades de espírito de quem escreve, os traçados nacionais devem permitir, numa certa medida, pesquisar particularidades do espírito coletivo dos povos."[35]

Uma tal grafologia cultural, por legítimo que seja o seu projeto, apenas poderá ver a luz e proceder com alguma segurança no momento em que problemas mais gerais e mais fundamentais tiverem sido elucidados: quanto à articulação de uma grafia individual e de uma grafia coletiva, do "discurso", se se pode dizer, e do "código" gráficos, considerados não do ponto de vista da intenção de significação ou da denotação, mas do estilo e da conotação; quanto à articulação das formas gráficas e das diversas substâncias, das diversas formas de substâncias gráficas (as ma-

---

35. A *XXIIe Semaine de Synthèse*, colóquio cujo conteúdo foi recolhido em *L'écriture et la psychologie des peuples*, foi colocada sob o signo desta observação de Marcel Cohen (*La grande invention de l'écriture et son évolution*). Mas a cada instante as ricas comunicações apresentadas durante o colóquio apontam para além do propósito grafo lógico. O próprio M. Cohen reconhece a dificuldade e o caráter prematuro de uma tal tarefa: "Evidentemente, não podemos entrar no caminho da grafologia dos povos: seria por demais delicado, por demais difícil. Mas podemos formular esta ideia, de que as diferenças não se devem unicamente a razões técnicas, pode haver outra coisa..." (p. 342).

térias: madeira, ceras, pele, pedra, tinta, metal, vegetal) ou de instrumentos (ponta, pincel etc. etc.); quanto à articulação do nível técnico, econômico ou histórico (por exemplo, no momento em que se constituiu um *sistema* gráfico e no momento, que não é necessariamente o mesmo, em que se fixou um *estilo* gráfico); quanto ao limite e ao sentido das variações de estilos no interior do sistema; quanto a todos os investimentos a que é submetida uma grafia, na sua forma e na sua substância.

Deste último ponto de vista, dever-se-ia reconhecer um certo privilégio a uma pesquisa do tipo psicanalítico. Enquanto diz respeito à constituição originária da objetividade e do valor do objeto – à constituição dos *bons* e dos *maus* objetos como categorias que não se deixam derivar de uma ontologia formal *teórica* e de uma ciência da objetividade do objeto em geral – a psicanálise não é uma simples ciência regional, ainda que, como seu nome o indica, ela se apresente sob o título da psicologia. Que ela faça empenho desse título certamente não é indiferente e assinala um certo estado da crítica e da epistemologia. Contudo, ainda que a psicanálise não alcançasse a transcendentalidade – sob rasura – do arquirrastro, ainda que ela se conservasse uma ciência mundana, sua generalidade teria um sentido arcôntico com respeito a toda ciência regional. Pensamos aqui, evidentemente, em pesquisas que se empenhariam na direção das de Mélanie Klein. Encontrar-se-ia um exemplo no ensaio sobre *O papel da escola no desenvolvimento libidinal da criança*[36] que evoca, de um ponto de vista

---

36. Texto de 1923, recolhido nos *Essais de psychanalyse*, pp. 95 e ss., da tradução francesa. Destacamos algumas de suas linhas: "Quando Fritz *escrevia*, para ele as linhas representavam estradas e as letras circulavam sobre elas, sentadas em motocicletas, isto é. na caneta. Por exemplo, o 'i' e o 'e' rodavam juntos numa motocicleta dirigida habitualmente pelo 'i' e amavam-se com uma ternura completamente desconhecida no mundo real. Como rodavam sempre juntos, haviam-se tornado tão semelhantes que não havia quase nenhuma diferença entre eles, pois o começo e o fim do V e do 'e' eram semelhantes (ele falava das minúsculas do alfabeto latino), e era apenas no meio que o 'i' tinha um tracinho e o 'e' um buraquinho. No que se refere às letras 'i' e 'e' do alfabeto gótico, explicou que elas também rodavam numa motocicleta; o que as distinguia das letras latinas era alguma coisa como uma outra marca de motocicleta, e o fato de que o 'e' tinha uma caixinha no lugar do buraco do 'e' latino. Os 'i' eram destros, inteligentes e muito distintos, possuíam muitas armas, pontudas e viviam em grutas entre as quais, contudo, havia também montanhas, jardins e portas. Representavam o pênis, e seu caminho representava o coito. De outro lado, os T foram descritos como estúpidos, desajeitados, preguiçosos e sujos. Viviam em grutas subterrâneas. Na cidade dos T, a poeira e os papéis empilhavam-se nas ruas; em suas casinhas 'asquerosas', misturavam com água uma tintura comprada na terra dos 'i'; bebiam dessa mistura e vendiam-na sob o nome de vinho. Tinham dificuldades para andar e não podiam cavar a terra porque seguravam a enxada ao contrário, de cabeça para baixo etc. Ficou evidente que o T representava as fezes. Numerosas fantasias* diziam respeito igualmente às outras letras. Assim, ao invés de duplo 's' ele nunca tinha escrito senão um, até que uma fantasia permitiu explicar e afastar esta inibição. O 's' era ele mesmo, o outro era seu pai. Deviam embarcar juntos num barco a motor, pois a pena era também um barco, e o caderno um lago. O V que era

clínico, todos os investimentos de que são carregadas as operações da leitura e da escritura, a produção e o manuseio do algarismo etc. Na medida em que a constituição da objetividade ideal deve essencialmente passar pelo significante escrito[37], nenhuma teoria desta constituição tem o direito de negligenciar os investimentos da escritura. Estes investimentos não retêm apenas uma opacidade na idealidade do objeto, eles permitem a liberação desta idealidade. Dão esta força sem a qual uma objetividade em geral não seria possível. Não nos dissimulemos a gravidade de uma tal afirmação e a imensa dificuldade da tarefa assim atribuída à teoria da objetividade, bem como à psicanálise. Mas a Necessidade está na mesma medida que a dificuldade.

É no seu trabalho mesmo que o historiador da escritura encontra esta Necessidade. Seus problemas apenas podem ser retomados na raiz de todas as ciências. A reflexão sobre a essência

ele mesmo subiu no barco que pertencia ao outro 's' e partiu rapidamente no lago. Era por isso que ele não escrevia juntos os dois 's'. O uso frequente que ele fazia do V simples, no lugar do 's' longo, devia-se ao fato seguinte: omitia-se assim uma parte do V longo, e isto era para ele 'como se se roubasse o nariz de uma pessoa'. Este erro era provocado, portanto, pelo desejo de castrar o pai; desapareceu depois desta interpretação". Não podemos citar aqui todos os exemplos análogos analisados por M. Klein. Leiamos ainda esta passagem de valor mais geral: "Para Ernest como para Fritz, pude observar que sua inibição face à escritura e à leitura, bases de toda a atividade escolar ulterior, provinha da letra 'i' que, com seu movimento simples de 'subida' e de 'redescida', constitui de fato o fundamento de toda escritura (nota: Durante uma reunião da Sociedade de Psicanálise de Berlim, Herr Rohr examinara alguns pormenores da escritura chinesa e de sua interpretação psicanalítica. Na discussão que se seguiu, indiquei que a escritura pictográfica antiga, fundamento de nossa escritura, ainda está viva nas fantasias de cada criança em particular, de modo que os diversos traços, pontos etc., de nossa escritura seriam apenas simplificações resultantes de condensações, de deslocamentos e de mecanismos com os quais os sonhos e as neuroses nos familiarizaram, – simplificações de pictogramas antigos dos quais restariam, contudo, rastros no indivíduo). A significação simbólica sexual da caneta aparece nestes exemplos... Pode-se observar que o sentido simbólico sexual da caneta se espalha no ato de escrever, descarregando-se nele. Da mesma forma, a significação libidinal da leitura provém do investimento simbólico do livro e do olho. Outros elementos fornecidos pelas componentes pulsionais também agem aqui, é claro: o fato de 'olhar por uma abertura' na leitura, as tendências exibicionistas, agressivas e sádicas na escritura; na origem da significação sexual simbólica da caneta, há provavelmente a da arma e da mão. Digamos ainda que a atividade da leitura é mais passiva, a da escritura mais ativa, e que diversas fixações nos estágios de organização pré-genitais têm um papel importante nas inibições que atingem esta ou aquela" (p. 98 da tradução francesa). Cf. também Ajuriaguerra, Coumes, Denner, Lavonde-Monod, Perron, Stambak, *L'écriture de l'enfant*, 1964.

* Equivalente ao termo francês *fantasme*, cuja aparição data do século XII (com o sentido de "ilusão") mas que só voltou a ser corrente, após longo intervalo, em nosso século, com a psicanálise. Valemo-nos, em francês, de ser termo pouco usual ("fantasma" diz-se "phantôme") e de seu arcaísmo para grafá-lo com *ph*, evitando também, desta maneira, outras confusões. Trata-se de "roteiro imaginário em que o sujeito está presente e que figura, de modo mais ou menos deformado pelos processos defensivos, a efetivação de um desejo e, em última instância, de um desejo inconsciente" (*Vocabulaire de la Psychanalyse*). (N. dos T.)

37. Cf. Husserl, *A origem da geometria*.

do matemático, do político, do econômico, do religioso, do técnico, do jurídico etc., comunica da maneira mais interior com a reflexão e a informação sobre a história da escritura. Ora, continua o veio que circula através de todos estes campos de reflexão e constitui a sua unidade fundamental, é o problema da fonetização da escritura. Esta fonetização tem uma história, nenhuma escritura está absolutamente isenta dela, e o enigma desta evolução não se deixa dominar pelo conceito de história. Este aparece, sabe-se, num momento determinado da fonetização da escritura e a pressupõe de maneira essencial.

O que nos ensina a este respeito a informação mais maciça, mais recente e menos contestável? Inicialmente que, por razões estruturais ou essenciais, uma escritura puramente fonética é impossível e nunca terminou de reduzir o não fonético. A distinção entre a escritura fonética e a escritura não fonética, por indispensável e legítima que seja, permanece muito derivada em relação ao que se poderia denominar uma sinergia e uma sinestesia fundamentais. Segue-se que não apenas o fonetismo não é nunca onipotente mas também que começou desde sempre a trabalhar o significante mudo. "Fonético" e "não fonético" não são, portanto, nunca as qualidades puras de certos sistemas de escritura, são os caracteres abstratos de elementos típicos, mais ou menos numerosos e dominantes, no interior de todo sistema de significação em geral. Sua importância, aliás, diz respeito menos à sua distribuição quantitativa do que à sua organização estrutural. O cuneiforme, por exemplo, e simultaneamente ideogramático e fonético. E não se pode nem mesmo dizer que cada significante gráfico pertence a esta ou àquela classe, o código cuneiforme movendo-se alternativamente nos dois registros. Na verdade, cada forma gráfica pode ter um *duplo valor* – ideográfico e fonético. E seu valor fonético pode ser simples ou complexo. Um mesmo significante pode ter um ou vários valores fônicos, pode ser *homófono* ou *polífono*. A essa complexidade geral do sistema acrescenta-se ainda um recurso sutil a determinativos categoriais, a complementos fonéticos inúteis na leitura, a uma pontuação muito irregular. E R. Labat mostra que aqui é impossível compreender o sistema sem passar pela sua história[38].

Isto é verdade para todo sistema de escritura e não depende do que às vezes se considera, apressadamente, como níveis de elaboração. Na estrutura de uma narrativa pictográfica, por exemplo, uma representação de coisa, tal como um brasão totêmico, pode adquirir um valor simbólico de nome próprio. A

---

38. *L'écriture cunéiforme et la civilisation mésopotamienne*, EP, pp. 74 e ss.

partir deste momento, enquanto denominação, ela pode funcionar em outros encadeamentos com um valor fonético[39]. Sua estratificação pode, assim, tornar-se muito complexa e transbordar a *consciência* empírica ligada a seu uso imediato. Transbordando esta consciência atual, a estrutura deste significante pode continuar a operar, não apenas nas franjas da consciência potencial, mas segundo a causalidade do inconsciente.

Vê-se que o nome, em singular o nome dito próprio, está sempre preso numa cadeia ou num sistema de diferenças. Somente se torna denominação na medida em que se pode inscrever numa figuração. O próprio do nome não escapa ao espaçamento, quer seja ligado por sua origem a representações de coisas no espaço ou permaneça preso num sistema de diferenças fônicas ou de classificação social aparentemente desligado do espaço corrente. A metáfora trabalha o nome próprio. O sentido próprio não existe, sua "aparência" é uma função necessária – e que se deve analisar como tal – no sistema das diferenças e das metáforas. A parusia absoluta do sentido próprio, como presença a si dos *logos* na sua voz, no ouvir-se-falar absoluto, deve ser *situada* como uma função respondendo a uma indestrutível mas relativa Necessidade, no interior de um sistema que a compreende. Isto vem a *situar* a metafísica ou a onto-teologia do *logos*.

O problema da *charada de transferência* resume toda a dificuldade. Uma representação de coisa pode encontrar-se investida, enquanto pictograma, de um valor fonético. Este não apaga a referência "pictográfica" que, aliás, nunca foi simplesmente "realista". O significante quebra-se ou estrela-se em sistema: remete ao mesmo tempo, e pelo menos, a uma coisa e a um som. A coisa é, nela mesma, um conjunto de coisas ou uma cadeia de

39. A. Métraux, *Les primitifs, signaux et symboles, pictogrammes et protoécriture*. Um exemplo, entre tantos outros, do que Métraux denomina "esboço de fonetismo": "Assim, o chefe Cheyenne que se chama 'tartaruga-seguindo-sua-fêmea' será representado por um personagem encimado por duas tartarugas. 'Homenzinho' será identificado a uma silhueta de criança desenhada sobre sua cabeça. Esta expressão dos nomes próprios faz-se com poucas dificuldades quando se trata de coisas concretas, mas é uma dura prova para a imaginação do escriba se este deve transmitir pela pictografia ideias abstratas. Para transcrever o nome de um indivíduo chamado 'grande-estrada', um índio Oglagla recorreu à seguinte combinação simbólica: traços paralelos com pegadas fazem pensar na 'estrada', um pássaro pintado perto desta evoca a rapidez que é, evidentemente, um dos atributos das 'boas-estradas'. É claro que apenas os que já conhecem os nomes correspondentes a estes símbolos estão em condições de decifrá-los. Neste título, esses desenhos teriam, portanto, um valor mnemo-técnico. Tomemos, como outro exemplo, o nome próprio 'Boa-doninha'. Da boca do animal, desenhado de maneira realista, saem dois traços ondulados que normalmente simbolizam a torrente das palavras. Este signo sendo utilizado para os 'bons discursos', supõe-se que o leitor reterá apenas o adjetivo e esquecerá a ideia de discurso", EP, pp. 10-11.

diferenças "no espaço"; o som, que é também inscrito numa cadeia, pode ser uma palavra: a inscrição é então ideogramática ou sintética, não se deixa decompor; mas o som também pode ser um elemento atômico entrando por sua vez em composição: lida-se então com uma escritura de aparência pictográfica e na verdade fonético-analítica do mesmo tipo que o alfabeto. O que se sabe agora da escrita dos Astecas do México parece abranger todas estas possibilidades.

"Assim, e nome próprio *Teocaltitlan* é decomposto em várias sílabas que são produzidas pelas imagens seguintes: lábios (*tentli*), rua (*otlim*), casa (*calli*) e finalmente dente (*tlanti*). O procedimento liga-se estreitamente a este... que consiste em sugerir o nome de uma personagem pelas imagens dos seres ou das coisas que entram na composição de seu nome. Os Astecas foram mais adiante na via do fonetismo. Conseguiram transmitir através de imagens sons separados recorrendo a uma verdadeira análise fonética"[40].

Os trabalhos de Barthel e de Knorosov sobre os glifos maias não chegam a resultados concordantes, seus progressos permanecem muito lentos, mas a presença de elementos fonéticos é hoje quase certa. O mesmo se dá com a escritura da ilha da Páscoa[41]. Não apenas esta seria picto-ideofonográfica, nas no interior mesmo de suas estruturas não fonéticas a equivocidade e a sobredeterminação podem dar lugar a metáforas retomadas em todo o seu peso por uma verdadeira *retórica gráfica*, se se pode arriscar esta expressão absurda.

A complexidade desta estrutura, descobrimo-la hoje em escrituras ditas "primitivas" e em culturas que se acreditava "sem escritura". Mas sabíamos há muito tempo que a escritura chinesa ou japonesa, que são maciçamente não fonéticas, comportaram bem cedo elementos fonéticos. Estes permaneceram estruturalmente dominados pelo ideograma ou pela álgebra e temos assim o testemunho de um poderoso movimento de civilização desenvolvendo-se fora de todo logocentrismo. A escritura não reduzia a voz nela mesma, ela ordenava-a num sistema:

"Esta escritura recorreu mais ou menos aos empréstimos fonéticos, certos signos sendo empregues por seu som independentemente do seu sentido original. Mas este emprego fonético dos signos nunca pôde ser tão amplo a ponto de alterar em seu princípio a escritura chinesa e encaminhá-la na via da notação fonética... A escritura, não tendo *alcançado* na China uma análise fonética da linguagem, nunca pôde ser sentida como um decalque mais ou menos fiel

---

40. EP, p. 12.
41. EP, p. 16. A. Métraux resume nesse lugar, esquematicamente, os resultados dos *Grundlagen zur Entzifferung der Osterinselschrift* de Barthel.

da fala e é por isso que o signo gráfico, símbolo de uma realidade única e singular como ele próprio, conservou muito do seu prestígio primitivo. Não cabe acreditar que a fala não tenha tido *antigamente* na China a mesma eficácia que a escritura, mas sua potência pode ter sido parcialmente *eclipsada* pela do escrito. Ao contrário, nas civilizações onde a escritura evoluiu bastante cedo para o silabário ou o alfabeto, foi o verbo que concentrou em si, em definitivo, todas as potências da criação religiosa e mágica. E, com efeito, é notável que não se encontre na China esta valorização espantosa da fala, do verbo, da sílaba ou da vogal que é atestada em todas as grandes civilizações antigas, da bacia mediterrânea à Índia"[42].

É difícil não subscrever globalmente esta análise. Observemos, contudo, que ela parece considerar a "análise fonética da linguagem" e a escritura fonética como um "resultado" normal, como um *telos* histórico *em vista* do qual, assim como um navio a caminho de um porto, a escritura chinesa fracassou em algum lugar. Ora, pode-se pensar que o sistema da escritura chinesa seja assim uma espécie de alfabeto inacabado? De outro lado, J. Gernet parece explicar o "prestígio primitivo" do grafismo chinês por sua relação "simbólica" com uma "realidade única e singular como ele". Ora, não é evidente que nenhum significante, quaisquer que sejam sua substância e sua forma, tem "realidade única e singular"? Um significante é, de início de jogo, a possibilidade de sua própria repetição, de sua própria imagem ou semelhança, é esta a condição de sua idealidade, o que o faz reconhecer como significante e o faz funcionar como tal, referindo-o a um significado que, pelas mesmas razões, não poderia nunca ser uma "realidade única e singular". Desde que o signo aparece, isto é, desde sempre, não há nenhuma oportunidade de encontrar em algum lugar a pureza da "realidade", da "unicidade", da "singularidade". Enfim, com que direito supor que a fala haja podido ter, "antigamente", antes do nascimento da escritura chinesa, o sentido e o valor que lhe conhecemos no Ocidente? Por que a fala teria tido de ser "eclipsada" pela escritura? Se se quer tentar pensar, arrombar o que, sob o nome de escritura, separa muito mais do que técnicas de notação, não é necessário despojar-se também, entre outros pressupostos etnocêntricos, de uma espécie de monogenetismo gráfico que transforma todas as diferenças em afastamentos ou atrasos, acidentes ou desviações? E não é necessário meditar este conceito heliocêntrico da fala? E a semelhança do *logos* ao sol (ao bem ou à morte que não se pode encarar de frente), ao rei ou ao pai (o bem ou o sol inteligível são compara-

---

42. J. Gernet, *La Chine, Aspects et fonctions psychologiques de l'écriture*, in EP, pp. 32 e 38. (O grifo é nosso) Cf.. também M. Granet, *La pensée chinoise*, 1950. cap. I.

dos ao pai na *República*, 508 c)? O que deve ser a escritura para ameaçar este sistema analógico em seu centro vulnerável e secreto? O que deve ser a escritura para significar o *eclipse* do que é *bem* e do que é *pai*? Não é preciso deixar de considerar a escritura como o eclipse que vem surpreender e ofuscar a glória do verbo? E, se há alguma Necessidade de eclipse, a relação da sombra e da luz, da escritura e da fala, não deve ela mesma aparecer de outra maneira?

De outra maneira: o descentramento necessário não pode ser um ato filosófico ou científico enquanto tal, já que aqui se trata de descolocar, pelo acesso a outro sistema ligando a fala e a escritura, as categorias fundadoras da língua e da gramática da *episteme*. A tendência natural da *teoria* – do que une a filosofia e a ciência na *episteme* – impelirá antes a tapar as brechas do que a forçar a clausura. Era normal que o arrombamento fosse mais seguro e mais penetrante do lado da literatura e da escritura poética; normal também que solicitasse inicialmente e fizesse vacilar, como Nietzsche, a autoridade transcendental e a categoria mestra da *episteme*: o ser. Este é o sentido dos trabalhos de Fenollosa[43] cuja influência sobre Ezra Pound e sua poética é sabida: esta poética irredutivelmente gráfica era, com a de Mallarmé, a primeira ruptura da mais profunda tradição ocidental. A fascinação que o ideograma chinês exercia sobre a escritura de Pound adquire assim toda a sua significação historial.

Desde que a fonetização se deixa interrogar na sua origem, na sua história e nas suas aventuras, vê-se seu movimento confundir-se com os da ciência, da religião, da política, da economia, da técnica, do direito, da arte. As origens destes movimentos e destas regiões históricas não se dissociam, como devem fazê-lo

43. Questionando uma a uma as estruturas lógico-gramaticais do Ocidente (e de início a lista das categorias de Aristóteles), mostrando que nenhuma descrição correta da escritura chinesa pode tolerá-las, Fenollosa lembrava que a poesia chinesa era essencialmente uma escritura. Notava, por exemplo: "Se desejarmos empreender o estudo preciso da poesia chinesa, ser-nos-á preciso... guardarmo-nos da gramática ocidental, de suas estritas categorias de linguagem, de sua complacência para com os nomes e os adjetivos. Precisaremos buscar, ou pelo menos ter sempre em mente, as ressonâncias do verbo em cada nome. Evitaremos o 'é' para introduzir um tesouro de verbos desdenhados. A maior parte das traduções transgridem todas estas regras. O desenvolvimento da frase transitiva normal apoia-se no fato de que na natureza uma ação determina outra; assim, a causa e o objeto são, na realidade, verbos. Por exemplo, nossa frase 'a leitura determina a escritura' seria exprimida explicitamente em chinês por três verbos. Uma forma tal é o equivalente de três orações desenvolvidas e que podem ser apresentadas em locuções adjetivas, participais, infinitivas ou condicionais. Um exemplo entre outros: 'Se alguém lê, isto o ensina a escrever'. Outro: 'Aquele que lê torna-se aquele que escreve'. Mas, na primeira forma condensada, um chinês escreveria: 'Ler determina escrever'" ("L'écriture chinoise considérée comme art poétique", tradução francesa in *Mesures*, outubro de 1937, n° 4, p. 135).

para a delimitação rigorosa de cada ciência, senão por uma abstração de que devemos permanecer conscientes e que devemos praticar com vigilância. Pode-se denominar arquiescritura esta cumplicidade das origens. O que se perde nela é, portanto, o mito da simplicidade da origem. Este mito está ligado ao próprio conceito de origem: à fala recitando a origem, ao mito da origem e não apenas aos mitos de origem.

Que o acesso ao signo escrito garanta o poder sagrado de fazer perseverar a existência no rastro e de conhecer a estrutura geral do universo; que todos os cleros, exercendo ou não um poder político, se tenham constituído ao mesmo tempo que a escritura e pela disposição da potência gráfica; que a estratégia, a balística, a diplomacia, a agricultura, a fiscalidade, o direito penal, se liguem em sua história e na sua estrutura à constituição da escritura; que a origem atribuída à escritura o tenha sido segundo esquemas ou cadeias de mitemas sempre análogos nas mais diversas culturas e que tenha comunicado, de maneira complexa mas regulada, com a distribuição do poder político assim como com a estrutura familial; que a possibilidade da capitalização e da organização político-administrativa tenha sempre passado pela mão dos escribas que anotaram o que esteve em jogo em numerosas guerras e cuja função foi sempre irredutível, qualquer que fosse o desfile das delegações nas quais se pôde vê-la à obra; que, através das defasagens, das desigualdades de desenvolvimento, do jogo das permanências, dos atrasos, das difusões etc., permaneça irredutível a solidariedade entre os sistemas ideológico, religioso, científico-técnico etc., e os sistemas de escritura que foram, portanto, mais que, e outra coisa que, "meios de comunicação" ou veículos do significado; que o sentido mesmo do poder e da eficácia em geral, que não pôde aparecer enquanto tal, enquanto sentido e dominação (por idealização), senão com o poder dito "simbólico", tenha sido sempre ligado à disposição da escritura; que a economia, monetária ou pré-monetária, e o cálculo gráfico sejam cooriginários, que não haja direito sem possibilidade de rastro (senão, como mostra H. Lévy-Bruhl, de notação no sentido estrito), tudo isto remete a uma possibilidade comum e radical que nenhuma ciência determinada, nenhuma disciplina abstrata, pode pensar como tal[44].

44. Naturalmente, não podemos pretender descrever aqui a massa infinita do conteúdo factual que intitulamos neste parágrafo. A título indicativo e preliminar, remetemos aos trabalhos seguintes, cada um dos quais contém uma importante bibliografia: J. Février, M. Granet, M. Cohen, M. V.-David. *op. cit.* Cf. também A. Métraux, artigo citado. EP, p. 19 (ver a intervenção de G. Dieterlen p. 19 e a de M. Cohen, p. 27); J. Gernet, artigo citado, pp. 29, 33, 37, 38, 39, 43; J. Sainte Fare Garnot, *Les hiéroglyphes, l'évo-*

Deve-se entender bem aqui esta *incompetência* da ciência, que é também a incompetência da filosofia, a *clausura* da *episteme*. Acima de tudo, elas não reclamam uma volta a uma forma pré-científica ou infrafilosófica do discurso. Muito ao contrário. Esta raiz comum, que não é uma raiz mas a esquivança da origem e que não é comum porque apenas volta ao mesmo com a insistência tão pouco monótona da diferença, este movimento inomeável da *diferença-mesma*, que alcunhamos estrategicamente de *rastro*, *reserva* ou *diferência*, apenas se poderia denominar escritura na clausura *histórica*, isto é, nos limites da ciência e da filosofia.

A constituição de uma ciência ou de uma filosofia da escritura é uma tarefa necessária e difícil. Mas, chegando a estes limites e repetindo-os sem interrupção, um *pensamento* do rastro, da diferência ou da reserva deve também apontar para além do campo da *episteme*. Fora da referência econômica e estratégica ao nome que Heidegger justifica dar hoje a uma transgressão análoga mas não idêntica de todo filosofema, *pensamento* é aqui para nós um nome perfeitamente neutro, um branco textual, o índex necessariamente indeterminado de uma época por vir da diferência. *De um certo modo, o "pensamento" não quer dizer nada.* Como toda abertura, este índex pertence, pela face nele que se dá a ver, ao dentro de uma época passada. Este pensamento não pesa nada. Ele é, no jogo do sistema, aquilo mesmo que nunca pesa nada. Pensar é o que já sabemos não ter ainda começado a fazer: o que, medido conforme a *estatura* da escritura, *enceta-se* somente na *episteme*.

Gramatologia, este pensamento se conservaria ainda encerrado na presença.

---

lution des écritures égyptienres, EP, pp. 57, 68, 70; R. Labat, artigo citado, pp. 77, 78, 82, 83; O. Masson, *La civilisation égéenne*, *Les écritures Cretoises et mycéniennes*, EP, p. 99, E. Laroche, *L'Asie mineure, les Hittites, peuple à double écriture*, EP, pp. 105-111, 113. M. Rodinson, *les sémites et l'alphabet*, *Les écritures sud-arabiques et éthiopiennes*, EP, pp. 136 a 145. J. Filliozat, *Les écritures indiennes*, *Le monde indien et son système graphique*, EP, p. 148. H. Lévy-Bruhl, *L'écriture et le droit*, EP, pp. 325-333. Ver também EP, *Confrontations et conclusions*, pp. 335 e ss.

II. Natureza, Cultura, Escritura

> "Eu me sentia como se tivesse cometido um incesto".
> *Confessions*

Introdução à "Época de Rousseau"

> "Temos um órgão que corresponde ao da audição, a saber, o da voz; não temos, porém, um que corresponda à visão, e não emitimos cores como emitimos sons. Este é mais um meio para cultivar o primeiro sentido, exercitando-se mutuamente o órgão ativo e o órgão passivo."
>
> *Emile*

Fiando-se na organização de uma leitura clássica, dir-se-ia, talvez, que acabamos de propor uma dupla grade: *histórica* e *sistemática*. Finjamos acreditar nesta oposição. Façamo-lo por comodidade, pois esperamos que agora estejam bastante claras as razões de nossa suspeição. Ora, como nos preparamos para tratar daquilo que, empregando a mesma linguagem e com igual desconfiança, denominamos um "*exemplo*", devemos agora justificar nossa escolha.

Por que conceder à "época de Rousseau" um valor "exemplar"? Qual é o privilégio de Jean-Jacques Rousseau na história do logocentrismo? O que se indica debaixo deste nome próprio? E que lugar têm as relações entre este nome próprio e os textos aos quais foi assim subscrito? A estas questões não pretendemos fornecer mais do que um começo de resposta; talvez apenas um começo de elaboração, limitado à organização preliminar da questão. Este trabalho se apresentará progressivamente. Não podemos, portanto, justificá-lo por antecipação e prefácio. Tentemos, contudo, uma abertura.

Se a história da metafísica é a história de uma determinação do ser como presença, se a sua aventura se confunde com a do logocentrismo, se ela se produz inteiramente como redução do rastro, a obra de Rousseau parece-nos ocupar, entre o *Fedro* de Platão e a *Enciclopédia* de Hegel, uma situação singular. Que significam esses três pontos de referência?

Entre a abertura e a efetivação filosófica do fonologismo (ou logocentrismo), o motivo da presença articulou-se de uma maneira decisiva. Sofreu uma modificação interior cujo índice mais vistoso seria o momento da certeza no cogito cartesiano. A identidade da presença oferecida à dominação da repetição havia-se constituído anteriormente sob a forma "objetiva" da idealidade do *eidos* ou da substancialidade da *ousia*. Esta objetividade assume desde agora a forma da *representação*, da *ideia* como modificação de uma substância presente a si, consciente e certa de si no instante de sua relação a si. No interior de sua forma mais geral, a dominação da presença adquire uma espécie de asseguramento infinito. O poder de repetição que o *eidos* e a *ousia* tornavam disponível parece adquirir uma independência absoluta. A idealidade e a substancialidade relacionam-se consigo mesmas, no elemento da *res cogitans*, por um movimento de pura autoafeção. A consciência é experiência de pura autoafeção. Ela diz-se infalível e, se axiomas da *luz natural* lhe dão esta certeza, sobrepujam a provocação do Gênio Maligno e provam a existência de Deus, é porque constituem o elemento mesmo do pensamento e da presença a si. Esta não é desordenada pela origem divina destes axiomas. A alteridade infinita da substância divina não se interpõe como um elemento de mediação ou de opacidade na transparência da relação a si e na pureza da autoafeção. Deus é o nome e o elemento do que possibilita um saber de si absolutamente puro e absolutamente presente a si. O entendimento infinito de Deus é o outro nome do *logos* como presença a si, de Descartes a Hegel e apesar de todas as diferenças que separam os diferentes lugares e momentos na estrutura desta época. Ora, o *logos* apenas pode ser infinito e presente a si, apenas pode *produzir-se como autoafeção*, através da *voz*: ordem de significante pelo qual o sujeito sai de si em si, não toma fora de si o significante que ele emite e que o afeta ao mesmo tempo. Tal é pelo menos a experiência – ou consciência – da voz: do ouvir-se-falar. Ela vive-se e diz-se como exclusão da escritura, a saber do apelo a um significante "exterior", "sensível", "espacial", interrompendo a presença a si.

Ora, no interior desta época da metafísica, entre Descartes e Hegel, Rousseau é, sem dúvida, o único ou o primeiro a fazer um tema e um sistema da redução da escritura, tal como era profundamente implicada por toda a época. Repete o movimento inaugural do *Fedro* e do *Da interpretação*, mas desta vez a partir de um novo modelo da presença: a presença a si do sujeito na *consciência* ou no *sentimento*. O que ele excluía mais violentamente do que qualquer outro devia, bem entendido, fasciná-lo e atormentá-lo mais do que a qualquer outro. Descartes expulsara o signo – e singularmente o signo escrito – para fora do cogito e da evidência clara e distinta; sendo esta a presença mesma da ideia à alma, nela o signo era acessório, abandonado à região do sensível e da imaginação. Hegel reapropria o signo sensível no movimento da Ideia. Critica Leibniz e elogia a escritura fonética no horizonte de um *logos* absolutamente presente a si, que se mantém perto de si na unidade de sua fala e de seu conceito. Mas nem Descartes nem Hegel se bateram com o problema da escritura. O lugar deste combate e desta crise é o que se denomina o século XVIII. Não somente porque restaura os direitos da sensibilidade, da imaginação e do signo, mas porque as tentativas de tipo leibniziano haviam aberto uma brecha na segurança logocêntrica. Será preciso trazer à luz aquilo que, nestas tentativas de característica universal, limitava de início de jogo a potência e a extensão do arrombamento. Antes de Hegel e em termos explícitos, Rousseau condenou a característica universal; não por causa do fundamento teológico que ordenava a sua possibilidade ao entendimento infinito ou *logos* de Deus, mas porque parecia suspender a voz. "Através" desta condenação, pode-se ler a mais enérgica *reação* organizando no século XVIII a defesa do fonologismo e da metafísica logocêntrica. O que ameaça, então, é precisamente a escritura. Esta ameaça não é acidental e desordenada: faz compor num único sistema histórico os projetos de *pasigrafia*, a descoberta das escrituras não europeias ou, em todo caso, os progressos maciços das técnicas de *decifração*, a ideia, enfim, de uma *ciência geral da linguagem e da escritura*. Contra todas estas pressões, abre-se então uma guerra. O "hegelianismo" será a sua mais bela cicatriz.

Os nomes de autores ou de doutrinas não contam aqui com nenhum valor substancial. Não indicam nem identidades nem causas. Seria leviano pensar que "Descartes", "Leibniz", "Rousseau", "Hegel" etc., são nomes de autores, os nomes dos autores de movimentos ou de deslocamentos que designamos assim. O valor indicativo que lhes atribuímos é de início o nome de um problema. Se nos autorizamos provisoriamente a tratar desta estrutura histórica fixando nossa atenção em textos de tipo filosófico ou literário, não é para neles reconhecer a origem, a causa ou o equilíbrio da estrutura. Mas, como não pensamos tampouco que esses textos sejam simples *efeitos* da estrutura, em qualquer sentido que isto seja entendido; como pensamos que *todos os conceitos propostos até agora para pensar a articulação de um discurso e de uma totalidade histórica estão presos na clausura metafísica que questionamos aqui*, como não conhecemos outro e não produziremos nenhum outro enquanto esta clausura terminar nosso discurso; como a fase primordial e indispensável, de fato e de direito, no desenvolvimento desta problemática, consiste em interrogar a estrutura interna desses textos como sintomas; como esta é a única condição para determiná-los *a si mesmos*, na totalidade de sua pertencença metafísica, daí tiramos argumento para isolar Rousseau e, no rousseauísmo, a teoria da escritura. Esta abstração é, aliás, parcial e permanece provisória a nossos olhos. Mais adiante, abordaremos diretamente este problema numa "questão de método".

Para além destas justificações maciças e preliminares, seria preciso invocar outras urgências. No campo do pensamento ocidental, e notadamente na França, o discurso dominante – denominemo-lo "estruturalismo" – permanece preso hoje, por toda uma camada de sua estratificação, e às vezes pela mais fecunda, na metafísica – o logocentrismo – que ao mesmo tempo, se pretende, ter, como se diz tão depressa, "ultrapassado" Se escolhemos o exemplos dos textos de Claude Lévi-Strauss, se escolhemos partir deles e deles receber a incitação a uma leitura de Rousseau, é por mais do que uma razão: por causa da riqueza e do interesse teórico desses textos, do papel animador que desempenham atualmente, mas também do lugar que neles ocupam a teoria da escritura e o tema da fidelidade a Rousseau. Assim, eles serão aqui um pouco mais do que uma epígrafe.

1. A Violência da Letra:
de Lévi-Strauss a Rousseau

> Falarei agora da escritura? Não, tenho vergonha de divertir-me com estas bagatelas num tratado sobre a educação.
>
> *Emile ou de l'éducation*

> Ela [a escritura] parece antes favorecer a exploração dos homens do que iluminá-los... A escritura e a perfídia penetravam de comum acordo entre eles.
>
> ("Lição de escritura", in *Tristes Trópicos*.)

A metafísica constituiu um sistema de defesa exemplar contra a ameaça da escritura. Ora, o que é que liga a escritura à violência? O que deve ser a violência, para que algo nela iguale a operação do rastro?

E por que fazer jogar esta questão na afinidade ou na filiação que encadeiam Lévi-Strauss a Rousseau? À dificuldade de justificar esse estreitamento histórico, acrescenta-se uma outra: o que é a descendência na ordem do discurso e do texto? Se, de maneira algo convencional, denominamos aqui *discurso* a *representação* atual, viva, consciente de um *texto* na experiência dos que o escrevem ou leem, e se o texto transborda sem cessar esta representação por todo o sistema de seus recursos e leis próprias, então a questão genealógica excede amplamente as possibilidades que hoje nos são dadas de elaborá-la. Sabemos que ainda está *vedada* a metáfora que descreveria infalivelmente a genealogia dum texto. Em sua sintaxe e em seu léxico, no seu espaçamento, por sua pontuação, suas lacunas, suas margens, a pertencença histórica de um texto não é nunca linha reta. Nem causalidade de contágio. Nem simples acumulação de camadas. Nem pura justaposição de peças emprestadas. E, se um texto se dá sempre uma certa representação de suas próprias raízes, estas vivem apenas desta representação, isto é, de nunca tocarem o solo. O que destrói sem dúvida a sua *essência radical*, mas não a Necessidade de sua *função enraizante*. Dizer que nunca se faz mais do que entrelaçar as raízes ao infinito, dobrando-as até fazê-las enraizarem-se em raízes, passarem de novo pelos mesmos pontos, redobrarem antigas aderências, circularem entre suas diferenças, enrolarem-se sobre si mesmas ou volverem-se reciprocamente, dizer que um texto nunca é mais do que um *sistema de raízes*, é sem dúvida contradizer ao mesmo tempo o conceito do sistema e o esquema da raiz. Mas, por não ser uma pura aparência, esta contradição/adquire sentido de contradição e recebe seu "ilogismo" apenas se for pensada numa configuração finita – a história da metafísica – presa no interior de um sistema de raízes que não se termina aí e que ainda não tem nome.

Ora, a consciência de si do texto, o discurso circunscrito onde se articula a representação genealógica (por exemplo, um certo "século XVIII" que Lévi-Strauss constitui ao reclamar a sua inserção nele), sem confundir-se com a própria genealogia, desempenha, precisamente por este afastamento, um papel organizador na estrutura do texto. Mesmo que se tivesse o direito de falar de ilusão retrospectiva, esta não seria um acidente ou um detrito teórico; dever-se-ia dar conta de sua Necessidade e de seus efeitos positivos. Um texto tem sempre várias idades, a leitura deve tomar partido quanto a elas. E esta representação genealógica de si já é, ela mesma, representação de uma representação de si: o que o "século XVIII francês", por exemplo e se existe algo como tal, construía já como sua própria proveniência e sua própria presença.

O jogo destas pertencenças, tão manifesto nos textos da antropologia e das "ciências humanas", produz-se inteiramente no interior de uma "história da metafísica"? Força em algum lugar a sua clausura? Tal é, talvez, o horizonte mais amplo das questões que aqui serão apoiadas em alguns exemplos. Aos quais podem-se dar nomes próprios: os detentores do discurso, Condillac, Rousseau, Lévi-Strauss; ou nomes comuns: os conceitos de análise, de gênese, de origem, de natureza, de cultura, de signo, de fala, de escritura etc.; enfim, o nome comum de nome próprio.

O *fonologismo* é, sem dúvida, no interior tanto da linguística como da metafísica, a exclusão ou o rebaixamento da escritura.

Mas é também a autoridade atribuída a uma ciência que se deseja considerar como o modelo de todas as ciências ditas humanas. Nestes dois sentidos o estruturalismo de Lévi-Strauss é um fonologismo. O que já abordamos, quanto aos "modelos" da linguística e da fonologia, proíbe-nos assim contornar uma antropologia estrutural sobre a qual a ciência fonológica exerce uma fascinação tão *declarada*: por exemplo, em *Linguagem e parentesco*[1], que seria preciso interrogar linha por linha.

"O nascimento da fonologia subverteu esta situação. Ela não renovou apenas as perspectivas linguísticas: uma transformação dessa amplitude não está limitada a uma disciplina particular. A fonologia não pode deixar de desempenhar, perante as ciências sociais, o mesmo papel renovador que a física nuclear, por exemplo, desempenhou no conjunto das ciências exatas" (p. 47).

Se desejássemos elaborar aqui a questão do *modelo*, seria preciso levantar todos os "como" e os "igualmente" que pontuam a demonstração, regendo e autorizando a analogia entre o fonológico e o sociológico, entre os fonemas e os termos de parentesco. "Analogia impressionante", é-nos dito, mas cujo funcionamento dos "como" nos mostra bem depressa que se trata de uma muito certa mas muito pobre generalidade de leis estruturais, dominando sem dúvida os sistemas considerados, mas também muitos outros, e sem privilégio: fonologia exemplar como o exemplo na série e não como o modelo regulador. Mas, sobre este terreno, foram colocadas as questões, articuladas as objeções, e como o fonologismo *epistemológico* erigindo uma ciência como padrão supõe o fonologismo *linguístico* e *metafísico* elevando a voz acima da escritura, é este último que tentaremos reconhecer de início.

Pois Lévi-Strauss escreveu sobre a escritura. Poucas páginas, sem dúvida[2], mas notáveis sob vários aspectos: belíssimas e feitas para espantar, enunciando na forma do paradoxo e da modernidade o anátema que o Ocidente obstinadamente retomou, a

1. Na *Antropologia Estrutural* (tradução brasileira de Chaim S. Katz e Eginardo Pires, Rio de Janeiro, Tempo Brasileiro, 1967). Cf. também *Introduction à l'oeuvre de Maus s*, p. XXXV.
2. São inicialmente os *Tristes Trópicos*, (trad, de Wilson Martins, São Paulo, Anhembi), ao longo de toda esta "Lição de escritura" (cap. XXIII) cuja substância teórica se reencontra no segundo dos *Entretiens avec Claude Lévi-Strauss* (G. Charbonnier) (*Primitifs et civilisés*). Trata-se também da *Antropologia estrutural* ("Problemas de método e de ensino", notadamente no capítulo dizendo do "critério de autenticidade", p. 407). Enfim, de maneira menos direta, no *Pensamento selvagem*, sob um título sedutor, *O tempo redescoberto*. (As citações referem-se a *O Pensamento selvagem*, tradução de Maria Celeste da Costa e Souza e Almir de Oliveira Aguiar, Editora Nacional e Editora da USP, São Paulo, 1970.)

exclusão pela qual ele se constituiu e se reconheceu, desde o *Fedro* até o *Curso de linguística geral*. Outra razão para reler Lévi-Strauss: se já o experimentamos não é possível pensar a escritura sem cessar de se fiar, como numa evidência óbvia, em todo o sistema das diferenças entre a *physis* e seu outro (a série de seus "outros": a arte, a técnica, a lei, a instituição, a sociedade, a imotivação, o arbitrário etc.) e em toda a conceitualidade que se lhe ordena, deve-se seguir com a máxima atenção o procedimento inquieto de um cientista que ora, em tal etapa de sua reflexão, apoia-se nesta diferença, e ora nos conduz a seu ponto de apagamento: "A oposição entre natureza e cultura, sobre a qual outrora insistimos, nos parece, hoje, oferecer um valor principalmente metodológico"[3]. Sem dúvida, Lévi-Strauss nunca foi senão de um ponto de apagamento a outro. Já *As estruturas elementares do parentesco* (1949), comandadas pelo problema da proibição do incesto, creditavam a diferença apenas em volta de uma costura. Uma e outra, com isso, não se tornavam senão mais enigmáticas. E seria temerário decidir se a costura – a proibição do incesto – é uma estranha exceção que se viria a encontrar no sistema transparente da diferença, um "fato", como diz Lévi--Strauss, com o qual "nos achamos então confrontados" (p. 9); ou, ao contrário, a origem da diferença entre natureza e cultura, a condição, fora de sistema, do sistema da diferença. A condição seria um "escândalo" apenas se se desejasse compreendê-la *no* sistema de que ela é precisamente a condição.

"Suponhamos então que tudo o que é universal, no homem, deriva da ordem da natureza e se caracteriza pela espontaneidade, que tudo o que está adstrito a uma norma pertence à cultura e apresenta os atributos do relativo e do particular. Achamo-nos, então, confrontados com um fato, ou antes um conjunto de fatos, que não está longe, à luz das definições precedentes, de aparecer como um escândalo: ... pois a proibição do incesto apresenta sem o menor equívoco, e indissoluvelmente reunidos, os dois caracteres onde reconhecemos os atributos contraditórios de duas ordens exclusivas: ela constitui uma regra, mas uma regra que, única entre todas as regras sociais, possui ao mesmo tempo um caráter de universalidade" (p. 9).

Mas o "escândalo" só apareceria num certo momento da análise: quando, renunciando a uma "análise real" que nunca nos proporcionará diferença entre natureza e cultura, passava-se a uma "análise ideal" permitindo definir o "duplo critério da norma e da universalidade". É, portanto, a partir da confiança feita à diferença entre as duas análises que o escândalo adquiria

---

3. *O pensamento selvagem*, p. 282, cf. também p. 153.

sentido de escândalo. Que significava esta confiança? Ela aparecia-se a si mesma como o direito do cientista a empregar "instrumentos de método" cujo "valor lógico" é antecipado, em estado de precipitação com respeito ao "objeto", à "verdade" etc., daquilo em vista do que a ciência está em trabalho. São estas as primeiras palavras – ou quase – das *Estruturas*:

"... começa-se a compreender que a distinção entre estado de natureza e estado de sociedade (diríamos hoje de melhor grado: estado de natureza e estado de cultura), na falta de uma significação histórica aceitável, apresenta um valor que justifica plenamente sua utilização, pela sociologia moderna, como um instrumento de método" (p. 1).

Vê-se: quanto ao "valor principalmente metodológico" dos conceitos de natureza e de cultura, não há nem evolução nem, acima de tudo, arrependimento, das *Estruturas* ao *Pensamento Selvagem*. Nem tampouco quanto a este conceito de instrumento de método: nas *Estruturas*, ele anuncia muito precisamente o que, mais de dez anos depois, nos será dito da *bricolagem*, das ferramentas como "meios à mão", "conservados em virtude do princípio de que 'isto pode sempre servir'". "Como a *bricolagem*, no plano técnico, a reflexão mítica pode atingir, no plano intelectual, resultados brilhantes e imprevistos. Reciprocamente, foi muitas vezes notado o caráter mito-poético da *bricolagem*" (pp. 37 a 39). Restaria, é claro, perguntar-se se o etnólogo se pensa como "engenheiro" ou como *bricolador*. *Le cru et le cuit* apresenta-se como "o mito da mitologia" ("Prefácio", p. 20).

Contudo, o apagamento da fronteira entre natureza e cultura não é produzido, das *Estruturas* ao *Pensamento Selvagem*, pelo mesmo gesto. No primeiro caso, trata-se antes de respeitar a originalidade de uma sutura escandalosa. No segundo caso, de uma redução, por preocupada que seja em não "dissolver" a especificidade do que analisa:

"... não seria bastante reabsorver humanidades particulares uma humanidade geral; esta primeira empresa esboça outras, que Rousseau [cuja 'clarividência habitual' Lévi-Strauss acaba de louvar] não teria de tão boa mente admitido e que incumbem às ciências exatas e naturais: reintegrar a cultura na natureza, e, finalmente, a vida no conjunto de suas condições físico-químicas" (p. 282).

Conservando e anulando, ao mesmo tempo, oposições conceituais herdadas, este pensamento mantém-se, portanto, como o de Saussure, nos limites: ora no interior de uma conceitualidade não criticada, ora pesando sobre as clausuras e trabalhando na desconstrução.

Enfim, e esta última citação nos conduz necessariamente a este ponto, por que Lévi-Strauss *e* Rousseau? Esta conjunção deverá justificar-se progressivamente e do interior. Mas já se sabe que Lévi-Strauss não se sente apenas *em harmonia* com Jean-Jacques, seu herdeiro pelo coração e pelo que se poderia denominar o afeto teórico. Ele também se apresenta, frequentemente, como o discípulo moderno de Rousseau, lê-o como *o instituidor* e não apenas como o profeta da etnologia moderna. Poderiam ser citados cem textos para a glória de Rousseau. Lembremos contudo, no final do *Totemismo hoje*, este capítulo sobre o "Totemismo de dentro" : "fervor militante" "para com a etnografia", "clarividência espantosa" de Rousseau que, "mais avisado que Bergson" e "antes mesmo da descoberta do totemismo" "penetrou naquilo que abre a possibilidade do totemismo em geral" (p. 147), a saber:

1. a *piedade*, esta afeção fundamental, tão primitiva quanto o amor de si, e que nos une naturalmente a outrem: ao homem, certamente, mas também a todo ser vivo.

2. a essência *originariamente metafórica*, porque passional, diz Rousseau, de nossa *linguagem*. O que autoriza aqui a interpretação de Lévi-Strauss é este *Essai sur l'origine des langues* de que tentaremos mais tarde uma leitura paciente: "Como os primeiros motivos que fizeram o homem falar foram paixões [e não necessidades], as suas primeiras expressões foram tropos. A linguagem figurada foi a primeira a nascer" (cap. III). É ainda no "Totemismo de dentro" que o segundo *Discurso* é definido como "o primeiro tratado de antropologia geral com que conta a literatura francesa. Em termos quase modernos, Rousseau aí coloca o problema central da antropologia, que é o da passagem da natureza à cultura" (p. 142). Mas eis a homenagem mais sistemática: "Rousseau não se limitou a prever a etnologia: ele fundou-a. Inicialmente de modo prático, escrevendo este *Discours sur l'origine et les fondements de l'inégalité parmi les hommes* que coloca o problema das relações entre a natureza e a cultura, e onde se pode ver o primeiro tratado de etnologia geral; e depois no plano teórico, distinguindo, com clareza e concisão admiráveis, o objeto próprio do etnólogo do objeto do moralista e do historiador: "Quando se deseja estudar os homens, é preciso olhar perto de si; mas, para estudar o homem, é preciso aumentar o alcance da vista; impõe-se primeiro observar as di-

ferenças, para descobrir as propriedades" (*Essai sur l'origine des langues*, cap. VIII)[4].

Assim, há aí um rousseauísmo declarado e militante. Ele já nos impõe uma questão muito geral que orientará mais ou menos diretamente todas as nossas leituras: em que medida a pertencença de Rousseau à metafísica logocêntrica e à filosofia da presença – pertencença que já pudemos reconhecer e cuja figura exemplar teremos de desenhar – designa limites a um discurso científico? Retém ela necessariamente em sua clausura a disciplina e a fidelidade rousseauístas de um etnólogo e de um teórico da etnologia moderna?

Se esta questão não bastasse para encadear ao nosso propósito inicial o desenvolvimento que se seguirá, dever-se-ia talvez voltar:

1. a certa digressão sobre a violência que *não sobrevém* do fora, para surpreendê-la, a uma linguagem inocente, que sofre a agressão da escritura como o acidente de seu mal, de sua derrota e de sua queda; mas violência originária de uma linguagem que é desde sempre uma escritura. Em momento algum, portanto, não se contestará Rousseau e Lévi-Strauss quando estes ligam o poder da escritura ao exercício da violência. Mas, radicalizando este tema, deixando de considerar esta violência como *derivada* com respeito a uma fala naturalmente inocente, faz-se virar todo o sentido de uma proposição – a unidade da violência e da escritura – que se deve, portanto, evitar abstrair e isolar.

2. a certa outra elipse sobre a metafísica ou a onto-teologia do *logos* (por excelência no seu momento hegeliano) como esforço impotente e onírico para dominar a ausência reduzindo a metáfora na parusia absoluta do sentido. Elipse sobre a escritura originária na linguagem como irredutibilidade da metáfora, que é preciso pensar aqui na sua possibilidade e aquém da sua repetição retórica. Ausência remediável do nome próprio. Rousseau acreditava, sem dúvida, numa linguagem iniciando-se na figura, mas veremos bem que nem por isso deixava de acreditar num progresso em direção ao sentido próprio. "A linguagem figurada foi a primeira a nascer", diz, mas é para acrescentar: "o sentido próprio foi encontrado por úl-

---

[4]. "Jean-Jacques. Rousseau, fondateur des sciences de l'homme", p. 240. Trata-se de uma conferência incluída no volume *Jean-Jacques Rousseau* – La Baconnière – 1962. Reconhece-se aqui um tema caro a Merleau-Ponty: o trabalho etnológico *realiza* a variação imaginária à busca do invariante essencial.

timo" (*Essai*, cap. III)[5]. É a esta escatologia do *próprio* (*prope, proprius*, proximidade a si, presença a si, propriedade, limpeza (*propreté*)) que formulamos a questão do γράφειν.

A GUERRA DOS NOMES PRÓPRIOS

> Mas como distinguir, por escrito, um homem que se nomeia de um que se chama? Não há dúvida de que este é um equívoco que seria sanado pelo ponto vocativo.
>
> *Essai sur l'origine des langues*

Remontar, agora, dos *Tristes trópicos* ao *Essai sur l'origine des langues*, da "Lição de escritura" dada à lição de escritura recusada por aquele que tinha "vergonha de divertir-se" com as "bagatelas" da escritura num tratado sobre a educação. Nossa questão será, talvez, mais bem delimitada: dizem eles a mesma coisa? Fazem a mesma coisa?

Nestes *Tristes trópicos* que são ao mesmo tempo *Confessions* e uma espécie de suplemento ao *Supplément au voyage de Bougainville*, a "Lição de escritura" marca um episódio do que se poderia denominar a guerra etnológica, a confrontação essencial que abre a comunicação entre os povos e as culturas, mesmo quando esta comunicação não se pratica sob o signo da opressão colonial ou missionária. Toda a "Lição de escritura" é relatada no registro da violência contida ou diferida, violência surda às vezes, mas sempre opressora e pesada. E que pesa em diversos lugares e diversos momentos da *relação* (*relation*): no relato de Lévi-Strauss como na relação (*rapport*) entre indivíduos e grupos, entre culturas ou no interior de uma mesma comunidade. Que pode significar a relação à escritura nestas diversas instâncias da violência?

---

5. A ideia da linguagem originariamente figurada estava bastante difundida nesta época: ela se encontra particularmente em Warburton e em Condillac, cuja influência sobre Rousseau é, aqui, maciça. Em Vico: B. Gagnebin e M. Raymond perguntaram-se, a respeito do *Essai sur l'origine des langues*, se Rousseau não teria lido a *Scienza Nuova* quando era secretário de Montaigu em Veneza. Mas, se Rousseau e Vico afirmam ambos a natureza metafórica das línguas primitivas, apenas Vico lhes atribui esta origem divina, tema de desacordo também entre Condillac e Rousseau. Além disso, Vico é então um dos raros, senão o único, a acreditar na contemporaneidade de origem entre a escritura e a fala: "Os filósofos acreditaram muito erradamente, que nasceram primeiro as línguas e mais tarde a escritura; muito ao contrário, nasceram gêmeas e caminharam paralelamente" (*Scienza Nuova* 3, I). Cassirer não hesita em afirmar que Rousseau "retomou", no *Essai*, as teorias de Vico sobre a linguagem (*Philosophie der symbolischen Formen*, I, I, 4).

Penetração entre os Nhambiquara. Afeção do etnólogo por aqueles a quem consagrou, sabe-se, uma de suas teses, *La vie familiale et sociale des Indiens Nambikwara* (1848). Penetração, portanto, no "mundo perdido" dos Nhambiquara, "pequeno bando de indígenas nômades que estão entre os mais primitivos que se possam encontrar no mundo" em "um território do tamanho da França", atravessado por uma *picada** (pista grosseira cujo "traçado" é quase "indiscernível do mato": seria preciso meditar conjuntamente a possibilidade da estrada e da diferença como escritura, a história da escritura e a história da estrada, da ruptura, da *via rupta*, da via rompida, varada, *fracta*, do espaço de reversibilidade e de repetição traçado pela abertura, pelo afastamento e espaçamento violento da natureza, da floresta natural, selvagem, *selva*gem. A silva é selvagem, a *via rupta* escreve-se, discerne-se, inscreve-se violentamente como diferença, como forma imposta na *hylé*, na floresta, na madeira como matéria; é difícil imaginar que o acesso à possibilidade dos traçados viários não seja ao mesmo tempo acesso à escritura). O terreno dos Nhambiquara é atravessado pela linha de uma picada autóctone. Mas também por uma outra *linha*, desta vez uma linha importada:

> Fio de uma linha telegráfica abandonado, "tornado inútil logo depois que colocado" e que "se estende em postes que não se substituem quando caem de podres, vítimas do cupim ou dos índios, que tomam o zumbido característico de uma linha telegráfica pelo de uma colmeia de abelhas selvagens em trabalho" (*Tristes Trópicos*, cap. XXVI, p. 287).

Os Nhambiquara, cuja fustigação e crueldade – presumida ou não – são muito temidas pelo pessoal da linha, "conduzem o observador ao que ele facilmente tomaria – mas erradamente – por uma infância da humanidade (p. 290). Lévi-Strauss descreve o tipo biológico e cultural desta população cujas técnicas, economia, instituições e estruturas de parentesco, por primárias que sejam, lhes garantem, bem entendido, um lugar de direito no gênero humano, na sociedade dita humana e no "estado de cultura". Eles falam e proíbem o incesto. "Todos eram parentes entre si, pois os Nhambiquara se casam de preferência com uma sobrinha, filha de irmã, ou com uma prima da espécie chamada *cruzada* pelos etnólogos; filha de irmã do pai ou do irmão da mãe" (p. 294). Mais uma razão para não se deixar atrair pela aparência e para não acreditar que se assiste aqui a uma "infância da humanidade": a estrutura da língua. E principalmente seu

---

* Em português no original. (N. dos T.)

uso. Os Nhambiquara utilizam vários dialetos, vários sistemas segundo as situações. E é aqui que intervém um fenômeno que se pode, grosseiramente, denominar "linguístico" e que deverá interessar-nos no mais alto grau. Trata-se de um *fato* que não teremos os meios de interpretar para além de suas condições de possibilidades gerais, de seu *a priori*; cujas causas factuais e empíricas – tais como elas operam nesta situação determinada – nos escaparão e não constituem, aliás, o objeto de nenhuma questão da parte de Lévi-Strauss, que aqui se contenta em constatar. Este fato interessa o que avançamos quanto à essência ou à energia do γράφειν como apagamento originário do nome próprio. Há escritura desde que o nome próprio é rasurado num sistema, há "sujeito"* desde que esta obliteração do próprio se produz, isto é, desde o aparecer do próprio e desde a primeira manhã da linguagem. Esta proposição é de essência universal e pode-se produzi-la *a priori*. Como se passa a seguir deste *a priori* à determinação dos fatos empíricos, esta é uma questão à qual aqui não se pode responder em geral. De início porque, por definição, não há resposta geral a uma questão desta forma.

É portanto ao encontro de um tal *fato* que caminhamos aqui. Não se trata nisso do apagamento estrutural do que acreditamos serem nossos nomes próprios; não se trata aí da obliteração, que, paradoxalmente, constitui a legibilidade originária daquilo mesmo que ela rasura, mas de um interdito pesando em sobreimpressão, em certas sociedades, sobre o uso do nome próprio: "O emprego dos nomes próprios entre eles é interdito" (p. 294), nota Lévi-Strauss.

Antes de passarmos à sua abordagem, notemos que esta proibição é necessariamente derivada com respeito à rasura constituinte do nome próprio no que denominamos a arquiescritura, isto é, no jogo da diferença. É porque os nomes próprios já não são nomes próprios, porque a sua produção é a sua obliteração, porque a rasura e a imposição da letra são originárias, porque estas não sobrevêm a uma inscrição própria; é porque o nome próprio nunca foi, como denominação única reservada à presença de um ser único, mais do que o mito de origem de uma legibilidade transparente e

---

* Recordamos que em francês a palavra *sujet* possui, até em seu uso corrente, várias acepções que, embora dicionarizadas para seu equivalente português, não são usuais em nossa língua. Assim, *sujeito* deve e pode ser entendido como: o que subjaz (do grego *hyppokeimenon*) a todo o demais, especialmente em ontologia; assunto, tema (de certa forma, é o que subjaz a uma conversa, a uma escritura); opondo-se a *objeto* (o que é posto diante), trata-se do sujeito cognoscente (em filosofia), do sujeito da frase (em gramática) e do titular de um direito (acepção jurídica); finalmente, o súdito (*sub-ditus*, aquele a quem é dita alguma coisa com valor de lei), em oposição a Soberano e distintamente do cidadão. (N. dos T.)

presente sob a obliteração; é porque o nome próprio nunca foi possível a não ser pelo seu funcionamento numa classificação e portanto num sistema de diferenças, numa escritura que retém os rastros de diferença, que o interdito foi possível, pode jogar, e eventualmente ser transgredido, como veremos. Transgredido, isto é, restituído à obliteração e à não propriedade de origem.

Isso está estritamente em acordo, aliás, com a intenção de Lévi-Strauss. Em "Universalização e particularização" (*O pensamento selvagem*, cap. VI), será demonstrado que "nunca se dá um nome: classifica-se o outro... ou classifica-se a si mesmo"[6]. Demonstração ancorada em alguns exemplos de proibições que afetam aqui e acolá o uso dos nomes próprios. Sem dúvida, seria necessário distinguir cuidadosamente aqui a Necessidade essencial da desaparição do nome próprio e a proibição determinada que pode eventual e ulteriormente acrescentar-se-lhe ou articular-se-lhe. A não proibição, tanto quanto a proibição, pressupõe a obliteração fundamental. A não proibição, a *consciência* ou a

6. "Estamos, portanto, em presença de dois tipos extremos de nomes próprios, entre os quais existe toda uma série de intermediários. Num caso, o nome é uma marca de identificação, que confirma, pela aplicação de uma regra, a pertencença do indivíduo, *a quem se dá o nome*, a uma classe pré-ordenada (um grupo social num sistema de grupos, um *status* natal num sistema de *status*); no outro caso, o nome é uma livre criação do indivíduo que *dá o nome* e exprime, por meio daquele a quem dá o nome, um estado transitório de sua própria subjetividade. Mas poder-se-ia dizer que, num caso ou noutro, se dá verdadeiramente o nome? A escolha, parece, só está entre identificar o outro, determinando--o numa classe, ou, a pretexto de dar-lhe um nome, identificar-se a si mesmo através dele. Portanto, nunca se dá um nome: classifica-se o outro, se o nome que se lhe dá for função dos caracteres que possui, ou classifica-se a si mesmo se, acreditando-se dispensado de seguir uma regra, se denomina o outro 'livremente', isto é, em função dos caracteres que se possuem. E, mais frequentemente, fazem-se as duas coisas, ao mesmo tempo" (p. 211). Cf. também "O indivíduo como espécie" e "O tempo redescoberto" (cap. VII e VIII): "Em cada sistema, por conseguinte, os nomes próprios representam *quanta de significação* abaixo dos quais nada se faz, além de mostrar. Atingimos, assim, a raiz do erro paralelo, cometido por Peirce e Russell, o primeiro definindo o nome próprio como um 'índice', o segundo crendo descobrir o modelo lógico do nome próprio no pronome demonstrativo. É admitir, com efeito, que o ato de denominar se situa num contínuo no qual se efetuaria, insensivelmente, a passagem do ato de significar ao ato de mostrar. Ao contrário, esperamos ter estabelecido que esta passagem é descontínua, se bem que cada cultura lhe fixe os limites de forma diferente. As ciências naturais situam seu umbral no nível da espécie, da variedade, ou da subvariedade, conforme os casos. Serão, pois, termos de generalidade diferente que elas perceberão de cada vez como nomes próprios" (p. 248).

Talvez fosse preciso, radicalizando esta intenção, perguntar-se se é legítimo referir-se ainda à propriedade pré-nominal do "mostrar" puro, se a indicação pura, como grau zero da linguagem, como "certeza sensível" não é um mito desde sempre apagado pelo jogo da diferença. Talvez fosse preciso dizer da indicação "própria" o que Lévi--Strauss, ainda, diz dos nomes próprios, em outro lugar: "Para baixo, o sistema não conhece, tampouco, limite externo já que consegue tratar a diversidade qualitativa das espécies naturais como a matéria simbólica de uma ordem, e que sua marcha para o concreto, o especial e o individual, nem sequer é detida pelo obstáculo das denominações pessoais: nem mesmo os nomes próprios deixam de servir de termos a uma classificação" (p. 251. Cf. também p. 213).

exibição do nome próprio, limita-se a restituir ou descobrir uma impropriedade essencial e irremediável. Quando, na *consciência*, o nome *se diz* próprio, ele já se classifica e se oblitera *ao denominar-se*. Já não é mais do que um nome *que se diz* próprio.

Se se deixa de entender a escritura em seu sentido estrito de notação linear e fonética, deve-se poder dizer que toda sociedade capaz de produzir, isto é, de obliterar seus nomes próprios e de jogar com a diferença classificatória, pratica a escritura em geral. À expressão de "sociedade sem escritura" não corresponderia, pois, nenhuma realidade nem nenhum conceito. Esta expressão provém do onirismo etnocêntrico, abusando do conceito vulgar, isto é, etnocêntrico, da escritura. O desprezo pela escritura, notemos de passagem, acomoda-se muito bem com este etnocentrismo. Aí há apenas um paradoxo aparente, uma destas contradições onde se profere e se efetiva um desejo perfeitamente coerente. Num único e mesmo gesto, despreza-se a escritura (alfabética), instrumento servil de uma fala que sonha com sua plenitude e com sua presença a si, e recusa-se a dignidade de escritura aos signos não alfabéticos. Percebemos este gesto em Rousseau e em Saussure.

Os Nhambiquara – o *sujeito* da "Lição de escritura" – seriam, portanto, um destes povos sem escritura. Não dispõem daquilo que *nós* denominamos escritura no sentido corrente. Isto é, em todo caso, o que nos diz Lévi-Strauss: "Supõe-se que os Nhambiquara não sabem escrever" (p. 314). Logo adiante, esta incapacidade será pensada, na ordem ético-política, como uma inocência e uma não violência interrompidas pela efratura ocidental e pela "Lição de escritura". Assistiremos a esta cena. Tenhamos ainda um pouco de paciência.

Como se recusará aos Nhambiquara o acesso à escritura era geral, se não for determinando esta segundo um modelo? Perguntar-nos-emos mais tarde, confrontando vários textos de Lévi-Strauss, até que ponto é legítimo não denominar escritura esses "pontilhados" e "ziguezagues" sobre as cabaças, tão brevemente evocados em *Tristes trópicos*. Mas, acima de tudo, como recusar a prática da escritura em geral a uma sociedade capaz de obliterar o próprio, isto é, a uma sociedade violenta? Pois a escritura, obliteração do próprio classificado no jogo da diferença, é a violência originária mesma: pura impossibilidade do "ponto vocativo", impossível pureza do ponto de vocação. Não se pode apagar este "equívoco" que Rousseau desejava que fosse "levantado" pelo "ponto vocativo". Pois a existência de um tal ponto em algum código da pontuação não mudaria em nada o problema. A morte da denominação absolutamente própria, reconhecendo numa linguagem o outro como outro puro, invocando-o como o que é, é a morte do idioma puro reservado ao único. Anterior à eventualidade da violência no sentido corrente e derivado, a de que falará a "Lição de escritura", há, como o espaço da sua possibilidade, a violência da arquiescritura, a violência da diferença, da classificação e do sistema das denominações. Antes de desenharmos a estrutura desta implicação, leiamos a cena dos nomes próprios; com uma outra cena, que leremos daqui a pouco, ela é uma preparação indispensável para a "Lição de escritura". Está separada desta por um capítulo e por uma outra cena: "Em família". E está descrita no capítulo XXVI, "Na linha".

"Por fáceis que fossem os Nhambiquara – indiferentes à presença do etnógrafo, ao seu caderno de notas e ao seu aparelho fotográfico – o trabalho era complicado por motivos linguísticos. Em primeiro lugar, o emprego de nomes próprios entre eles é interdito; para identificar as pessoas, era preciso acompanhar o uso do pessoal da linha, isto é, convencionar com os indígenas nomes de empréstimo, pelos quais seriam designados. Seja nomes portugueses, como Júlio, José Maria, Luísa; seja apelidos: *Lebre*, *Açúcar.* Conheci, mesmo, um que Rondon ou um de seus companheiros tinha batizado de Cavanhaque, por causa da sua barbicha, rara entre os índios, que geralmente são glabros. Um dia em que eu brincava com um grupo de crianças, uma das meninas foi espancada por outra; ela veio se refugiar perto de mim, e pôs-se, em grande mistério, a me murmurar alguma coisa no ouvido, que não compreendi e que fui obrigado a mandar repetir diversas vezes, a tal ponto que a adversária descobriu a manobra e, manifestamente furiosa, veio, por sua vez, revelar-me o que parecia ser um segredo solene: depois de algumas hesitações e perguntas, a interpretação do incidente não permitia dúvida. A primeira menina, por vingança, tinha vindo me dizer o nome da sua inimiga, e, quando esta percebeu, me comunicou o nome da primeira, à guisa de represália. A partir desse momento, tornou-se muito fácil, ainda que pouco escrupuloso, excitar as crianças umas contra as outras, e obter, assim, todos os seus nomes. Depois do que, uma pequena cumplicidade assim criada, deram-me, sem maiores dificuldades, os nomes dos adultos. Quando estes últimos compreenderam os nossos conciliábulos, as crianças foram repreendidas, e secou-se a fonte de minhas informações"[7] (pp. 293-294).

7. Já que lemos Rousseau na transparência desses textos, por que não deslizar sob esta cena uma outra, recortada numa *Promenade* (IX)? Soletrando-se todos os seus elementos um a um e minuciosamente, prestar-se-á menos atenção à sua oposição termo a termo do que à simetria rigorosa de uma tal oposição. Tudo acontece como se Rousseau tivesse desenvolvido o positivo tranquilizante cuja impressão Lévi-Strauss nos dá em negativo. Eis: "Mas logo cansado de esvaziar a minha bolsa para fazer as pessoas se esmagarem, abandonei a boa companhia e fui passear sozinho pela feira. A variedade dos objetos me divertiu por muito tempo. Percebi, entre outros, cinco ou seis saboianos rodeando uma menina que ainda tinha, no seu inventário, uma dúzia de feias maçãs de que ela bem gostaria de se livrar. Os saboianos, por sua vez bem gostariam de livrá-la delas, mas todos juntos não tinha mais do que duas ou três moedas de cobre e isso não dava para fazer uma grande brecha nas maçãs. Esse inventário era, para eles, o jardim das Hespérides, e a menina era o dragão que o guardava. Essa comédia me divertiu por muito tempo; pus-lhe termo, enfim, pagando as maçãs à menina e fazendo-a distribuí-las aos meninos. Tive então um dos mais doces espetáculos que possam deleitar um

Não podemos entrar aqui nas dificuldades de uma dedução empírica dessa proibição, mas sabe-se *a priori* que os "nomes próprios" cuja interdição e revelação Lévi-Strauss descreve, não são nomes próprios. A expressão "nome próprio" é imprópria, pelas razões mesmas que lembrará *O pensamento selvagem*. O que o interdito atinge é o ato proferindo o que *funciona* como nome próprio. E esta função é a *consciência* mesma. O nome próprio no sentido corrente, no sentido da consciência, não é (diríamos "na verdade", se não devêssemos desconfiar aqui desta palavra[8]), mais do que designação de pertencença e classificação linguístico-social. A supressão do interdito, o grande jogo da denúncia e a grande exibição do "próprio" (aqui se trata, notemos, de um ato de guerra e haveria muito a dizer sobre o fato de que são menininhas que se entregam a este jogo e a estas hostilidades) consistem não em revelar nomes próprios, mas em dilacerar o véu que esconde uma classificação e uma pertencença, a inscrição num sistema de diferenças linguístico-sociais.

O que os Nhambiquara escondiam, o que as menininhas expõem na transgressão, não são mais idiomas absolutos, são já espécies de nomes comuns investidos, "abstratos", se é verdade, como se poderá ler em *O pensamento selvagem* (cap. VI, p. 213), que os "sistemas de denominações comportam também seus 'abstratos'".

O conceito de nome próprio, tal como Lévi-Strauss o utiliza sem o problematizar em *Tristes trópicos*, está portanto longe de ser simples e manipulável. O mesmo acontece, por conseguinte, com os conceitos de violência, de astúcia, de perfídia ou de opressão que pontuarão, um pouco mais adiante, a "Lição de escritura". Já se pôde constatar que a violência, aqui, não sobrevém de um só golpe, a partir de uma inocência original cuja nudez seria *surpreendida*, no momento em que o segredo dos nomes *que se dizem* próprios é violado. A estrutura da violência é complexa e a sua possibilidade – a escritura – não o é menos.

Havia, com efeito, uma primeira violência a ser nomeada. Nomear, dar os nomes que eventualmente será proibido pronun-

---

coração de homem, o de ver a alegria unida à inocência da idade espalhar-se à minha volta. Pois mesmo os espectadores, vendo-a, compartilharam-na, e eu, que compartilhava a preço tão barato esta alegria, também tinha a de sentir que era obra minha".

8. Desta palavra e deste conceito que, havíamos sugerido no começo, não tem sentido a não ser na clausura logocêntrica e na metafísica da presença. Quando não implica a possibilidade de uma *adequação* intuitiva ou judicativa, continua contudo a privilegiar, na *aletheia*, a instância de uma visão cumulada, saciada pela presença. É a mesma razão que impede o pensamento da escritura de se conter simplesmente no interior de uma ciência, e mesmo de um círculo epistemológico. Ela não pode ter nem tal ambição nem tal modéstia.

ciar, tal é a violência originária da linguagem que consiste em inscrever uma diferença, em classificar, em suspender o vocativo absoluto. Pensar o único *no* sistema, inscrevê-lo neste, tal é o gesto da arquiescritura: arquiviolência, perda do próprio, da proximidade absoluta, da presença a si, perda na verdade do que jamais teve lugar, de uma presença a si que nunca foi dada mas sim sonhada e desde sempre desdobrada, repetida, incapaz de aparecer-se de outro modo senão na sua própria desaparição. A partir desta arquiviolência, proibida e portanto confirmada por uma segunda violência reparadora, protetora, instituindo a "moral", prescrevendo esconder a escritura, apagar e obliterar o nome que se pretende próprio que já dividia o próprio, uma terceira violência pode *eventualmente* surgir ou não surgir (possibilidade empírica) naquilo que se denomina correntemente o mal, a guerra, a indiscrição, a violação: que consistem em revelar por efratura o nome que se pretende próprio, isto é, a violência originária que desmamou o próprio de sua propriedade e de sua limpeza (*propreté*). Terceira violência de reflexão, poderíamos dizer, que desnuda a não identidade nativa, a classificação como desnaturação do próprio, e a identidade como momento abstrato do conceito. É neste nível terciário, o da consciência empírica, que sem dúvida se deveria situar o conceito comum de violência (o sistema da lei moral e da transgressão) cuja possibilidade permanece ainda impensada. É neste nível que é escrita a cena dos nomes próprios; e mais tarde a lição de escritura.

Esta última violência é tanto mais complexa na sua estrutura quanto ela remete simultaneamente às duas camadas inferiores da arquiviolência e da lei. Ela revela, com efeito, a primeira nomeação que era já uma expropriação, mas também desnuda o que desde então desempenhava função de próprio, o que se diz próprio, substituto do próprio diferido, *percebido* pela *consciência social e moral* como o próprio, o selo tranquilizante da identidade a si, o segredo.

Violência empírica, guerra no sentido corrente (astúcia e perfídia das menininhas, astúcia e perfídia *aparentes* das menininhas, pois o etnólogo as inocentará mostrando-se como o verdadeiro e único culpado; astúcia e perfídia do chefe índio representando a comédia da escritura, astúcia e perfídia *aparentes* do chefe índio tomando todos os seus truques de empréstimo ao intruso ocidental) que Lévi-Strauss pensa sempre como um *acidente*. Ela sobreviria num terreno de inocência, num "estado de cultura" cuja bondade *natural* não se teria, ainda, degradado[9].

Esta hipótese, que a "Lição de escritura" verificará, é sustentada por dois índices, de aparência anedótica, que pertencem ao cenário da representação por vir. Anunciam a grande encenação da "Lição" e fazem brilhar a arte da composição neste relato de viagem. Segundo a tradição do século XVIII, a anedota, a página de confissões, o fragmento de diário são sabiamente colocados, calculados em vista de uma demonstração filosófica sobre as relações entre natureza e sociedade, sociedade ideal e sociedade real, isto é, a maior parte das vezes entre a *outra* sociedade e a nossa sociedade.

Qual é o primeiro índice? A guerra dos nomes próprios segue a chegada do estranho e não nos espantaremos com isso. Ela nasce na presença e mesmo da presença do etnógrafo que vem desorganizar a ordem e a paz natural, a cumplicidade que liga pacificamente a boa sociedade a si mesma em seu jogo. Não apenas o pessoal da linha impôs aos indígenas apelidos ridículos, obrigando-os a assumi-los do dentro (Lebre, Açúcar, Cavanhaque) mas é a irrupção etnográfica que rompe o segredo dos nomes próprios e a inocente cumplicidade regendo o jogo das menininhas. É o etnólogo quem viola um espaço virginal tão seguramente conotado pela cena de um jogo, e de um jogo de menininhas. A simples presença do estranho, a mera abertura de seu olho não pode deixar de provocar uma violação: o *à parte*, o segredo cochichado no ouvido, os deslocamentos sucessivos da "manobra", a aceleração, a precipitação, um certo júbilo crescente no movimento antes da recaída que se segue à falta consumada, quando a "fonte" "se secou", tudo isto faz pensar numa dança, numa festa, tanto quanto numa guerra.

Portanto, a simples presença do vedor (*voyeur*) é uma violação. Violação pura, de início: um estranho silencioso assiste, imóvel, a um jogo de menininhas. Que uma delas tenha "espancado" uma "amiga", isto ainda não é uma verdadeira violência. Nenhuma integridade foi encetada. A violência aparece apenas no momento em. que se pode abrir à efratura a intimidade dos nomes próprios. E isto só é possível no momento em que o es-

9. Situação difícil de descrever em termos rousseauístas, a pretensa ausência da escritura complicando ainda as coisas: o *Essai sur l'origine des langues* talvez denominasse "selvajaria" o estado de sociedade e de escritura descrito por Lévi-Strauss: "Esses três modos de escrever correspondem com bastante exatidão aos três diversos estados pelos quais se podem considerar os homens reunidos em nação. A pintura dos objetos convém aos povos selvagens; os signos das palavras e das orações aos povos bárbaros; e o alfabeto aos povos policiados" (*Essai*, cap. V).

paço é trabalhado, reorientado pelo olhar do estranho. O olho do outro denomina os nomes próprios, soletra-os, faz cair a interdição que os vestia.

O etnógrafo contenta-se inicialmente em ver. Olhar apoiado e presença muda. Depois as coisas se complicam, elas tornam-se mais tortuosas, mais labirínticas, quando ele se presta ao jogo da ruptura de jogo, quando presta atenção e enceta uma primeira cumplicidade com a vítima, que é também a trapaceira. Enfim, pois o que conta são os nomes dos adultos (poderíamos dizer os epônimos, e o segredo é violado apenas no lugar onde se atribuem os nomes), a denúncia última não pode mais privar-se da intervenção ativa do estranho. Que, aliás, a reivindica e dela se acusa. Ele viu, depois ouviu, mas, passivo diante do que, contudo, já sabia provocar, esperava ainda os nomes-mestres. A violação não estava consumada, o fundo nu do próprio reservava-se ainda. Como não se pode, ou antes, não se deve incriminar as menininhas inocentes, a violação será efetivada pela intrusão desde então ativa, pérfida, astuciosa, do estranho que, depois de ver e ouvir, vai agora "excitar" as menininhas, desatar as línguas e fazer-se entregar os nomes preciosos: os dos adultos (a tese nos diz que apenas "os adultos possuem um nome que lhes é próprio", p. 39). Com má consciência, é claro, e com esta piedade de que Rousseau dizia que nos une ao mais estranho dos estranhos. Releiamos agora o *mea culpa*, a confissão do etnólogo que assume toda a responsabilidade de uma violação que o satisfez. Depois de terem *entregue* umas as outras, as menininhas *entregaram* os adultos.

"A primeira menina, por vingança, tinha vindo me dizer o nome da sua inimiga, e, quando esta percebeu, comunicou-me o nome da primeira, à guisa de represália. A partir desse momento, tornou-se muito fácil, ainda que pouco escrupuloso, excitar as crianças umas contra as outras, e obter, assim, todos os seus nomes. Depois do que, uma pequena cumplicidade assim criada, deram-me, sem maiores dificuldades, os nomes dos adultos" (p. 295).

O verdadeiro culpado não será punido, o que confere à sua falta o selo do irremediável: "Quando estes últimos compreenderam os nossos conciliábulos, as crianças foram repreendidas, e secou-se a fonte de minhas informações" (p. 295).

Já se desconfia – e todos os textos de Lévi-Strauss o confirmariam – que a crítica do etnocentrismo, tema tão caro ao autor dos *Tristes trópicos*, na maior parte dos casos tem por única função constituir o outro como modelo da bondade original e natural, acusar-se e humilhar-se, exibir seu ser-inaceitável num espelho contra-etnocêntrico. Esta humildade de quem se sabe "inaceitável", este remorso que produz a etnografia[10], Rousseau os teria ensinado ao etnólogo moderno. É pelo menos o que nos é dito na conferência de Genebra:

> "Na verdade, eu não sou 'eu', mas o mais fraco, o mais humilde dos 'outrem'. Tal é a descoberta das *Confissões*. O etnólogo escreve alguma coisa a não ser confissões? Em seu nome em primeiro lugar, como mostrei, já que este é o móvel da sua vocação e da sua obra; e nesta obra mesma, em nome de sua sociedade, que, pelo ofício do etnólogo, seu emissário, escolhe-se outras sociedades, outras civilizações, e precisamente as mais fracas e as mais humildes; mas para verificar a que ponto ela mesma é 'inaceitável'..." (p. 245).

Sem falar do ponto de dominação assim conquistado em sua terra por quem conduz esta operação, reencontra-se aqui, pois, um gesto herdado do século XVIII, de um certo século XVIII em todo caso, uma vez que já se começava, aqui e ali, a desconfiar deste exercício. Os povos não europeus não são apenas estudados como o índice de uma boa natureza refugiada, de um solo nativo recoberto, de um "grau zero" com relação ao qual se poderiam desenhar a estrutura, o devir e principalmente a degradação de nossa sociedade e de nossa cultura. Como sempre, essa arqueologia é também uma teleologia e uma escatologia; sonho de uma presença plena e imediata fechando a história, transparência e indivisão de uma parusia, supressão da contradição e da diferença. A missão do etnólogo, tal como Rousseau lhe teria designado, é trabalhar para este advento. Eventualmente contra a filosofia que, "só" ela, teria procurado "excitar" os "antagonismos" entre o "eu e o outro"[11]. Que não nos acusem aqui de forçar as palavras e as coisas. Melhor, leiamos. Sempre na conferência de Genebra, mas se achariam cem outros textos semelhantes:

> "A revolução rousseauísta, pré-formando e iniciando a revolução etnológica, consiste em recusar identificações forçadas, seja a de uma cultura a si mesma, ou a de um indivíduo, membro de uma cultura, a uma personagem ou a uma função social, que esta mesma cultura procura impor-lhe. Nos dois casos, a cultura, ou o indivíduo, reivindicam o direito a uma identificação livre, que apenas se pode realizar *para além* do homem: com tudo o que vive, e portanto sofre; e também *aquém* da função ou da personagem; com um ser, já não modelado, mas dado. Então, o eu e o outro, liberados de um antagonismo

---

10. "... se o Ocidente produziu etnógrafos, é que um remorso bem poderoso devia atormentá-lo" ("Um cálice de rum", *Tristes trópicos*, cap. 38)

11. O que pode ser lido em sobreimpressão do segundo *Discours*: "É a razão que gera o amor-próprio, e é a reflexão que o fortifica; é ela que redobra o homem sobre si mesmo; é ela que o separa de tudo o que o incomoda e aflige. É a filosofia que o isola; é através dela que ele diz em segredo, ao ver um homem sofrendo: 'Morre se assim quiseres; eu estou em segurança'".

que só a filosofia procurava excitar, recobram a sua unidade. Uma aliança original, enfim renovada, permite-lhes fundamentarem juntos o *nós* contra o *ele*, isto é, contra uma sociedade inimiga do homem, e que o homem se presta tanto mais a recusar quanto Rousseau, por seu exemplo, lhe ensina como eludir as insuportáveis contradições da vida civilizada. Pois, se é verdade que a natureza expulsou o homem, e que a sociedade persiste oprimindo-o, o homem pode pelo menos inverter em seu proveito os polos do dilema, *e procurar a sociedade da natureza para nela meditar sobre a natureza da sociedade*. Esta é, parece-me, a indissolúvel mensagem do *Contrat social*, das *Lettres sur la Botanique*, e das *Rêveries*"[12].

Em "Um cálice de rum", uma severa crítica de Diderot e uma glorificação de Rousseau ("o mais etnógrafo dos filósofos ... nosso mestre... nosso irmão, com relação a quem mostramos tanta ingratidão, mas a quem cada página deste livro poderia ser dedicada, se a homenagem não fosse indigna da sua grande memória") concluem-se assim: "...a única questão é saber se esses males são também inerentes ao estado [de sociedade]. Atrás dos abusos e dos crimes, deve-se, pois, procurar a base inabalável da sociedade humana" (p. 417)[13].

Seria empobrecer o pensamento tão diverso de Lévi-Strauss não lembrar aqui, com insistência, o que este intuito e esta motivação não esgotam. Contudo, elas não se limitam a conotar o trabalho científico, marcam-no em profundidade no seu próprio conteúdo. Anunciáramos um segundo índice. Os Nhambiquara, entre os quais se desdobrará a cena da "Lição de escritura", entre os quais se insinuará o mal com a intrusão da escritura vinda do *fora* (ἔξωθεν, já dizia o *Fedro*, recordamo-nos), os Nhambiquara, que não sabem escrever, diz-se, são *bons*. Aqueles – jesuítas, missionários protestantes, etnólogos americanos, técnicos da linha – que acreditaram perceber violência ou ódio entre os Nhambiquara não apenas se enganaram, provavelmente projetaram sobre eles a sua própria maldade. E até mesmo provocaram o mal que depois acreditaram ou quiseram perceber. Leiamos ainda o fim do capítulo XXVII intitulado, sempre com a mesma arte, "Em família". Esta passagem precede imediatamente a "Lição de escritura" e lhe é, de certo modo, indispensável. Confirmemos inicialmente o que é óbvio: se não subscrevemos as declarações de Lévi-Strauss quanto à inocência e à bondade dos Nhambiquara, quanto à sua "imensa gen-

---

12. P. 245. Grifo do autor.
13. *Tristes trópicos*, cap. XXXVIII. Quanto a Diderot, notemos de passagem que a severidade de seu juízo sobre a escritura e o livro não fica devendo nada à de Rousseau. O artigo "Livro", de sua autoria, na *Enciclopédia*, é um requisitório de grande violência.

tileza", "mais verídica expressão da ternura humana" etc., a não ser atribuindo-lhes um lugar de legitimidade totalmente empírica, derivada e relativa, tomando-as como descrições das afeções empíricas do *sujeito* deste capítulo – os Nhambiquara tanto quanto o autor – se portanto não subscrevemos essas declarações a não ser enquanto *relação empírica*, não se segue que venhamos dar fé às descrições moralizantes do etnógrafo americano que deplora, inversamente, o ódio, a rabugice e a incivilidade dos indígenas. Na realidade, estas duas relações opõem-se simetricamente, têm a mesma medida, e ordenam-se em torno de um único eixo. Depois de citar a publicação de um colega estrangeiro, severíssimo com os Nhambiquara, por sua complacência para com a doença, a sujeira, a miséria, por sua impolidez, seu caráter rancoroso e desconfiado, Lévi-Strauss acrescenta:

> "Quanto a mim, que os conheci numa época em que as doenças introduzidas pelo homem branco já os haviam dizimado, mas que desde as tentativas sempre humanas de Rondon – ninguém empreendera submetê-los, desejaria esquecer essa descrição lancinante, e nada conservar na memória senão este quadro, tomado aos meus cadernos de notas, em que rabisquei certa noite, à luz de minha lâmpada de bolso: 'Na planície obscura, as fogueiras do acampamento brilham. Em torno do fogo, única proteção contra o frio que desce, atrás do frágil biombo de palmas e de ramos apressadamente plantado no chão, do lado de que se receia o vento ou a chuva; junto dos cestos cheios de pobres objetos que constituem toda a sua riqueza terrestre; deitados no chão que se estende ao redor, perseguidos por outros bandos igualmente hostis e amedrontados, os casais, estreitamente enlaçados, sentem-se, um para o outro, como o sustentáculo, o reconforto, a única defesa contra as dificuldades cotidianas e a melancolia sonhadora que, de vez em quando, invade a alma nhambiquara. O visitante que, pela primeira vez, acampa no mato com os índios, sente-se tomado ao mesmo tempo de angústia e de piedade diante do espetáculo dessa humanidade tão completamente desprovida; esmagada, dir-se-ia, contra o chão de uma terra hostil por algum implacável cataclismo; nua, tremendo junto dos fogos vacilantes. Ele circula às apalpadelas entre os cerrados, evitando bater-se contra uma mão, um braço, um torso, de que se adivinham os quentes reflexos à luz de um fogo. Mas essa miséria é animada de cochichos e de risos. Os casais se abraçam como na nostalgia de uma unidade perdida; as carícias não se interrompem à passagem do estranho. Adivinha-se em todos eles uma imensa gentileza, uma profunda despreocupação, uma ingênua e encantadora satisfação animal, e, reunindo esses sentimentos diversos, algo como a mais comovedora e verídica expressão da ternura humana'" (p. 311).

A "Lição de escritura" segue-se a esta descrição que se pode, certamente, ler como o que ela diz ser de imediato: página de "caderno de notas" rabiscada uma noite à luz de uma lâmpada de bolso. Seria diferente se esta comovente pintura devesse pertencer a um discurso etnológico. Contudo, ela instala incontestavelmente uma premissa – a bondade ou a inocência dos Nhambiquara – indispensável à demonstração que se seguirá, da intrusão conjunta da violência e da escritura. É aí que, entre a confissão etnográfica e o discurso teórico do etnólogo, deve ser observada uma rigorosa fronteira. A diferença entre o empírico e o essencial deve continuar a fazer valer os seus direitos.

Sabe-se que Lévi-Strauss reserva palavras muito ásperas para as filosofias que abriram o pensamento a esta diferença e que são, na maior parte dos casos, filosofias da consciência, do cogito no sentido cartesiano ou husserliano. Palavras muito ásperas também para o *Essai sur les données imédiates de la conscience*, censurando os seus antigos professores por meditarem demais, em vez de estudarem, o *Curso de linguística geral* de Saussure[14]. Ora, pense-se o que se quiser, no fundo, das filosofias assim incriminadas ou ridicularizadas (e de que não falaremos aqui, a não ser para observar que elas aí são evocadas apenas em seus espectros, tais como assombram às vezes os manuais, os textos escolhidos ou o rumor público), deve-se reconhecer que a diferença entre o afeto empírico e a estrutura de essência nelas era regra fundamental. Nunca Descartes ou Husserl teriam deixado entender que considerassem verdade de ciência uma modificação empírica de sua relação ao mundo ou a outrem, nem premissa de um silogismo a qualidade de uma emoção. Nunca, nas *Regulae*, se passa da verdade fenomenologicamente irrecusável do "eu vejo amarelo" ao juízo "o mundo é amarelo". Não prossigamos nesta direção. Nunca, em todo caso, um filósofo rigoroso da consciência teria chegado tão depressa à conclusão da bondade profunda e da inocência virginal dos Nhambiquara sobre a fé de uma relação empírica. Do ponto de vista da ciência etnológica, esta relação é tão surpreendente quanto podia ser "lancinante", a palavra é de Lévi-Strauss, a do malvado etnólogo americano. Surpreendente, esta afirmação incondicionada da bondade radical dos Nhambiquara sob a pena de um etnólogo que, aos fantasmas exangues dos filósofos da consciência e da intuição, opõe os que foram, se se deve crer o início de *Tristes trópicos*, os seus únicos verdadeiros mestres: Marx e Freud.

Todos os pensadores que são classificados às pressas, no início deste livro, sob o título da metafísica, da fenomenologia e do existencialismo, não se teriam reconhecido sob os traços que lhes são atribuídos. Isso é óbvio. Mas seria erro concluir daí que, em

---

14. *Tristes trópicos*, cap. VI. "Como se faz um etnólogo".

contrapartida, os discursos inscritos sob seu signo – e notadamente os capítulos que nos ocupam – teriam satisfeito Marx e Freud. Que, geralmente, pediam para ver quando se lhes falava de "imensa gentileza", de "profunda despreocupação", de "ingênua e encantadora satisfação animal" e de "algo como a mais comovedora e verídica expressão da ternura humana" (*Tristes trópicos*, p. 311). Que pediam para ver e, sem dúvida, não teriam compreendido a que se aludia efetivamente sob o nome da "aliança original, enfim renovada", permitindo "fundamentar juntos o *nós* contra o *ele*" (já citado), ou sob o nome de "esta estrutura regular e como cristalina, que as mais bem preservadas das sociedades primitivas nos ensinam não ser contraditória à humanidade" (*Lição inaugural do Collège de France*).

Em todo este sistema de parentesco filosófico e de reivindicação genealógica, o menos surpreso de todos sem dúvida não teria sido Rousseau. Ele não teria pedido que o deixassem viver em paz com os filósofos da consciência e do sentimento interior, em paz com este cogito[15] sensível, com esta voz interior – que, acreditava ele, sabe-se, nunca mentia? Conciliar em si Rousseau, Marx e Freud é uma tarefa difícil. Conciliá-los entre si, no rigor sistemático do conceito, é possível?

A ESCRITURA E A EXPLORAÇÃO DO HOMEM PELO HOMEM

> Sem jamais completar seu projeto, o *bricoleur* põe-lhe sempre algo de si mesmo.
>
> *O pensamento selvagem* (p. 42).
>
> O seu sistema talvez seja falso; mas, ao desenvolvê-lo, ele fez seu autorretrato fiel.
>
> J.-J. ROUSSEAU, *Diálogos*.

Abramos, enfim, a "Lição de escritura". Se prestamos uma tal atenção a este capítulo, não é para abusar de um diário de viagem e do que se poderia considerar a expressão menos científica de um pensamento. De um lado, reencontram-se em outros escritos[16], sob outra forma e mais ou menos dispersos, todos os temas da teoria sistemática da escritura apresentada pela primeira

---

15. Na *Conférence de Genève*, Lévi-Strauss acredita poder opor simples mente Rousseau aos filósofos que tomam "o cogito como ponto de partida" (p. 242).

16. Em particular nos *Entretiens* com G. Charbonnier, que não acrescentam nada à substância teórica da "Lição de escritura".

vez nos *Tristes trópicos*. De outro lado, o próprio conteúdo teórico é longamente exposto nessa obra, mais longamente do que em qualquer outro lugar, em comentário a um "extraordinário incidente". Este incidente também é relatado nos mesmos termos no início da tese sobre os Nhambiquara, sete anos anterior aos *Tristes trópicos*. Enfim, é apenas nos *Tristes trópicos* que o sistema é articulado da maneira mais rigorosa e mais completa. As premissas indispensáveis, a saber, a natureza do organismo submetido à agressão da escritura, em nenhum outro lugar são mais explícitas. É por isso que seguimos longamente a descrição da inocência Nhambiquara. Apenas uma comunidade inocente, apenas uma comunidade de dimensões reduzidas (tema rousseauísta que logo se precisará), apenas uma micro sociedade de não violência e de franqueza cujos membros podem manter-se todos retamente ao alcance da alocução imediata e transparente, "cristalina", plenamente presente a si na sua fala viva, apenas uma tal comunidade pode sofrer, como a surpresa de uma agressão vinda *do fora*, a insinuação da escritura, a infiltração da sua "astúcia" e da sua "perfídia". Apenas uma tal comunidade pode importar *do estrangeiro* "a exploração do homem pelo homem". A *Lição* é, pois, completa: nos textos ulteriores, as conclusões teóricas do incidente serão apresentadas sem as premissas concretas, a inocência original será implicada *mas não exposta*. No texto anterior, a tese sobre os Nhambiquara, o incidente é referido mas não dá lugar, como nos *Tristes trópicos*, a uma longa meditação sobre o sentido, a origem e a função históricas do escrito. Em contrapartida, buscaremos na tese informações que será preciso inscrever à margem dos *Tristes trópicos*.

A escritura, exploração do homem pelo homem: não impomos esta linguagem a Lévi-Strauss. Lembremos, por precaução, os *Entretiens*: "a própria escritura não nos parece associada de modo permanente, em suas origens, senão a sociedades que são fundadas sobre a exploração do homem pelo homem" (p. 36). Lévi-Strauss tem consciência de propor, nos *Tristes trópicos*, uma teoria marxista da escritura. Ele o diz numa carta de 1955 (ano da publicação do livro) à *Nouvelle Critique*[17]. Criticado por Maxime Rodinson em nome do marxismo, ele se queixa:

"Se (M. Rodinson) tivesse lido meu livro, em lugar de se contentar com os extratos publicados há alguns meses, teria encontrado nele, além de uma hipótese marxista sobre a origem da escritura, dois estudos consagrados a tribos brasileiras – Caduvéu e Bororó – que são tentativas de interpretação das superestruturas indígenas fundadas no materialismo dialético, e cuja novidade, na literatura etnográfica ocidental, merecia talvez mais atenção e simpatia"[17].

Nossa questão, portanto, não é mais apenas "como conciliar Rousseau e Marx", mas também: "Basta falar de superestrutura e denunciar, numa hipótese, a exploração do homem pelo homem para conferir a esta hipótese uma pertinência marxista?" Questão que só tem sentido se implicar um rigor original da crítica marxista e distingui-la de toda outra crítica da miséria, da violência, da exploração etc.; e, por exemplo, da crítica budista. Nossa questão não tem, evidentemente, nenhum sentido no ponto em que se pode dizer que "entre a crítica marxista ... e a crítica budista ... não há oposição nem contradição"[18].

Mais uma precaução é necessária antes da *Lição*. Havíamos sublinhado, há tempos, a ambiguidade da ideologia que comandava a exclusão saussuriana da escritura: etnocentrismo profundo privilegiando o modelo da escritura fonética, modelo que torna mais fácil e mais legítima a exclusão da grafia. Mas etnocentrismo *pensando-se* ao contrário como antietnocentrismo, etnocentrismo na consciência do progressismo libertador. Separando radicalmente a língua da escritura, pondo esta em baixo e de fora, pelo menos acreditando poder fazê-lo, dando-se a ilusão de libertar a linguística de toda passagem pelo testemunho escrito, pensa-se conceder com efeito o seu estatuto de língua autêntica, de linguagem humana e plenamente significante, a todas as línguas praticadas *pelos povos que, contudo, continuam a ser denominados "povos sem escritura"*. A mesma ambiguidade afeta as intenções de Lévi-Strauss e isso não é fortuito.

De um lado, admite-se a diferença corrente entre linguagem e escritura, a exterioridade rigorosa de uma a outra, o que permite manter a distinção entre povos dispondo da escritura e povos sem escritura. Lévi-Strauss nunca lança suspeição sobre o valor de uma tal distinção. O que lhe permite principalmente considerar a passagem da fala à escritura como um *salto*, como a travessia instantânea de uma linha de descontinuidade: passagem de uma linguagem plenamente oral, pura de toda escritura – isto é, *pura*, inocente – a uma linguagem que junta a si a sua

---

17. Essa carta nunca foi publicada pela *Nouvelle Critique*. Pode-se lê-la em *Antropologia estrutural*, p. 373.

18. *Tristes trópicos*, cap. XL (*p.* 441): "À sua maneira, e no seu plano, cada um corresponde a uma verdade. Entre a crítica marxista, que liberta o homem das suas primeiras cadeias – ensinando-lhe que o sentido aparente da sua condição desaparece desde que concorde em alargar o objeto que está considerando – e a crítica budista, que completa a liberação, não há oposição nem contradição. Cada uma faz o mesmo que a outra, num nível diferente".

"representação" gráfica como um significante acessório de um tipo novo, abrindo uma técnica de opressão. Lévi-Strauss necessitava deste conceito "epigenetista" da escritura para que o tema do mal e da exploração sobrevindo com a grafia fosse efetivamente o tema de uma surpresa e de um acidente afetando do fora a pureza de uma linguagem inocente. Afetando-a *como que por acaso*[19]. Em todo caso, a tese epigenetista repete, desta vez a respeito da escritura, uma afirmação que podíamos encontrar cinco anos antes na *Introduction à l'oeuvre de Marcel Mauss* (p. XLVII) : "a linguagem não pôde nascer senão instantaneamente". Haveria sem dúvida mais do que uma questão a formular sobre este parágrafo que liga o sentido à significação e muito estritamente à significação linguística na linguagem *falada*. Leia-mos simplesmente estas linhas.

"Quaisquer que tenham sido o momento e as circunstâncias de sua aparição na escala da vida animal, a linguagem não pôde nascer senão instantaneamente. As coisas não puderam passar progressivamente a significar. Na esteira de uma transformação cujo estudo não cabe às ciências sociais, mas à biologia e à psicologia, efetuou-se uma passagem, de um estágio onde nada tinha sentido a um outro em que tudo o possuía." (Que a biologia e a psicologia possam dar conta dessa ruptura é o que nos parece mais que problemático. Segue-se uma distinção fecunda entre discurso *significante* e discurso *cognoscente* que, uns cinquenta anos antes, um filósofo da consciência, mais negligenciado do que outros, soubera rigorosamente articular em investigações lógicas.)

Esse epigenetismo não é, aliás, o aspecto mais rousseauísta de um pensamento que se autoriza tão frequentemente do *Essai sur l'origine des langues* e do segundo *Discurso*, onde – contudo – também se trata do "tempo infinito que teve de custar a primeira invenção das línguas".

O etnocentrismo tradicional e fundamental que, inspirando-se no modelo da escritura fonética, separa a machado a escritura da fala, é pois manipulado e pensado como antietnocentrismo.

19. Sobre o tema do acaso, presente em *Race et histoire* (pp. 256-271) e em *O pensamento selvagem*, cf. principalmente os *Entretiens* (pp. 28-29) : desenvolvendo longamente a imagem do jogador de roleta, Lévi-Strauss explica que a combinação complexa que constituiu a civilização ocidental, com o seu tipo de historicidade determinada pelo uso da escritura, poderia perfeitamente ter-se dado desde os inícios da humanidade, poderia ter-se dado muito mais tarde, deu-se neste momento, "não há uma razão, é assim. Mas você me dirá: 'Isso não é satisfatório' ". Este atraso é determinado logo a seguir como "aquisição da escritura". Esta é uma hipótese em que Lévi-Strauss reconhece não fazer empenho, mas que – segundo ele – "é preciso de início tê-la presente ao espírito". Mesmo que não implique a crença no acaso (cf. *O pensamento selvagem*, p. 34 e p. 253), um certo estruturalismo deve invocá-la para relacionar entre si as especificidades absolutas das totalidades estruturais. Veremos como esta necessidade também se impôs a Rousseau.

Ele sustenta uma acusação ético-política: a exploração do homem pelo homem é o feito das culturas escreventes de tipo ocidental. Desta acusação são salvas as comunidades da fala inocente e não opressora.

De outro lado – é o avesso do mesmo gesto –, a partição entre povos com escritura e povos sem escritura, se Lévi-Strauss reconhece incessantemente a sua pertinência, é logo apagada por ele assim que se desejasse, por etnocentrismo, fazê-la desempenhar um papel na reflexão sobre a história e sobre o valor respectivo das culturas. Aceita-se a diferença entre povos com escritura e povos sem escritura, mas não se levará em conta a escritura enquanto critério da historicidade ou do valor cultural; aparentemente se evitará o etnocentrismo no momento exato em que ele já tiver operado em profundidade, impondo silenciosamente seus conceitos correntes da fala e da escritura. Era exatamente este o esquema do gesto saussuriano. Em outras palavras, todas as críticas libertadoras com as quais Lévi-Strauss fustigou a distinção pré-julgada entre sociedades históricas e sociedades sem história, todas estas denúncias legítimas permanecem dependentes do conceito de escritura que aqui problematizamos.

O que é a "Lição de escritura"?

Lição num duplo sentido e o título é belo por mantê-lo reunido. Lição de escritura, pois é de escritura ensinada que se trata. O chefe Nhambiquara aprende a escritura do etnógrafo, aprende-a de início sem compreender; mais propriamente ele mimica a escritura do que compreende a sua função de linguagem, ou melhor, compreende a sua função profunda de escravização antes de compreender o seu funcionamento, aqui acessório, de comunicação, de significação, de tradição de um significado. Mas a lição de escritura é também lição da escritura; ensinamento que o etnólogo acredita poder induzir do incidente no curso de uma longa meditação, quando, lutando, diz ele, contra a insônia, reflete sobre a origem, a função e o sentido da escritura. Tendo ensinado o gesto de escrever a um chefe Nhambiquara que aprendia sem compreender, o etnólogo, por sua vez, compreende então o que ele lhe ensinou e tira a lição da escritura.

Assim, dois momentos:

A. A relação empírica de uma percepção: a cena do "extraordinário incidente".

B. Depois das peripécias do dia, na insônia, na hora da coruja, uma reflexão histórico-filosófica sobre a cena da escritura e o sentido profundo do incidente, da história cerrada da escritura.

A. *O extraordinário incidente*. Desde as primeiras linhas, o cenário lembra precisamente esta violência etnográfica de que falávamos acima. As duas partes penetram bastante nesta direção, o que restitui ao seu verdadeiro sentido as observações sobre a "imensa gentileza", a "ingênua e encantadora satisfação animal", a "profunda despreocupação", a "mais comovedora e verídica expressão da ternura humana" (p. 311). Eis:

"... sua acolhida rebarbativa, o nervosismo manifesto do chefe, sugeriam que ele os trouxera um pouco à força. Não estávamos tranquilos, os índios tampouco; a noite anunciava-se fria; como não havia árvores, fomos obrigados a dormir no chão, à maneira nhambiquara. Ninguém dormiu: passamos a noite a nos vigiarmos polidamente. Teria sido pouco prudente prolongar a aventura. Insisti junto ao chefe para que se procedesse imediatamente às trocas. Ocorre então um extraordinário incidente que me obriga a lembrar fatos anteriores. Supõe-se que os Nhambiquara não sabem escrever; mas tampouco desenham, com exceção de alguns pontilhados ou ziguezagues em suas cabaças. Como entre os Caduvéus, distribuí, entretanto, folhas de papel e lápis, de que nada fizeram no início; depois, um dia, eu os vi ocupados em traçar no papel linhas horizontais onduladas. Que quereriam fazer? Tive de me render à evidência: escreviam ou, mais exatamente, procuravam dar ao seu lápis o mesmo emprego que eu, o único que então podiam conceber, pois eu ainda não tentara distraí-los com meus desenhos. Os esforços da maioria se resumiam nisso; mas o chefe do bando via mais longe. Apenas ele, sem dúvida, compreendera a função da escritura" (p. 314).

Marquemos aqui uma primeira pausa. Entre muitos outros, este fragmento vem em sobreimpressão de uma passagem da tese sobre os Nhambiquara. O incidente já era relatado aí e não é inútil referir-se a ele. Assinalam-se, particularmente, três pontos omitidos nos *Tristes trópicos*. Não carecem de interesse.

1. Esse pequeno grupo nhambiquara[20] dispõe, contudo, de uma palavra para designar o ato de escrever, em todo caso de uma palavra que pode funcionar para este fim. Não há surpresa linguística diante da irrupção suposta de um poder novo. Esse pormenor, omitido em *Tristes trópicos*, já era assinalado na tese (p. 40, nota 1) :

---

20. Trata-se apenas de um pequeno subgrupo que o etnólogo seguirá somente durante o seu período nômade. Tem também uma vida sedentária. Pode-se ler na introdução da tese: "É supérfluo sublinhar que aqui não se encontrará um estudo exaustivo da vida e da sociedade Nhambiquara. Não podemos compartilhar a existência dos indígenas fora do período nômade, e apenas isso bastaria para limitar o alcance de nossa pesquisa. Uma viagem feita durante o período sedentário traria sem dúvida informações capitais e permitira retificar a perspectiva de conjunto. Esperamos poder empreendê-la um dia" (p. 3). Esta limitação, que parece ter sido definitiva, não é particularmente significativa quanto a questão da escritura, sendo bem sabido que ela está, mais do que outras e de maneira essencial, ligada ao fenômeno da sedentariedade?

"Os Nhambiquara do grupo (a) ignoram completamente o desenho, se se excetuam alguns traços geométricos nas cabeças. Durante vários dias, não souberam o que fazer do papel e dos lápis que nós lhes distribuímos. Pouco depois, nós o vimos muito atarefados em traçar linhas onduladas. Imitavam nisso o único uso que nos viam fazer de nossos blocos de notas, isto é, escrever, mas sem compreenderem o seu objetivo e alcance. Aliás, eles denominaram o ato de escrever: iekariukedjutu, isto é, 'fazer riscos'..."

É bem evidente que uma tradução literal das palavras que querem dizer "escrever" nas línguas dos povos com escritura também reduziria esta palavra a uma significação gestual algo pobre. É um pouco como se se dissesse que tal língua não tem nenhum termo para designar a escritura – e que, por conseguinte, os que a praticam não sabem escrever – sob pretexto de empregarem uma palavra que quer dizer "raspar", "gravar", "arranhar", "esfolar", "fazer incisão", "traçar", "imprimir" etc. Como se "escrever" em seu núcleo metafórico quisesse dizer outra coisa. O etnocentrismo não é sempre traído pela precipitação com que se satisfaz com certas traduções ou certos equivalentes domésticos? Dizer que um povo não sabe escrever porque é possível traduzir por "fazer riscos" a palavra que emprega para designar o ato de inscrever não é como recusar-lhe a "fala" traduzindo a palavra equivalente por "gritar", "cantar", "soprar"? E mesmo "gaguejar". Por simples analogia nos mecanismos de assimilação/exclusão etnocêntrica, lembremos com Renan que, "nas mais antigas línguas, as palavras que servem para designar os povos estrangeiros provêm de duas fontes: ou dos verbos que significam *gaguejar*, *balbuciar*, ou das palavras que significam *mudo*"[21]. E dever-se-á concluir que os chineses são um povo sem escritura, sob pretexto de a palavra *wen* designar muitas coisas além da escritura no sentido estrito? Como observa, com efeito, J. Gernet:

"A palavra *wen* significa conjunto de traços, caráter simples de escritura. Aplica-se aos veios das pedras e da madeira, às constelações, representadas por traços unindo as estrelas, às pegadas [rastros] de pássaros e de quadrúpedes sobre o solo (a tradição chinesa quer que a observação dessas pegadas tenha sugerido a invenção da escritura), às tatuagens ou ainda, por exemplo, aos desenhos que ornam as carapaças da tartaruga. ('A tartaruga é sábia, diz um texto antigo – isto é, é dotada de poderes mágico-religiosos –, porque traz desenhos nas suas costas'.) O termo *wen* designou, por extensão, a literatura

21. *De l'origine du langage*, Oeuvres Complètes, T. VIII, p. 90. A sequência do texto, que não podemos citar aqui, é muito instrutiva para quem se interessa pela origem e funcionamento da palavra "bárbaro" e outras vizinhas.

e a polidez de costumes. Tem como antônimos as palavras *wu* (guerreiro, militar) e *zhi* (matéria bruta ainda não polida nem ornada)"[22].

2. A esta operação que consiste em "fazer riscos" e que assim é acolhida no dialeto deste subgrupo, Lévi-Strauss reconhece uma significação exclusivamente "estética": "Aliás, eles denominaram o ato de escrever: iekariukedjutu, isto é, 'fazer riscos', o que apresentava para eles um interesse estético". Perguntamo-nos qual pode ser o alcance de uma tal conclusão e o que pode significar aqui a especificidade da categoria estética. Lévi-Strauss parece não apenas presumir que se possa isolar o valor estético (o que é, sabe-se, muito problemático e, melhor do que quaisquer outros, os etnólogos nos advertiram contra esta abstração), mas também supõe que na escritura "propriamente dita", a que os Nhambiquara não teriam acesso, a qualidade estética é extrínseca. Limitemo-nos a assinalar este problema. Aliás, mesmo que não desejássemos lançar suspeição sobre o sentido de uma tal conclusão, ainda podemos inquietarmo-nos quanto aos caminhos que conduzem a ela. O etnólogo aí chegou partindo de uma frase observada num *outro* subgrupo: "Kihikagnere miuene", traduzido como "fazer riscos é bonito". Concluir desta proposição assim traduzida e encontrada num outro grupo (b_1), que fazer riscos apresentava para o grupo (a_1) um "interesse estético", o que subentende *apenas* estético, eis o que coloca problemas de lógica que, mais uma vez, nos contentamos em assinalar.

3. Quando, nos *Tristes trópicos*, Lévi-Strauss observa que "os Nhambiquara não sabem escrever... tampouco desenham, com exceção de alguns pontilhados ou ziguezagues em suas cabaças", já que, munidos dos instrumentos que ele lhes forneceu, não traçam mais do que "linhas horizontais onduladas" e que "os esforços da maioria se resumiam nisso" (p. 314), estas notações são breves. Não apenas não são encontradas na tese, mas esta evidencia, oitenta páginas mais adiante (p. 123), os resultados a que chegaram bem depressa alguns Nhambiquara e que Lévi-Strauss apresenta como "uma inovação cultural inspirada por nossos próprios desenhos". Ora, não se trata apenas de desenhos representativos (cf. figura 19, p. 123) mostrando um homem ou um macaco, mas de esquemas descrevendo, explicando, escrevendo uma genealogia e uma estrutura social. E este é um fenômeno decisivo. Sabe-se agora, a partir de informações certas e maciças, que a gênese da escritura (no sentido corrente)

22. *La Chine, aspects et fonctions psychologiques de l'écriture*, EP, p. 33.

foi, em quase todos os lugares e na maior parte das vezes, ligada à inquietude genealógica. Citam-se muitas vezes a memória e a tradição oral das gerações, que remonta às vezes muito longe nos povos ditos "sem escritura". Lévi-Strauss mesmo o faz nos *Entretiens* (p. 29):

"Bem sei que os povos que chamamos de primitivos têm muitas vezes capacidades de memória totalmente assombrosas, e contam-nos dessas populações polinésias que são capazes de recitar sem hesitação genealogias que se reportam a dezenas de gerações, mas assim mesmo tudo isso tem manifestamente limites".

Ora, é este limite que é transposto um pouco em cada lugar quando aparece a escritura – no sentido corrente – cuja função é aqui a de conservar e dar uma objetivação suplementar, de uma outra ordem, a uma classificação genealógica, com tudo o que isso pode implicar. De tal modo que um povo que acede ao desenho genealógico acede efetivamente à escritura no sentido corrente, compreende a sua função e vai muito mais longe do que deixam entender os *Tristes trópicos* ("os esforços ... se resumiam nisso"). Passa-se aqui da arquiescritura à escritura no sentido corrente. Esta passagem, cuja dificuldade não queremos subestimar, não é uma passagem da fala à escritura, dá-se no interior da escritura em geral. A relação genealógica e a classificação social são o ponto de sutura da arquiescritura, condição da língua (dita oral), e da escritura no sentido comum.

"Mas o chefe do bando via mais longe..." Deste chefe de bando, a tese nos diz que é "notavelmente inteligente, consciente de suas responsabilidades, ativo, empreendedor e engenhoso". "É um homem de aproximadamente trinta e cinco anos, casado com três mulheres." "Sua atitude com respeito à escritura é muito reveladora. Compreendeu imediatamente o seu papel de signo, e a superioridade social que ela confere." Lévi-Strauss coordena então um relato que é reproduzido quase nos mesmos termos em *Tristes trópicos*, onde o lemos agora.

"Apenas ele, sem dúvida, compreendera a função da escritura. Assim, reclamou-me um bloco e nos equipamos da mesma maneira quando trabalhamos juntos. Ele não me comunica verbalmente as informações que lhe peço, mas traça sobre o seu papel linhas sinuosas e mas apresenta, como se ali eu devesse ler a sua resposta. Ele próprio como que se ilude com a sua comédia; cada vez em que a sua mão termina uma linha, examina-a ansiosamente, como se a significação devesse brotar, e a mesma desilusão se pinta no seu rosto. Mas não a admite; está tacitamente entendido entre nós que os seus riscos possuem um sentido que eu finjo decifrar; o comentário verbal segue-se quase imediatamente, e me dispensa de pedir os esclarecimentos necessários" (pp. 314-315).

A sequência corresponde a uma passagem que, na tese, se acha separada desta por mais de quarenta páginas (p. 89) e diz respeito, fato significativo sobre o qual voltaremos, à função do comando.

"Ora, mal havia ele reunido todo o seu pessoal, tirou de um cesto um papel coberto de linhas tortas, que fingiu ler, e onde procurava, com uma hesitação afetada, a lista dos objetos que eu devia dar em troca dos presentes oferecidos: a este, contra um arco e flechas, um facão de mato! a outro, contas! para os seus colares... Essa comédia se prolongou durante duas horas. Que esperava ele? Enganar-se a si próprio, talvez; mas, antes, surpreender os companheiros, persuadi-los de que as mercadorias passavam por seu intermédio, que ele obtivera a aliança do branco e participava dos seus segredos. Estávamos com pressa de partir, o momento mais temível sendo, evidentemente, aquele em que todas as maravilhas que eu levara estivessem reunidas em outras mãos. Assim, não procurei aprofundar o incidente e nos pusemos a caminho, sempre guiados pelos índios" (p. 315).

A história é belíssima. Com efeito, é tentador lê-la como uma parábola em que cada elemento, cada semantema remete a uma função reconhecida da escritura: a hierarquização, a função econômica da mediação e da capitalização, a participação num segredo quase-religioso, tudo isso, que se verifica em todo fenômeno de escritura, vemos aqui reunido, concentrado, organizado na estrutura de um evento exemplar ou de uma sequência brevíssima de fatos e gestos. Toda a complexidade orgânica da escritura é aqui recolhida na sede simples de uma parábola.

B. *A rememoração da cena.* Passemos agora à lição da lição. Ela é mais longa do que a relação do incidente, cobre três páginas muito compactas e o texto dos *Entretiens*, que a reproduz em essência, é sensivelmente mais breve. Assim, é na tese que o incidente é referido sem comentário teórico e é nas confissões do etnólogo que a teoria é mais abundantemente desenvolvida.

Sigamos o fio da demonstração através da evocação de fatos históricos aparentemente incontestáveis. É o afastamento entre a certeza factual e a sua retomada interpretativa que nos interessará inicialmente. O mais maciço afastamento aparecerá em primeiro lugar, mas não apenas, entre o fato diminuto do "extraordinário incidente" e a filosofia geral da escritura. O ápice do incidente suporta, com efeito, um enorme edifício teórico.

Depois do "extraordinário incidente", a situação do etnólogo permanece precária. Algumas palavras regem a sua descrição: "permanência abortada", "mistificação", "clima irritante", o etnólogo sente-se "de repente sozinho no mato, desorientado", "desesperado", "com o moral abatido", "já não tinha armas" numa "zona hostil" e agita "sombrios pensamentos" (pp. 315-316). Depois a ameaça se aplaca, a hostilidade apaga-se. É noite, o incidente está terminado, as trocas tiveram lugar: é tempo de refletir a história, é o momento da vigília e da rememoração. "Ainda atormentado por esse incidente ridículo, dormi mal e enganei a insônia rememorando a cena das trocas" (p. 316).

Muito depressa duas significações são assinaladas no próprio incidente.

1. A aparição da escritura é *instantânea*. Não é preparada. Um salto tal provaria que a possibilidade da escritura não habita a fala, mas o fora da fala. "A escritura tinha, pois, feito a sua aparição entre os Nhambiquara; mas não, como se poderia imaginar, ao cabo de um aprendizado laborioso" (p. 316). A partir do que Lévi-Strauss infere este epigenetismo, tão indispensável desde que se deseja salvaguardar a exterioridade da escritura à fala? A partir do incidente? Mas a cena não era a cena da *origem*, apenas a da *imitação* da escritura. Mesmo que se tratasse da escritura, o que tem o caráter de instantaneidade não é aqui a passagem à escritura, a invenção da escritura, mas a importação de uma escritura já constituída. É um empréstimo e um empréstimo factício. Como diz o próprio Lévi-Strauss, "seu símbolo fora emprestado, enquanto sua realidade continuava estranha". Sabe-se, aliás, que esse caráter de instantaneidade pertence a todos os fenômenos de difusão ou de transmissão da escritura. Nunca pôde qualificar a aparição da escritura, que, ao contrário, foi laboriosa, progressiva, diferenciada em suas etapas. E a rapidez do empréstimo, quando este ocorre, supõe a presença prévia de estruturas que o possibilitem.

2. A segunda significação que Lévi-Strauss acredita poder ler no texto mesmo da cena liga-se à primeira. Já que eles aprenderam sem compreender, já que o chefe fez um uso eficaz da escritura sem conhecer nem o seu funcionamento nem o conteúdo por ela significado, é que a finalidade da escritura é política e não teórica, "*sociológica mais do que intelectual*". Isto abre e abrange todo o espaço no qual Lévi-Strauss vai agora pensar a escritura.

"Seu símbolo fora emprestado, enquanto sua realidade continuava estranha. E isso para um fim mais sociológico do que intelectual. Não se tratava de conhecer, de reter ou de compreender, mas de aumentar o prestígio e a autoridade de um indivíduo – ou de uma função – à custa de outrem. Um indígena ainda na idade da pedra adivinhava que o grande meio de compreender, à falta de compreendê-lo, podia, pelo menos, servir para outros fins" (p. 316).

Distinguindo assim o "fim sociológico" e o "fim intelectual", atribuindo aqueles e não este à escritura, dá-se crédito a uma diferença muito problemática entre a relação intersubjetiva e o saber. Se é verdade, como acreditamos efetivamente, que a escritura não se pensa fora do horizonte da violência intersubjetiva, há alguma coisa – seja esta a ciência – que escape radicalmente a ela? Há um conhecimento e principalmente uma linguagem, científica ou não, que se pudesse dizer simultaneamente estranho à escritura e à violência? Se a resposta for negativa, como é a nossa, o uso destes conceitos para discernir o caráter específico da escritura não é pertinente. De tal modo que todos os exemplos[23] pelos quais Lévi-Strauss ilustra a seguir esta proposição são, sem dúvida, verdadeiros e probantes – mas são o por demais. A conclusão que eles sustem transborda amplamente o campo do que aqui é denominado a "escritura" (isto é, a escritura no sentido comum). Ela também abrange o campo da fala não escrita. Isso quer dizer que, se é preciso ligar a violência à escritura, a escritura aparece bem antes da escritura no sentido estrito: já na diferência ou na arquiescritura que abre a própria fala.

Sugerindo assim, como mais tarde confirmará, que a função essencial da escritura é a de favorecer o poder escravizante mais do que a ciência "desinteressada", segundo a distinção a que parece dar fé, Lévi-Strauss pode agora, numa segunda torrente da meditação, neutralizar a fronteira entre os povos sem escritura e os povos dotados de escritura: não quanto à disposição da escritura, mas quanto ao que daí se acreditou poder deduzir, quanto à sua historicidade ou sua não historicidade. Essa neutralização

23. "Afinal de contas, durante milênios e ainda hoje numa grande parte do mundo, a escritura existe como instituição em sociedades cujos membros, na imensa maioria, não possuem o seu manejo. As aldeias em que vivi nas colinas de Chittagong, no Paquistão oriental, são povoadas de analfabetos; cada um tem, contudo, seu escriba, que preenche a função junto dos indivíduos e da coletividade. Todos conhecem a escritura e a utilizam em caso de necessidade, mas de fora e como um mediador estranho com o qual se comunicam por métodos orais. Ora, o escriba é raramente um funcionário ou um empregado do grupo; sua ciência se acompanha de poder, tanto e a tal ponto que o mesmo indivíduo frequentemente reúne as funções de escriba e de usurário; não apenas porque tenha necessidade de ler e escrever para exercer a sua indústria; mas porque se torna, assim, a duplo título, o que exerce um *domínio* sobre os outros" (*Tristes trópicos*, cap. XXVIII, p. 316).

é muito preciosa: autoriza os temas *a*) da relatividade essencial e irredutível na percepção do movimento histórico (cf. *Race et histoire*), *b*) das diferenças entre o "quente" e o "frio" na "temperatura histórica" das sociedades (*Entretiens*, p. 43 e *passim*), *c*) das relações entre etnologia e história[24].

Trata-se, pois, fiando-se na diferença presumida entre a ciência e o poder, de mostrar que a escritura não oferece nenhuma pertinência na apreciação dos ritmos e dos tipos históricos: a época da criação maciça das estruturas sociais, econômicas, técnicas, políticas etc., sobre as quais ainda vivemos – o neolítico – não conhecia a escritura[25]. O que quer dizer isso?

No texto que se segue, vamos isolar três proposições sobre as quais poderia encaminhar-se uma contestação, que nós não encaminharemos, preocupados em irmos mais depressa ao termo da demonstração que interessa a Lévi-Strauss e ali instalarmos o debate.

Primeira proposição.

"Depois que se eliminaram todos os critérios propostos para distinguir a barbárie da civilização, gostaríamos de reter pelo menos este: povos com ou sem escritura, uns capazes de acumular as aquisições antigas e progredindo cada vez mais depressa para a finalidade que se propuseram, enquanto outros, impotentes para reter o passado além da franja que a memória individual consegue fixar, continuariam prisioneiros de uma história flutuante a que sempre faltariam uma origem e a consciência duradoura de um projeto. Todavia, nada do que sabemos a respeito da escritura e de seu papel na evolução justifica uma tal concepção" (p. 317).

Esta proposição só tem sentido sob duas condições:
1. Que não se leve absolutamente em conta a ideia e o projeto da ciência, isto é, a ideia de verdade como transmissibilidade, de direito, infinita; com efeito, esta só tem possibilidade histórica com a escritura. Diante das análises husserlianas (*Krisis*

---

24. História e etnologia (*Revue de Métaphysique et de Morale*, 1949, e *Antropologia Estrutural*, p. 41): "O etnólogo se interessa sobretudo pelo que não é escrito, não tanto porque os povos que estuda são incapazes de escrever, como porque aquilo por que se interessa é diferente de tudo o que os homens se preocupam habitualmente em fixar na pedra ou no papel".

25. Lembrando, em "Um cálice de rum", que "no neolítico, o homem já realizou a maior parte das invenções indispensáveis para garantir a sua segurança. Já se viu por que delas se pode excluir a escritura", Lévi-Strauss nota que certamente o homem de então não era "mais livre do que hoje". "Mas a sua mera humanidade fazia dele um escravo. Como sua autoridade sobre a natureza continuava muito reduzida, encontrava-se protegido – e, em certa medida, liberado – pela almofada amortecedora de seus sonhos" (p. 418). Cf. também o tema do "paradoxo neolítico" em *O pensamento selvagem* (p. 34).

e *A origem da geometria*) que nos lembram esta evidência, o propósito de Lévi-Strauss só pode sustentar-se recusando toda especificidade ao projeto científico e ao valor de verdade em geral. Esta última posição não careceria de força, mas apenas pode fazer valer esta força e sua coerência renunciando por sua vez a dar-se por um discurso científico. Esquema bem conhecido. É, de *fato*, o que parece dar-se aqui.

2. Que o neolítico, a que se pode efetivamente atribuir a criação das estruturas profundas sobre as quais ainda vivemos, não tenha conhecido algo como a escritura. É aqui que o conceito de escritura, tal como é utilizado por um etnólogo moderno, parece singularmente estreito. A etnologia fornece-nos hoje em dia informações maciças sobre escrituras que precederam o alfabeto, outros sistemas de escritura fonética ou sistemas totalmente a ponto de fonetizarem-se. O caráter maciço desta informação dispensa nossa insistência.

Segunda proposição. Supondo que tudo foi adquirido antes da escritura, Lévi-Strauss só tem de acrescentar:

"Inversamente, desde a invenção da escritura até o nascimento da ciência moderna, o mundo ocidental viveu cerca de cinco mil anos durante os quais seus conhecimentos *flutuaram* mais do que *aumentaram*" (p. 317. O grifo é nosso).

Esta afirmação poderia chocar, mas nós nos vedaremos esta reação. Não acreditamos que uma afirmação tal seja *falsa*. Mas tampouco que seja *verdadeira*. Ela responderia antes, pelas necessidades de uma causa, a uma questão que não tem nenhum sentido[26]. A noção de quantidade de conhecimento não é suspeita? O que é uma quantidade de conhecimento? Como se modifica? Sem falar sequer das ciências da ordem ou da qualidade, é possível perguntar-se o que significa a quantidade das ciências da pura quantidade. Como avaliá-la em quantidade? A tais questões apenas se pode responder no estilo da empiricidade pura. A menos que se tente respeitar as leis tão complexas da capitalização do saber, o que apenas é possível considerando-se mais atentamente a escritura. Pode-se dizer o contrário do que diz Lévi-Strauss e tal afirmação não seria nem mais verdadeira nem mais falsa. Pode-se dizer que no curso de tal ou qual meio-século, antes mesmo da "ciência moderna", e em nossos dias a cada minuto, o aumento dos conhecimentos ultrapassou infini-

---

26. "O homem de ciência, diz contudo Lévi-Strauss, não é o homem que fornece as verdadeiras respostas, é aquele que formula as verdadeiras perguntas" (Le *cru et le cuit*).

tamente o que foi durante milhares de anos. Isso quanto ao aumento. Quanto à noção de flutuação, ela mesma se dá como perfeitamente empírica. De qualquer modo, nunca se poderá colocar proposições de essência numa escala.

Terceira proposição. É a mais desconcertante nos encadeamentos deste parágrafo. Suponhamos que o advento da escritura, há uns três ou quatro mil anos, nada tenha trazido de decisivo no domínio do conhecimento. Lévi-Strauss concede, porém, que o mesmo não acontece desde dois séculos. Segundo a escala que era, contudo, a sua, é difícil ver o que justifica este corte. Ele efetua-o, porém: "Sem dúvida, mal se poderia conceber o desenvolvimento científico dos séculos XIX e XX sem a escritura. Mas essa condição necessária não é certamente suficiente para explicá-lo" (p. 318).

O corte não apenas surpreende, também faz perguntar qual objeção Lévi-Strauss parece rejeitar aqui. Ninguém nunca pôde pensar que a escritura – a notação escrita, pois é dela que aqui se trata – fosse a condição suficiente da ciência; e que bastasse saber escrever para ser cientista. Algumas leituras bastariam para nos dissipar tal ilusão, se a tivéssemos. Mas reconhecer que a escritura é a "condição necessária" da ciência, que não há ciência sem escritura, eis o que importa e Lévi-Strauss o reconhece. E como é difícil, rigorosamente, fazer a ciência começar no século XIX, é toda a sua argumentação que por sua vez desmorona ou se acha atingida por um pesado índice de aproximação empírica.

Isto se liga, na verdade – e esta a razão pela qual não nos detemos nesta argumentação –, a que Lévi-Strauss se empenhe em abandonar esse terreno, a explicar muito depressa por que o problema da ciência não é o bom acesso à origem e à função da escritura: "Se se quiser pôr em correlação o aparecimento da escritura com certos traços característicos da civilização, devemos procurar em outra direção" (p. 318). Assim, é mais preciso demonstrar que, segundo a dissociação que nos deixara perplexo, a origem da escritura respondia a uma Necessidade mais "sociológica" do que "intelectual". A página que segue deve, pois, fazer aparecer não apenas esta Necessidade sociológica – o que seria um pobre truísmo e diria bem pouco respeito à especificidade sociológica da escritura – mas também que esta Necessidade social é a da "dominação", da "exploração", da "escravização" e da "perfídia".

Para ler corretamente esta página, é preciso diferenciá-la em seus estratos. O autor apresenta aqui o que denomina sua "hipótese": "Se minha hipótese for exata, é preciso admitir que a função primária da comunicação escrita é facilitar[27] a escravização" (p. 318). Num primeiro nível, esta hipótese é confirmada tão depressa que mal merece o seu nome. Esses fatos são bem conhecidos. Sabe-se há muito tempo que o poder da escritura nas mãos de um pequeno número, de uma casta ou de uma classe, foi sempre contemporâneo da hierarquização, diríamos da diferença política: simultaneamente distinção dos grupos, das classes e dos níveis do poder econômico-técnico-político e delegação da autoridade, poder diferido, abandonado a um órgão de capitalização. Este fenômeno se produz desde o umbral da sedentarização, com a constituição de estoques na origem das sociedades agrícolas. Aqui as coisas são tão patentes[28] que se poderia enriquecer infinitamente a ilustração empírica que delas esboça Lévi-Strauss. Toda essa estrutura aparece assim que uma sociedade começa a viver como sociedade, isto é, desde a origem da vida em geral, quando, em níveis muito heterogêneos de organização e de complexidade, é possível *diferir* a *presença*, isto é, o *dispêndio* ou o consumo, e organizar a produção, isto é, a *reserva* em geral. Isto se produz bem antes da aparição da escritura em sentido estrito, mas é verdade, e não se pode negligenciá-lo, que a aparição de certos sistemas de escritura, há três ou quatro mil anos, é um salto extraordinário na história da vida. Tanto mais extraordinário quanto um aumento prodigioso do poder de diferência não se acompanhou, pelo menos durante estes alguns milênios, de nenhuma transformação notável do organismo. É justamente característico do poder de diferência modificar cada vez menos a vida à medida que se estende. Se se tornasse *infinito* – o que sua essência exclui *a priori* – a própria vida seria entregue a uma impassível, intangível e eterna presença: a diferência infinita, Deus ou a morte.

Isto nos conduz a um segundo nível de leitura. Fará aparecer simultaneamente a intenção última de Lévi-Strauss, aquilo para onde a demonstração orienta as evidências factuais, e a ideologia política que, sob o nome da hipótese marxista, se articula com o mais belo exemplo do que denominamos "metafísica da presença".

Mais acima, o caráter empírico das análises tratando do estatuto da ciência e da acumulação dos conhecimentos eliminava

27. "Facilitar", "favorecer", "reforçar", tais são as palavras escolhidas para descrever a operação da escritura. Com isso não se proíbe toda determinação essencial, principial, rigorosa?

28. Cf., por exemplo, Leroi-Gourhan, *Le geste et la parole*. Cf. também *L'écriture et la psychologie des peuples*.

todo rigor de cada uma das proposições adiantadas e permitia considerá-las, com igual pertinência, verdadeiras ou falsas. É a pertinência da questão que parecia duvidosa. A coisa reproduz-se aqui. O que será chamado de *escravização* pode com a mesma legitimidade denominar-se *libertação*. E é no momento em que esta oscilação é *detida* sobre a significação de escravização que o discurso é paralisado numa ideologia determinada e que julgaríamos inquietante se esta fosse aqui nossa principal preocupação.

Nesse texto, Lévi-Strauss não faz nenhuma diferença entre hierarquização e dominação, entre autoridade política e exploração. A nota que governa estas reflexões é a de um anarquismo que confunde deliberadamente a lei e a opressão. A ideia de lei e de direito positivo, que é difícil de se pensar na sua formalidade, nesta generalidade que ninguém é suposto ignorar, antes da possibilidade da escritura, é determinada por Lévi-Strauss como coerção e escravização. O poder político não pode ser senão o detentor de um poderio injusto. Tese clássica e coerente, mas aqui adiantada como óbvia, sem se iniciar o menor diálogo crítico com os defensores da outra tese, segundo a qual a generalidade da lei é, pelo contrário, a condição da liberdade na cidade. Nenhum diálogo, por exemplo, com Rousseau, que sem dúvida bramiria ao ver reclamar-se dele um discípulo que assim define a lei.

"Se a escritura não bastou para consolidar os conhecimentos, ela era talvez indispensável para fortalecer as dominações. Olhemos mais perto de nós: a ação sistemática dos países europeus em favor da instrução obrigatória, que se desenvolve durante o século XIX, vai de par com a extensão do serviço militar e com a proletarização. A luta contra o analfabetismo se confunde assim com o aumento do domínio dos cidadãos pelo Poder. Pois é preciso que todos saibam ler para que esse último possa dizer: ninguém se escusa de cumprir a lei alegando que não a conhece" (pp. 318-319).

É preciso ser prudente para apreciar estas graves declarações. É preciso, acima de tudo, evitar invertê-las e tomar a direção oposta. Numa certa estrutura histórica dada – e, por exemplo, na época de que fala Lévi-Strauss – é incontestável que o progresso da legalidade formal, a luta contra o analfabetismo etc., puderam funcionar como uma força mistificadora e um instrumento consolidando o poder de uma classe ou de um estamento cuja significação formal-universal era confiscada por uma força empírica particular. Talvez esta Necessidade seja até mesmo essencial e insuperável. Mas tomar partido dela para definir a lei e o Estado de maneira simples e unívoca, de um ponto de vista ético condená-los, e com eles a extensão da escritura, do serviço militar obrigatório e da proletarização, a generalidade da obrigação política e o "ninguém se escusa de cumprir a lei, alegando que não a conhece", esta é uma consequência que não se deduz rigorosamente destas premissas. Se, contudo, se efetua tal dedução, como aqui se faz, é preciso imediatamente concluir que a não exploração, a liberdade etc., "vão de par" (para utilizar este conceito tão equívoco) com o analfabetismo e o caráter não obrigatório do serviço militar, da instrução pública ou da lei em geral. É útil insistir?

Impeçamo-nos de opor a Lévi-Strauss o sistema dos argumentos clássicos, ou de opô-lo a si mesmo (na página anterior, com efeito, ele ligara a violência da escritura ao fato de ser reservada a uma minoria, confiscada pelos escribas em proveito de uma casta. Agora, é à alfabetização total que a violência escravizante é atribuída). A incoerência é apenas aparente: a universalidade é sempre abarcada, como força empírica, por uma força empírica determinada, tal é a única afirmação que atravessa estas duas proposições.

Para abordar este problema, deve-se perguntar qual pode ser o sentido, de uma escravização a uma lei de forma universal? Seria possível fazê-lo, mas é melhor abandonar esta via clássica: ela nos conduziria, sem dúvida, a mostrar bem depressa que o acesso à escritura é a constituição de um sujeito livre no movimento violento do seu próprio apagamento e do seu próprio encadeamento. Movimento impensável nos conceitos da ética, da psicologia, da filosofia política e da metafísica clássicas. Deixemos em suspenso este propósito, ainda não terminamos de ler a "Lição" de escritura.

Pois Lévi-Strauss vai mais longe sob o signo desta ideologia libertária, cuja tonalidade anticolonialista e antietnocêntrica é bem especial:

"Do plano nacional, o empreendimento passou para o plano internacional, graças à cumplicidade que se ligou entre jovens Estados – postos diante de problemas que foram os nossos há um ou dois séculos – e uma sociedade internacional de possuidores, inquieta com a ameaça que representam para a sua estabilidade as reações de povos mal capacitados pela palavra escrita a pensar em fórmulas modificáveis à vontade e a fornecer base para os esforços de edificação. Acedendo ao saber *amontoado* nas bibliotecas, e esses povos se tornam vulneráveis às mentiras que os documentos impressos propagam em proporção ainda maior" (p. 319. O grifo é nosso).

Depois de tomarmos as mesmas precauções de pouco atrás, quanto à face de verdade que podem comportar tais afirmações, parafraseemos esse texto. É, em nome da liberdade dos povos descolonizados, uma crítica aos jovens Estados que se aliam aos velhos Estados denunciados um momento antes ("cumplicidade entre jovens Estados e uma sociedade internacional de possuidores"). Crítica a um "empreendimento": a propagação da escritura é apresentada nos conceitos de uma psicologia voluntarista, o fenômeno político internacional que ela constitui é descrito em termos de conspiração deliberada e conscientemente organizada. Crítica ao Estado em geral e aos jovens Estados que difundem a escritura por fins propagandísticos, para assegurar a legibilidade e a eficácia de seus impressos, para salvaguardarem-se das "reações de povos mal capacitados pela palavra escrita a pensar em fórmulas modificáveis à vontade". O que deixa entender que as fórmulas orais não são modificáveis, não mais modificáveis à vontade do que as fórmulas escritas. Este não é o menor paradoxo. Ainda uma vez, não pretendemos que a escritura não possa desempenhar e não desempenhe efetivamente esse papel, mas, daí a atribuir-lhe a sua especificidade e concluir que a fala lhe é imune, há um abismo que não se deve transpor tão alegremente. Não comentaremos o que é dito do acesso ao "saber amontoado nas bibliotecas" determinado de maneira unívoca como vulnerabilidade "às mentiras que os documentos impressos..." etc. Seria possível descrever a atmosfera ideológica na qual respiram *hoje em dia* tais fórmulas. Contentemo-nos em reconhecer aí a herança do segundo *Discurso* ("Deixando então todos os livros científicos ... e meditando sobre as primeiras e mais simples operações da Alma humana..." "Ó homem, eis aqui a tua história, tal como acreditei lê-la, não nos livros dos teus semelhantes, que são mentirosos, mas na natureza, que nunca mente."), do *Emile* ("O abuso dos livros mata a ciência...", "tantos livros fazem-nos negligenciar o livro do mundo...", "não se deve ler, deve-se ver". "Eu suprimo os instrumentos da sua maior miséria, a saber os livros. A leitura é o flagelo da infância." "A criança que lê não pensa." etc.), do *Vigário saboiano* ("Eu fechei todos os livros..."), da *Lettre à Christophe de Beaumont* ("Busquei a verdade nos livros: neles não achei mais do que a mentira e o erro").

Depois desta meditação noturna, Lévi-Strauss volta ao "extraordinário incidente". E é para fazer o elogio, agora justificado pela história, destes sábios nhambiquara que tiveram a coragem de resistir à escritura e à mistificação do seu chefe. Elogio dos que souberam interromper – por um tempo, infelizmente – o curso fatal da evolução e que "resolveram conceder-se um prazo". A este respeito e no que trata da sociedade nhambiquara, o etnólogo é resolutamente conservador. Como ele observará umas noventa páginas mais adiante, "facilmente subversivo entre os seus e em rebelião contra os costumes tradicionais, o etnógrafo surge respeitoso até o conservantismo desde que a sociedade encarada seja diferente da sua" (cap. XXXVIII, p. 409).

Dois motivos nas linhas de conclusão: de um lado, como em Rousseau, o tema de uma degradação necessária, ou antes fatal, como forma mesma do progresso; de outro lado, a nostalgia do que precede esta degradação, o impulso afetivo em direção das ilhotas de resistência, das pequenas comunidades que se mantiveram provisoriamente ao abrigo da corrupção (cf. a este respeito os *Entretiens*, p. 49), corrupção ligada, como em Rousseau, à escritura e à descolocação violenta do povo unânime e reunido na presença a si da sua fala. Voltaremos a este ponto. Leiamos:

"Sem dúvida, os dados estão lançados (trata-se da evolução fatal na qual já estão arrastados os povos que até agora estavam ao abrigo da escritura: constatação antes fatalista do que determinista. A concatenação histórica é pensada sob o conceito de jogo e de acaso. Seria preciso estudar a metáfora, tão frequente do jogador nos textos de Lévi-Strauss). Mas, na *minha* aldeia nhambiquara, os caracteres fortes eram, apesar de tudo, os mais prudentes" (p. 319. O grifo é nosso).

Esses caracteres fortes são os resistentes, os que o chefe não pôde enganar e que têm mais caráter do que sutileza, mais coração e altivez tradicional do que abertura de espírito.

"Os que se dessolidarizaram de seu chefe depois que ele tentou jogar a cartada da civilização (após a minha visita ele foi abandonado pela maior parte dos seus) compreendiam confusamente que a escritura e a perfídia penetravam de comum acordo entre eles. Refugiados num mato mais longínquo, resolveram conceder-se um prazo" (p. 319). (O episódio desta resistência também é narrado na p. 87 da tese.)

1. Se as palavras têm um sentido, e se "a escritura e a perfídia penetravam de comum acordo entre eles", deve-se pensar que a perfídia e todos os valores ou não valores associados estavam ausentes nas sociedades ditas sem escritura. Para duvidar disso, não é necessário percorrer um longo caminho: desvio empírico pela evocação dos fatos, regressão apriorística ou trans-

cendental que seguimos em introdução. Lembrando nesta introdução que a violência não esperou a aparição da escritura em sentido estrito, que a escritura começou desde sempre na linguagem, concluímos como Lévi-Strauss que a violência é a escritura. Mas, por ter brotado de um outro caminho, esta proposição tem um sentido radicalmente diferente. Deixa de apoiar-se no mito do mito, no mito de uma fala originalmente boa e de uma violência que viria desabar sobre ela como um fatal acidente. Fatal acidente que não seria senão a própria história. Não que, depois desta referência mais ou menos declarada à ideia de uma queda no mal após a inocência do verbo, Lévi-Strauss faça sua esta teologia clássica e implícita. Simplesmente seu discurso etnológico se produz através de conceitos, de esquemas e de valores que são sistemática e ginealogicamente cúmplices desta teologia e desta metafísica.

Assim, não faremos aqui o longo desvio empírico ou apriorístico. Contentar-nos-emos em comparar diferentes momentos na descrição da sociedade Nhambiquara. Se se deve acreditar na *Lição* a este respeito, os Nhambiquara não conheciam a violência antes da escritura; nem tampouco a hierarquização, já que esta é bem depressa assimilada à exploração. Ora, nas imediações da *Lição*, basta abrir os *Tristes trópicos* e a tese em qualquer página para que o contrário brilhe com evidência. Nós lidamos aqui não apenas com uma sociedade fortemente hierarquizada, mas com uma sociedade cujas relações estão marcadas de uma violência espetacular. Tão espetacular quanto os inocentes e ternos folguedos evocados na abertura da *Lição*, e que tínhamos pois razão em considerar como as premissas calculadas de uma demonstração orientada.

Entre muitas outras passagens análogas que não podemos citar aqui, abramos a tese na página 87. Trata-se dos Nhambiquara antes da escritura, não é preciso dizer:

"E o chefe deve desenvolver um talento contínuo, que diz muito mais respeito à política eleitoral do que ao exercício do poder, para manter seu grupo e, se possível, aumentá-lo por novas adesões. O bando nômade representa, com efeito, uma unidade frágil. Se a autoridade do chefe se torna muito exigente, se ele abarca um número excessivo de mulheres, se não é capaz, nos períodos de fome, de resolver os problemas alimentares, criam-se descontentamentos, indivíduos ou famílias fazem secessão e vão juntar-se a um bando aparentado cujos negócios pareçam ser mais bem conduzidos: mais bem nutrido graças à descoberta de sítios de caça ou de colheita, ou mais rico por trocas com grupos vizinhos, ou mais poderoso depois de guerras vitoriosas. O chefe encontra-se, então, à frente de um grupo demasiado restrito, incapaz de enfrentar as dificuldades cotidianas, ou cujas mulheres estão expostas a serem raptadas por vizinhos mais fortes, e é obrigado a renunciar a seu comando, para unir-se, com seus últimos fiéis, a uma facção mais feliz: a sociedade Nhambiquara está, assim, num perpétuo devir; grupos formam-se, desfazem-se, crescem e desaparecem e, por vezes num prazo de poucos meses, a composição, o número e a repartição dos bandos tornam —se irreconhecíveis. Todas essas transformações se acompanham de intrigas e de conflitos, de ascensões e de decadências, o todo se produzindo num ritmo extremamente rápido".

Seria possível citar também todos os capítulos da tese intitulados "Guerra e comércio", "Do nascimento à morte". Tudo o que se refere também ao uso dos venenos, na tese e em *Tristes trópicos*; assim como há uma guerra dos nomes próprios, há uma guerra dos venenos, na qual o próprio etnólogo é envolvido:

"Uma delegação de quatro homens veio encontrar-me e, num tom algo ameaçador, pediu-me para misturar veneno (que traziam consigo) ao próximo prato que eu oferecesse a A 6; consideravam indispensável suprimi-lo rapidamente, pois, disseram-me, ele é 'muito malvado' (kakore) 'e não vale absolutamente nada' (aidotiene)" (p. 124).

Citaremos apenas mais uma passagem, feliz complemento de uma descrição idílica:

"Descrevemos a terna camaradagem que preside as relações entre os sexos, e a harmonia geral, que reina no seio dos grupos. Mas, desde que estes se alteram, é para dar lugar às soluções mais extremas: envenenamentos e assassinatos... Nenhum grupo sul-americano, a nosso conhecimento, traduz, de modo tão sincero e espontâneo ... sentimentos violentos e opostos, cuja expressão individual parece indissociável de uma estilização social que nunca os trai" (p. 126. Essa última fórmula não é aplicável a todo grupo social em geral?).[29]

2. Eis-nos reconduzidos a Rousseau. O ideal que subentende em profundidade esta filosofia da escritura é, pois, a imagem de uma comunidade imediatamente presente a si mesma, sem diferência, comunidade da fala em que todos os membros estão ao alcance de alocução. Para confirmá-lo, não nos referiremos nem aos *Tristes trópicos* nem ao seu eco teórico (os *Entretiens*), mas a um texto recolhido na *Antropologia estrutural* e completado em 1958 por alusões aos *Tristes trópicos*. A escritura aí é definida como a condição da *inautenticidade social*:

29. Encontram-se numerosas proposições desse tipo em Valéry.

"... sob este aspecto, são as sociedades do homem moderno que deveriam antes ser definidas por um caráter indicativo de privação. Nossas relações com outrem não são mais, senão de modo ocasional e fragmentário, fundadas sobre esta experiência global, *esta apreensão concreta de um sujeito por outro*. Elas resultam, em grande parte, de reconstruções indiretas, através de documentos escritos. Estamos ligados a nosso passado, não mais por uma tradição oral que implica num *contato vivido* com pessoas – narradores, sacerdotes, sábios ou anciãos – mas por livros *amontoados* em bibliotecas e através dos quais a crítica se esmera – com que dificuldades – em reconstituir a fisionomia de seus autores. E, no plano do presente, comunicamo-nos com a imensa maioria de nossos contemporâneos por todas as espécies de intermediários – documentos escritos ou mecanismos administrativos – que ampliam, sem dúvida, imensamente nossos contatos, mas lhes conferem ao mesmo tempo um caráter de *inautenticidade*. Este tornou-se a própria marca das relações entre o cidadão e os Poderes.

"Não queremos nos entregar ao paradoxo, e definir de modo negativo a imensa revolução introduzida pela invenção da escritura. Mas é indispensável reconhecer que ela retirou da humanidade alguma coisa de essencial, ao mesmo tempo em que lhe trazia tantos benefícios" (pp. 407-408. Os grifos são nossos).

Desde então, a missão do etnólogo comporta uma significação ética: referenciar no próprio lugar os "níveis de autenticidade". O critério da autenticidade é a relação de "vizinhança" nas pequenas comunidades onde "todo mundo conhece todo mundo":

"Se se consideram com atenção os pontos de inserção da investigação antropológica, constata-se, ao contrário, que, interessando-se cada vez mais pelo estudo das sociedades modernas, a antropologia se aplicou a reconhecer e isolar aí *níveis de autenticidade*. O que permite ao etnólogo ficar num terreno familiar quando estuda uma aldeia, uma empresa, ou uma 'vizinhança' de grande cidade (como dizem os anglo-saxões: *neighbourhood*), é que todo mundo aí conhece todo mundo, ou quase..."

"O futuro julgará, sem dúvida, que a mais importante contribuição da antropologia às ciências sociais é ter introduzido (aliás inconscientemente) essa distinção capital entre duas modalidades de existência social: um gênero de vida percebido originariamente como tradicional e arcaico, que é antes de tudo o das sociedades autênticas, e formas de aparição mais recente, das quais não está certamente ausente o primeiro tipo, mas onde grupos imperfeita e incompletamente autênticos encontram-se organizados no seio de um sistema mais vasto, atingido ele próprio pela inautenticidade" (pp. 408-409).

A clareza desse texto basta-se a si mesma. "O futuro julgará, sem dúvida", se tal é efetivamente "a mais importante contribuição da antropologia às ciências sociais". Este modelo de pequena comunidade de estrutura "cristalina", inteiramente presente a si, reunida em sua própria vizinhança, é sem dúvida rousseauísta.

Verificá-lo-emos de muito perto em mais do que um texto. Por enquanto, e sempre pelas mesmas razões, voltemo-nos de preferência para o lado do *Essai*. Rousseau mostra nele que a *distância social*, a dispersão da vizinhança é a condição da opressão, do arbitrário, do vício. Os governos de opressão fazem todos o mesmo gesto: romper a presença, a copresença dos cidadãos, a unanimidade do "povo reunido", criar uma situação de dispersão, manter os súditos dispersos, incapazes de sentirem-se juntos no espaço de uma única fala, de uma única troca persuasiva. Este fenômeno é descrito no último capítulo do *Essai*. A ambiguidade agora reconhecida desta estrutura é tal que se pode facilmente inverter o seu sentido e mostrar que esta copresença é às vezes também a da multidão submetida à arenga demagógica. Rousseau, por sua vez, nunca deixou de dar, da sua vigilância diante de uma tal inversão, signos que será preciso ler com cuidado. Contudo, o *Essai* adverte-nos de início contra as estruturas da vida social e da informação na máquina política moderna. É um elogio da eloquência, ou melhor, da elocução da fala plena, uma condenação dos signos mudos e impessoais: dinheiro, impressos ("editais"), armas e soldados em uniforme:

"As línguas formam-se naturalmente sobre a base das necessidades dos homens; mudam e alteram-se segundo as mudanças destas mesmas necessidades. Nos tempos antigos, quando a persuasão valia como força pública, a eloquência era necessária. Para que serviria ela hoje, quando a força pública supre a persuasão? Não é necessário nem arte nem figura para dizer *este é meu prazer*. Que discursos resta, pois, ainda a fazer ao povo reunido? sermões. E qual o interesse, dos que os fazem, em persuadir o povo, uma vez que não é este que distribui os privilégios? As línguas populares tornaram-se para nós tão perfeitamente inúteis quanto a eloquência. As sociedades assumiram a sua forma derradeira: as mudanças só lhes podem vir do canhão e das moedas; e como nada mais há para dizer ao povo, a não ser *dai dinheiro*, isto é dito com editais nas esquinas ou soldados nas casas. Para tanto não é preciso reunir ninguém: ao contrário, impõe-se manter dispersos os súditos; esta é a primeira máxima da política moderna... Entre os antigos, era fácil fazer-se escutar pelo povo na praça pública; falava-se um dia inteiro sem incômodo... Suponha-se um homem, arengando em francês o povo de Paris na praça Vendôme: ainda que grite com toda a força, apenas se escutará que grita, não se distinguirá uma palavra... Se os charlatões das praças públicas são menos abundantes na França do que na Itália, não é porque na França sejam menos escutados, é apenas porque não são tão bem ouvidos... Ora, eu digo que toda língua através da qual não se consegue ser ouvido pelo povo reunido é uma língua servil: é impossível que um povo permaneça livre falando tal língua" (cap. XX, *Rapport des langues aux gouvernements*).

Presença a si, proximidade transparente no cara-a-cara dos rostos e no imediato alcance de voz, esta determinação da autenticidade social é, pois, clássica: rousseauísta mas já herdeira do platonismo, ela comunica, lembremos, com o protesto anarquista e libertário contra a Lei, os Poderes e o Estado em geral, também com o sonho dos socialismos utópicos do século XIX, muito precisamente com o do fourierismo. No seu laboratório, ou antes no seu gabinete de estudo, o etnólogo dispõe, portanto, também deste sonho, como de uma peça ou de um instrumento entre outros. Servindo o mesmo desejo obstinado no qual o etnólogo "põe sempre algo de si mesmo", esta ferramenta deve compor com outros "meios à mão". Pois o etnólogo deseja-se também freudiano, marxista (de um "marxismo", lembramo-nos, cujo trabalho crítico não estaria nem em "oposição" nem em "contradição" com "a crítica budista") e diz-se até mesmo tentado pelo "materialismo vulgar"[30].

A única fraqueza da bricolagem – mas, a esse título, não é irremediável? – é não poder justificar-se totalmente no seu próprio discurso. O já-aí dos instrumentos e dos conceitos não pode ser desfeito ou reinventado. Neste sentido, a passagem do desejo ao discurso perde-se sempre na bricolagem, constrói seus palácios com restos ("O pensamento mítico ... constrói seus palácios ideológicos com os restos de um antigo discurso social". *O pensamento selvagem*, p. 43, nota 1). No melhor dos casos, o discurso bricolador pode confessar-se como tal, confessar em si mesmo o seu desejo e a sua derrota, dar a pensar a essência e a Necessidade do já-aí, reconhecer que o discurso mais radical, o engenheiro mais inventivo e mais sistemático são surpreendidos, cercados por uma história, por uma linguagem etc., por um *mundo* (pois "mundo" nada quer dizer além disso) de que devem emprestar as suas peças, ainda que fosse para destruir a antiga máquina (a *bricole* parece ter sido, de início, máquina de guerra ou de caça, construída para destruir. E quem pode acreditar na imagem do pacato *bricolador*?). A ideia do engenheiro rompendo com toda bricolagem pertence à teologia criacionista. Apenas uma tal teologia pode dar crédito a uma diferença essencial e rigorosa entre o engenheiro e o bricolador. Mas, que o engenheiro seja sempre uma espécie de bricolador, isso não deve arruinar toda crítica à bricolagem, muito pelo contrário. Crítica em que sentido? Em primeiro lu-

---

30. *Esprit*, novembro de 1963, p. 652. Cf. também *Le cru et le cuit*, P. 35.

gar, se a diferença entre bricolador e engenheiro é, no seu fundo, teológica, o próprio conceito da bricolagem implica uma decaída e uma finidade acidentais. Ora, é preciso abandonar esta significação tecno-teológica para pensar a originária pertencença do desejo ao discurso, do discurso à história do mundo, e já-aí da linguagem no qual se logra o desejo. Depois, supondo-se que se conserve, por bricolagem, a ideia de bricolagem, deve-se ainda saber que todas as bricolagens não se valem. A bricolagem critica-se a si mesma.

Enfim, o valor de "autenticidade social" é um dos dois polos indispensáveis na estrutura da moralidade em geral. A ética da fala viva seria perfeitamente respeitável, por utópica e atópica que seja (isto é, desligada do *espaçamento* e da diferência como escritura), seria respeitável como o próprio respeito se não vivesse de um engodo (*leurre*) e do não respeito da sua própria condição de origem, se não sonhasse na fala a presença recusada à escritura, recusada pela escritura. A ética da fala é o *engodo* da presença dominada. Como a *bricole*, o *leurre* designa de início um estratagema de caçador. É um termo de falconaria: "pedaço de couro vermelho, diz Littré, em forma de pássaro, que serve para renovar a chamada da ave de rapina quando não volta diretamente ao punho". Exemplo: "Seu mestre o chama e grita e se atormenta, apresenta-lhe o *leurre* e o punho, mas em vão" (La Fontaine).

Reconhecer a escritura na fala, isto é, a diferência, e a ausência de fala, é começar a pensar o engodo. Não há ética sem presença *do outro* mas, também e por conseguinte, sem ausência, dissimulação, desvio, diferência, escritura. A arquiescritura é a origem da moralidade como da imoralidade. Abertura não ética da ética. Abertura violenta. Como foi feito com relação ao conceito vulgar de escritura, é sem dúvida necessário suspender rigorosamente a instância ética da violência para repetir a genealogia da moral.

Unido ao desprezo pela escritura, o elogio do alcance de voz é, pois, comum a Rousseau e a Lévi-Strauss. Contudo, em textos que devemos ler agora, Rousseau desconfia também da ilusão da fala plena e presente, da ilusão da presença numa fala que se acredita transparente e inocente. É para o elogio do silêncio que é então deportado o mito da presença plena arrancada à diferência e à violência do verbo. Sempre, de um certo modo, a "força pública" começou já a "suprir a persuasão".

Talvez seja hora de reler o *Essai sur l'origine des langues*.

2. "Este Perigoso Suplemento..."

> Quantas vozes elevar-se-ão contra mim! Escuto de longe os clamores desta famosa sabedoria que nos joga incessantemente fora de nós, que avalia sempre o presente por nada, e buscando sem descanso um futuro que foge à medida que se avança, de tanto transportar-nos onde nós não estamos, transporta-nos onde não estaremos jamais.
>
> *Emile ou de l'éducation*

> Todos os papéis que eu reunira para suprir minha memória e me guiar nesta empresa, passados a outras mãos, não mais voltarão às minhas.
>
> *Confessions*

Nós o deixamos entender em várias ocasiões: o elogio da fala viva, tal como *preocupa o* discurso de Lévi-Strauss, é fiel somente a um certo motivo do pensamento de Rousseau. Este motivo compõe e se organiza com seu contrário: uma desconfiança sempre reanimada em relação à fala dita plena. Na alocução, a presença é ao mesmo tempo prometida e recusada. A fala que Rousseau elevou acima da escritura, é a fala tal como deveria ser, ou antes, tal como ela *teria devido* ser. E nós deveremos estar atentos a este modo, a este tempo que nos relaciona com a presença na colocução viva. *De fato*, Rousseau experimentara a esquivança na própria fala, na miragem de sua imediatez. Ele a reconhecera e analisara com uma acuidade incomparável. Nós somos expropriados da presença cobiçada no gesto de linguagem pelo qual procuramos apropriar-nos dela. À experiência do "assaltante assaltado", que Starobinski descreve admiravelmente em *L'oeil vivant*, Jean-Jacques não somente se abandonou no jogo da imagem especular que "captura seu reflexo e denuncia sua presença" (p. 109). Ela nos espreita desde a primeira palavra. O desapossamento especular que ao mesmo tempo me institui e me desconstitui é também uma lei da linguagem. Ela opera como uma potência de morte no coração da fala viva: poder ainda mais temível por abrir tanto quanto ameaçar a possibilidade da fala.

Tendo de certa forma, dizíamos, reconhecido esta potência que, inaugurando a fala, descoloca o sujeito que ela constrói, impede-o de estar presente a seus signos, trabalha sua linguagem com toda uma escritura, Rousseau preocupa-se mais, todavia, em conjurá-la do que em assumir sua Necessidade. Daí porque, estendido em direção à reconstituição da presença, ele valoriza e desqualifica ao mesmo tempo a escritura. Ao mesmo tempo: isto é, num movimento dividido mas coerente. Será preciso tentar não perder a sua estranha unidade. Rousseau condena a escritura como destruição da presença e como doença da fala. Reabilita-a na medida em que ela promete a reapropriação daquilo de que a fala se deixara expropriar. Mas pelo quê, se não desde logo por uma escritura mais velha que ela e já instalada no lugar?

O primeiro movimento deste desejo se formula como uma teoria da linguagem. O outro governa a experiência do escritor. Nas *Confessions* no momento em que Jean-Jacques procura explicar como tornou-se escritor, descreve a passagem à escritura como a restauração, por uma certa ausência e por um tipo de apagamento calculado, da presença decepcionada de si na fala. Escrever é, então, o único modo de preservar ou de retomar a fala pois esta se recusa ao se dar. Então, organiza-se uma *economia dos signos*. Esta também será, aliás, decepcionante, ainda mais próxima da própria essência e da Necessidade da decepção. Não se pode impedir-se de querer dominar a ausência e, no entanto, sempre nos é necessário renunciar a isso. Starobinski descreve a lei profunda que governa o espaço no qual Rousseau deve, assim, deslocar-se:

> "Como superará este mal-entendido que o impede de exprimir-se segundo seu verdadeiro valor? Como escapar aos riscos da fala improvisada? A que outro modo de comunicação recorrer? Por que outro meio se manifestar? Jean--Jacques escolheu ser *ausente* e *escrever*. Paradoxalmente, esconder-se-á para melhor se mostrar e confiar-se-á à fala escrita: "Eu amaria a sociedade como

qualquer outro se não estivesse certo de me mostrar, não só com desvantagem, mas também completamente outro do que sou. A decisão que tomei *de escrever e de me esconder* é precisamente a que me convinha. Eu presente, não se teria jamais sabido o que eu valia" (*Confessions*). O testemunho é singular e merece ser sublinhado: Jean-Jacques rompe com os outros mas para se apresentar a eles na fala escrita. Arranjará e rearranjará suas frases à vontade, protegido pela solidão"[1].

A economia, notemo-lo, assinala-se talvez nisto: a operação que substitui a escritura à fala substitui também a presença pelo valor: ao *eu sou* ou ao *eu estou presente* assim sacrificado, *prefere-se* um *o que* ou sou ou *o que eu valho*. "Eu presente, não se teria jamais sabido o que eu valia". Eu renuncio à minha vida presente, à minha existência atual e concreta para me fazer reconhecer na idealidade da verdade e do valor. Esquema bem conhecido. Está aqui em mim a guerra, através da qual eu quero elevar-me acima de minha vida resguardando-a, para gozar do reconhecimento, a escritura sendo efetivamente o fenômeno desta guerra.

Tal seria, pois, a lição da escritura na existência de Jean-Jacques. O ato de escrever seria essencialmente – e aqui de forma exemplar – o maior sacrifício visando à maior reapropriação simbólica da presença. Deste ponto de vista, Rousseau sabia que a morte não é o simples fora da vida. A morte pela escritura também inaugura a vida. "Comecei a viver somente quando me olhei como um homem morto" (*Confessions* L. VI). Desde que seja determinado no sistema desta economia, o sacrifício – o "suicídio literário" – não se dissiparia na *aparência*? É ele algo senão reapropriação simbólica? Não renuncia ao *presente* e ao *próprio* para melhor dominá-los em seu sentido, na forma ideal da verdade, da presença do presente e da proximidade ou da propriedade do próprio? Ser-se-ia obrigado a concluir pela astúcia e pela aparência se se ativesse, com efeito, a estes conceitos (sacrifício, dispêndio, renúncia, símbolo, aparência, verdade etc.) que determinam o que denominamos aqui economia em termos de verdade e de aparência e a partir da oposição presença/ausência.

1. *La transparence et l'obstacle*, p. 154. Não podemos naturalmente, citar os intérpretes de Rousseau a não ser para assinalar empréstimos ou circunscrever um debate. Mas fica óbvio que todo leitor de Rousseau é hoje guiado pela admirável edição das *Oeuvres Complètes* atualmente em curso na Bibliothèque de la Pléiade e pelos trabalhos magistrais dos Srs. Bouchardy, Burgelin, Candaux, Derathé, Fabre, Foucault, Gagnebin, Gouhier, Groethuysen, Guyon, Guyot, Osmont, Poulet, Raymond, Stelling-Michaud e bem particularmente aqui de Jean Starobinski.

Mas o trabalho da escritura e a economia da diferença não se deixam dominar por esta conceitualidade clássica, por esta ontologia ou esta epistemologia. Elas lhe fornecem, ao contrário, suas premissas escondidas. A diferença não *resiste* à apropriação, ela não lhe impõe um limite exterior. Começou por *encetar* a alienação e termina por deixar *encetada* a reapropriação. Até a morte. A morte é o movimento da diferença enquanto necessariamente finito. Isto significa que a diferença torna possível a oposição da presença e da ausência. Sem a possibilidade da diferença, o desejo da presença como tal não encontraria sua respiração. Isto quer dizer ao mesmo tempo que este desejo traz nele o destino de sua insaciedade, A diferença produz o que proíbe, torna possível aquilo mesmo que torna impossível.

Reconhecendo-se a diferença como a origem obliterada da ausência e da presença, formas maiores do desaparecer e do aparecer do ente, restaria saber se o ser, antes de sua determinação em ausência ou em presença, já está implicado no pensamento da diferença. E se a diferença como projeto de dominação do ente deve ser compreendida a partir do sentido do ser. Não se pode pensar o inverso? Uma vez que o sentido do ser não se produziu jamais como história fora de sua determinação em presença, não teria ele sido preso, desde sempre, na história da metafísica, como época da presença? Talvez seja isto que quis escrever Nietzsche e o que resiste à leitura heideggeriana: a *diferença* em seu movimento *ativo* – o que é compreendido, sem esgotá-lo, no conceito de diferença – é que não só precede a metafísica mas também transborda o pensamento do ser. Este *não* diz *nada senão* a metafísica, mesmo que a exceda e a pense como o que é em sua clausura.

DO CEGAMENTO AO SUPLEMENTO

É-nos preciso, portanto, a partir deste esquema problemático, pensar juntos a experiência e a teoria rousseauístas da escritura, o acordo e o desacordo que, sob o título da escritura, relacionam Jean-Jacques a Rousseau, unindo e dividindo seu nome próprio. Do lado da experiência, um recurso à literatura como reapropriação da presença, isto é, nós o veremos, da natureza; do lado da teoria, um requisitório contra a negatividade da letra, na qual é preciso ler a degenerescência da cultura e a disrupção da comunidade.

Se se quer cercá-la de toda a constelação de conceito que com ela fazem sistema, a palavra *suplemento* parece aqui abranger a estranha unidade destes dois gestos.

Nos dois casos, com efeito, Rousseau considera a escritura como um meio perigoso, um socorro ameaçador, a resposta crítica a uma situação de miséria. Quando a natureza, como proximidade a si, vem a ser proibida ou interrompida, quando a fala fracassa em proteger a presença, a escritura torna-se necessária. Deve com urgência, *acrescentar-se* ao verbo. Havíamos já, por antecipação, reconhecido uma das formas desta *edição*: a fala, sendo natural ou ao menos a expressão natural do pensamento, a forma de instituição ou de convenção mais natural para significar o pensamento, a escritura a ela se acrescenta, a ela se junta como uma imagem ou uma representação. Neste sentido, ela não é natural. Faz derivar na representação e na imaginação uma presença imediata do pensamento à fala. Este recurso não é somente "esquisito", ele é perigoso. É a adição de uma técnica, é uma espécie de ardil artificial e artificioso para tornar a fala presente quando ela está, na verdade, ausente. É uma violência feita à destinação natural da língua:

> "As línguas são feitas para serem faladas, a escritura serve somente de suplemento à fala... A fala representa o pensamento por signos convencionais, e a escritura representa, da mesma forma, a fala. Assim, a arte de escrever não é mais que uma representação mediata do pensamento."

A escritura é perigosa desde que a representação quer nela se dar pela presença e o signo pela própria coisa. E, há uma necessidade fatal, inscrita no próprio funcionamento do signo; em que o substituto faça esquecer sua função de vicariância e se faça passar pela plenitude de uma fala cuja carência e enfermidade ele, no entanto, só faz *suprir*. Pois, o conceito de suplemento – que aqui determina o de imagem representativa – abriga nele duas significações cuja coabitação é tão estranha quanto necessária. O suplemento acrescenta-se, é um excesso, uma plenitude enriquecendo uma outra plenitude, a *culminação* da presença. Ele cumula e acumula a presença. É assim que a arte, a *tekhné*, a imagem, a representação, a convenção etc., vem como suplemento da natureza e são ricas de toda esta função de culminação. Esta espécie da suplementariedade determina, de uma certa maneira, todas as oposições conceituais nas quais Rousseau inscreve a noção de natureza na medida em que deveria bastar-se a si mesma.

Mas o suplemento supre: Ele não se acrescenta senão para substituir. Intervém ou se insinua *em-lugar-de*; se ele colma, é como se cumula um vazio. Se ele representa e faz imagem, é pela falta anterior de uma presença. Suplente e vicário, o suplemento é um adjunto, uma instância subalterna que *substitui*. Enquanto substituto, não se acrescenta simplesmente à positividade de uma presença, não produz nenhum relevo, seu lugar é assinalado na estrutura pela marca de um vazio. Em alguma parte, alguma coisa não pode-se preencher *de si mesma*, não pode efetivar-se a não ser deixando-se colmar por signo e procuração. O signo é sempre o suplemento da própria coisa.

Esta segunda significação do suplemento não se deixa desviar da primeira. Todas duas agem nos textos de Rousseau, teremos constantemente de verificá-lo. Mas a inflexão varia de um momento a outro. Cada uma das duas significações apaga-se por sua vez ou esfumaça-se discretamente diante da outra. Mas sua função comum reconhece-se em que: acrescentando-se ou substituindo-se, o suplemento é *exterior*, fora da positividade à qual se ajunta, estranho ao que, para ser por ele substituído, deve ser distinto dele. Diferentemente do *complemento*, afirmam os dicionários, o suplemento é uma "adição exterior" (*Robert*).

Ora, a negatividade do mal sempre terá, segundo Rousseau, a forma da suplementariedade. O mal é exterior a uma natureza, ao que é por natureza inocente e bom. Ele sobrevém à natureza. Mas ele o faz sempre sob a espécie da suplência do que *deveria* não subtrair-se, em caso algum, a si.

Desta forma, a presença, que é sempre natural, isto é, em Rousseau mais que em qualquer outro, maternal, *deveria* bastar-se a si mesma. Sua *essência*, outro nome da presença, dá-se a ler através da grade deste condicional. Como a da natureza, "a solicitude maternal não se supre jamais" diz o *Emile*[2]. Ela não se *supre* jamais, o que quer dizer que ela tem de ser suprida: ela basta e se basta; mas isto quer dizer também que ela é insubstituível: o que nela se quereria substituir não a igualaria, não seria mais que um medíocre último recurso. Isto quer dizer, por fim, que a natureza não *se* supre jamais; seu suplemento não procede dela mesma, não só lhe é inferior como também outro.

2. Edition Garnier, p. 17. Nossas referências só remeterão às *Oeuvres Completes* (Editions de la Pléiade) no caso em que o texto tiver sido publicado em um dos três tomos que apareceram até hoje. As outras obras serão citadas na Edition Garnier. Do *Essai sur l'origine des langues*, que citamos segundo a edição Belin (1817) indicaremos, por comodidade, os números de capítulos.

E no entanto, toda a educação, peça mestra do pensamento rousseauísta, será descrita ou prescrita como um sistema de suplência destinado a reconstituir o mais naturalmente possível o edifício da natureza. O primeiro capítulo do *Emile* anuncia a função desta pedagogia. Apesar da solicitude maternal nunca suprir-se, "vale mais a criança sugar o leite de uma ama saudável que de uma mãe estragada, se tem algum novo mal a temer do mesmo sangue de que é formada" (*ibidem*). É a cultura que deve suprir uma natureza deficiente, de uma deficiência que só pode ser, por definição, um acidente e um afastamento da natureza. A cultura, aqui, se denomina hábito: ela é necessária e insuficiente desde que a substituição das mães não mais seja encarada "somente pelo lado físico":

"Outras mulheres, mesmo alimárias, poderão dar-lhe o leite que ela lhe recusa: a solicitude maternal não se supre jamais. Aquela que nutre a criança de uma outra em lugar da sua é uma mãe má: como será ela boa nutriz? Poderá tornar-se, mas lentamente; será preciso que o hábito mude a natureza..." (*ibidem*).

Aqui, os problemas do direito natural, das relações entre a natureza e a sociedade, os conceitos de alienação, de alteridade e de alteração, adaptam-se bastante espontaneamente o problema pedagógico da substituição das mães e das crianças:

"Desta mesma vantagem resulta um inconveniente que, por si só, deveria tirar de qualquer mulher sensível a coragem de fazer nutrir sua criança por uma outra, o de dividir o direito de mãe ou antes de aliená-lo; de ver sua criança amar a outra mulher tanto ou mais que a ela..." (*ibidem*).

Se, premeditando o tema da escritura, nós começamos por falar da substituição das mães, é porque, como Rousseau mesmo o diz: "Isto liga-se a mais coisas do que se pensa":

"Quanto eu insistiria neste ponto, se fosse menos desencorajador repisar em vão assuntos úteis! Isto liga-se a mais coisas do que se pensa. Quereis fazer com que cada um volte a seus primeiros deveres? Começai pelas mães; espantar-vos-eis com as mudanças que produzireis. Tudo decorre sucessivamente desta primeira depravação: toda a ordem moral se altera; o natural se extingue em todos os corações..." (p. 18).

A infância é a primeira manifestação da deficiência que, na natureza chama a suplência. A pedagogia esclarece, talvez mais cruamente, os paradoxos do suplemento. Como é possível uma fraqueza natural? Como pode a natureza solicitar forças que não fornece? Como é possível uma criança em geral?

"Longe de terem forças supérfluas, as crianças nem mesmo as têm suficientes para tudo o que lhes solicita a natureza; é preciso, pois, deixar-lhes o uso de todas as que ela lhes dá e de que não saberiam abusar. Primeira máxima. É preciso ajudá-las e suprir o que lhes falta, seja em inteligência, seja em força, em tudo que é necessidade física. Segunda máxima" (p. 50).

Toda a organização e todo o tempo da educação serão regidos por este mal necessário: "suprir o que falta" e substituir a natureza. O que é preciso fazer o menos possível e o mais tarde possível. "Um dos melhores preceitos da boa cultura é tudo *retardar* tanto quanto possível" (p. 274). "Deixai a natureza agir por muito tempo antes de vos intrometerdes agindo *em seu lugar*" (p. 102. O grifo é nosso).

Sem a infância nenhum suplemento jamais apareceria na natureza. Ora, o suplemento, aqui, é ao mesmo tempo a oportunidade da humanidade e a origem de sua perversão. A salvação da raça humana:

"Esculpem-se as plantas pela cultura, e os homens pela educação. Se o homem nascesse grande e forte, seu tamanho e suas forças lhe seriam inúteis até que ele aprendesse a delas se servir; ser-lhe-iam prejudiciais, impedindo os outros de pensar em auxiliá-lo; e, abandonado a si mesmo, morreria de miséria antes de ter conhecido suas necessidades. Lamenta-se o estado de infância; não se vê que a raça humana teria perecido se o homem não começasse por ser criança" (p. 67).

A ameaça de perversão:

"Ao mesmo tempo que o Autor da natureza dá às crianças o princípio ativo, toma cuidado para que ele seja pouco nocivo, ao deixar-lhes pouca força para se darem a ele. Mas, assim que podem considerar as pessoas que as cercam como instrumentos, que delas depende fazer agir, utilizam-nas para seguirem sua inclinação e *suprirem* sua própria fraqueza. Eis como se tornam incômodos, tiranos, imperiosos, malvados, indomáveis; progresso que não vem de um espírito natural de dominação, mas que o dá a elas; pois, não é preciso uma longa experiência para sentir quanto é agradável agir pelas mãos de outrem e precisar apenas mexer a língua para fazer mover-se o universo" (p. 49. O grifo é nosso).

O suplemento, sempre será mexer a língua ou agir pelas mãos de outrem. Tudo aqui é reunido: o progresso como possibilidade de perversão, a regressão em direção a um mal que não é natural e que se prende ao poder de suplência que nos permite ausentarmo-nos e agirmos por procuração, por representação, pelas mãos de outrem. Por escrito. Esta suplência sempre tem a forma dos signos. Que o signo, a imagem ou o representante tornem-se forças e façam "mover-se o universo", este é o escândalo.

Este escândalo é tal, e os seus malefícios são por vezes tão irreparáveis, que o mundo parece girar ao contrário (e veremos mais adiante o que pode significar para Rousseau uma tal *catástrofe*): então, a natureza torna-se o suplemento da arte e da sociedade. É o momento em que o mal parece incurável: "Não sabendo-se curar, a criança sabe ser doente: esta arte supre outra e frequentemente se sai muito melhor; é a arte da natureza" (p. 31). É também o momento em que a natureza maternal, deixando de ser amada, como deveria, por ela mesma e numa proximidade imediata ("Ó natureza! ó minha mãe! eis-me aqui sob tua única proteção; não há nenhum homem astuto e velhaco que se interponha entre ti e mim!" *Confessions*, L. XII) torna-se o substituto de um outro amor e de uma outra ligação:

"A contemplação da natureza sempre muito atraiu seu coração: ele encontrava nela um suplemento para as ligações de que precisava; mas teria deixado o suplemento pela coisa, se tivesse podido escolher, e ele apenas se limitou a conversar com as plantas após vãos esforços para conversar com os humanos" (*Diálogos*, p. 794).

Que a botânica se torne o suplemento da sociedade, eis aí mais do que uma catástrofe. É a catástrofe da catástrofe. Pois, na natureza, a planta é o que há de mais *natural*. É a *vida* natural. O mineral distingue-se do vegetal por ser natureza morta e útil, servil à indústria do homem. Tendo este perdido o sentido e o gosto das verdadeiras riquezas naturais – os vegetais –, escava as entranhas de sua mãe e nela arrisca a saúde:

"O reino mineral não tem em si nada de amável e atraente; suas riquezas encerradas no seio da terra parecem ter sido afastadas dos olhares do homem para não tentar sua avidez. Estão lá como que de reserva para um dia servir de *suplemento* às verdadeiras riquezas que estão mais a seu alcance e de que ele perde o gosto à medida que se corrompe. Então, é preciso que ele chame a indústria, a pena e o trabalho em socorro de suas misérias; escava as entranhas da terra, vai buscar em seu centro, com risco de sua vida e à custa de sua saúde, bens imaginários em lugar dos bens reais que ela lhe oferecia de si mesma quando ele sabia deles gozar. *Ele foge do sol e do dia que não é mais digno de ver*"[3].

---

3. *Rêveries*. Septième promenade, (Pléiade, T. I. pp. 1066-1067. O grifo é nosso). Poder-se-á objetar que o animal representa uma vida natural ainda mais viva que a planta, mas só se pode tratá-lo morto. "O estudo dos animais não é nada sem a anatomia" (p. 1068).

O homem assim se perfurou os olhos, cegou-se por desejo de escavar suas entranhas. E eis o horrível espetáculo do castigo que segue a falta, isto é, em suma, uma simples substituição:

> "Enterra-se vivo e faz, bem, não mais merecendo viver à luz do dia. Lá, pedreiras, abismos, forjas, fornos, um aparato de bigornas, marteles, fumaça e fogo, sucedem às doces imagens dos trabalhos campestres. Os rostos desfigurados de infelizes que definham nos infectos vapores das minas, de negros ferreiros, de horrendos ciclopes são o espetáculo que o aparato das minas substitui, no seio da terra, o do verdor e das flores, do céu azulado, dos pastores amorosos e dos lavradores robustos sobre sua superfície"[4].

Tal é o escândalo, tal a catástrofe. O suplemento é o que nem a natureza nem a razão podem tolerar. Nem a natureza nossa "mãe comum" (*Rêveries*, p. 1066), nem a razão razoável quando não raciocinadora (*De l'état de la nature*, p. 478). E não tinham elas tudo feito para evitar esta catástrofe, para proteger-se desta violência e guardar-nos desta falta fatal? "de sorte que", diz o segundo *Discurso* precisamente das minas, "dir-se-ia que a natureza tomara precauções para nos subtrair este segredo fatal" (p. 172). E não esqueçamos que a violência que nos leva em direção às entranhas da terra, o momento do cegamento mineiro, isto é, da metalurgia, é a origem da sociedade. Pois, segundo Rousseau, nós o verificaremos várias vezes, a agricultura, que marca a organização da sociedade civil, supõe um começo de metalurgia. O cegamento produz portanto aquilo que nasce ao mesmo tempo que a sociedade: as línguas, a substituição regrada das coisas pelos signos, a ordem do suplemento. Vai-se *do cegamento ao suplemento*. Mas o cego não pode ver, em sua origem, aquilo mesmo que produz para suprir sua vista. O *cegamento ao suplemento* é a lei. E, antes de mais nada, a cegueira a seu conceito. Além do mais, não é suficiente nela referenciar o funcionamento para *ver* o seu *sentido*. O suplemento não tem sentido e não se dá a nenhuma intuição. Nós não o fazemos, pois, aqui sair de sua estranha penumbra. Nós afirmamos a sua reserva.

A razão é incapaz de pensar esta dupla infração à natureza: que haja *carência* na natureza e que *por isso mesmo* que algo

---

4. *Ibidem*. Sem aqui nele buscar um princípio de leitura, remetemos, por curiosidade e entre tantos outros exemplos possíveis, ao que diz Karl Abraham do ciclope, do medo de ser cego, do olho, do sol, da masturbação etc., in *Oeuvres Complètes*, trad. Use Barande, T. II, pp. 18 e ss. Lembremos que numa sequência da mitologia egípcia, Séti, ajudado por Tote (deus da escritura aqui considerado como um irmão de Osíris) assassina Osíris astuciosamente (cf. Vaudier, *op. cit.*, p., 46). A escritura, auxiliar e supletivo que mata de um único e mesmo gesto o pai e a luz (cf. *supra*, p. 107).

acrescente-se a ela. Aliás, não se deve dizer que a razão é *impotente para pensar isto*; ela é constituída por esta impotência. Ela é o princípio de identidade. Ela é o pensamento da identidade a si do ser natural. Ela não pode sequer determinar o suplemento como seu outro, como o irracional e o não natural, pois o suplemento vem *naturalmente* colocar-se no lugar da natureza. O suplemento é a imagem e a representação da natureza. Ora, a imagem não está nem dentro nem fora da natureza. Portanto, o suplemento também é perigoso para a razão, para a saúde natural da razão.

Suplemento perigoso. Estas são palavras de que se serve o próprio Rousseau nas *Confessions*. Ele o faz num contexto que só é diferente em aparência, e para explicar, precisamente, "um estado quase que inconcebível para a razão": "Em uma palavra, de mim ao amante mais apaixonado, não havia senão uma diferença única, mas essencial, e que torna meu estado quase que inconcebível para a razão" (Pléiade, I, p. 108).

Se atribuímos ao texto que vai seguir-se um valor paradigmático, é a título provisório e sem pré-julgar o que uma disciplina de leitura a nascer nele poderá determinar rigorosamente. Nenhum modelo de leitura parece-nos atualmente pronto a medir-se neste texto – que quereríamos ler como um *texto* e não como um documento. Queremos dizer, nele medir-se plena e rigorosamente, para além do que torna este texto já muito legível, e mais legível do que, sem dúvida, se pensou até aqui. Nossa única ambição será dele libertar uma significação cuja economia, em todo caso a leitura que chamamos não poderá fazer economia de um texto escrito, circulando através de outros textos, e remetendo a eles incessantemente, conformando-se ao elemento de uma língua e a seu funcionamento regrado. Por exemplo, o que une a palavra "suplemento" a seu conceito não foi inventado por Rousseau e a originalidade de seu funcionamento nem é plenamente dominada por Rousseau nem simplesmente imposta pela história e pela língua, pela história da língua. Falar da escritura de Rousseau, é tentar reconhecer o que escapa às categorias de passividade e de atividade, de cegamento e de responsabilidade. E menos ainda se pode fazer abstração do texto escrito para precipitar-se em direção ao significado que ele *quereria dizer*, por que o significado é aqui a própria escritura. Tampouco se deve buscar uma *verdade significada* por estes escritos (verdade metafísica ou verdade psicológica: a vida de Jean-Jacques atrás de sua obra) pois, se os textos por que vamos interessar-nos *querem dizer* alguma coisa, é o engajamento e a pertencença que encerram no mesmo *tecido*, no mesmo *texto*, a existência e a escritura. O mesmo aqui se denomina suplemento, outro nome da diferência.

Eis aqui a irrupção do perigoso suplemento na natureza, entre a natureza e a natureza, entre a inocência natural como *virgindade* e a inocência natural como *donzelice*: "Em uma palavra, de mim ao amante mais apaixonado não havia senão uma diferença única, mas essencial, e que torna meu estado quase que inconcebível para a razão". Aqui, a alínea não deve dissimular-nos que o parágrafo que se segue está destinado a explicar a "diferença única" e o "estado quase que inconcebível para a razão". Rousseau concatena:

"Eu voltara da Itália, não completamente como tinha ido; mas, como talvez ninguém na minha idade de lá voltou. Eu trouxera de volta não minha virgindade mas minha donzelice. Sentira o progresso dos anos; meu temperamento inquieto declarara-se enfim, e sua primeira erupção, bastante involuntária, havia-me causado alarmas sobre minha saúde, que pintam melhor que qualquer outra coisa a inocência em que vivera até então. Logo tranquilizado, aprendi este perigoso suplemento que engana a natureza e poupa, aos jovens de humor como o meu, muitas desordens, com prejuízo de sua saúde, de seu vigor, e às vezes, de sua vida" (Pleiade, I, pp. 108-109).

Lê-se em *Emile* (L. IV): "Se chega a conhecer este perigoso suplemento, está perdido". No mesmo livro trata-se também de "suprir ganhando em rapidez sobre a experiência" (p. 437) e do "espírito" que "supre" as "forças físicas" (p. 183).

A experiência do autoerotismo é vivido na angústia. A masturbação não tranquiliza ("logo tranquilizado") a não ser através desta culpabilidade que à tradição liga a esta prática, obrigando as crianças a assumir a culpa e a interiorizar a amaça de castração que a acompanha sempre. O gozo é então vivido como perda irremediável de substância vital, como exposição à loucura e à morte. Ele se produz "com o prejuízo de sua saúde, de seu vigor, e às vezes, de sua vida". Da mesma forma, afirmarão as *Rêveries*, o homem que "escava as entranhas da terra... vai buscar em seu centro, com risco de sua vida e à custa de sua saúde, bens imaginários em lugar dos bens reais que ela lhe oferecia de si mesma quando ele sabia deles gozar".

E é exatamente do imaginário que se trata. O suplemento que "engana a natureza" maternal opera como a escritura, e como ela, é perigoso para a vida. Ora, este perigo é o da imagem. Assim como a escritura abre a crise da fala viva a partir de sua "imagem", de sua pintura ou de sua representação, assim também o onanismo anuncia a ruína da vitalidade a partir da sedução imaginativa:

"Este vício que a vergonha e a timidez acham tão cômodo tem, além do mais, um grande atrativo para as imaginações vivas; a de dispor à sua vontade, por assim dizer, de todo o sexo, e fazer servir a seus prazeres a beleza que os tenta sem ser necessário obter sua confissão".

O perigoso suplemento que Rousseau também denomina "funesta vantagem", é propriamente *sedutor*: conduz o desejo fora do bom caminho, o faz errar longe das vias naturais, o conduz em direção à sua perda ou sua queda e é por isso que ele é uma espécie de lapso ou de escândalo (σχάνδαλη). Assim ele destrói a natureza. Mas o escândalo da razão é que nada parece mais natural que esta destruição da natureza. Sou eu mesmo que me dedico a me desviar da força que a natureza me confiou: "Seduzido por esta funesta vantagem, eu trabalhava para destruir a boa constituição que restabelecera em mim a natureza e a que eu dera tempo de bem se formar". Sabe-se quanta importância o *Emile* dá ao tempo, à maturação lenta das forças naturais. Toda a arte da pedagogia é um cálculo da paciência, deixando à obra da natureza o tempo de se efetivar, respeitando seu ritmo e a ordem de suas etapas. Ora, o perigoso suplemento destrói com toda rapidez as forças que a natureza lentamente constituiu e acumulou. "Ganhando em rapidez" sobre a experiência natural ele queima as etapas e consome a energia para sempre. Como o signo, nós verificaremos, ele faz a economia da presença da coisa e da duração do ser.

O perigoso suplemento rompe com a natureza. Toda a descrição deste distanciamento da natureza tem um *teatro*. As *Confessions* colocam em cena a evocação do perigoso suplemento no momento em que se trata de tornar visível um distanciamento que não é nem o mesmo nem um outro: a natureza distancia-se ao mesmo tempo que a mãe, ou melhor que "Mamãe" que já significava a desaparição da verdadeira mãe e a ela se substituía da maneira ambígua que se sabe. Portanto, trata-se aqui da distância entre Mamãe e aquele que ela chamava "pequeno"[5]. Con-

---

5. "*Pequeno* foi meu nome, *Mamãe* foi o seu, e sempre permanecemos *Pequeno* e *Mamãe*, mesmo quando o número dos anos quase apagou a diferença entre nós. Penso que estes dois nomes mostram muito bem a ideia de nosso tom, a simplicidade de nossas maneiras e sobretudo a relação de nossos corações. Ela foi para mim a mais terna das mães que nunca buscou seu prazer mas sempre meu bem; e se os sentidos entrarem em minha ligação a ela, não era para mudar-lhe a natureza mas para torná-la somente mais requintada, para embriagar-me com o encanto de ter uma mamãe jovem e bonita que me era delicioso acariciar; digo, acariciar ao pé da letra; pois jamais ela imaginou

forme firma o *Emile*, todo o mal vem de que "As mulheres deixaram de ser mães; elas não o serão mais; não querem mais sê-lo" (p. 18). Uma certa ausência, portanto, de uma certa espécie de mãe. E a experiência de que falamos é feita para reduzir esta ausência tanto quanto para mantê-la. Experiência *furtiva*, experiência de um ladrão que tem necessidade de invisibilidade: que a mãe, ao mesmo tempo, seja invisível e que não veja. Tem-se frequentemente citado estas linhas:

"Eu não terminaria se entrasse no detalhe de todas as loucuras que a lembrança desta querida Mamãe me fazia fazer, quando não estava mais sob seus olhos. Quantas vezes beijei meu leito sonhando que ela aí se deitara, minhas cortinas, todos os móveis de meu quarto sonhando que fossem dela, que sua bela mão os tivesse tocado, mesmo o assoalho sobre o qual me prosternava sonhando que ela houvesse nele andado. Algumas vezes mesmo em sua presença, escapava-me extravagâncias que só o mais violento amor parecia poder inspirar. Um dia à mesa, no momento em que ela colocara um bocado em sua boca, exclamei que aí via um cabelo: ela rejeita o bocado sobre seu prato, eu dele me apodero avidamente e o engulo[6]. Em uma palavra, de mim ao amante

abafar os beijos ou as mais ternas carícias maternais, e jamais passou por seu coração deles abusar. Dir-se-ia que, entretanto, tivemos ao fim relações de uma outra espécie; nisso concordo, mas é preciso esperar; não posso dizer tudo ao mesmo tempo" (p. 106). Aqui, uma colagem desta frase de G. Bataille: "Sou eu mesmo o 'pequeno', não tenho lugar a não ser escondido" (Le *petit*).

6. Este trecho é frequentemente citado mas, alguma vez foi analisado por si mesmo? Os editores das *Confessions* na Pléiade, B. Gagnebin e M. Raymond, têm, não há dúvida, razão ao desconfiarem, como sempre fazem muito sistematicamente, do que eles denominam a psiquiatria (nota p. 1281. Esta mesma nota recenseia bastante utilmente todos os textos em que Rousseau lembra suas "loucuras" ou "extravagâncias"). Mas esta suspeição só é legítima, parece-nos, na medida em que é relativa ao abuso – que até aqui, não há dúvida, confundiu-se com o uso – da leitura psicanalítica, e em que ela não prescreve a reduplicação do comentário habitual que tornou este tipo de texto na maior parte das vezes ilegível. Cumpre aqui distinguir entre as análises frequentemente sumárias e imprudentes, mas por vezes também esclarecedoras, do Dr. René Laforgue (Etude sur J.-J. Rousseau in *Revue française de psychanalyse*, T. I. 1927, pp. 370 e ss. e *Psychopathologie de l'échec*, pp. 114 e ss., 1944) que, aliás não dá nenhum lugar aos textos que acabamos de citar, e uma interpretação que considerará de forma mais rigorosa, ao menos em princípio, o ensinamento da psicanálise. Esta é uma das direções que tomaram as belas e prudentes análises de J. Starobinski. Assim, em *L'oeil vivant*, a frase que acaba de nos deter é reinscrita em toda uma série de exemplos de substituições análogas tomadas, em sua maior parte na *Nouvelle Héloïse*: este, por exemplo, entre outros "fetiches eróticos": "Todas as partes de teu vestuário, esparsas, apresentam à minha ardente imaginação as tuas próprias que elas ocultam: esta leve peruca que longos cabelos loiros, que ela simula cobrir, ornam; esta alegre gargantilha contra a qual uma vez ao menos não terei nada a murmurar; este roupão elegante e simples que tão bem marca o gosto da que o veste; esses chinelos tão pequenininhos que um pé flexível prende sem esforço; este corpo tão solto que toca e abraça ... Que porte enfeitiçante! À frente, dois leves contornos ... Oh espetáculo de volúpia! O fôlego cedeu à força de impressão... Lembranças deliciosas, eu vos beijo mil vezes!" (pp. 115-116).

Mas a singularidade destas substituições e a articulação destes deslocamentos prendem de tal forma a atenção do intérprete? Perguntamo-nos se, preocupando-se em reagir contra uma psicanálise reducionista, causalista, dissociativa, Starobinski não dá

mais apaixonado não havia senão uma diferença única, mas essencial e que torna meu estado quase que inconcebível para a razão" etc. ... Um pouco mais acima podia-se ler: "Eu só sentia toda a força de minha ligação a ela quando não a via" (p. 107).

A CADEIA DOS SUPLEMENTOS

A descoberta do perigoso suplemento será citada a seguir *entre* estas "loucuras" mas não deixa de conter um privilégio e Rousseau o evoca após os outros e como uma espécie de explicação do estado inconcebível para a razão. Pois, não se trata de derivar o gozo total em direção a um substituto particular mas, desta vez, de prová-lo ou mimicá-lo *diretamente e em totalidade.* Não se trata mais de beijar o leito, o assoalho, as cortinas, os móveis etc., nem mesmo de "engolir" o "pedaço que ela colocara em sua boca", mas "de dispor, à sua vontade, de todo o sexo".

Dizíamos que a cena deste teatro não era somente um cenário no sentido em que é entendido muito frequentemente: um conjunto de acessórios. A disposição topográfica da experiência não é indiferente. Jean-Jacques está na casa de Mme de Warens: bastante perto de *Mamãe* para vê-la e dela nutrir sua imaginação mas com a possibilidade do anteparo. É no momento em que a mãe desaparece que a suplência torna-se possível e necessária. O jogo da presença ou da ausência maternal, esta alternância da percepção e da imaginação deve corresponder a uma organização do espaço; o texto continua assim:

no geral demasiado crédito a uma psicanálise totalitária de estilo fenomenológico ou existencial. Esta, ao tornar difusa a sexualidade na totalidade do comportamento, arrisca--se talvez a esfumar as clivagens, as diferenças, os deslocamentos, as fixações de toda a espécie que estruturam esta totalidade. Não desaparecem o lugar ou os lugares da sexualidade na análise de um comportamento global, tal como a recomenda Starobinski: "O comportamento erótico não é um dado fragmentário: é uma manifestação do indivíduo total e é como tal que deve ser analisado. Seja para negligenciá-lo ou para dele fazer objeto de estudo privilegiado, não se pode limitar o exibicionismo à 'esfera' sexual: a personalidade inteira aí se revela, com quaisquer de suas 'escolhas existenciais' fundamentais" (*La transparence et l'obstacle*, pp. 210-211. Uma nota nos remete à *Phénoménologie de la perception* de Merleau Ponty). E, não se estaria assim arriscando determinar o patológico de maneira muito clássica, como "excesso" pensado em categorias "existenciais": "Na perspectiva de uma análise global, será evidenciado que certos dados primeiros da consciência constituem ao mesmo tempo a fonte do pensamento especulativo de Rousseau, e a fonte de sua loucura. Mas estes dados-fonte não são mórbidos por si mesmos. É unicamente porque são vividos de maneira excessiva que a doença se declara e se desenvolve ... O desenvolvimento mórbido colocará em evidência caricatural uma questão 'existencial' fundamental que a consciência não foi capaz de dominar" (p. 253).

"Que se acrescente a esta disposição o local de minha situação presente, alojado na casa de uma bonita mulher, acariciando sua imagem no fundo de meu coração, vendo-a incessantemente no decorrer do dia, a noite envolta de objetos que me lembram, deitado num leito em que sei, ela deitou-se. Quantos estimulantes! O leitor que os representar a si já me olha como meio morto. Bem ao contrário; o que devia me perder foi precisamente o que me salvou, ao menos por um certo tempo. Embriagado pelo encanto de viver perto dela, pelo desejo ardente de aí passar meus dias, ausente ou presente eu sempre via nela uma terna mãe, uma irmã querida, uma deliciosa amiga e nada mais... ela era para mim a única mulher que existiu no mundo, e a extrema doçura dos sentimentos que ela me inspirava não deixando a meus sentidos o tempo de despertar para outros, dela e de todo seu sexo me garantia".

Esta experiência não foi um acontecimento marcando um período arcaico ou adolescente. Ela não só construiu ou sustentou, como uma fundação simulada, um edifício de significações. Ela permaneceu uma obsessão ativa cujo "presente" é incessantemente reativado e retroconstituído, até o fim da "vida" e do "texto" de Jean-Jacques Rousseau. Um pouco mais tarde, um pouco mais abaixo no texto das *Confessions* (L. IV)[7], "uma pequena anedota bastante difícil de ser dita" nos é contada. O encontro de um homem "sujeito ao vício". Jean-Jacques foge horrorizado, "tremendo tanto" quanto se tivesse acabado de "cometer um crime". "Esta lembrança curou-me por muito tempo".

Por muito tempo? Rousseau não cessará jamais de recorrer a e acusar-se deste onanismo que permite afetar-se a si mesmo dando-se presenças, convocando belezas ausentes. Permanecerá a seus olhos o modelo do vício e da perversão. Quem se afeta a si mesmo de uma outra presença, *altera-se* a si mesmo. Ora, Rousseau não quer nem pode pensar que esta alteração não sobrevém ao eu, que ela seja a sua própria origem. Ele deve considerá-la como um mal contingente vindo do fora para afetar a integridade do sujeito. Mas ele não pode renunciar ao que lhe restitui imediatamente a outra presença desejada; assim como não pode renunciar à linguagem. É por isso que, também sob este ponto de vista, como o diz nos *Diálogos* (p. 800) "até o fim de sua vida não deixará de ser uma velha criança".

Restituição da presença pela linguagem, restituição ao mesmo tempo simbólica e imediata. É preciso pensar esta contradição. Experiência de restituição imediata porque *se escusa*, enquanto experiência, enquanto consciência, de *cruzar o mundo*. O tocante é tocado, a autoafeção se dá por pura autarquia. Se a

---

7. P. 165.

presença que ela então se dá é o símbolo substitutivo de uma outra presença, esta jamais pôde ser desejada "em pessoa" antes deste jogo de substituição e desta experiência simbólica da autoafeção. A própria coisa não aparece fora do sistema simbólico que não existe sem a possibilidade da autoafeção. Experiência de restituição *imediata*, também, porque ela *não espera*. Ela é satisfeita imediata e instantaneamente. Se ela espera, não é porque o outro faz esperar. O gozo parece então não ser mais diferido. "Por que se dar tanta dor, na esperança remota de um êxito tão pobre, tão incerto, quando se pode, a partir do instante mesmo..." (*Diálogos*).

Mas o que não mais é diferido é também absolutamente diferido. A presença que assim nos é cedida no presente é uma quimera. A autoafeção é uma pura especulação. O signo, a imagem, a representação que vêm suprir a presença ausente são ilusões que são o troco. À culpabilidade, à angústia de morte e de castração acrescenta-se ou antes assimila-se a experiência da frustração. *Ocasionar a mudança*: em qualquer sentido que seja entendida esta expressão descreve bem o recurso ao suplemento. Ora, para nos explicar seu "desgosto pelas mulheres públicas" Rousseau nos diz que em Veneza, com trinta e um anos, a "inclinação que modificou todas [suas] paixões" (*Confessions*, p. 41)[8] não desapareceu: "Eu não perdera o funesto hábito de dar o troco às minhas necessidades" (p. 316).

O gozo da *coisa mesma* é assim trabalhado, em seu ato e em sua essência, pela frustração. Portanto, não se pode dizer que tenha uma essência ou um ato (*eidos, usia, energeia* etc.). Aí se promete esquivando-se, aí se dá deslocando-se algo que não se pode sequer denominar rigorosamente presença. Tal é a coerção do suplemento, tal é, excedendo toda a linguagem da metafísica, esta estrutura "quase que inconcebível para a razão". *Quase que*

---

8. Nestas páginas célebres do primeiro livro das *Confessions*, Rousseau aproxima, as primeiras práticas da leitura ("leituras furtivas") de suas primeiras descobertas do autoerotismo. Não que "livros obscenos e licenciosos" o tenham encorajado a isso. Muito pelo contrário e "o acaso auxiliou tão bem meu temperamento pudico, que eu tinha mais de trinta anos quando lancei os olhos sobre alguns destes perigosos livros que uma bela Dama da sociedade acha incômodos pelo fato de não poder, diz ela, lê-los a não ser de primeira mão" (p. 40). Sem estes "perigosos livros", Jean-Jacques se oferece outros perigos. Conhece-se a sequência do parágrafo que se fecha assim: "Basta-me, no momento, ter situado a origem e a primeira causa de uma inclinação que modificou todas minhas paixões, e que, contendo-as por si mesmas, tornou-me sempre preguiçoso de agir, por excesso de ardor no desejar" (p. 41). A intenção e a letra desta passagem podem ser aproximadas de uma outra página das *Confessions* (p. 444. Cf. também a nota dos editores). E da página em que recortamos estas linhas: "Pois ler comendo sempre foi minha fantasia na falta de uma companhia. É o suplemento da sociedade que me falta. Eu devoro alternadamente uma página e um bocado, é como se meu livro jantasse comigo" (p. 269).

inconcebível: a simples irracionalidade, o contrário da razão são menos irritantes e embaraçosos para a lógica clássica. O suplemento enlouquece porque não é nem a presença nem a ausência e enceta desde logo tanto o nosso prazer como nossa virgindade. "... a abstinência e o gozo, o prazer e a sabedoria, igualmente escaparam-me" (*Confessions*, p. 12).

Não são as coisas suficientemente complicadas? O simbólico é o imediato, a presença é a ausência, o não diferido é diferido, o gozo é ameaça de morte. Mas cumpre ainda acrescentar um traço a este sistema, a esta estranha economia do suplemento. De certa forma, ele já era legível. Ameaça terrífica, o suplemento é também a primeira e mais segura proteção: contra esta própria ameaça. Daí por que é impossível renunciar a ele. E a autoafeção sexual, isto é, a autoafeção em geral, não começa nem termina como o que se crê poder circunscrever sob o nome de masturbação. O suplemento não tem só o poder de *procurar* uma presença ausente através de sua imagem: no-la procurando por procuração de signo, ele a mantém à distância e a domina. Pois esta presença é ao mesmo tempo desejada e temida. O suplemento transgride e ao mesmo tempo respeita o interdito. É isto que também permite a escritura como suplemento da fala; mas também já fala como escritura em geral. Sua economia expõe-nos e protege-nos ao mesmo tempo, segundo o jogo das forças e das diferenças de forças. Assim, o suplemento é perigoso por ameaçar-nos de morte, mas não o é tanto, pensa aqui Jean-Jacques Rousseau quanto o "frequentar as mulheres". O gozo *ele-mesmo*, sem símbolo nem supletivo, o que nos admitiria (n)a presença pura ela-mesma, se algo como tal fosse possível, não seria senão um outro nome da morte. Rousseau o diz:

"Gozar! Esta sorte foi feita para o homem? Ah! se não mais que uma única vez em minha vida eu tivesse gozado em sua plenitude todas as delícias do amor, não imagino que minha frágil existência então pudesse bastar-lhe, eu morreria no ato."

(*Confessions*, L. 8).

Se nos limitamos à evidência universal, ao valor necessário e *a priori* desta proposição em forma de suspiro, é preciso imediatamente reconhecermos que o "frequentar as mulheres", o heteroerotismo, não pode ser vivido (efetivamente, realmente, como se acredita poder dizer) a não ser podendo acolher em si sua própria proteção suplementar. Isto significa que entre o autoerotismo e o heteroerotismo, não há uma fronteira mas sim uma distribuição econômica. É no interior desta regra geral que se recortam as diferenças. Também a de Rousseau. E antes de tentar, o que não pretendemos fazer aqui, cercar a pura singularidade da economia ou da escritura de Rousseau, cumpre prudentemente levantar e articular entre elas todas as necessidades estruturais ou essenciais, em seus diversos níveis de generalidade.

É a partir de uma certa representação determinada do "frequentar mulheres" que Rousseau teve que recorrer em toda sua vida a este tipo de suplemento perigoso que se denomina masturbação, que não se pode dissociar de sua atividade de escritor. Até o fim. Thérèse – a Thérèse de que podemos falar, Thérèse no texto, cujo nome e "vida" pertencem à escritura que lemos – provou-o às suas custas. No livro XII das *Confessions*, no momento em que "é preciso dizer tudo", a "dupla razão" de certas "resoluções" é-nos confiada:

> "É preciso dizer tudo: não dissimulei nem os vícios de minha pobre Mamãe nem os meus; não devo mais ser condescendente com Thérèse e qualquer que seja o prazer que eu tenha em honrar a uma pessoa que me é cara, não menos quero desmascarar seus defeitos se é que uma mudança involuntária nas afeções do coração é um verdadeiro defeito. Há muito tempo eu me apercebia do esfriamento do seu... Recaí no mesmo inconveniente cujo efeito sentira perto de Mamãe, e este efeito foi o mesmo perto de Thérèse: não busquemos perfeições fora da natureza; seria o mesmo perto de qualquer mulher... Minha situação, todavia, era então a mesma, e ainda pior devido à animosidade de meus inimigos que só buscavam pegar-me em falta. Eu temi a reincidência, e não querendo correr o risco, preferi condenar-me à abstinência do que expor Thérèse a se ver novamente no mesmo caso. Aliás, notara que o frequentar as mulheres piorava sensivelmente meu estado. Esta dupla razão fizera-me formar resoluções por vezes tão mal sustentadas; mas nas quais eu persistia com mais constância há três ou quatro anos" (p. 595).

No *Manuscrit de Paris*, depois do trecho "piorava sensivelmente meu estado!" pode-se ler: "o vício equivalente de que nunca pude me curar totalmente me parecia menos prejudicial a ele. Esta dupla razão..."[9]

Esta perversão consiste em preferir o signo e conserva-me ao abrigo do dispêndio mortal. Certamente. Mas esta economia aparentemente egoísta funciona também em todo um sistema de representação moral. O egoísmo é regatado pela culpabilidade. Esta determina o autoerotismo como perda fatal e mágoa a si por si. Mas, como assim só faço mal a mim mesmo, esta perversão não é verdadeiramente condenável. Rousseau a ex-

9. Ver a nota dos editores, p. 1569.

plica em mais de uma carta. Assim: "Exceto isso e vícios que jamais fizeram mal a não ser a mim. posso expor a todos os olhos uma vida irrepreensível em todo o segredo de meu coração" (ao Sr. de Saint-Germain, 26-2-70). "Tenho grandes vícios mas jamais fizeram mal a não ser a mim" (ao Sr. Le Noir, 15-1-72[10]).

Jean-Jacques só pôde assim buscar um suplemento para Thérèse sob uma condição: de que o sistema da suplementariedade em geral fosse já aberto na sua possibilidade, que o jogo das substituições estivesse desde muito iniciado e que *de uma certa maneira Thérèse mesma fosse já um suplemento*. Como Mamãe já o era de outra mãe desconhecida, e como a "verdadeira mãe" ela mesma – em cuja pessoa se detêm as "psicanálises" conhecidas do caso Jean-Jacques Rousseau – também o teria sido, de uma certa maneira, desde o primeiro rastro, e mesmo que ela não estivesse "verdadeiramente" morrido ao dar a luz. Eis a cadeia dos suplementos. O nome de Mamãe já designa um deles:

"Ah, minha Thérèse estou muito feliz de te possuir sábia e sã e de não encontrar o que eu não buscava. (Trata-se da 'donzelice' que Thérèse acaba de confessar ter, inocentemente e por acidente, perdido.) Primeiramente não buscara senão me dar um divertimento. Vi que fizera mais, em que me dera uma companheira. Um pouco de hábito com esta excelente moça, um pouco de reflexão sobre minha situação fizeram-me sentir que ao não pensar senão nos meus prazeres eu muito fizera por minha felicidade. Era preciso *em lugar* da ambição extinta um sentimento vivo que *preenchesse* meu coração. Era preciso, para tudo dizer, um sucessor para Mamãe; não mais devendo eu viver com ela era-me preciso alguém que vivesse com seu aluno, e em quem eu encontrasse a simplicidade, a docilidade de coração que ela encontrara em mim. Era preciso que a doçura da vida privada e doméstica me *indenizasse* da sorte brilhante a que eu renunciava. Quando eu estava absolutamente só meu coração estava vazio, mas bastaria um para *preenchê-lo*. A sorte me tirara, alienara-me ao menos em parte, aquele para o qual a natureza me fizera. Desde então eu estava só, pois *para mim não houve jamais intermediário entre tudo e nada. Eu encontrava em Thérèse o suplemento de que necessitava*"[11].

Através desta sequência de suplementos anuncia-se uma necessidade: a de um encadeamento infinito, multiplicando inelutavelmente as mediações suplementares que produzem o sentido disto mesmo que elas diferem: a miragem da coisa mesma, da presença imediata, da percepção originária. A imediatez é deri-

10. Ver também as *Confessions* (p. 109, nota dos editores).
11. Pp. 331-332 (O grifo é nosso). Starobinski (*La transparence et l'obstacle*, p. 221) e os editores das *Confessions* (p. 332, nota 1) aproximam justamente o uso da palavra *suplemento* do que dela é feito à p. 109 ("suplemento perigoso").

vada. Tudo começa pelo intermediário, eis o que é "inconcebível para a razão".

O EXORBITANTE. QUESTÃO DE MÉTODO

"Para mim não houve jamais intermediário entre tudo e nada". O intermediário é o meio e é a mediação, o termo médio entre a ausência total e a plenitude absoluta da presença. Sabe-se que a mediatez é o nome de tudo o que Rousseau quis obstinadamente apagar. Esta vontade exprimiu-se de maneira deliberada, aguda, temática. Ela não tem de ser decifrada. Ora, Jean-Jacques a chama aqui no próprio momento em que está para soletrar os suplementos que se encadearam para substituir uma natureza ou mãe. E o suplemento sustenta aqui o meio entre a ausência e a presença totais. O jogo da substituição acumula e observa uma carência determinada. Mas Rousseau concatena como se o recurso ao suplemento – aqui a Thérèse – fosse apaziguar sua impaciência diante do intermediário: "Desde então eu estava só, pois para mim não houve jamais intermediário entre tudo e nada. Eu encontrava em Thérèse o suplemento de que necessitava". A virulência deste conceito é desta forma apaziguada, como se se tivesse podido *arrazoá-lo*, domesticá-lo, domá-lo.

Isto coloca a questão do uso da palavra "suplemento": da situação de Rousseau no interior da língua e da lógica que asseguram a esta palavra ou a este conceito recursos tão *surpreendentes* para que o sujeito presumido da frase diga sempre, servindo-se de "suplemento", mais, menos, ou coisa diferente do que ele *quereria dizer*. Portanto, esta questão não é somente a da escritura de Rousseau, mas também a de nossa leitura. Devemos começar por considerar rigorosamente esta *presa* ou esta *surpresa*: o escritor escreve *em* uma língua e *em* uma lógica de que, por definição, seu discurso não pode dominar absolutamente o sistema, as leis e a vida próprios. Ele dela não se serve senão deixando-se, de uma certa maneira e até um certo ponto, governar pelo sistema. E a leitura deve, sempre, visar uma certa relação, despercebida pelo escritor, entre o que ele comanda e que ele não comanda, dos esquemas da língua de que faz uso. Esta relação não é uma certa repartição quantitativa de sombra e de luz, de fraqueza ou de força, mas uma estrutura significante que a leitura crítica deve *produzir*.

O que quer aqui dizer produzir? Ao tentarmos explicá-lo, quereríamos iniciar uma justificativa de nossos princípios de leitura. Justificativa, ver-se-á, toda negativa, desenhando por exclusão um espaço de leitura que não preenchemos aqui: uma tarefa de leitura.

Produzir esta estrutura significante evidentemente não pode consistir em reproduzir, pela reduplicação apagada e respeitosa do comentário, a relação consciente, voluntária, intencional, que o escritor institui nas suas trocas com a história à qual pertence graças ao elemento da língua. Sem dúvida, este momento do comentário reduplicante deve ter seu lugar na leitura crítica. Por não reconhecê-la e não respeitar todas suas exigências clássicas, o que não é fácil e requer todos os instrumentos da crítica tradicional, a produção crítica arriscaria a fazer-se em qualquer sentido e autorizar-se a dizer quase qualquer coisa. Mas este indispensável parapeito nunca fez senão *proteger*, nunca *abriu* uma leitura.

E, entretanto, se a leitura não deve contentar-se em reduplicar o texto, não pode legitimamente transgredir o texto em direção a algo que não ele, em direção a um referente (realidade metafísica, histórica, psicobiográfica etc.) ou em direção a um significado fora de texto cujo conteúdo poderia dar-se, teria podido dar-se fora da língua, isto é, no sentido que aqui damos a esta palavra, fora da escritura em geral. Daí por que as considerações metodológicas que aqui arriscamos sobre um exemplo são estreitamente dependentes das proposições gerais que elaboramos mais acima, quanto a ausência do referente ou do significado transcendental. *Não há fora-de-texto*. E isto não porque a vida de Jean-Jacques não nos interesse antes de mais nada, nem a existência de Mamãe ou de Thérèse *elas mesmas*, nem porque não tenhamos acesso à sua existência dita "real" a não ser no texto e porque não tenhamos nenhum meio de fazer de outra forma, nem nenhum direito de negligenciar esta limitação. Todas as razões deste tipo já seriam suficientes, é certo, mas as há mais radicais. O que tentamos demonstrar seguindo o fio condutor do "suplemento perigoso", é que no que se denomina a vida real destas existências "de carne e osso", para além do que se acredita poder circunscrever como a obra de Rousseau, e por detrás dela, nunca houve senão a escritura; nunca houve senão suplementos, significações substitutivas que só puderam surgir numa cadeia de remessas diferenciais, o "real" só sobrevindo, só acrescentando-se ao adquirir sentido a partir de um rastro e de um apelo de suplemento etc. E assim ao infinito pois lemos, *no texto*, que o presente absoluto, a natureza, o que nomeiam as palavras de "mãe real" etc., desde sempre se esquivaram, nunca existiram; que, o que abre o sentido e a linguagem é esta escritura como desaparição da presença natural.

Embora não seja um comentário, nossa leitura deve ser interna e permanecer no texto. Daí por que, apesar de algumas aparências, a referenciação da palavra *suplemento* não é aqui em nada psicanalítica, se com isso se entende uma interpretação transportando-nos fora da escritura em direção a um significado psicobiográfico ou mesmo em direção a uma estrutura psicológica geral que, de direito, poder-se-ia separar do significante. Este último método pôde aqui e ali opor-se ao comentário reduplicante e tradicional: poderia ser mostrado que, em verdade, ele se compõe facilmente com este. *A segurança com que o comentário considera a identidade a si do texto, a confiança com que recorta o seu contorno, acompanha a tranquila certeza que salta por sobre o texto em direção a seu conteúdo presumido, para o lado do puro significado.* E, de fato, no caso de Rousseau, estudos psicanalíticos do tipo do Dr. Laforgue não transgridem o texto senão após o serem segundo os métodos mais correntes. A leitura do "sintoma" literário é a mais banal, a mais escolar, a mais ingênua. E, uma vez tendo-se assim tornado cego ao próprio tecido do "sintoma", à sua textura própria, excede-se alegremente este em direção a um significado psicobiográfico cujo liame com o significante literário torna-se então perfeitamente extrínseco e contingente. Reconhece-se a outra face do mesmo gesto quando, em obras gerais sobre Rousseau, num conjunto de forma clássica que se dá por uma síntese restituindo fielmente, por comentário e compilação de temas, o conjunto da obra e do pensamento, encontra-se um capítulo de apresentação biográfica e psicanalítica sobre o "problema da sexualidade em Rousseau", com, em apêndice, uma remessa aos autos médicos do autor.

Se, a princípio, parece-nos impossível separar, por interpretação ou comentário, o significado do significante, e assim destruir a escritura pela escritura que ainda é a leitura, acreditamos, todavia, que esta impossibilidade articula-se historicamente. Ela não limita da mesma forma, no mesmo grau e segundo as mesmas regras, as tentativas de decifração. É preciso considerar aqui a história do texto em geral. Quando falamos do escritor e do desaprumo da língua a que está submetido, não pensamos somente no escritor na literatura. O filósofo, o cronista, o teórico em geral, e no limite, todo escrevente, são desta forma surpreendidos. Mas, em cada caso, o escrevente está inscrito num sistema textual determinado. Mesmo que jamais exista um significado puro, existem relações diferentes quanto ao que do significante *se dá* como extrato irredutível de significado. Por exemplo, o texto filosófico, embora seja de fato sempre escrito, comporta, precisamente como sua especificidade filosófica, o projeto de se apagar diante do conteúdo significado que ele transporta e em geral ensina. A leitura deve considerar este propósito, mesmo que, em última análise, ela pretenda fazer aparecer seu revés. Ora, toda a história dos textos, e nela a história das formas literárias no Ocidente, deve ser estudada deste ponto de vista. Com exceção de uma ponta ou de um ponto de resistência que só se reconheceu como tal muito tarde, a escritura literária quase sempre e quase por toda parte, segundo modos e através de idades muito diversas, prestou-se por si mesma a esta leitura *transcendente*, a esta pesquisa do significado que aqui questionamos, não para anulá-la mas para compreendê-la num sistema para o qual ela está cega. A literatura filosófica não é senão um exemplo nesta história mas está entre os mais significativos. E, interessa-nos particularmente no caso de Rousseau. Que ao mesmo tempo e por razões profundas produziu uma literatura filosófica a que pertencem o *Contrato Social* e a *Nouvelle Héloïse*, e escolheu existir pela escritura literária: por uma escritura que não se esgotaria na mensagem – filosófica ou outra – que poderia, como se diz, liberar. E o que Rousseau disse, como filósofo ou como psicólogo, da escritura em geral, não se deixa separar do sistema de sua própria escritura. É preciso ter isso em conta.

O que coloca problemas apavorantes. Problemas de recorte em particular. Apresentemos três exemplos.

1. Se o projeto que seguimos na leitura do "suplemento" não é simplesmente psicanalítico, é sem dúvida porque a psicanálise habitual da literatura começa por colocar entre parênteses o significante literário como tal. É sem dúvida também porque a teoria psicanalítica mesma é para nós um conjunto de textos pertencendo à nossa história e à nossa cultura. Nesta medida, se ela marca nossa leitura e a escritura de nossa interpretação, ela não o faz como um princípio ou uma verdade que se poderia subtrair ao sistema textual que habitamos para esclarecê-lo em total neutralidade. De uma certa maneira, estamos *na* história da psicanálise como estamos *no* texto de Rousseau.

Assim *como* Rousseau embebia-se de uma língua que já estava aí – e que por acaso é, numa certa medida, a nossa, assegurando-nos assim uma certa legibilidade minimal da literatura francesa – assim circulamos hoje numa certa rede de significações marcadas pela teoria psicanalítica, mesmo quando não a dominamos e mesmo que estejamos certos de nunca podermos dominá-la perfeitamente.

Mas é por uma outra razão que não se trata aqui de uma psicanálise, ainda que balbuciante, de Jean-Jacques Rousseau. Uma tal psicanálise já deveria ter referenciado todas as estruturas de pertencença do texto de Rousseau, tudo que não lhe é próprio por ser, devido ao desaprumo e ao já-aí da língua ou da cultura, antes habitado que produzido pela escritura. Ao redor do ponto de originalidade irredutível desta escritura, organizam-se, envolvem-se e se recortam uma imensa série de estruturas, de totalidades históricas de toda ordem. Supondo-se que a psicanálise possa de direito concluir recorte e interpretação, delas supondo-se que ela considere toda a história da metafísica ocidental que mantém com a escritura de Rousseau relações de habitação, ainda seria necessário que ela elucidasse a lei de sua própria pertencença à metafísica e à cultura ocidental. Não prossigamos neste sentido. Já medimos a dificuldade da tarefa e a parte de revés em nossa interpretação do suplemento. Estamos certos de que algo de irredutivelmente rousseauísta aí se capturou, mas, ao mesmo tempo, adquirimos uma massa ainda bastante informe de raízes, estrume e sedimentos de toda espécie.

2. Supondo-se mesmo que se possa, rigorosamente, isolar a obra de Rousseau e articulá-la na história em geral, e depois na história do signo "suplemento", seria ainda necessário considerar muitas outras possibilidades. Seguindo-se as aparições da palavra "suplemento" e do ou dos conceitos correspondentes, percorre-se um certo trajeto no interior do texto de Rousseau. Este trajeto nos assegurará, certamente, a economia de uma sinopse. Mas, não são possíveis outros trajetos? E, não estando a totalidade dos trajetos efetivamente esgotada, como justificar este?

3. No texto de Rousseau, depois de indicarmos, por antecipação e em prelúdio, a função do signo "suplemento", dispomo-nos a privilegiar, de uma forma que certamente alguns acharão exorbitante, certos textos, como o *Essai sur l'origine des langues* e outros fragmentos sobre a teoria da linguagem e da escritura. Com que direito? E por que estes textos curtos,

publicados na maior parte após a morte do autor, dificilmente classificáveis, de data e inspiração incertas?

A todas estas questões e no interior da lógica de seu sistema, não há resposta satisfatória. Em uma certa medida e apesar das precauções teóricas que formulamos, nossa escolha é realmente *exorbitante*.

Mas, o que é o exorbitante? Queríamos atingir o ponto de uma certa exterioridade em relação à totalidade da época logocêntrica. A partir deste ponto de exterioridade, poderia ser encetada uma certa desconstrução desta totalidade, que é também um caminho traçado, deste orbe (*orbis*) que é também orbitário (*orbita*). Ora, o primeiro gesto desta saída e desta desconstrução, embora submetido a uma certa necessidade histórica, não pode se dar certezas metodológicas ou lógicas intraorbitárias. No interior da clausura, só se pode julgar seu estilo em função de oposições recebidas. Dir-se-á que este estilo é empirista e de certa forma se terá razão. A *saída* é radicalmente empirista. Procede como um pensamento errante sobre a possibilidade do itinerário e do método. Ela se afeta de não saber como de seu futuro e deliberadamente *se aventura*. Nós mesmos definimos a forma e a vulnerabilidade deste empirismo. Mas aqui o conceito de empirismo destrói-se a si mesmo. Exceder o orbe metafísico é uma tentativa de sair do sulco (*orbita*), de pensar o todo das oposições conceituais clássicas, particularmente a em que está preso o valor do empirismo: a oposição da filosofia e da não filosofia, outro nome do empirismo, desta incapacidade de sustentar até o fim da coerência de seu próprio discurso, de produzir-se como verdade no momento em que se abala o valor de verdade, de escapar às contradições internas do ceticismo etc. *O pensamento desta oposição histórica entre a filosofia e o empirismo não é simplesmente empírico e não se pode assim qualificá-lo sem abuso e desconhecimento.*

Especifiquemos este esquema. O que há com o exorbitante na leitura de Rousseau? Não há dúvida que Rousseau, nós já o sugerimos, tem privilégio apenas muito relativo na história que nos interessa. Se simplesmente queríamos situá-lo nesta história, a atenção a ele concedida seria, sem dúvida, desproporcional. Mas não se trata disso. Trata-se de reconhecer uma articulação decisiva da época logocêntrica. Para este reconhecimento, Rousseau pareceu-nos ser um revelador muito bom. Isto evidentemente supõe que já arranjamos a saída, determinamos a repressão da escritura como operação fundamental da época, lemos um certo número de textos mas não todos os textos, um certo número de textos de Rousseau mas não todos os textos de Rousseau. Esta confissão de empirismo não pode sustentar-se senão pela virtude da questão. A abertura da questão, a saída para fora da clausura de uma evidência, o abalamento de um sistema de oposições, todos estes movimentos têm necessariamente a forma do empirismo e da errância. Em todo caso, não podem ser descritos, *quanto às normas passadas*, senão sob esta forma. Nenhum outro rastro está disponível, e como estas questões errantes não são começos totalmente absolutos, deixam-se efetivamente alcançar, em toda uma superfície delas mesmas, por esta descrição que também é uma crítica. É preciso começar *de onde quer que estejamos* e o pensamento do rastro, que não pode não considerar o faro, já nos ensinou que seria impossível justificar absolutamente um ponto de partida. *De onde quer que estejamos*: já num texto em que acreditamos estar.

Estreitemos ainda mais a argumentação. O tema da suplementariedade é, sob certos aspectos, somente um tema entre outros. Está numa cadeia trazido por ela. Talvez poder-se-ia substituir-lhe outra coisa. *Mas acontece que ele descreve a própria cadeia, o ser-cadeia de uma cadeia textual, a estrutura da substituição, a articulação do desejo e da linguagem, a lógica de todas as oposições conceituais assumidas por Rousseau*, e particularmente o papel e o funcionamento, em seu sistema, do conceito de natureza. Ele nos diz no texto o que é um texto, na escritura o que é a escritura, na escritura de Rousseau o desejo de Jean-Jacques etc. Se consideramos, segundo o propósito axial deste ensaio, que não há nada fora do texto, nossa justificativa última seria então a seguinte: o conceito de suplemento e a teoria da escritura designam, como hoje se diz tão frequentemente, *em abismo*, a própria textualidade no texto de Rousseau. E veremos que o abismo não é aqui um acidente feliz ou infeliz. Toda uma teoria da Necessidade estrutural do abismo se constituirá pouco a pouco em nossa leitura; o processo indefinido da suplementariedade desde sempre *encetou* a presença, nela desde sempre inscreveu o espaço da repetição e do desdobramento de si. A representação *em abismo* da presença não é um acidente da presença; o desejo da presença nasce ao contrário do abismo da representação, da representação da representação etc. O suplemento mesmo é, em todos os sentidos desta palavra, bastante exorbitante.

Rousseau inscreve, pois, a textualidade no texto. Mas sua operação não é simples. Ela astucia com um gesto de apagamento; e as relações estratégicas como as relações de força entre os dois movimentos formam um desenho complexo. Este parece-nos representar-se no manejo do conceito de suplemento. Rousseau não pode utilizá-lo simultaneamente em todas suas virtualidades de sentido. A maneira pela qual ele o determina e, ao fazê-lo, deixa-se determinar por aquilo mesmo que dele exclui, o sentido em que ele o inflecte, aqui como adição, lá com substituto, ora como positividade e exterioridade do mal, ora como feliz auxiliar, tudo isto não traduz nem uma passividade nem uma atividade, nem uma inconsciência nem uma lucidez do autor. A leitura deve não só abandonar estas categorias – que também são, lembremo-lo de passagem, categorias fundadoras da metafísica – como também produzir a lei desta relação com o conceito de suplemento. Trata-se verdadeiramente de uma produção pois não se reduplica simplesmente o que Rousseau pensava desta relação. O conceito de suplemento é uma espécie de mancha cega no texto de Rousseau, o não visto que abre e limita a visibilidade. Mas a produção, se procura dar a ver o não visto, não sai aqui do texto. Ela, aliás, jamais acreditou fazê-lo a não ser por ilusão. Ela está contida na transformação da língua que ela designa, nas trocas regradas entre Rousseau e a história. Ora, sabemos que estas trocas só passam pela língua e pelo texto, no sentido infraestrutura que agora reconhecemos a esta palavra. E o que denominamos a produção é necessariamente um texto, o sistema de uma escritura e de uma leitura de que sabemos *a priori* – mas somente agora, e por um saber que não é tal –, que elas ordenam-se ao redor de sua própria mancha cega.

3. Gênese e Escritura do *Essai sur l'Origine des Langues*

I. O LUGAR DO *ESSAI*

O que há com a voz na lógica do suplemento? No que seria preciso, talvez, denominar sua "gráfica"?

Na cadeia dos suplementos, era difícil separar a escritura do onanismo. Estes dois suplementos ao menos têm em comum serem perigosos. Transgridem um interdito e são vividos na culpabilidade. Mas, segundo a economia da diferência, eles confirmam o interdito que transgridem, contornam um perigo e reservam um dispêndio. Apesar deles mas também graças a eles, estamos autorizados a ver o sol, a merecer a luz que nos retém na superfície da mina.

Qual culpabilidade se prende a estas duas experiências? Qual culpabilidade fundamental aí se encontra fixada ou deportada? Estas questões podem ser elaboradas em seu lugar próprio somente se anteriormente descreveu-se a superfície estrutural e "fenomenológica" destas duas experiências, e, primeiramente, seu espaço comum.

Nos dois casos, a possibilidade da autoafeção manifesta-se como tal – deixa um rastro de si no mundo. A residência mundana de um significante torna-se inexpugnável. O escrito permanece e a experiência do tocante-tocado admite o mundo como terceiro. A exterioridade do espaço aí é irredutível. Na estrutura geral da autoafeção, no dar-se-uma-presença ou um gozo, a operação do tocante-tocado acolhe o outro na estreita diferença que separa o agir do padecer.

E o fora, a superfície exposta do corpo, significa, marca para sempre a divisão que trabalha a autoafeção.

Ora, a autoafeção é uma estrutura universal da experiência. Todo vivente está em potência da autoafeção. E só um ser capaz de simbolizar, isto é, de autoafetar-se, pode-se deixar afetar pelo outro em geral. A autoafeção é a condição de uma experiência em geral. Esta possibilidade – outro nome para "vida" – é uma estrutura geral articulada pela história da vida e ocasionando operações complexas e hierarquizadas. A autoafeção, o quanto-a-si ou o para-si, a subjetividade ganha em potência e em domínio sobre o outro à medida que seu poder de repetição se idealiza. A idealização é aqui o movimento pelo qual a exterioridade sensível, que me afeta ou me serve de significante, submete-se a meu poder de repetição, ao que me aparece desde então como minha espontaneidade e escapa-me cada vez menos.

É a partir deste esquema que é preciso ouvir a voz. Seu sistema requer que ela seja imediatamente ouvida por aquele que a emite. Ela produz um significante que parece não cair no mundo, fora da idealidade do significado, mas permanecer obrigado, no momento mesmo em que atinge o sistema audiofônico do outro, na interioridade pura da autoafeção. Ela não cai na exterioridade do espaço e no que se denomina mundo, que não é senão o fora da voz. Na fala dita "viva" a exterioridade espacial do significante parece absolutamente reduzida[1]. É a partir desta possibilidade que é preciso colocar o problema do grito – do que sempre se excluiu, do lado da animalidade ou da loucura, como o mito do grito inarticulado – e da voz na história da vida.

O colóquio é, pois, uma comunicação entre duas origens absolutas que, se é que se pode arriscar esta fórmula, se auto-afetam reciprocamente, repetindo em eco imediato a autoafeção produzida pelo outro. A imediatez é aqui o mito da consciência. A voz e a consciência de voz – isto é, sem mais, a consciência como presença a si – são o fenômeno de uma autoafeção vivida como supressão da diferença. Este *fenômeno*, esta presumida supressão da diferença, esta redução vivida da opacidade do significante são a origem do que que se denomina presença. É *presente* o que não se sujeita ao processo da diferência. O presente é aquilo a partir do que acredita-se poder pensar o tempo, apagando a Necessidade inversa: pensar o presente a partir do tempo como diferença.

1. Cf. *La Voix et Phénomène*.

Esta estrutura bastante formal está implicada por todas as análises dos investimentos do sistema da oralidade e do sistema audiofônico em geral, por mais rico e diverso que seja seu campo.

Desde que a não presença vem a ser sentida na própria voz – e é ao menos pressentida desde o limiar da articulação e da diacriticidade – a escritura está de algum modo fissurada em seu valor. Por um lado, nós vimos, ela é o esforço para reapropriar a si, de forma simbólica, a presença. Por outro lado, ela consagra o desapossamento que já descolocara a fala. Nos dois sentidos pode-se dizer que, de um modo ou de outro, ela já começara a trabalhar a fala "viva", expondo-a à morte no signo. Mas o signo suplementar não expõe à morte afetando uma presença a si já possível. A autoafeção constitui o mesmo (*auto*) dividindo-o. A privação da presença é a condição da experiência, isto é, da presença.

Na medida em que *coloca* em jogo a presença do presente e a vida do vivente, o movimento da linguagem não tem somente, presume-se, uma relação de analogia com a autoafeção "sexual". Confunde-se com ela totalmente, mesmo que esta totalidade seja fortemente articulada e diferenciada. Querer distingui-los, eis a aspiração logocêntrica por excelência. Seu último recurso consistiria em dissolver a sexualidade na generalidade transcendental da estrutura "tocante-tocado", tal como poderia descrevê-la uma certa fenomenologia. Esta dissociação é aquela mesma através da qual se desejaria discernir a fala da escritura. Assim como a "funesta vantagem" da autoafeção sexual começa muito antes do que se acredita poder circunscrever sob o nome de masturbação (organização de gestos ditos patológicos e culposos, reservados a algumas crianças ou adolescentes), assim a ameaça suplementar da escritura é mais velha do que aquilo que se acredita poder elevar sob o nome de fala.

A metafísica consiste desde então em excluir a não presença ao determinar o suplemento como *exterioridade simples*, como pura adição ou pura ausência. É no interior da estrutura da suplementariedade que se opera o trabalho de exclusão. O paradoxo é anular-se a adição ao considerá-la como uma pura adição. *O que se acrescenta não é nada, pois se acrescenta a uma presença plena a que é exterior*. A fala vem acrescentar-se à presença intuitiva (do ente, da essência, do *eidos*, da *ousia* etc.); a escritura vem acrescentar-se à fala viva e presente a si; a masturbação vem acrescentar-se à experiência sexual dita normal;

a cultura vem acrescentar-se à natureza, o mal à inocência, a história à origem etc.

O conceito de origem ou de natureza não é pois senão o mito da adição, da suplementariedade anulada por ser puramente aditiva. É o mito do apagamento do rastro, isto é, de uma diferência originária que não é nem ausência nem presença, nem negativa nem positiva. A diferença originária é a suplementariedade como *estrutura*, estrutura aqui quer dizer a complexidade irredutível no interior da qual pode-se somente inflectir ou deslocar o jogo da presença ou da ausência. Aquilo dentro do que a metafísica pode-se produzir mas que ela não pode pensar.

Que este apagamento do rastro se tenha dirigido, de Platão a Rousseau e a Hegel à escritura no sentido estrito, eis aí um deslocamento cuja necessidade talvez agora se perceba. A escritura é um representante do rastro em geral, ela não é o rastro mesmo. *O rastro mesmo não existe*. (Existir, é ser, ser um ente, um ente presente, *to on*.) Este deslocamento deixa, portanto, dissimulado, de uma certa maneira, o lugar da decisão, mas ele o designa muito seguramente.

A ESCRITURA, MAL POLÍTICO E MAL LINGUÍSTICO

O desejo deseja a exterioridade da presença e da não presença. Esta exterioridade é uma matriz. Entre todos seus representantes (exterioridade da natureza e de seus outros, do bem e do mal, da inocência e da perversidade, da consciência e da não consciência, da vida e da morte etc.), ele é um que requer agora uma atenção particular. Ele nos introduzirá ao *Essai sur l'origine des langues*. É a exterioridade da dominação e da servidão, ou da liberdade e da não liberdade. Entre todos estes representantes, a exterioridade da liberdade e da não liberdade tem, talvez, um privilégio. Ele reúne mais claramente que outros o histórico (o político, o econômico, o técnico) e o metafísico. Heidegger resumiu a história da metafísica ao repetir o que fazia da liberdade a condição da presença, isto é, da verdade[2]. E a voz sempre se dá como a melhor expressão da liberdade. Ela é por si mesma a linguagem em liberdade e a liberdade de linguagem, o falar franco que não tem que emprestar da exterioridade do mundo seus significantes e que parece, pois, deles não poder ser desa-

---

2. Aqui seria preciso citar *in extenso De l'essence du fondement* e *De l'essence de la vérité* e, notadamente, tudo que neles faz comunicar as noções de *Polis*, de *Agathon* e de *Aletheia*.

possado. Os seres mais acorrentados e mais desprovidos não dispõem todavia desta espontaneidade interior que é a voz? O que é verdadeiro do cidadão o é primeiramente desses seres nus e à mercê do poder de outrem: os recém-nascidos. "As primeiras dádivas que eles recebem de vós são cadeias; os primeiros tratamentos que experimentam são tormentos. *Não tendo nada de livre senão a voz*, como dela não se serviriam para se queixarem?" (*Emile*, p. 15. O grifo é nosso).

O *Essai sur l'origine des langues* opõe a voz à escritura como a presença à ausência e a liberdade à servidão. Estas são, aproximadamente, as últimas palavras do *Essai*: "Ora, eu digo que toda língua através da qual não se consegue ser ouvido pelo povo reunido é uma língua servil; é impossível que um povo permaneça livre falando tal língua" (cap. XX). É por esta frase que retomáramos pé sobre uma terra rousseauísta que mal abandonáramos, quando do desvio pela ideologia lévistraussiana da *neighbourhood*, das "pequenas comunidades onde todo mundo conhece todo mundo" e onde ninguém se mantém fora de alcance de voz: ideologia clássica a partir da qual a escritura tomava o estatuto de uma triste fatalidade vindo abater-se sobre a inocência natural e interrompendo a idade de ouro da fala presente e plena.

Rousseau concluía assim:

"Terminarei estas reflexões superficiais, mas que podem suscitar outras mais profundas, com a passagem que mais sugeriu.

"*Seria matéria de um exame bastante filosófico observar no fato e mostrar por exemplos, como o caráter, os costumes e os interesses de um povo influem sobre sua língua*" (*Remarques sur la grammaire générale et raisonnée*, por M. Duclos, p. 2).

O *Comentário*[3] de Duclos parece ter sido realmente, com o *Essai sur l'origine des connaissances humaines* de Condillac (1746), uma das principais "fontes" do *Essai sur l'origine des langues*. E poder-se-ia mesmo ser tentado a considerar o *Essai* de Rousseau como a efetivação do programa "filosófico" indicado por Duclos. Este lamenta

"a inclinação que temos para tornar nossa língua mole, afeminada e monótona. Temos razão para evitar a rudeza na pronunciação, mas acredito que caímos demasiadamente no defeito oposto. Antigamente pronunciávamos muito mais ditongos do que hoje; pronunciavam-se nos tempos dos verbos,

---

3. Referimo-nos à edição seguinte: *Grammaire générale et raisonnée de Port--Royal*, par Arnaud *et* Lancelot; *Précédée d'un Essai sur l'origine et les progrès de la Langue française*, pelo Sr. Petitot, e seguida do *Commentaire* do Sr. Duclos, ao qual acrescentaram-se notas. Perlet, Ano XI. – 1803.

tais como *j'avois*, *j'aurois* e em vários nomes tais como *François*, *Anglois*, *Polonois*, quando hoje pronunciamos *j'avès*, *j'aurès*, *Francès*, *Anglès*, *Polonès*. No entanto, estes ditongos davam força e variedade à pronúncia e a salvaram de uma espécie de monotonia que vem, em parte, de nossa multidão de *e* mudos"[4].

A degradação da língua é o sintoma de uma degradação social e política (tema que se tornará muito frequente na segunda metade do século XVIII); ela tem sua origem na aristocracia na capital. Duclos anuncia bastante precisamente os temas rousseauístas quando assim prossegue: "O que se denomina entre nós a *sociedade*, e que os antigos não teriam denominado senão *grupelho*, hoje decide sobre a língua e os costumes. Desde que uma palavra permanece algum tempo em uso entre *a gente mundana*, sua pronúncia se amolece"[5]. Duclos também julga intolerável a mutilação assim infligida às palavras, as alterações e sobretudo os encurtamentos; é preciso, sobretudo, não *cortar* as palavras:

"Esta indolência na pronúncia, que não é incompatível com a impaciência para se exprimir, faz-nos alterar até mesmo a natureza das palavras, cortando-as de forma que seu sentido não é mais reconhecível. Hoje, por exemplo, diz-se como provérbio: en dépit de lui et de *ses dens* [a despeito dele e de seus dentes] em vez de *ses aidans* [seus ajudantes].

"Temos mais palavras encurtadas ou alteradas pelo uso do que se crê. Nossa língua tornar-se-á insensivelmente mais apropriada à conversa que à tribuna, e a conversa dá o tom à cátedra, ao foro e ao teatro; enquanto que entre os gregos e os romanos a tribuna não se-lhe escravizara. Uma pronúncia elevada e uma prosódia fixa e distinta devem conservar-se particularmente entre povos que são obrigados a tratar publicamente assuntos interessantes para todos os auditores, pois que, sendo aliás todas as coisas iguais, um orador cuja pronúncia é firme e variada, deve ser escutado mais longe que um outro..."

A alteração da língua e da pronúncia seria, pois, inseparável da corrupção política. O modelo político que assim inspira

---

4. P. 396. O eco mais preciso desse texto se encontra, fora do *Essai* nas notas agrupadas na edição da Pléiade sob o título *Prononciation* (T. II, c. 1248) e, na edição Streickeisen-Moultou, sob o título *Fragment d'un Essai sur les langues*. Rousseau liga em sua crítica a degradação dos costumes à corrupção da pronúncia e o progresso da escritura. Chega a citar exemplos de alterações às quais teve o triste privilégio de assistir, e que são devidas a um "vício de pronúncia no órgão, ou no acento, ou no hábito". "Palavras cuja pronúncia vi mudar: *Charoiois – Charolès*, *secret – segret*, *persécuter – perzecuter* etc." Todos esses temas remetem também ao abade Du Bos, *Réflexions critiques sur la poésie et sur la peinture* (1719).

5. P. 397.

Duclos é a democracia de estilo ateniense ou romano. A língua é a propriedade do povo. Eles devem um ao outro sua unidade. Pois, se há um *corpus* da língua, um sistema da língua, é na medida em que o povo é agrupado e reunido "em corpo": "É um povo em corpo que faz uma língua... Um povo é portanto o senhor absoluto da língua *falada*, e é um império que exerce sem disso se aperceber"[6]. Para desapossar o povo de sua dominação sobre a língua e assim de sua dominação sobre si, é preciso, pois, suspender o *falado* da língua. A escritura é o processo mesmo da dispersão do povo reunido em corpo e o início de sua escravização. "O corpo de uma nação tem direito único sobre a língua *falada*, e os escritores têm direito sobre a língua *escrita*: *o povo, dizia Varron, não é o senhor da escritura como da fala*" (p. 420).

Esta unidade do mal político e do mal linguístico apela, portanto, a um "exame filosófico". A este apelo, logo responde Rousseau pelo *Essai*. Mas, reconhecer-se-á ainda, muito mais tarde, sob sua forma mais aguda, a problemática de Duclos. A dificuldade da pedagogia da linguagem e do ensino das línguas estrangeiras, está, dirá o *Emile*, em que não se pode separar o significante do significado e que, ao mudar as palavras mudam-se as ideias, de tal modo que o ensino de uma língua transmite simultaneamente toda uma cultura nacional sobre a qual o pedagogo não tem nenhum controle, que lhe resiste como o já-aí precedendo a formação, a instituição precedendo a instrução.

"Causará surpresa de que eu conte o estudo das línguas no número das inutilidades da educação... Concordo que se o estudo das línguas não fosse senão o das palavras, ou seja, das figuras ou dos sons que as exprimem, este estudo poderia convir às crianças: mas as línguas, ao mudarem os signos, modificam também as ideias que representam. As cabeças se formam sobre as linguagens, os pensamentos adquirem a tinta dos idiomas. Só a razão é comum, o espírito tem, em cada língua, sua forma particular, diferença que bem poderia ser em parte a causa ou o efeito dos caracteres nacionais; e, o que parece confirmar esta conjetura é que, em todas as nações do mundo, a língua segue

---

6. P. 421. "É um povo em corpo que faz uma língua. É pelo concurso de uma infinidade de necessidade de ideias, e de causas físicas e morais, variadas e combinadas durante uma sucessão de séculos, sem que seja possível reconhecer a época das mudanças, das alterações ou dos progressos. Amiúde o capricho decide: algumas vezes é a metafísica/ mais sutil, que escapa à reflexão e ao conhecimento daqueles mesmos que são seus autores... A escritura (falo da dos sons) não nasceu, como a linguagem, por uma progressão lenta e sensível: passaram-se vários séculos antes que nascesse; mas nasceu de um só golpe, como a luz."

as vicissitudes dos costumes, e conserva-se ou altera-se como eles" (p. 105).

E toda esta teoria sobre o ensino das línguas repousa sobre uma distinção rigorosa entre a coisa, o sentido (ou ideia) e o signo; dir-se-ia hoje, entre o referente, o significado e o significante. Se o representante pode ter uma eficácia, às vezes nefasta, sobre o representado, e se a criança não deve e não pode "aprender a falar mais que uma língua", e porque "cada coisa pode ter para ela mil signos diferentes; mas cada ideia não pode ter mais que uma forma" (*ibidem*).

Lançado por Duclos, o convite ao "exame filosófico" desta questão caminhou, pois, por muito tempo, em Rousseau. Ele fora formulado no *Comentário* em 1754. É citado na conclusão do *Essai*, mas, outras passagens do *Comentário* são evocadas em outros lugares, notadamente no capítulo VII. Permitem-nos estas citações, que não puderam, pois, ser anteriores à publicação do segundo *Discurso* (*Discurso sobre a origem e os fundamentos da desigualdade entre os homens*), também datado de 1754, alguma certeza quanto à data de redação do *Essai*? E em que medida pode-se ligar este problema cronológico ao problema sistemático do que se denomina o estado do pensamento do autor? A importância que reconhecemos a esta obra nos proíbe negligenciar esta questão.

Sobre a data de composição deste texto pouco conhecido e publicado após a morte de Rousseau, os intérpretes e os historiadores mais autorizados raramente chegaram a um acordo. E quando o fizeram, é em geral por diferentes razões. A colocação última em jogo, deste problema é evidente: pode-se falar de uma obra da maturidade? Seu conteúdo concilia-se com o do segundo *Discurso* e das obras ulteriores?

Neste debate, os argumentos externos juntam-se sempre aos argumentos internos. Dura mais de setenta anos e conheceu duas fases. Se começamos por lembrar a mais recente, é primeiramente porque ela se desenrola um pouco como se a fase anterior não tivesse colocado um ponto que acreditamos final ao aspecto externo do problema. Mas é também porque renova, de uma certa maneira, a forma do problema interno.

O DEBATE ATUAL: A ECONOMIA DA PIEDADE

As citações de Duclos não são os únicos índices que permitem aos comentadores modernos concluir que o *Essai* é posterior ao segundo *Discurso*, ou que é quando muito seu contemporâneo. B. Gagnebin e M. Raymond lembram na edição das *Confissões*[7] que "*Essai sur l'origine des langues* apareceu pela primeira vez num volume de *Traités sur la musique* de J.-J. Rousseau que Du Peyrou publicou em Genebra, em 1781, segundo o manuscrito que ele detinha e que legou à Biblioteca de Neuchâtel (n° 7835)".

Os editores das *Confessions* chamam a atenção sobre este "muito notável opúsculo, tão pouco lido", e apoiam-se sobre as citações de Duclos para situá-lo após o segundo *Discurso*. "Enfim, acrescentam eles, o próprio assunto do *Essai* supõe conhecimentos e uma maturidade de pensamento que Rousseau não adquirira em 1750". É também a opinião de R. Derathé[8], ao menos no que diz respeito aos capítulos IX e X que estão entre os mais importantes e que, explicando a "Formação das línguas meridionais" e a "Formação das línguas do norte", desenvolvem temas muito aparentes aos do segundo *Discurso*.

Não é verossímil – e tentador imaginar – que Rousseau tenha podido estender a redação deste texto por vários anos? Não se poderia, então, aí relevar diversos extratos de sua reflexão? As citações de Duclos não poderiam ter sido introduzidas bastante tarde? Certos capítulos importantes não poderiam ter sido compostos, completados ou retocados simultaneamente ao segundo *Discurso* ou mesmo após ele? Isto conciliaria as interpretações e daria uma certa autoridade à hipótese dos que hoje situam o projeto, quando não toda a redação do *Essai* muito antes de 1754. Vaughan considera assim, por razões externas, que o *Essai* foi projetado antes do segundo *Discurso* e mesmo antes do primeiro *Discurso* (1750)[9]. Realmente, ele se prende muito estreitamente aos escritos sobre a música. Seu título completo bem o diz: *Essai sur l'origine des langues, où il est parlé de la Mélodie, et de l'Imitation musicale*. Ora, sabe-se que os escritos sobre a música respondem a uma inspiração muito precoce. Em 1742, Rousseau lê à Academia das Ciências, seu *Projet concernant de nouveaux signes pour la musique*. Em 1743 aparece a *Dissertation sur la musique moderne*. Em 1749, ano de composição do primeiro *Discurso*, Rousseau escreve a pedido de d'Alembert, os artigos sobre a música para a *Enciclopédia*. É a partir destes artigos que ele comporá o *Dictionnaire de mu-*

---

7. Pléiade (T. I. p. 560, n. 3).
8. *Le rationalisme de Rousseau*, 1948, pp. 17-18. *Rousseau et la science politique de son temps*, 1950, p. 146.
9. *Political writings*. I, 10. Cf. também Hendel, *J.-J. Rousseau moralist*. T. I. pp. 66 e ss.

sique a que o *Essai* foi soldado quando de sua primeira publicação. Não se pode, então, imaginar que o *Essai* foi empreendido nesta época, ainda que, prolongando-se sua redação por vários anos, Rousseau tenha modificado até 1754 algumas de suas intenções e alguns capítulos seus, chegando a pensar em fazer do *Essai*, conforme o afirma num Prefácio[10], uma parte do segundo *Discurso*?

Entretanto, apesar da comodidade e da plausibilidade desta conjetura conciliatória, permanece um ponto sobre o qual, por razões internas e sistemáticas, é difícil apagar o desacordo ao distribuir a cada hipótese seu período e sua parte de verdade. Cumpre aqui tomar partido.

Trata-se do conteúdo filosófico do capítulo IX "Formação das línguas meridionais". É a respeito deste capítulo fundamental que R. Derathé e J. Starobinski separam-se. Eles, certamente, jamais se opuseram diretamente sobre este ponto. Mas, cada um deles lhe consagra uma nota[11] e este confronto deve-nos ajudar a esclarecer nosso problema.

Que o *Essai* seja uma peça destinada ao segundo *Discurso*, aí está, segundo Derathé, a hipótese "mais verossímil, ao menos no que diz respeito aos capítulos IX e X... que testemunham as mesmas preocupações que o *Discurso sobre a desigualdade*".

Ora, é precisamente no capítulo IX que Starobinski ressalta uma afirmação que lhe parece incompatível com a intenção do segundo *Discurso*. Dela conclui que o pensamento de Rousseau evoluiu. E só pôde fazê-lo do *Essai* ao *Discurso*, pois a doutrina, ao que parece, não mais variará no ponto considerado após 1754. O *Essai* seria, pois, anterior, sistemática e historicamente, ao segundo *Discurso*. E isto apareceria do exame do estatuto que ele reconhece aqui e ali a este sentimento fundamental que é, segundo ele, a *piedade*. Em uma palavra, o *Discurso* dela faz uma afeção ou uma virtude *natural*, precedendo o uso da reflexão, enquanto no *Essai* Rousseau parece julgar necessário que ela seja previamente *despertada* – deixemos, de momento toda sua indeterminação a esta palavra – pelo juízo.

Lembremos primeiramente a doutrina do *Discurso*, pois ela não dá margem a nenhum desacordo. Rousseau aí afirma, sem ambiguidade, que a piedade é mais velha que o trabalho da razão e da reflexão. Aí está uma condição de sua universalidade. E o argumento não podia deixar de apontar Hobbes:

10. Cf. *infra*, p. 237.
11. Já citamos a de Derathé. Cf. também J. Starobinski, edição do segundo *Discurso* na Pléiade, p. 154, nota 2.

"Não creio haver nenhuma contradição a temer, outorgando ao homem a única virtude *Natural* que fora forçado a reconhecer o Detrator mais exagerado das virtudes humanas[12]. Falo da Piedade, disposição conveniente a seres tão fracos e sujeitos a tantos males como nós o somos; virtude tanto mais universal e tanto mais útil ao homem, que ela *nele precede o uso de toda reflexão*, e tão Natural que as próprias alimárias dela dão por vezes signos sensíveis".

E após dar exemplos dela, na ordem humana e na ordem animal, mas remetendo quase sempre às relações da Mãe e da Criança, Rousseau prossegue:

"Tal é o puro movimento na Natureza, *anterior a toda reflexão*: tal é a força da piedade natural, que os costumes mais depravados ainda têm dificuldade em destruir. Mandeville bem sentiu que com toda a sua moral os homens jamais teriam sido senão monstros, se a Natureza não lhes tivesse dado a piedade para apoio da razão..." "É pois bem certo que a piedade é um sentimento natural, que moderando em cada indivíduo a atividade do amor de si mesmo, contribui à conservação mútua de toda a espécie. É ela que nos leva *sem reflexão*, ao socorro dos que vemos sofrerem: é ela que, no estado de Natureza, *ocupa lugar* de Lei, de costumes e de virtude, com a vantagem de que ninguém é tentado a desobedecer à sua *doce* voz[13]".

Marquemos aqui uma pausa antes de retomarmos o fio do debate. Consideremos ainda o sistema das metáforas. A piedade natural, que se ilustra de maneira arquetípica na relação da mãe com o filho e em geral na relação da vida com a morte, comanda como uma doce voz. Na metáfora desta doce voz são transportadas ao mesmo tempo a presença da mãe e a da natureza. Que esta doce voz seja a da natureza e a da mãe, isto se reconhece também em ser ela e, como sempre o assinala a metáfora da voz em Rousseau, uma lei: "Ninguém é tentado a

12. Trata-se de Mandeville. Ver a nota de Starobinski à edição do *Discurso* na edição da Pléiade, à qual nos referimos aqui. (T. III, p. 154. O grifo é nosso).
13. O grifo é nosso. Os exemplos escolhidos por Rousseau não nos são indiferentes: "Sem falar da ternura das Mães para com seus filhos, e dos perigos que elas enfrentam Dará garanti-los, observamos todos os dias a repugnância que têm os Cavalos de pisar um Corpo vivo; Um animal dificilmente passa sem inquietude junto a um animal morto de sua Espécie: Há alguns até que lhes dão uma quase que sepultura; E os tristes mugidos do Gado que entra em um Matadouro anunciam a impressão que recebe do horrível espetáculo que o toca. Vemos com prazer o autor da *Fable des abeilles*, forçado a reconhecer no homem um Ser compassivo e sensível, sair, no exemplo que nos oferece, de seu estilo frio e sutil para oferecer-nos a patética imagem de um homem encerrado que percebe, fora, uma alimária feroz, arrancando uma Criança do seio de sua Mãe, rompendo com seu dente mortífero os débeis membros e estraçalhando com as unhas as entranhas desta Criança. Que horrorosa agitação não experimenta essa testemunha de um acontecimento no qual não tem nenhum interesse pessoal? Que angústias não sofre a esta visão, por não poder levar nenhum socorro à Mãe desmaiada, nem à Criança moribunda? Tal é o puro movimento da Natureza, anterior a toda reflexão..."

desobedecê-la", ao mesmo tempo porque ela é doce e porque, sendo natural, absolutamente original, ela é também inexorável. Esta lei maternal é uma voz. A piedade é uma voz. A voz é sempre, em sua essência, a passagem da virtude e da boa paixão. Por oposição à escritura que é *sem piedade*. Ora, a ordem da piedade "ocupa lugar de lei", supre a lei, entendamos, a lei instituída. Mas, como a lei de instituição é também o suplemento da lei natural assim que esta vem a faltar, vê-se bem que só o conceito de suplemento permite pensar aqui a relação entre a natureza e a lei. Estes dois termos só têm sentido no interior da estrutura de suplementariedade. A autoridade da lei não maternal só tem sentido ao se substituir a autoridade da lei natural, a "doce voz" a que foi preciso ser "tentado a desobedecer". A ordem sem piedade a que se acede assim que a doce voz cessa de se fazer ouvir, é tão simplesmente, como deixávamos imaginar há um instante, a ordem da escritura? Sim e não. Sim, na medida em que se lê a escritura ao pé da letra, ou se a liga à letra. Não, na medida em que se entende a escritura em sua metáfora. Então, pode-se dizer que a lei natural, a doce voz da piedade, não é somente proferida por uma instância materna, ela é inscrita em nossos corações por Deus. Trata-se, então, da escritura natural, a escritura do coração, que Rousseau opõe à escritura da razão. Só esta última é sem piedade, só ela transgride o interdito que, sob o nome de afeção natural, liga a criança à mãe e protege a vida contra a morte. Transgredir a lei e a voz da piedade é substituir a afeção natural pela paixão pervertida. Ora, a primeira é boa porque é inscrita em nossos corações por Deus. É aqui que nós encontramos esta escritura, divina ou natural, cujo deslocamento metafórico havíamos situado mais acima. No *Emile*, descrevendo o que ele denomina o "segundo nascimento", Rousseau escreverá:

"Nossas paixões são os principais instrumentos de nossa conservação: é, pois, uma empresa tão vã quanto ridícula querer destruí-la; é controlar a natureza, é reformar a obra de Deus. Se Deus dissesse ao homem que anulasse as paixões que ele lhe dá, Deus quereria e não quereria, ele se contradiria a si mesmo. Jamais ele deu esta ordem insensata, nada de similar está escrito no coração humano; e o que Deus quer que um homem faça, ele não lhe faz dizer por um outro homem, ele lhe diz ele mesmo, ele o escreve no fundo de seu coração" (pp. 246-247).

A paixão absolutamente primitiva, a que Deus não pode ordenar-nos anular sem contradizer-se a si mesmo, é o amor de si. Sabe-se que Rousseau o distingue do amor-próprio que é sua forma corrompida. Ora, se a fonte de todas as paixões é natural, todas as paixões não o são. "Mil riachos estranhos a engrossaram (*ibidem*). O que nos importa aqui, quanto ao estatuto da piedade, raiz do amor a outrem, é que não é nem a fonte ela mesma, nem um fluxo passional derivado, uma paixão adquirida entre outras. Ela é a *primeira derivação* do amor de si. Ela é *quase* primitiva e é na diferença entre a proximidade e a identidade absolutas que se localiza toda a problemática da piedade. "O primeiro sentimento de uma criança é amar-se a si mesma; e o segundo, que deriva do primeiro, é amar os que dela se aproximam" (p. 248). Esta derivação é demonstrada em seguida: ela é menos um distanciamento e uma interrupção do amor de si do que a primeira e a mais necessária de suas consequências. Se a piedade modera "a atividade do amor de si" (segundo *Discurso*, p. 156), é talvez menos a ela se opondo[14] do que a exprimindo de maneira desviada, diferindo-a, pois esta moderação "contribui para a conservação mútua da espécie" (*ibidem*).

É preciso ainda compreender como e por que a piedade, suprida ela mesma pela lei e pela sociedade, pode também desempenhar o papel de suplente. Por que tornar-se ela, num momento dado ou desde sempre, o tenente-lugar da cultura, o que "no estado de natureza, ocupa lugar de leis, de costumes e de virtude?" Contra qual *analogon* de si mesma, contra qual depravação nos defende ela, que lhe seja tão semelhante mas também tão outra para que a substituição tenha lugar?

É por acaso que, como tal outro suplemento, o sentimento natural e pré-reflexivo da piedade, que "contribui para a conservação mútua da espécie", protege-nos, entre outras ameaças de morte, do amor? É por acaso que a piedade protege o homem (*homo*) de sua destruição pelo furor do amor, na medida em que protege o homem (*vir*) de sua destruição pelo furor da mulher? O que quer dizer a inscrição de Deus, é que a piedade que liga a criança à mãe e a vida à natureza – deve-nos defender da paixão amorosa que liga o vir-a-ser-homem da criança (o "segundo nascimento") ao vir-a-ser-mulher da mãe. Este devir é a grande substituição. A piedade defende a humanidade do homem e a vida do vivente na medida em que salva, nós o veremos, a virilidade do homem e a masculinidade do macho.

---

14. Perguntamo-nos se é possível, nesse ponto, opor, como o faz R. Derathé, a doutrina do *Emile* e a do segundo *Discurso* ("... no *Emile* a piedade torna-se um sentimento derivado do amor de si, enquanto o segundo *Discurso* opunha esses dois princípios um ao outro..." *Le rationalisme de J.-J. Rousseau*, pp. 99-100).

Com efeito, se a piedade é natural, se o que nos leva a identificarmo-nos com outrem é um movimento inato, o amor, em compensação, a paixão amorosa não tem nada de natural. É um produto da história e da sociedade.

"Entre as paixões que agitam o coração do homem está uma ardente, impetuosa, que torna um sexo necessário ao outro; paixão terrível que desafia todos os perigos, derruba todos os obstáculos, e que, em seus furores, parece própria a destruir o gênero-humano que ela é destinada a conservar. O que se tornarão os homens, presa desta raiva desenfreada e brutal, sem pudor, sem moderação, e disputando-se cada dia seus amores, pagando-se com seu sangue?" (*Discurso*, p. 157).

É preciso ler atrás deste quadro sangrento, em sobimpressão, *a outra cena*: a que, imediatamente antes, com a ajuda das mesmas cores, exibia um mundo de cavalos mortos, de bestas ferozes, de crianças arrancadas ao seio materno.

A paixão amorosa é, pois, a perversão da piedade natural. Diferentemente desta, ela limita nosso apego a um ser único. Como sempre em Rousseau, o mal aí tem a forma da determinação, da comparação e da *preferência*. Isto é, da diferença. Esta invenção da cultura desnatura a piedade, desvia seu movimento espontâneo que a conduziria instintiva e indistintamente em direção a todo vivente, qualquer que seja a sua espécie e qualquer que seja o seu sexo. O ciúme que marca o intervalo entre a piedade e o amor não é só uma criação da cultura em nossa sociedade. Enquanto astúcia da comparação, ele é um estratagema da feminidade um arrazoamento da natureza pela mulher. O que há de cultural e histórico no amor está a serviço da feminidade: feito para escravizar o homem à mulher. É "um sentimento factício, nascido pelo uso da sociedade e celebrado pelas mulheres com muita habilidade e cuidado para estabelecerem seu império, e tornarem dominante o sexo que deveria obedecer" (p. 158). E o *Emile* dirá que "está na ordem da natureza que a mulher obedeça ao homem" (p. 517). E aqui, Rousseau descreve a luta entre o homem e a mulher segundo o esquema e nos termos mesmos da dialética hegeliana do senhor e do escravo, o que não esclarece somente seu texto mas também a *Fenomenologia do Espírito*:

"Portanto, quando ele a toma num posto inferior, a ordem natural e a ordem civil se harmonizam e tudo vai bem. Dá-se o contrário quando, aliando-se abaixo dele o homem opta pela alternativa de ferir seu direito ou seu reconhecimento e de ser ingrato ou desprezado. Então, a mulher, visando a autoridade, torna-se o tirano de seu chefe; e o senhor, tornado o escravo, vê-se a mais ridícula e a mais miserável das criaturas. Tais são estes desafortunados *favoritos* que os reis da Ásia honram e atormentam por sua aliança e que, diz-se, para deitarem com suas mulheres, só ousam entrar no leito na ponta dos pés" (*ibidem*).

A perversão histórica[15] introduz-se por uma dupla substituição: substituição do comando político ao governo doméstico, e do amor moral ao amor físico. É natural que a mulher governe a casa e Rousseau reconhece-lhe para isto um "talento natural"; mas, ela deve fazê-lo sob a autoridade do marido, "como um ministro no Estado, fazendo-se comandar o que ela quer fazer":

"Eu acredito que muitos leitores, lembrando-se que dou à mulher um talento natural para governar o homem, acusar-me-ão aqui de contradição: enganar-se-ão, no entanto. Há muita diferença entre arrogar-se o direito de comandar, e governar aquele que comanda. O império da mulher é um império de *doçura*, de destreza e de complacência; suas *ordens são carícias*; suas ameaças são lágrimas. Ela deve reinar na casa como um ministro no Estado, fazendo-se comandar o que ela quer fazer. Neste sentido, é constante que os melhores matrimônios são aqueles em que a mulher tem a maior autoridade: mas quando ela desconhece a *voz* do chefe, querendo usurpar seus direitos e ela própria comandar, só resulta desta desordem miséria, escândalo e desonra" (*ibidem*. O grifo é nosso).

Na sociedade moderna a ordem foi, portanto, invertida pela mulher e tal é a forma mesma da usurpação. Esta substituição não é um abuso entre outros. É o paradigma da violência e da anomalia política. Como o mal linguístico de que falávamos mais acima – e nós o veremos diretamente ligados logo a seguir – esta substituição é um mal político. A *Lettre à M. d'Alembert* bem o diz:

"... não querendo mais oferecer separação, não podendo-se tornarem homens, as mulheres nos tornam mulheres. Este inconveniente, que degrada o homem, é muito grande em toda parte; mas é sobretudo nos Estados como o nosso que é importante preveni-lo. Governe um monarca homens ou mulheres, isto lhe deve ser bastante indiferente desde que seja obedecido; mas, numa república, é preciso homens[16]".

15. Sabe-se que Rousseau projetara consagrar uma obra ao papel das mulheres na história. Tratava-se para ele, ao que parece, de restaurar uma verdade histórica (a importância do papel da mulher, que a história dos homens deliberadamente dissimulou) mas, igualmente, de relembrar o caráter, por vezes nefasto, desse papel, fazendo "algumas observações sobre os grandes homens que se deixaram governar pelas mulheres. Temístocles, Antônio etc. Fúlvia, mulher de Antônio, excita a guerra por não ter conseguido ser amada por César". Cf. *Sur les femmes et Essai sur les événements importants dont les femmes ont été la cause secrète* (Pléiade, II, pp. 1254-1257).

16. Ed. Garnier, p. 204. Deve-se ler também toda a nota 1: o autor espanta-se nela de que "tal pilhéria, cuja aplicação se vê bem, tenha sido tomada na França ao pé da letra por pessoas de espírito".

A moralidade deste propósito é que as próprias mulheres ganhariam quando a república restaurasse a ordem natural. Pois, numa sociedade perversa, o homem despreza a mulher a que deve obedecer: "Covardemente dedicados às vontades do sexo que deveríamos proteger e não servir, aprendemos a desprezá-lo ao obedecê-lo, a ultrajá-lo por nossos cuidados trocistas". E Paris, culpado das degradações da língua é mais uma vez incriminada: "E cada mulher de Paris reúne em seu apartamento um harém de homens mais mulheres que ela, que sabem prestar à beleza toda espécie de homenagens, exceto a do coração, de que ela é digna" (*Ibidem*).

A imagem "natural" da mulher, tal como a reconstitui Rousseau, desenha-se pouco a pouco: exaltada pelo homem mas a ele submissa, ela deve governar sem ser a senhora. Deve-se *respeitá-la*, isto é, amá-la a uma distância suficiente para que as forças – as nossas e as do corpo político – não sejam encetadas por isso. Pois nós arriscamos nossa "*constituição*" não só com "frequentar as mulheres" (em vez de contê-las no governo doméstico) mas também com regrar nossa sociedade segundo a delas. "Eles (os homens) ressentem-se tanto e mais que elas de seu comércio por demais íntimo: elas nele perdem apenas os seus costumes e nós nele perdemos ao mesmo tempo nossos costumes e nossa constituição" (p. 204). Portanto, a partida não é igual e eis, talvez, a significação mais profunda do jogo da suplementariedade.

Isto nos conduz diretamente à outra forma da perversão substitutiva: a que acrescenta o amor moral ao amor físico. Há um natural do amor: ele serve à procriação e à conservação da espécie. O que Rousseau denomina "o físico do amor" é, como seu nome o indica, natural; assim, soldado ao movimento da piedade. O desejo não é a piedade, é certo, mas ele é como ela, segundo Rousseau, pré-reflexivo. Ora, cumpre "distinguir o moral do Físico no amor" (segundo *Discurso*, p. 157). No "moral" que se substitui ao natural, na instituição na história, na cultura, graças ao uso social, a perfídia feminina dedica-se a arrazoar o desejo natural, a captar sua energia para ligá-la a um só ser. Este assegura-se desta forma uma dominação usurpada:

"O Físico é este desejo geral que leva um sexo a unir-se ao outro; o moral é o que determina este desejo e o fixa num só objeto exclusivamente, ou que ao menos dá por este objeto preferido um maior grau de energia" (p. 158).

A operação da feminidade – e esta feminidade, este princípio feminino pode estar agindo tanto nas mulheres quanto naqueles que a sociedade denomina homens e que, diz Rousseau, "as mulheres tornam mulheres" – consiste, pois, em capturar a energia amarrando-a a um só tema, a uma única representação.

Tal é a história do amor. Nela reflete-se a história sem mais como desnaturação: o que acrescenta-se à natureza, o suplemento moral, desloca, por substituição, a força da natureza. Neste sentido o suplemento não é nada, ele não tem nenhuma energia própria, nenhum movimento espontâneo. É um organismo parasitário, uma imaginação ou uma representação que determina e orienta a força do desejo. Jamais poderá ser explicado a partir da natureza e da força natural que algo como a diferença de uma *preferência* possa, sem força própria, forçar a força. Um tal espanto dá todo seu ímpeto e toda sua forma ao pensamento de Rousseau.

Este esquema já é uma interpretação da história por Rousseau. Mas esta interpretação presta-se, por sua vez, a uma interpretação segunda em que se marca uma certa hesitação. Rousseau parece oscilar entre duas leituras desta história. E o sentido desta oscilação deve ser reconhecido aqui. Ele esclarecerá ainda por mais de uma vez nossa análise. Ora a substituição perversa é descrita como a origem da história, como a historicidade mesma e o primeiro afastamento em relação ao desejo natural. Ora ela aparece como uma depravação histórica *na* história, não simplesmente uma corrupção na forma da suplementariedade mas uma corrupção suplementar. É deste modo que pode-se ler as descrições de uma sociedade histórica em que a mulher se mantém em seu lugar, permanece em seu lugar, ocupa seu lugar natural, como o objeto de um amor não corrompido:

"Os antigos passavam quase toda sua vida ao *ar livre*, ou dedicando-se a seus afazeres, ou regulando os do Estado em praça pública, ou passeando no campo, nos jardins, à beira do mar, na chuva, no sol, e quase sempre de cabeça descoberta. Em tudo isto, nada de mulheres; mas sabia-se muito bem encontrá-las se necessário, e não vemos, por seus escritos e pelas amostras que nos restam de suas conversas, que nem o espírito, nem o gosto, nem mesmo o amor, perdessem em nada com essa reserva" (*Lettre à M. d'Alembert*, p. 204. O grifo é nosso).

Mas há uma diferença entre a corrupção na forma da suplementariedade e a corrupção suplementar? O conceito de suplemento é, talvez, o que nos permite pensar em conjunto essas duas interpretações da interpretação. Desde a primeira saída para fora da natureza, o jogo histórico – como suplementariedade – comporta em si mesmo o princípio de sua própria degradação de si, da degradação suplementar, da degradação da degradação. A aceleração, a precipitação da perversão na história é implicada desde o princípio pela própria perversão histórica.

Mas o conceito de suplemento, considerado, como já o fizemos, enquanto conceito *econômico*, deve permitir-nos dizer, ao mesmo tempo, o contrário sem contradição. A lógica do suplemento – que não é a lógica da identidade – faz com que, simultaneamente, a aceleração do mal encontre sua compensação e seu parapeito históricos. A história precipita a história, a sociedade corrompe a sociedade, mas o mal que as estraga tem também seu suplemento natural: a história e a sociedade produzem sua própria resistência ao abismo.

Assim, por exemplo, o "moral" do amor é imoral: captador e destruidor. Mas, assim como se pode guardar a presença ao diferi-la, assim como se pode diferir o dispêndio, retardar o "frequentar" mortal da mulher por esta outra potência de morte que é o autoerotismo, do mesmo modo, segundo esta economia da vida ou da morte, a sociedade pode colocar um parapeito moral contra o abismo do "amor moral". A moral da sociedade pode, com efeito, diferir ou atenuar a captação de energia impondo à mulher a virtude do *pudor*. No pudor, esse produto do refinamento social, é em verdade a sabedoria natural, a economia da vida, que controla a cultura pela cultura. (Todo o discurso de Rousseau, notemos de passagem, encontra aqui seu próprio campo de exercício.) Como as mulheres traem a moral natural do desejo físico, a sociedade inventa então – mas isto é uma astúcia da natureza – o imperativo moral do pudor que limita a imoralidade. Isto é, a moralidade, pois "o amor moral" jamais foi imoral, a não ser por ameaçar a vida do homem.

O tema do pudor tem mais importância do que se acredita na *Lettre à M. d'Alembert*. Mas ele é capital no *Emile*, em particular nesse *Livro V* que seria preciso seguir aqui linha por linha. Nele o pudor é bem definido, um suplemento da virtude natural. Trata-se, de saber se os homens se deixarão "arrastar à morte" (p. 447) pelo número e intemperança das mulheres. Seus "desejos ilimitados" não têm, com efeito, essa espécie de freio natural que se encontra entre as fêmeas dos animais. Entre essas últimas,

"Satisfeita a necessidade, o desejo cessa; elas não rejeitam mais o macho por fingimento, mas sinceramente: elas fazem exatamente o contrário do que fazia a filha de Augusto; elas não recebem mais passageiros quando o navio completa sua carga... o instinto as impele e o instinto as detém. *Onde estaria o suplemento deste instinto negativo nas mulheres, quando lhes houvésseis tirado o pudor!* Esperar que elas não desejem mais homens, é esperar que esses não sirvam mais para nada" (O grifo é nosso). E esse suplemento é decerto a economia da vida dos homens: "Sua intemperança natural conduziria os homens à morte; por conter seus desejos, o pudor é a verdadeira moral das mulheres".

Confirma-se, de fato, que o conceito de natureza e todo o sistema que ele comanda não podem ser pensados a não ser sob a categoria irredutível do suplemento. Se bem que o pudor venha suprir a falta de um freio instintivo e natural, ele não deixa de ser, enquanto suplemento, e por moral que seja, natural. Esse produto cultural tem uma origem e uma finalidade naturais. É Deus que a inscreveu na criatura: "O Ser supremo quis honrar, em tudo, a espécie humana: dando ao homem inclinações sem medida, dá-lhe ao mesmo tempo a lei que as regula, a fim de que ele seja livre e comande a si mesmo; entregando-o a paixões imoderadas, junta a essas paixões a razão para governá-las; entregando a mulher a desejos ilimitados, junta a esses desejos o pudor para contê-los". Deus dá, pois, a *razão* como suplemento das inclinações naturais. A razão está, pois, ao mesmo tempo, na natureza e como suplemento da natureza; é uma ração suplementar. O que supõe que a natureza possa, às vezes, faltar a si mesma, ou, o que não é diferente, exceder a si mesma. E Deus acrescenta como *prêmio* (*praemium*), como recompensa, um suplemento ao suplemento: "Em acréscimo, prossegue Rousseau, ela acrescenta ainda uma recompensa atual ao bom uso de suas faculdades, a saber, o gosto que se adquire pelas coisas honestas quando se faz delas a regra das ações. Tudo isso bem vale, parece-me, o instinto das bestas".

Deixando-se conduzir por esse esquema, seria preciso reler todos os textos que descrevem a cultura como alteração da natureza: nas ciências, artes, espetáculos, máscaras, literatura, escritura. Seria preciso retomá-los no fio dessa estrutura do "amor moral", como guerra dos sexos e como encadeamento da força do desejo pelo princípio feminino. Não opondo somente os homens às mulheres, mas os homens aos homens, esta guerra é histórica. Ela não é um fenômeno natural ou biológico. Como em Hegel, ela é uma guerra das consciências e dos desejos, não das necessidades ou desejos naturais. Como reconhecê-lo? Em particular, por não se explicá-la pela escassez das fêmeas ou pelos "intervalos exclusivos durante os quais a fêmea recusa constantemente a aproximação do macho", o que, observa Rousseau,

"reconduz à primeira causa; pois, se cada fêmea não suporta o macho a não ser durante dois meses do ano, sob esse ponto de vista é como se o número das fêmeas fosse menor cinco sextos: ora, nenhum desses dois casos é aplicável à espécie humana, onde o número das fêmeas ultrapassa em geral o dos machos, e onde jamais se observou, mesmo entre os selvagens, que as fêmeas tenham, como as de outras espécies, tempos de calor e de exclusão"[17].

O "amor moral", não tendo nenhum fundamento biológico, nasce, portanto, do poder da imaginação. Toda a depravação da cultura, como movimento da diferença e da preferência, tem, pois, relação com a posse *das* mulheres. Trata-se, sempre, de saber quem terá as mulheres, mas também o que terão as mulheres. E que preço será pago nesse cálculo das forças. Ora, segundo o princípio da aceleração ou da capitalização que reconhecemos há pouco, o que abre o mal é também o que precipita para o pior. Rousseau poderia dizer como Montaigne "nossos costumes tendem de uma maravilhosa inclinação para o pioramento" (*Essais*, 1, 82). Assim a escritura, aqui a literária, compõe sistema com o amor moral. Ela aparece ao mesmo tempo que ele. Mas o amor moral degrada ainda a escritura. Ele tira-lhe o nervo como tira o nervo do homem. Provoca

"essas multidões de obras efêmeras que nascem diariamente, sendo feitas unicamente para divertir mulheres, e, não tendo nem força nem profundidade, voam todas do toucador ao balcão. É o meio de reescrever incessantemente as mesmas e de torná-las sempre novas. Citar-me-ão duas ou três que servirão de exceção; mais eu citarei cem mil que confirmarão a regra. É por isso que a maior parte das produções de nossa era passarão com ela; e a posteridade acreditará que se fizeram bem poucos livros neste mesmo século no qual se fizeram tantos"[18].

---

17. Segundo *Discurso*, p. 159. Sobre as relações desses temas com temas opostos ou aparentados de Voltaire, Buffon ou Pufendorf, ver as notas da edição da "Pléiade", pp. 158-159.
18. *Lettre à M. d'Alembert*, pp. 206-207. Ver também a nota da p. 206. Ela começa assim: "As mulheres em geral não estimam nenhuma arte, não são competentes em nenhuma e não têm nenhum gênio..." "Na união dos sexos... um deve ser ativo e forte, o outro passivo e fraco" (*Emile*, p. 446). Não é notável que Nietzsche, partilhando em suma esta concepção da feminidade, da degradação da cultura e a genealogia da moral como escravização ao escravo, tenha odiado Rousseau? Não é notável que o tenha considerado como o representante eminente da moral dos escravos? Não é notável que tenha visto na piedade, precisamente, a verdadeira subversão da cultura e a forma da escravização dos senhores?
Haveria muito a dizer nessa direção. Ela nos conduziria, em particular a comparar os modelos rousseauísta e nietzschiano da feminidade: a dominação ou a sedução são igualmente temidas, quer tomem, alternada ou simultaneamente, a forma da doçura diluidora, enfraquecedora, ou do furor destruidor 2 devorador. Seria errôneo interpretar

Esse desvio não nos distanciou demasiado de nossa preocupação inicial? Em que ele nos ajuda a precisar a situação do *Essai*?

Acabamos de verificar que, compreendido com todo o sistema das oposições que ele sustenta, o conceito de piedade natural é fundamental. E contudo, segundo Starobinski, ele estaria ausente, ou mesmo excluído, do *Essai sur l'origine des langues*. E não se poderia deixar de ter em conta esse fato para lhe atribuir um lugar na história e na arquitetônica do pensamento de Rousseau:

> "A importância do impulso espontâneo da piedade, fundamento não raciocinado da moral, foi indicada por Rousseau desde o Prefácio do *Discurso*, cf. p. 126 e n. 1. Nessa parte do *Discurso*, e depois no *Emile*, Rousseau não cessa de afirmar que a piedade é uma virtude que 'precede o uso de toda reflexão'. Tal é o estado definitivo do pensamento de Rousseau a esse respeito. Ora, o *Essai sur l'origine des langues*, cap. IX, formula sobre esse ponto ideias bem diferentes, o que permitiria talvez atribuir a esse texto (ou pelo menos a esse capítulo) uma data anterior ao acabamento do *Discurso sobre a origem da desigualdade*. No *Essai*, Rousseau não admite a possibilidade de um ímpeto de simpatia irrefletida, e parece mais inclinado a sustentar a ideia hobbesiana da guerra de todos contra todos: 'Eles não estavam ligados por nenhuma ideia de fraternidade comum; e, tendo como arbítrio apenas a força, acreditavam-se inimigos uns dos outros... Um homem abandonado só, sobre a face da terra, à mercê do gênero humano, devia ser um animal feroz... As afeções sociais somente se desenvolvem em nós com nossas luzes. A piedade, embora natural no coração do homem, permaneceria eternamente inativa sem a imaginação que a põe em jogo. Como nos deixamos comover pela piedade? Transportando-nos fora de nós mesmos; identificando-nos com o ser que sofre. Sofremos apenas na medida em que julgamos que ele sofre... Aquele que jamais refletiu não pode ser nem clemente, nem justo, nem piedoso; não pode tampouco ser mal e vingativo'. Esta concepção mais intelectualista da piedade se aproxima do pensamento de Wollaston..."

Essas afirmações extraídas do *Essai* e alegadas por Starobinski são incompatíveis com as teses do *Discurso* e do *Emile*? Parece que não. Ao menos por três espécies de argumentos:

A. Rousseau faz de início, no *Essai*, uma concessão que garante seu alojamento a toda a teoria dita "ulterior" da piedade. Ele escreve: "A piedade, se bem que natural no coração do homem..." Reconhece assim que a piedade é uma virtude

---

esses modelos como afirmações *simples* da virilidade. Novalis vira talvez profundamente e além do que Rousseau mesmo chama, no início das *Confessions*, (p. 12) seu "caráter afeminado": "Os *filosofemas* de Rousseau são, absolutamente falando, uma filosofia feminina ou uma teoria da feminidade". *Encyclopédie*, trad. franc. de M. de Gandillac (Ed. de Minuit, p. 361).

inata, espontânea, pré-reflexiva. Esta será a tese do *Discurso* e do *Emile*.

B. Aquilo sem o que esta piedade "natural no coração do homem" permaneceria adormecida, "inativa", não é a razão, mas a "imaginação" que "a põe em jogo". De acordo com o segundo *Discurso*, a razão e a reflexão traz o risco de sufocar ou alterar a piedade natural. A razão que reflete não é contemporânea da piedade. O *Essai* não diz o contrário. A piedade não é despertada com a razão, mas com a imaginação que a arranca de sua inatualidade adormecida. Ora, Rousseau não só distingue, como é óbvio, entre imaginação e razão, mas faz desta diferença o nervo de todo seu pensamento.

A imaginação nele tem certamente um valor cuja ambiguidade foi frequentemente reconhecida. Se ela pode nos desviar é, inicialmente porque abre a possibilidade do progresso. Ela *enceta* a história. Sem ela seria impossível a perfectibilidade, que constitui aos olhos de Rousseau, sabe-se, o único traço absolutamente distintivo da humanidade. Embora as coisas sejam muito complexas quando se trata da razão segundo Rousseau[19], pode-se dizer que, sob alguns pontos de vista, a razão, enquanto entendimento e faculdade de formar ideias, é menos própria ao homem que o é a imaginação e a perfectibilidade. Já notamos em que sentido a razão poderia ser dita natural. Pode-se também notar de um outro ponto de vista que os animais, embora dotados de inteligência, não são perfectíveis. São desprovidos desta imaginação, deste poder de antecipação que excede o dado sensível e apresenta no rumo do despercebido:

"Todo animal tem ideias, pois ele tem sentidos; combina, mesmo, suas ideias até um certo ponto, e o homem só difere neste ponto da Besta pela distância do mais ao menos: Alguns Filósofos chegaram a adiantar que há mais diferença de um a outro homem que de um homem a uma besta. Não é, pois, tanto o entendimento que faz entre os animais a distinção específica do homem mas sim sua qualidade de agente livre" (segundo *Discurso*, p. 141).

A liberdade é, portanto, a perfectibilidade. "Há uma outra qualidade muito específica que os distingue (o homem e o animal) e sobre a qual não pode haver contestação: a faculdade de aperfeiçoar-se" (p. 142).

Ora, a imaginação é simultaneamente a condição da perfectibilidade – ela é a liberdade – e aquilo sem o que a piedade não

---

19. Cf., R. Derathé, *Le rationalisme de Rousseau*, em particular, pp. 30 e ss.

despertaria e não se exerceria na ordem humana. Ela ativa e excita um poder virtual.

1. A imaginação inaugura a liberdade e a perfectibilidade porque a sensibilidade, tão bem quanto a razão intelectual, preenchidas e saciadas pela presença do percebido, são esgotadas por um conceito fixista. A animalidade não tem história porque a sensibilidade e o entendimento são, em sua raiz, funções de passividade. "Assim como a razão tem pouca força, só o interesse não a tem tanto quanto se crê. Só a imaginação é ativa e excitam-se as paixões apenas pela imaginação" (*Lettre au prince de Wurtemberg*, 10.11. 63). Consequência imediata: a razão, função do interesse e da necessidade, faculdade técnica e calculadora, não é a origem da linguagem, que é também o próprio do homem e sem a qual não haveria tampouco perfectibilidade. A linguagem nasce da imaginação que suscita ou, de qualquer modo, excita o sentimento ou a paixão. Esta afirmação, que será incessantemente repetida, já abre o *Essai*: "A fala distingue o homem entre os animais". Primeiras palavras do capítulo II: "Deve-se, pois, crer que as necessidades ditaram os primeiros gestos, e que as primeiras paixões arrancaram as primeiras vozes".

Portanto, vemos desenharem-se duas séries: 1. animalidade, necessidade, interesse, gesto, sensibilidade, entendimento, razão etc. 2. humanidade, paixão, imaginação, fala, liberdade, perfectibilidade etc.

Aparecerá pouco a pouco que, sob a complexidade dos liames que se enlaçam nos textos de Rousseau entre estes termos e que requerem as análises mais minuciosas e mais prudentes, estas duas séries relacionam-se sempre uma com a outra segundo a estrutura da suplementariedade. Todos os nomes da segunda série são determinações metafísicas – e portanto herdadas, dispostas com uma coerência laboriosa e relativa – da *diferência suplementar*.

Diferença perigosa, bem entendido. Pois, omitimos o nome-mestre da série suplementar: a morte. Ou melhor, uma vez que a morte não é nada, a relação com a morte, a antecipação angustiada da morte. Todas as possibilidades da série suplementar, que têm entre si relações de substituição metonímica, nomeiam indiretamente o próprio perigo, o horizonte e a fonte de todo perigo determinado, o abismo a partir do qual anunciam-se todas as ameaças. Não nos surpreendamos, pois, quando, no segundo *Discurso*, a noção de perfectibilidade ou de liberdade é exposta simultaneamente ao saber da morte. O próprio do homem anuncia-se a partir da dupla possibilidade da liberdade e da antecipação expressa da morte. A diferença entre o desejo humano e a necessidade animal entre a relação com a mulher e a relação com a fêmea, é o temor da morte:

"Os únicos bens que ele [o animal] conhece no Universo são a nutrição, uma fêmea e o repouso; os únicos males que teme são a dor e a fome. Digo a dor, e não a morte; pois jamais o animal saberá o que é morrer, e o conhecimento da morte e de seus terrores, é uma das primeiras aquisições que o homem fez, ao distanciar-se da condição animal" (segundo *Discurso*, p. 143). Da mesma forma a *criança* torna-se homem abrindo-se ao "sentimento da morte" (*Emile*, p. 20).

Se nos deslocamos ao longo da série suplementar, vemos que a imaginação pertence à mesma cadeia de significações que a antecipação da morte. A imaginação é, em seu fundo, a relação com a morte. A imagem é a morte. Proposição que se pode definir ou indefinir assim: *a* imagem é *uma* morte ou *a* morte é *uma* imagem. A imaginação é o poder, para a vida, de afetar-se a si mesma de sua própria representação. A imagem só pode representar e acrescentar o representante ao representado na medida em que a presença do representado já está dobrado sobre si no mundo, na medida em que a vida remete a si como a sua própria falta à sua própria demanda de suplemento. A presença do representado constitui-se graças à adição a si deste nada que é a imagem, o anúncio de seu desapossamento em seu próprio representante e em sua morte. O *próprio* do sujeito é apenas o movimento desta expropriação representativa. Neste sentido, a imaginação, assim como a morte, é *representativa e suplementar*. Não esqueçamos que estas são qualidades que Rousseau reconhece expressamente à escritura.

A imaginação, a liberdade, a fala, pertencem, portanto, à mesma estrutura que a relação com a morte (digamos, melhor, relação do que antecipação: supondo-se que aí haja um ser-diante-da morte, este não é necessariamente relação com um futuro mais ou menos afastado em uma linha ou um horizonte do tempo. Ele é uma estrutura da presença). Como aí intervém a piedade e a identificação com o sofrimento de outrem?

2. A imaginação, dizíamos nós, é isto sem o que a piedade natural não se deixaria excitar. Rousseau o diz claramente no *Essai*, mas contrariamente ao que parece implicar a formulação bastante prudente de Starobinski, ele também o diz em outros lugares, invariavelmente. A piedade nunca deixa de ser a seus olhos um sentimento natural ou uma virtude inata que só a ima-

ginação tem poder para despertar ou revelar. Notemos de passagem: toda a teoria rousseauísta do teatro também faz comunicar na representação o poder de identificação – a piedade – com a faculdade da imaginação. Se agora pensamos que Rousseau dá o nome de *terror* ao temor da morte (*Discurso*, p. 143), vemos simultaneamente todo o sistema que organiza os conceitos de terror e de piedade de um lado, de cena trágica, representação, imaginação e morte de outro. Compreendemos então, por este exemplo, a ambivalência do poder de imaginar: ela só supera a animalidade e suscita a paixão humana abrindo a cena e o espaço da representação teatral. Ele inaugura a perversão cuja própria possibilidade está inscrita na noção de perfectibilidade.

O esquema sobre o qual o pensamento de Rousseau nunca variou, seria, pois, o seguinte: a piedade é inata, mas na sua pureza natural, ela não é própria ao homem, pertence ao vivente em geral. Ela é "tão natural que as próprias bestas dela dão por vezes signos sensíveis". Esta piedade só desperta a si na humanidade, só acede à paixão, à linguagem e à representação, só produz a identificação com o outro como outro eu através da imaginação. A imaginação é o vir-a-ser-humano da piedade.

Esta é a tese do *Essai*: "A piedade, embora natural no coração do homem, permaneceria eternamente inativa sem a imaginação que a põe em jogo". Este apelo à ativação ou à atualização pela imaginação está tão pouco em contradição com os outros textos que pode-se seguir em toda parte, na obra de Rousseau, uma teoria da *inatidade* como *virtualidade* ou da naturalidade como potencialidade dormente[20]. Teoria pouco original, é certo, mas cujo papel organizador é aqui indispensável. Ela manda pensar a natureza não como um dado, como uma presença atual, mas como uma *reserva*. Este conceito é em si mesmo desconcertante: pode-se determiná-lo como atualidade escondida, depósito dissimulado, mas também como

---

20. R. Derathé lembra que "Durkhein foi ... o primeiro a ter assinalado a importância desta noção de faculdade virtual em Rousseau". *Le rationalisme de Rousseau*, p. 13. Cf. Durkheim, Le Contrat Social, histoire du livre. *Revue de Métaphisiqtte et de Morale*, jan-fev. 1918. A maior parte das contradições sistemáticas de Rousseau seriam apagadas pelo apelo a este conceito de faculdade virtual que opera como uma soldadura em todos os pontos de ruptura, e inicialmente nos pontos em que a sociedade rompe – e se articula – com a natureza. Cf. Derothé, *Rousseau et la scienct politique de son temps*, p. 148. É notável que este tema da *virtualidade* seja tão frequentemente desconhecido em qualquer autor onde apareça. Este desconhecimento está no centro da problemática das ideias inatas, e da relação de Locke com Leibniz ou de Leibniz com Descartes.

reserva de potência indeterminada. De modo que a imaginação que faz sair o poder de sua reserva é ao mesmo tempo benéfica e maléfica. "Enfim, tal é em nós o império da imaginação e tal é a sua influência, que dela nascem não só as virtudes e os vícios, mas também os bens e os males..." (*Diálogos*, pp. 815-816). E se "alguns pervertem o uso desta faculdade consoladora" (*ibid.*) ainda é pelo poder da imaginação. Escapando a qualquer influência real e exterior, faculdade dos signos e das aparências, a imaginação perverte-se a si mesma. Ela é o sujeito da perversão. Ela desperta a faculdade virtual mas logo a transgride. Dá à luz a potência que se reservava mas, ao mostrar-lhe seu além, "ultrapassando"-a, ela lhe significa sua impotência. Ela anima a faculdade de gozar mas ela inscreve uma diferença entre o desejo e a potência. Se desejamos além de nosso poder de satisfação, a origem deste excesso e desta diferença nomeia-se imaginação. Isto permite-nos determinar uma função do conceito de natureza ou de primitividade: é o equilíbrio entre a reserva e o desejo. Equilíbrio impossível pois o desejo só pode despertar e sair de sua reserva pela imaginação que também rompe o equilíbrio. Este impossível – outro nome da natureza – permanece, pois, um limite. A ética segundo Rousseau, a "sabedoria humana", "o caminho da verdadeira felicidade" consistem, portanto, em manter-se o mais próximo deste limite, e em "diminuir o excesso dos desejos sobre as faculdades".

"É assim que a natureza, que tudo faz da melhor forma, primeiramente o instituiu. Ela lhe dá de imediato unicamente os desejos necessários para sua conservação e as faculdades suficientes para satisfazê-los. Ela colocou todas as outras como que em reserva no fundo de sua alma para aí se desenvolverem conforme a necessidade. É somente neste estado primitivo que o equilíbrio do poder e do desejo se encontra, e que o homem não é infeliz. *Assim que estas faculdades virtuais colocam-se em ação, a imaginação, a mais ativa de todas, desperta e as ultrapassa.* É a imaginação que estende para nós a medida dos possíveis, para bem ou para mal, e que, consequentemente, excita e nutre os desejos pela esperança de satisfazê-los. Mas o objeto que parecia inicialmente sob controle fugiu mais rápido do que se pode persegui-lo... Assim, esgotamo-nos sem chegarmos ao termo; e quanto mais ganhamos no gozo, mais a felicidade afasta-se de nós. Ao contrário, quanto mais o homem permaneceu perto de sua condição natural, *menor é a diferença entre suas faculdades e seus desejos*, e menos, por conseguinte, está longe de ser feliz... O mundo real tem seus limites, o mundo imaginário é infinito; não podendo alargar um, estreitamos o outro; pois é de sua mera diferença que nascem todas as penas que nos tornam verdadeiramente infelizes" (*Emile*, p. 64. O grifo é nosso).

Ter-se-á notado:

1. que a imaginação, origem da diferença entre a potência e o desejo, está bem determinada como *diferência*, de ou na presença ou no gozo;
2. que a relação com a natureza é definida em termos de distância negativa. Não se trata nem de partir da natureza nem de a ele reunir-se, mas sim, de reduzir seu "distanciamento".
3. que a imaginação que excita as outras faculdades virtuais nem por isso não é, ela mesma, uma faculdade virtual: "a mais ativa de todas". Assim como este mesmo poder de transgredir a natureza está na natureza. Pertence ao fundo natural. Melhor: veremos que mantém a reserva em reserva. Portanto, este ser-na-natureza tem o modo de ser estranho do suplemento. Designando ao mesmo tempo o excesso e a carência da natureza *na* natureza. É através da significação do *ser-em* que referenciamos aqui, como através de um exemplo entre outros, o tremor de uma lógica clássica.

Na medida em que é "a mais ativa de todas" as faculdades, a imaginação não pode ser despertada por nenhuma faculdade. Quando Rousseau diz que ela "desperta-se", cumpre entendê-lo num sentido fortemente refletido. A imaginação deve exclusivamente a si mesma poder *dar-se à luz*. Ela não cria nada pois é imaginação. Mas não recebe nada que lhe seja estranho ou anterior. Não é afetada pelo "real". Ela é pura autoafeção. Ela é o outro nome da diferência como autoafeção[21].

É a partir desta possibilidade que Rousseau designa o homem. A imaginação inscreve o animal na sociedade humana. Ela o faz aceder ao gênero humano. O parágrafo do *Essai* de que partíramos, fecha-se assim: "Aquele que não imagina nada só sente a si mesmo; está só em meio ao gênero humano". Esta solidão ou esta não pertencença ao gênero humano apoia-se no fato de que o sofrimento permanece mudo e fechado sobre si mesmo. O que significa por um lado que ele não pode abrir-se, pelo despertar da piedade, ao sofrimento do outro como outro; e, por outro lado, que ele não pode exceder-se a si mesmo em direção à morte. O animal tem, com efeito, uma faculdade virtual de piedade, mas ele não imagina nem o sofrimento do outro

---

21. Naturalmente assinala-se aqui o lugar de uma reflexão que associaria Kant e Rousseau, sem ser no capítulo da moralidade. Toda a cadeia que faz comunicar o movimento da temporalização e o esquematismo da imaginação, a sensibilidade pura e a autoafeção do presente por si-mesmo, tudo o que a leitura de Heidegger tanto repetiu em *Kant e o problema da metafísica* poderia, segundo um caminho prudentemente reconhecido, também reconduzir em terra rousseauísta.

como tal nem a passagem do sofrimento *à morte*. Aí está um único e mesmo limite. A relação com o outro e a relação com a morte são uma única e mesma abertura. O que faltaria ao que Rousseau denomina animal, é viver seu sofrimento como sofrimento de um outro e como ameaça de morte.

Pensado em sua relação escondida com a lógica do suplemento, o conceito de virtualidade (como toda a problemática da potência e do ato) sem dúvida tem por função, em Rousseau em particular e na metafísica em geral, pré-determinar sistematicamente o devir como produção e desenvolvimento, evolução ou história, substituindo pela efetivação de uma *dynamis* à substituição de um rastro, pela história pura o jogo puro, e, conforme notávamos mais acima, por uma soldadura à uma ruptura. Ora, o movimento da suplementariedade parece escapar a esta alternativa e permitir pensá-la.

C. Rousseau acaba, pois, de evocar o despertar da piedade pela imaginação, isto é, pela representação e pela reflexão, no duplo mas, em verdade, único, sentido destas palavras. Ora, no mesmo capítulo, proíbe-nos considerar que antes da atualização da piedade pela imaginação, o homem seja mau e belicoso. Lembremos a interpretação de Starobinski: "No *Essai* Rousseau não admite a possibilidade de um ímpeto de simpatia irrefletida, e parece mais inclinado a sustentar a ideia hobbesiana da guerra de todos contra todos:

"Eles não estavam ligados por nenhuma ideia de fraternidade comum; tendo como arbítrio apenas a força, acreditavam-se inimigos uns dos outros... Um homem abandonado só sobre a face da terra, à mercê do gênero humano, devia ser um animal feroz".

Rousseau não diz "eles eram inimigos uns dos outros" mas sim "eles acreditavam-se inimigos uns dos outros". Devemos considerar esta nuança e temos, ao que parece, direito de fazê--lo. A hostilidade primitiva nasce de uma ilusão primitiva. Esta primeira *opinião* apoia-se numa crença extraviada, no isolamento, da fraqueza, da derrelição. Que seja esta uma simples opinião e já uma ilusão, é o que aparece claramente nestas três frases que não devemos omitir:

"... Acreditavam-se inimigos uns dos outros. *Eram sua fraqueza e sua ignorância que lhes davam esta opinião. Não conhecendo nada, temiam tudo; eles atacavam para se defender*. Um homem abandonado só..." (O grifo é nosso).

A ferocidade não é pois belicosa, mas sim, temerosa. Acima de tudo, ela é incapaz de declarar a guerra. É o caráter do animal ("animal feroz") do vivente isolado que, por não ter sido despertado para a piedade pela imaginação, ainda não participa da socialidade e do gênero. Este animal, acentuemo-lo, "estava *pronto* para fazer aos outros todo o mal que *temia* deles. *O temor e a fraqueza são as fontes da crueldade*". A crueldade não é uma maldade positiva. A disposição para fazer o mal encontra aqui seu recurso apenas no outro, na representação ilusória do mal que o outro *parece* disposto a me fazer.

Já não é esta uma razão suficiente para a afastar a semelhança com a teoria hobbesiana de uma guerra natural, que a imaginação e a razão só fariam organizar numa espécie de economia da agressividade? Mas o texto de Rousseau é ainda mais claro. No *Essai* o parágrafo que nos retém comporta uma outra proposição que também nos interdita considerar o momento da piedade adormecida como o momento da maldade belicosa, como um momento "hobbesiano". Como, com efeito, descreve Rousseau o momento (real ou mítico, pouco importa, ao menos aqui), a instância estrutural da piedade adormecida? O que se passa, segundo ele, no momento em que a linguagem, a imaginação, a relação com a morte etc., ainda estão *reservadas?*

Neste momento, afirma, "aquele que jamais refletiu não pode ser nem clemente, nem justo, nem piedoso". Certo. Mas isto não quer dizer que ele então seja injusto e impiedoso. Ele simplesmente mantém-se aquém desta oposição de valores. Pois Rousseau logo concatena: "Não pode, tampouco, ser mau e vingativo. Aquele que não imagina nada só sente a si mesmo; está só em meio ao gênero humano".

Neste "estado", as oposições que ocorrem em Hobbes não têm ainda sentido ou valor. O sistema de "apreciação em que se desloca a filosofia política não tem ainda nenhuma possibilidade de funcionar. E assim vê-se melhor em que elemento (neutro, nu e despojado), ele entra em jogo. Aqui, pode-se falar indiferentemente de bondade ou maldade, de paz ou de guerra: a cada vez será tanto verdadeiro quanto falso, sempre impertinente. O que Rousseau assim desnuda, é a origem neutra de toda conceitualidade ético-política, de seu campo de objetividade ou de seu sistema axiológico. Cumpre, pois, neutralizar todas as oposições que sulcam a filosofia clássica da história, da cultura e da sociedade. Antes desta neutralização, ou desta redução, a filosofia política procede na ingenuidade de evidências adquiridas e sobrevindas. E arrisca-se incessantemente a "cometer a falta dos que, raciocinando sobre o estado de natureza, transportam-lhe as ideias formadas na sociedade..." (segundo *Discurso*, p. 146).

A redução que o *Essai* opera tem um estilo particular. Rousseau nele neutraliza as oposições rasurando-as; e ele as rasura afirmando simultaneamente valores contraditórios. Este procedimento é utilizado com coerência e firmeza, precisamente no capítulo IX:

"Daí as contradições aparentes que se veem entre os pais das nações; tanto natural e tanta desumanidade; costumes tão ferozes e corações tão ternos... Estes tempos de barbárie eram o século de ouro, não porque os homens estivessem unidos, mas porque estavam separados... Os homens, se assim se quer, atacavam-se quando do encontro, mas encontravam-se raramente. Por toda parte reinava o estado de guerra e toda a terra estava em paz"[22].

Privilegiar um dos dois termos, crer, por exemplo, que reinava verdadeira e unicamente o estado de guerra, tal foi, portanto, o erro de Hobbes que reduplica estranhamente a "opinião" ilusória dos primeiros "homens" que "acreditavam-se inimigos uns dos outros". Ainda aqui, nenhuma diferença entre o *Essai* e o *Discurso*. *A* tradução operada no *Essai* será confirmada no *Discurso*, precisamente no curso de uma crítica a Hobbes. O que é censurado a este último, é exatamente concluir muito depressa, de que os homens não são naturalmente despertados para a piedade, nem "ligados por qualquer ideia de fraternidade comum", que eles sejam, desde logo, maus e belicosos. Não podemos ler o *Essai* como Hobbes talvez o interpretasse por precipitação. Não podemos concluir da não bondade a maldade. O *Essai* o diz, o *Discurso* o confirma, supondo-se que este venha depois daquele:

"Sobretudo, não vamos concluir com Hobbes que, por não ter qualquer ideia da bondade, o homem seja naturalmente mal, que seja vicioso porque não conhece a virtude, ... Hobbes não viu que a mesma causa que impede os Selvagens de usarem sua razão, conforme o pretendem os nossos Jurisconsultos, impede-os ao mesmo tempo, de abusarem de suas faculdades, como ele mesmo o pretende; de modo que poder-se-ia dizer que os Selvagens não são exatamente maus, pois não sabem o que é serem bons; pois não é nem o desenvolvimento das luzes nem o freio da Lei, e sim, a calma das paixões e a

22. Portanto, o *Essai* não deixa crer mais na guerra original que na idade de ouro. Destes dois pontos de vista, o *Essai* concorda com as grandes teses rousseauístas. No manuscrito de Genebra (primeira versão do *Contrat Social* que dataria de 1756), Rousseau escreve que "a idade de ouro sempre foi um estado estranho à raça humana".

ignorância do vício que os impede de fazer mal; *tanto plus in illis proficit vitiorum ignoratio, quam in his cognitio virtutis*"[23].

Reconhece-se ainda por outros índices que a economia da piedade não varia do *Essai* às grandes obras. Quando a piedade é despertada pela imaginação e pela reflexão, quando a presença sensível é excedida por sua imagem, nós podemos imaginar e julgar que o outro sente e sofre. E, contudo, não podemos então – nem o devemos – *experimentar simplesmente* o sofrimento *mesmo* de outrem. A piedade segundo Rousseau exclui que o movimento de identificação seja simples e inteiro. Aparentemente por duas razões, na verdade por uma única e mesma razão profunda. Trata-se ainda de uma certa *economia*.

1. Não podemos nem devemos sentir imediata e absolutamente o sofrimento de outrem, pois uma tal identificação ou interiorização seria perigosa e destrutiva. É por isso que a imaginação, a reflexão e o julgamento que despertam a piedade são também o que lhe limita o poder e mantém o sofrimento do outro a uma certa distância. Reconhece-se este sofrimento como o que ele é, lamenta-se o outro, mas resguarda-se a si e mantém-se o mal à distância. Esta doutrina – que se poderia fazer ainda comunicar com a teoria da representação teatral – é articulada tanto no *Essai* como no *Emile*. O paradoxo da relação com o outro é aí claramente enunciado: quanto mais nos identificamos com o outro, melhor sentimos seu sofrimento como o *seu*: o nosso é o do outro. O do outro, como o que ele é, bem deve permanecer do outro. Não há identificação autêntica a não ser em uma certa não identificação etc.

O *Essai*:

"Como nos deixamos comover pela piedade? Transportando-nos para fora de nós mesmos; identificando-nos com o ser que sofre. Sofremos apenas na medida em que julgamos que ele sofre; não é em nós, é nele que sofremos".

O *Emile*:

"Ele compartilha as penas de seus semelhantes; mas esse partilhar é voluntário e doce. Desfruta a um tempo da piedade que tem por seus males, e da felicidade que deles o isenta; sente-se nesse estado de força que nos estende

---

23. Pp. 153-154. Cf. também p. 152 e o fragmento sobre o *estado de natureza*: "Enquanto os homens guardaram sua primeira inocência não tiveram necessidade de outro guia além da voz da natureza, enquanto não se tornaram maus, foram dispensados de serem bons" (p. 476).

além de nós, e nos faz levar alhures a atividade supérflua a nosso bem-estar. Para lamentar o mal alheio, sem dúvida é preciso conhecê-lo, mas não é preciso senti-lo" (p. 270).

Não devemos, pois, deixar-nos destruir pela identificação com o outro. A economia da piedade e da moralidade deve sempre se deixar conter nos limites do amor de si, tanto mais que só esse último pode-nos esclarecer sobre o bem do outro. É por isso que a máxima da bondade natural, *"Não faças a outrem o que não queres que te façam"*, deve ser temperada por essa outra máxima, "bem menos perfeita, porém mais útil, talvez, que a precedente: *"Faze teu bem com o mínimo mal possível a outrem que for possível'"* (segundo *Discurso*, p. 156). Esta é posta *"no lugar"* daquela.

2. Além do mais, a identificação por interiorização não seria moral.

a) Ela não reconheceria o sofrimento como sofrimento do outro. A moralidade, o respeito do outro, supõe, pois, uma certa não identificação. Esse paradoxo da piedade como relação com o outro, Rousseau também o faz como paradoxo da imaginação e do tempo, isto é, da *comparação*. Esse conceito, tão importante no pensamento de Rousseau, está no centro do capítulo IX do *Essai* e intervém na explicação da piedade.

Na experiência do sofrimento como sofrimento do outro, a imaginação é indispensável na medida em que ela nos abre a uma certa não presença na presença: o sofrimento de outrem é vivido por comparação, como nosso sofrimento não presente, passado ou por vir. E a piedade seria impossível fora desta estrutura que liga a imaginação, o tempo e o outro, como uma única e mesma abertura à não presença:

"Para lamentar o mal alheio, sem dúvida é preciso conhecê-lo, mas não é preciso senti-lo. Quando já sofremos ou tememos sofrer, lamentamos os que sofrem; enquanto sofremos, porém, só lamentamos a nós mesmos" (*Emile*, p. 270).

Um pouco mais acima, Rousseau esclarecera esta unidade da piedade e da experiência do tempo na memória ou na antecipação, na imaginação e na não percepção em geral:

"O sentimento físico de nossos males é mais limitado do que parece; mas é pela memória, que nos faz sentir sua continuidade, é pela imaginação, que os estende sobre o futuro, que eles nos tornam verdadeiramente lastimáveis. Eis aí, penso eu, uma das causas que nos fazem mais insensíveis aos males dos animais que aos dos homens, embora a sensibilidade comum devesse igualmente nos identificar como ambos. Mal se deplora útil cavalo de tiro em sua cavalariça, pois não se presume que, ao comer o feno, ele pense nos golpes que recebeu e nas fadigas que o esperam" (p. 264).

b) A identificação pura e simples seria imoral porque ela continuaria empírica e não se produziria no elemento do conceito, da universalidade e da formalidade. A condição da moralidade é que, através do sofrimento único de um ser único, através de sua presença e existência empíricas, a humanidade se oferece como lastimável. Enquanto esta condição não for satisfeita, a piedade arrisca-se a tornar-se injusta. A imaginação e a temporalidade abrem, pois, o reino do conceito e da lei. Poder-se-ia dizer que, já para Rousseau, o conceito – que ele denominaria também de comparação – *existe* como tempo. Este é, como dirá Hegel, o seu *Dasein*. A piedade é contemporânea da fala e da representação.

"Para impedir que a piedade se degenere em fraqueza, é preciso, pois, generalizá-la e estendê-la sobre todo o gênero humano. Então, as pessoas só se entregariam a ela na medida em que ela estivesse de acordo com a justiça, pois, de todas as virtudes, a justiça é que mais concorre para o bem comum dos homens. É preciso por razão, por amor a nós, ter piedade de nossa espécie mais ainda que de nosso próximo; e é uma enorme crueldade para com os homens a piedade pelos maus[24]" (pp. 303-304).

---

24. A unidade literal desta doutrina da piedade confirma-se ainda se colocamos lado a lado estas quatro passagens: "A piedade embora natural ao coração do homem, permaneceria eternamente inativa sem a imaginação que coloca em jogo. Como nos deixamos comover pela piedade? Transportando-nos para fora de nós mesmos, identificando-nos com o ser que sofre. Sofremos apenas na medida em que julgamos que ele sofre; não é em nós, é nele, que sofremos" (*Essai*).

"Assim nasce a piedade, primeiro sentimento relativo que toca o coração humano segundo a ordem da natureza. Para tornar-se sensível e piedosa, é preciso que a criança saiba que há seres semelhantes a ela que sofrem o que ela sofreu, que sentem as dores que ela sentiu e outras de que ela deve ter ideia, podendo senti-las também. Com efeito, como deixarmos comover a piedade, se não transportando-nos fora de nós e identificando-nos com o animal que sofre, deixando, por assim dizer, nosso ser para tomar o seu? Sofremos apenas na medida em que julgamos que ele sofre; não é em nós, é nele, que sofremos. Assim ninguém se torna sensível até que sua imaginação se anime e comece a transportá-lo fora de si" (*Emile*, p. 261).

"Figure-se o quanto esse transporte supõe de conhecimentos adquiridos. Como imaginaria os males de que não tive nenhuma ideia? Como sofreria vendo sofrer um outro, se não sei sequer que ele sofre, se ignoro o que há de comum entre mim e ele? Aquele que jamais refletiu não pode ser nem clemente, nem justo, nem piedoso; tampouco pode ser mau e vingativo. Aquele que nada imagina nada sente dele mesmo; está sozinho em meio ao gênero humano" (*Essai*).

"Expor os meios próprios para manter na ordem da natureza é dizer bem como se pode sair dela. Enquanto sua sensibilidade permanece limitada a seu indivíduo, nada há de moral em suas ações; é somente quando ela começa a estender-se fora dele que ele adquire primeiro os sentimentos, em seguida as noções do bem e do mal, que o constituem verdadeiramente como homem e parte integrante de sua espécie" (*Emile*, p. 257).

Não há, pois, evolução nesse ponto no pensamento de Rousseau. Ao que parece, não se pode extrair argumento *interno* dele para concluir por uma precocidade ou anterioridade filosóficas do *Essai*. Por enquanto, o campo das hipóteses externas é, visto isso, liberado a esse respeito, ainda que nos reservemos a possibilidade de levantar, no momento adequado, outros problemas internos.

O PRIMEIRO DEBATE E A COMPOSIÇÃO DO *ESSAI*

Para tratar do problema externo, dispomos, além das citações de Duclos, de certas declarações do próprio Rousseau. E, antes de mais nada, de uma importante passagem das *Confessions*. Pode-se ao menos concluir que, no espírito de Rousseau, o *Essai*, primitivamente concebido como um apêndice ao segundo *Discurso*, destacava-se, em todo caso claramente, dos primeiros escritos sobre a música. Estamos, então, em 1761:

"Além desses dois livros e de meu *Dictionnaire de Musique*, no qual eu sempre trabalhava de tempos em tempos, tinha alguns outros escritos de menor importância, todos prontos para impressão, e que propunha-me a publicar, fosse separadamente, fosse com a coleção geral de meus escritos, se algum dia a empreendesse. O principal desses escritos, a maioria dos quais estão ainda em manuscrito nas mãos de Du Peyrou, era um *Essai sur l'origine des langues* que fiz ler ao Sr. de Malesherbes e ao cavaleiro de Lorenzy, que me elogiou. Esperava que todas essas produções reunidas me valessem pelo menos, feitas todas as despesas, um capital de oito a dez mil francos, que tencionava colocar em renda vitalícia tanto sobre minha cabeça como sobre a de Thérèse; após o que iríamos, como disse, viver juntos no fundo de alguma Província..." (p. 560).

Malesherbes aconselhara-o a publicar o *Essai* em separado[25]. Tudo isso se passa na época da publicação do *Emile*, em 1761.

Do ponto de vista externo, o problema parece, pois, simples, e podemos considerá-lo encerrado há cerca de meio século, por Masson, em um artigo de 1913[26]. A polêmica fora aberta por Espinas[27]. Prendendo-se ao que ele considerava como contradições no interior do pensamento de Rousseau, ele insistia já que parecia-lhe opor o segundo *Discurso* ao *Essai* e mesmo ao artigo "Economia política" da *Enciclopédia* (artigo

25. Cf. as notas 3 e 4 dos editores das *Confessions* na Pléiade, p. 560.
26. "Questions de chronologie reousseauiste", *Annales Jean-Jacques Rousseau*, IX, 1913, p. 37.
27. *Revue de l'enseignement supérieur*, 1895.

que coloca problemas análogos, de datação e de relações internas, ao segundo *Discurso*). Assim, por exemplo, o *Discurso* que começa por "afastar todos os fatos" para descrever uma estrutura ou uma gênese ideais, seria incompatível com o *Essai* que faz um certo apelo ao *Gênesis*, nomeia Adão, Caim, Noé, e maneja um certo conteúdo factual que é tanto o da história como o do mito. Bem entendido, será preciso estudar minuciosamente o uso que Rousseau faz desse conteúdo factual e se, usando-o como índice de leitura ou exemplos condutores, não os neutraliza já enquanto fatos, o que ele se autoriza a fazer também no *Discurso*: especialmente nas notas do *Discurso* entre as quais o *Essai*, como o sabemos, estava talvez destinado a alinhar-se.

Como quer que seja, Espinas não concluía dessa pretensa contradição, como o fará Starobinski, pela anterioridade do *Essai*. Tendo em conta as citações de Duclos, delas extrai a conclusão inversa: o *Essai* seria posterior ao *Discurso*[28].

Lanson contesta então esta interpretação[29]. Mas sempre a partir das mesmas premissas: o *desacordo* entre o *Ensaio* e as

---

28. Era também esta a conclusão de H. Baudouin (*La vie et les oeuvres de Jean-Jacques Rousseau*, Paris, 1891). A página que ele consagra ao *Essai* deixa entrever o que podia ser então a leitura de Rousseau e sobretudo do *Essai*, e permite medir o caminho a percorrer: "Entre o *Discours sur les sciences* e o *Discours sur l'inégalité*, deve se colocar o *Essai sur l'origine des langues*. Rousseau deu-lhe também o título de *Essai sur le Principe de la Mélodie*. Trata-se aí igualmente, com efeito, da linguagem e da música; o que não o impede de falar muito também da sociedade e de sua origem... A data em que foi composto não é sequer perfeitamente conhecida; mas é suficientemente indicada pelo contexto. As passagens em que Rousseau nele fala do papel pernicioso das artes e das ciências mostram que sua opinião estava então fixada sobre esse ponto; ora, sabe-se que hesitara ainda no momento de compor seu discurso. Só fez o *Essai*, pois, posteriormente. De um outro lado, é fácil ver que não tinha ainda sobre a sociedade as ideias radicais que professou em seu livro sobre a *Inégalité* (A citação da *Lettre sur les spectacles*, em uma nota do capítulo I, não é uma objeção muito séria. Nada mais simples, com efeito, que uma nota acrescentada *a posteriori*). Tal como é, o *Essai* oferece uma mistura assaz singular de verdadeiro e de falso, de moderação e de audácia. O método é nele constantemente hipotético, as provas nulas, as doutrinas sobre a sociedade medíocres, para dizer o mínimo. Amiúde, acreditaríamos estar em plena *Inégalité*: mesmo estilo, mesmo fraseado, mesmos processos de exame mesmo encadeamento de raciocínios e de ideias. Mas, em meio a tudo isso, há tais reservas nas conclusões, um tal respeito pela Santa Escritura e pela tradição, uma tal fé na Providência, um tal horror pelos filósofos materialistas que, por assim dizer, sentimo-nos desarmados. Em suma, portanto, Rousseau fez aqui uma obra de transição que pressagia o mal, mais que o produz em pleno dia. O bem que nela pôs poderia tê-lo reconduzido a ideias mais sadias, se soubesse tirar partido disso; desgraçadamente também depôs nela o germe dos erros que desenvolveu mais tarde, em suas obras subsequentes. Exemplo memorável do cuidado que se deve tomar em bem orientar, de alguma forma, o talento e a vida, e do caminho que pode fazer um princípio levado às últimas consequências por uma lógica sem medida" (T. I, pp. 323-324).

29. "L'unité de la pensée de Jean-Jacques Rousseau", in *Annales*, VIII, 1912, p. 1.

obras maiores. Ora, por razões filosóficas que constituem a verdadeira colocação desse debate e que lhe dão toda a animação, Lanson quer a todo preço salvar a unidade do pensamento de Rousseau, tal como ela se efetivaria em sua "maturidade"[30].

Ele deve, portanto, recolocar o *Ensaio* entre as obras de juventude:

"O *Essai sur l'origine des langues* certamente está em contradição com o *Discours sur l'inégalité*. Mas que provas possui o Sr. Espinas para colocar aquele cronologicamente depois deste, e tão perto dele? Algumas citações feitas por Rousseau de uma obra de Duclos aparecida em 1754. Que valor tem o argumento, já que se sabe, de resto, que o texto do *Essai* foi retocado por Rousseau no mínimo uma ou duas vezes? As citações de Duclos puderam entrar somente em uma dessas ocasiões. Tenho de minha parte motivo para crer, a partir de certos índices positivos, que o *Essai sur l'origine des langues* data de uma época onde as concepções sistemáticas de Rousseau ainda não estavam formadas, e que sob seu título primitivo (*Essai sur le principe de la mélodie*) respondia à obra de Rameau intitulada *Demonstration du principe de l'harmonie* (1749-1750). Por sua matéria e teor, o *Essai* brota da mesma corrente de pensamento que se reencontra no *Essai* de Condillac, *sur l'origine des connaissances humaines* (1746) e na *Lettre*, de Diderot, *sur les sourds et muets* (1750-1751). De minha parte situaria – de bom grado – a redação do *Essai* de Rousseau, no mais tardar, em 1750, entre a redação e o sucesso do primeiro *Discurso*".

É difícil considerar as citações de Duclos como inserções tardias. Mesmo que de fato elas o fossem, enquanto citações, a leitura do *Comentário sobre a gramática geral* parece ter marcado profundamente, e mesmo inspirado o *Essai* como um todo. Quanto às relações com Condillac e com Diderot, elas não se limitaram, e de longe, a essa única obra.

É por isso que, sobre esse problema de cronologia cujo aspecto externo vemo-lo é difícil delimitar, a resposta de Masson

---

30. "Eis como me aparece a obra de Rousseau: muito diversa, tumultuosa, agitada por toda espécie de flutuações e, não obstante, a partir de um certo momento, contínua e constante, em seu espírito, nas suas direções sucessivas…" E opondo o *escritor ou o homem*, "sonhador e tímido", à *obra que* "vive sua vida independente", agindo por "suas propriedades intrínsecas" e "totalmente carregada de explosivos revolucionários", conduzindo tanto à "anarquia" como ao "despotismo social", Lanson conclui: "Esse contraste entre a obra e o homem, que se poderá chamar contradição, caso se queira, cumpre não tentar velá-lo: pois isso é o próprio Rousseau". É ainda necessário precisá-lo: o que nos interessa em Rousseau, e aqui em Lanson, é o que se obstina em velar esse desvelamento "crítico" da "contradição" entre o homem e a obra. O que nos é escondido sob esse "o próprio Rousseau", fazendo-nos a concessão de uma certa divisão intestina? Onde e quando somos assegurados de que deveria haver alguma coisa que respondesse à proposição "isso é o próprio Rousseau"?

a Lanson nos parece definitivamente convincente[31]. Devemos extrair dela um longo fragmento.

Recordando a argumentação de Lanson, Masson escreve:

"Esses argumentos são bastante hábeis e quase convincentes; talvez, porém, se tenham apresentado ao Sr. Lanson somente em seu desejo de não encontrar Rousseau em 'contradição' consigo mesmo. Se o *Essai* não parecesse 'contradizer' o segundo *Discurso*, quem sabe se o Sr. Lanson recuaria tão longe sua redação primitiva? Não quero examinar aqui as relações internas do *Essai* e da *Inégalité*; em minha opinião, não é tão certa como acredita o Sr. Lanson, a 'contradição' entre as duas outras obras. Limitar-me-ei a duas observações exteriores, mas que me parecem decisivas. 1) O manuscrito do *Essai sur l'origine des langues* se encontra hoje ainda na Biblioteca de Nauchâtel, sob o nº 7835 (cinco brochuras, de 150 por 230 mm, amarradas com fita azul). Em uma belíssima caligrafia, visivelmente destinada à impressão, ele traz na primeira página: Por J.-J. Rousseau, Cidadão de Genebra. É sem dúvida a cópia que Jean-Jacques transcreveu em 1761, quando pensou por um instante, em utilizar esta obra para responder a 'esse Rameau que continuava a importuná-lo vilmente' (Carta a Malesherbes, de 25-9-61). Mais tarde, muito provavelmente em Motiers, como veremos, ele retomou esta cópia, para revisá-la e fazer-lhe algumas adições ou correções, facilmente reconhecíveis pois que a tinta e a caligrafia são inteiramente diferentes. Essas variantes mereceriam ser ressaltadas se eu estudasse o *Essai* por ele mesmo[32]; mas retenho somente as correções que nos trazem informações cronológicas. Na cópia de 1761, o texto forma um todo: é uma única dissertação; a divisão em capítulos foi introduzida na revisão de Motiers. Em consequência, não é somente ao capítulo XX, mas a todo o *Essai* que se aplicam essas últimas linhas da obra: 'Terminarei essas reflexões superficiais, mas que podem suscitar outras mais profundas, com a passagem que mas sugeriu: *Seria matéria de um exame bastante filosófico observar no fato e mostrar por exemplos como o caráter, os costumes e os interesses de um povo influem sobre sua língua...* 'Essa 'passagem' é extraída do livro de Duclos, *Remarques sur la grammaire générale et raisonnée*, p. 11, que apareceu na primeira metade de 1754. 2) Temos ainda um testemunho mais formal do próprio Rousseau. Por volta de 1763, ele pensou em reunir em um pequeno volume três opúsculos que conservava inéditos, a saber: *L'imitation théâtrale*, o *Essai sur l'origine des langues*, *Le Lévite d'Ephraim*. Esta coletânea não chegou a ver o dia, mas resta-nos um projeto de prefácio num de seus cadernos de rascunho (Mss. de Neuchâtel, nº 7887 Fºˢ 104-105).

---

31. Tal foi também a opinião de Lanson, que terminou por alinhar-se com a de Masson.

32. Observar, em particular, que a grande nota do capítulo VII foi acrescentada e que todo o capítulo VI "Se é provável que Homero soubesse escrever" foi consideravelmente remanejado. Na primeira redação, Rousseau considerava como muito provável que Homero não conhecesse a escritura (pp. 29-30 do manuscrito). Ao reler seu texto, riscou essa passagem e acrescentou à margem: "N. B. Isso é uma tolice que é preciso eliminar, pois a história de Belerofonte, na própria *Ilíada*, prova que a arte de escrever estava em uso no tempo do autor, mas isso não impediria que sua obra fosse cantada, e não escrita". (Nota de Masson. O exame do manuscrito pareceu-nos menos fecundo do que Masson aqui deixa entender.)

Deste prefácio deixo de lado o que diz respeito à *Imitation théâtrale* e ao *Lévite* e publico o parágrafo relativo ao *Essai*[33]: 'O segundo pedaço também foi, de início, apenas um fragmento do *Discours sur l'inégalité* do qual o extraí por ser muito longo e fora de lugar. Eu o retomei (Rousseau inicialmente escrevera: eu o terminei por ocasião dos *Erreurs de M. Rameau sur la musique* – título que é perfeitamente satisfatório pela obra que o traz, com exceção de cerca de duas palavras que nela cortei [na *Enciclopédia*]. No entanto, contido pelo ridículo de dissertar sobre as línguas quando mal se sabe uma, e aliás, pouco contente com este pedaço, eu resolvera suprimi-lo como indigno da atenção do público. Mas um magistrado ilustre, que cultiva e protege as letras (Malesherbes) considerou-o mais favoravelmente que eu; eu submeto com prazer, conforme bem se pode crer, meu julgamento ao seu, e tento graças ao favor dos outros escritos fazer passar este que não teria, talvez, ousado arriscar sozinho'. Não parece que nenhuma prova de crítica interna possa manter-se contra este testemunho de Rousseau. O *Essai* sobre as línguas foi, pois, primitivamente, em 1754, uma longa nota do segundo *Discurso*; em 1761 tornou-se uma dissertação independente, aumentada e corrigida para dele fazer uma resposta a Rameau. Por fim, em 1763, esta dissertação, revista por uma última vez, foi dividida em capítulos."

II. A IMITAÇÃO

Eis-nos aqui naturalmente conduzidos ao problema da *composição* do *Essai*: não mais apenas do tempo de sua redação mas do espaço de sua estrutura. Portanto, Rousseau dividiu tardiamente seu texto em capítulos. Qual esquema, então, o guiou? A arquitetura deve encontrar sua razão na intenção profunda do *Essai*. É sob este título que ela nos interessa. Contudo, é preciso não confundir o sentido da arquitetura com o declarado da intenção.

Vinte capítulos de tamanho bastante desigual. Uma inquietude *parece* animar toda reflexão de Rousseau e dar-lhe aqui sua veemência *inicialmente* ela diria respeito à origem e à degenerescência da música. Ora, os capítulos relativos à música, sua aparição e sua decadência, estão compreendidos entre o capítulo XII "Origem da música e suas relações" e o capítulo XIX "Como a música degenerou". Se se admite plenamente que o destino da música seja a preocupação maior do *Essai*, cumpre explicar que os capítulos a ela diretamente relativos mal ocupam o terço da obra (um pouco mais se considerarmos o número dos capítulos, um pouco menos se considerarmos o número de páginas) e que

---

33. "Publico o último texto no qual Rousseau parece ter-se provisoriamente detido, pois o prefácio permanece inacabado... Este prefácio já foi publicado por A. Jansens, em seu *J.-J. Rousseau als Musiker*, Berlim, 1884, pp. 472-473, mas com as numerosas lacunas e erros de leitura que caracterizam a maioria de suas publicações de textos" (Extraído das notas de Masson.)

não se trata dela no resto. Qualquer que seja a história de sua redação, a unidade da composição não deixa de ser evidente e nenhum desenvolvimento é aqui aperitivo.

O INTERVALO E O SUPLEMENTO

Os onze primeiros capítulos têm como temas, a gênese e a degenerescência da linguagem, as relações entre fala e escritura, a diferença na formação das línguas do Norte e das línguas do Merídio. Por que é preciso tratar destes problemas antes de propor uma teoria da música? Por várias espécies de razões.

1. Não há música antes da linguagem. "A música nasce da voz e não do som. Nenhuma sonoridade pré-linguística pode, segundo Rousseau, abrir o tempo da música. Na origem, há o canto.

Esta proposição é absolutamente necessária na sistemática de Rousseau. Se a música desperta-se no canto, se ela é inicialmente proferida, *vociferada*, é porque, como toda fala, ela nasce na paixão. Isto é, na transgressão da necessidade, pelo desejo e no despertar da piedade pela imaginação. Tudo procede desta distinção inaugural: "Deve-se, pois, crer, que as necessidades ditaram os primeiros gestos, e que as paixões arrancaram as primeiras vozes".

Se a música supõe a voz, ela forma-se ao mesmo tempo que a sociedade humana. Sendo fala, ela requer que o outro me seja presente como outro na compaixão. Os animais, cuja piedade não é despertada pela imaginação, não têm relação com o outro como tal. É por isso que não há música animal. Só falar-se-ia assim de canto animal por indolência de vocabulário e projeção antropomórfica. A diferença entre o olhar e a voz é a diferença entre a animalidade e a humanidade. Transgredindo o espaço, dominando o fora, colocando as almas em comunicação, a voz transcende a animalidade natural. Isto é, uma certa morte significada pelo espaço. A exterioridade é inanimada. As artes do espaço trazem a morte nelas e a *animalidade* permanece a face *inanimada* da *vida*. O canto apresenta a vida a si mesma. Neste sentido, é mais *natural* ao homem, mas mais estranho à natureza que é em si natureza morta. Vê-se aqui qual diferença – ao mesmo tempo interior e exterior – divide as significações de natureza, de vida, de animalidade, de humanidade, de arte, de fala e de canto. O animal que, como vimos, não tem relação com a morte, está do lado da morte. A fala, em compensação, é fala *viva* uma vez que institui a relação com a morte etc. É a presença em geral que assim se divide. "Por aí se vê que a pintura está mais perto da natureza, e que a música apoia-se mais na arte humana. Sente-se também que uma interessa mais que a outra, precisamente porque ela aproxima mais o homem do homem e nos dá alguma ideia de nossos semelhantes. A pintura frequentemente é morta e inanimada; ela vos pode transportar ao fundo de um deserto: mas, assim que signos vocais impressionam vossa orelha, eles anunciam-vos um ser semelhante a vós; eles são, por assim dizer, os órgãos da alma; e se também vos sintam a solidão, eles vos dizem que vós aí não estais só. Os pássaros assobiam, só o homem canta; e não se pode ouvir nem canto nem sinfonia, sem se dizer imediatamente: Um outro ser sensível está aqui" (cap. XVI).

O canto é o oriente da música mas não se reduz à voz assim como esta não se reduz ao barulho. No *Dictionnaire de musique*, Rousseau confessa seu embaraço no artigo "Canto". Se o canto é exatamente "uma espécie de modificação da voz humana", é muito difícil designar-lhe uma modalidade absolutamente própria. Após propor o *"cálculo dos intervalos"*, Rousseau avança o critério bastante equívoco da *"permanência"*, depois, o da melodia como *"imitação* ... dos acentos da voz falante e apaixonante". A dificuldade está em que é preciso encontrar aqui os conceitos de uma descrição interna e sistemática. Não mais que a voz[34], o canto não entrega sua essência a uma descrição anatômica. Mas os intervalos vocais também são estranhos ao sistema dos intervalos musicais. Rousseau hesita, pois, no *Dictionnaire* assim como no *Essai* entre duas Necessidades: marcar a diferença entre o sistema dos intervalos vocais e o dos intervalos musicais, mas, também reservar na voz original todos os recursos do canto. A noção de *imitação* reconcilia estas duas exigências quanto à ambiguidade. O primeiro capítulo do *Essai* responde em parte a esta passagem do artigo "Canto":

"É muito difícil determinar em que a voz que forma a fala difere da voz que forma o *canto*. Esta diferença é sensível, mas não se vê muito claramente em que consiste; e, quando se quer buscá-lo, não se encontra. O Sr. Dodard fez observações anatômicas com a ajuda das quais acredita encontrar nas diferentes situações da laringe a causa destas duas espécies de voz; mas não sei se estas observações, ou as consequências que delas tira, são bem certas.

---

34. A propósito da distinção entre linguagem animal e linguagem humana que o *Essai* iguala à distinção entre não perfectibilidade e perfectibilidade, pode-se ler isso: "Essa única distinção parece conduzir longe: explica-se, diz-se, pela diferença dos órgãos. Estou curioso para ver esta explicação" (Fim do cap. I).

Parece faltar apenas a *permanência* para que os sons que formam a fala, formem um verdadeiro *canto*: parece também, que as diversas inflexões que se dá à voz ao falar, formam intervalos que não são em nada harmônicos, *que não fazem parte de nossos sistemas de música*, que, por conseguinte, não podendo ser exprimidos em notas, não são, para nós, propriamente *canto*. *O canto não parece natural ao homem*. Embora os selvagens da América cantem, porque falam, *o verdadeiro selvagem não cantou nunca*. Os mudos não cantam; formam apenas vozes sem permanência, sons surdos, como mugidos, que a Necessidade deles arranca; eu duvidaria que o senhor Pereyra, com todo seu talento, jamais pudesse deles tirar algum *canto* musical. As crianças gritam, choram, e não cantam nada. As primeiras expressões da natureza não têm nada de melodioso ou sonoro, e elas aprendem a cantar, assim como a falar, a nosso exemplo. O canto melodioso e apreciável é apenas uma imitação pacífica e artificial dos acentos da voz falante ou apaixonante: *grita-se ou lamenta-se sem cantar*; *mas imitam-se cantando os gritos e lamentos*; *e como de todas as imitações a mais interessante é a da paixão humana, de todas as maneiras de imitar, a mais agradável é o canto*". (Só a palavra *canto* está sublinhada por Rousseau.)

Pode-se analisar com base neste exemplo o funcionamento sutil das noções de natureza e imitação. Em vários patamares, a natureza é o solo, o degrau inferior: é preciso transpô-lo, excedê-lo mas também reencontrá-lo. É preciso a ele voltar, mas sem anular a diferença. Esta deve ser *quase nula*: a que separa a imitação do que ela imita. É preciso, através da voz, transgredir a natureza animal, selvagem, muda, infantil ou gritante; através do canto transgredir ou modificar a voz. Mas o canto deve imitar os gritos e os lamentos. Donde, uma segunda determinação polar da natureza: esta torna-se a unidade – enquanto limite ideal – da imitação e do que é imitado, da voz e do canto. Se esta unidade fosse efetivada, a imitação tornar-se-ia inútil: a unidade da unidade e da diferença seria vivida na imediatez. Tal é a definição arqueoteleológica da natureza segundo Rousseau. *Alhures* é o nome e o lugar, o nome do não lugar desta natureza. Alhures no tempo, *in illo tempore*; alhures no espaço, *álibi*. A unidade natural do grito, da voz e do canto, é a experiência do arquigrego ou do chinês. O artigo "Voz" analisa e amplifica o mesmo debate em torno das teses de Dodart e de Duclos (no artigo "Declamação dos antigos" da *Enciclopédia*). As diferenças entre as línguas são medidas, no sistema de cada língua, segundo a distância que separa a voz da fala da voz do canto, "pois, como há línguas mais ou menos harmoniosas, cujos acentos são mais ou menos musicais, também nota-se nestas línguas que as *vozes* de fala e de canto aproximam-se ou afastam-se na mesma proporção: assim como a língua italiana é mais musical que a francesa, a fala nela afasta-se menos do canto; e é mais fácil nela reconhecer cantando o homem que se escutou falar. Numa língua que fosse totalmente harmoniosa, como era no princípio, a língua grega, a diferença entre a *voz* de fala e a *voz* de canto seria nula; ter--se-ia a mesma *voz* para falar e para cantar: talvez, ainda hoje, este seja o caso dos chineses".

2. Acabamos de render-nos a duas evidências: a unidade da natureza ou a identidade da origem são trabalhadas por uma estranha diferença que as constitui ao encetá-las; é preciso dar conta da origem da *voz de fala* – portanto, da sociedade – *antes e a fim* de designar sua possibilidade à música, isto é, à *voz de canto*. Porém, como no *começo* da voz *toda-harmoniosa*, fala e canto se identifica(va)m, *antes e a fim* tenham talvez um sentido jurídico ou metodológico, não têm valor estrutural nem valor genético. Poder-se-ia ser tentado a atribuir um valor estrutural à diferença entre fala e canto, visto que Rousseau reconhece que este vem "modificar" aquela. Mas o conceito arqueoteleológico de natureza anula também o ponto de vista estrutural. No começo ou no ideal da voz toda-harmoniosa, a modificação confunde-se com a substância que ela modifica. (Esse esquema tem um valor geral e comanda todos os discursos, desde que eles façam o menor apelo a uma dessas noções, seja ela qual for: a natureza e seu outro, a arqueologia e a escatologia, a substância e o modo, a origem ou a gênese.)

O ponto de vista metodológico ou jurídico, bem entendido, não tem mais nenhum valor rigoroso desde que se anule a diferença de valor entre o ponto de vista estrutural e o ponto de vista genético. Rousseau não leva em conta esta consequência, que, é preciso decerto reconhecer, destroçaria mais de um discurso.

Devemos agora segui-lo. Trata-se de liberar, a propósito da origem da linguagem e da sociedade, um certo número de oposições de conceitos indispensáveis para compreender ao mesmo tempo a possibilidade da fala e a do canto. E, sobretudo, para compreender a tensão ou a diferença que, na linguagem assim como na música, opera ao mesmo tempo como a abertura e a ameaça, o princípio de vida e o princípio de morte. Visto que *a primeira* fala deve ser *boa*, visto que a arqueoteologia da natureza da linguagem e da linguagem da natureza nos dita, assim como a "voz da natureza", que a essência original e ideal da fala seja o próprio canto, não se pode tratar separadamente das duas origens. Mas como o método do discurso deve arrepiar caminho e ter em conta a regressão ou a degradação histórica, ele deve separar provisoriamente as duas questões e, de certa maneira, começar pelo fim.

Eis a história. Pois a história que segue a origem e a ela se acrescenta não passa da história da separação entre o canto e a fala. Se consideramos a diferença que esquartejava a origem, é decerto preciso dizer que esta história, que é decadência e degenerescência de ponta a ponta, não teve vésperas. A degenerescência como separação, como desmama da fala e do canto, começou desde sempre. Todo o texto de Rousseau *descreve*, como veremos, a origem como começo do fim, como decadência inaugural. E, contudo, apesar desta descrição, o texto se torce numa espécie de labor oblíquo para fazer *como se* a degenerescência não estivesse prescrita na gênese e como se o mal *sobreviesse* à boa origem. Como se o canto e a fala, que têm a mesma ata e a mesma paixão de nascimento, não tivessem desde sempre começado a se separar.

Reencontram-se aqui as vantagens e os perigos do conceito de suplemento; do conceito, também, de "vantagem funesta" e de "suplemento perigoso".

O devir da música, a separação desoladora do canto e da fala, tem a forma da escritura como "suplemento perigoso": cálculo e gramaticalidade, *perda de energia e substituição*. A história da música é paralela à história da língua, seu mal é de essência gráfica. Quando procura explicar *como a música degenerou* (cap. XIX), Rousseau relembra a história infeliz da língua e de seu desastroso "aperfeiçoamento": "À medida que a língua se aperfeiçoava, a melodia, ao impor-se novas regras, *perdia* insensivelmente algo de sua antiga *energia*, e o *cálculo dos intervalos substituiu a finura das inflexões*" (o grifo é nosso).

A substituição distancia do nascimento, da origem natural ou maternal. O esquecimento do começo é um cálculo que põe a harmonia no lugar da melodia, a ciência do intervalo no lugar do calor do acento. Nessa desmama da voz de fala, um "novo objeto" vem usurpar e suprir ao mesmo tempo os "traços maternos". É o "acento oral" que sofre então por isso. A música se encontra assim "privada de seus efeitos" próprios, isto é, naturais e morais: "Sendo *esquecida* a melodia e voltando-se a atenção do músico inteiramente para a harmonia, tudo se dirigiu pouco a pouco sobre esse *novo objeto*; os gêneros, os modos, a gama, tudo recebeu, faces novas: foram as sucessões harmônicas que regularam a marcha das partes. Tendo esta marcha *usurpado o nome* de melodia, não foi possível reconhecer nesta nova melodia *os traços de sua mãe*; e, tendo nosso sistema musical, assim, vindo a ser, *gradativamente*, puramente harmônico, não é motivo de espanto que o *acento oral* haja *sofrido* com isso, e que a música haja perdido para nós quase toda a sua *energia*. Eis como o canto veio a ser, *gradativamente*, uma arte inteiramente *separada* da fala, da qual ele extrai sua origem; como os harmônicos dos sons fizeram *esquecer* as inflexões da voz; e como, enfim, limitada ao efeito puramente físico do concurso das vibrações, a música se encontrou *privada* dos efeitos morais que ela produzira quando era *duplamente a voz da natureza*" (o grifo é nosso).

Os pontos de passagem sublinhados deveriam guiar uma subleitura desse texto e de tantos outros textos análogos. Reconhecer-se-ia neles, cada vez:

1. Que Rousseau tece seu texto com ajuda de fios heterogêneos: o *deslocamento* instantâneo que *substitui* um "*novo objeto*", que institui um suplemento substitutivo, deve constituir uma história, isto é, um devir progressivo que produz *gradativamente* o *esquecimento* da voz da natureza. O movimento violento e irruptivo que *usurpa*, *separa* e *priva* é simultaneamente descrito como implicitação progressiva, distanciamento graduado da origem, crescimento lento de uma doença de linguagem. Tecendo juntas as duas significações da suplementariedade, substituição e crescimento, Rousseau descreve a substituição de um *objeto* como um *déficit* de *energia*, a produção de um tenente-lugar como o apagamento no esquecimento.

2. O advérbio "duplamente" congrega, sobre sua própria condição de possibilidade, a metáfora da voz da natureza: "doce voz", materna, canto como voz original, fala cantada conforme às prescrições da lei natural. Em todos os sentidos dessa palavra a natureza fala. E, para ouvir as leis formadas por sua doce voz, à qual, recorda-se, "ninguém é tentado a desobedecer", à qual, no entanto, se deveu ser tentado a desobedecer, é preciso reencontrar o "acento oral" da fala cantada, retomar a posse de nossa própria voz perdida, essa que, proferindo e ouvindo, ouvindo-se-significar uma lei melodiosa, "era duplamente a voz da natureza".

A ESTAMPA E AS AMBIGUIDADES DO FORMALISMO

Em que esta substituição suplementar era fatal? Em que *é* fatal? Em que *tinha de ser* – pois tal é o tempo de sua *quiddidade* – o que ela é necessariamente? Qual é a fissura que, na origem mesma, destina sua aparição?

Esta fissura não é uma fissura em meio a outras. É *a* fissura: a necessidade do intervalo, a dura lei do espaçamento. Ela somente pôde por o canto em perigo para nele inscrever-se desde seu nascimento e em sua essência. O espaçamento não é o acidente do canto. Ou antes, enquanto acidente e acessório, queda e suplemento, é também aquilo sem o que, literalmente, o canto não teria lugar. O intervalo faz parte, no *Dictionnaire*, da definição do canto. É pois, se se quiser, um acessório originário e um acidente essencial. Como a escritura.

Rousseau o diz sem querer dizê-lo. O que quer dizer é o acessório acessório, o acidente acidental, o fora exterior, o mal suplementar ou o suplemento acessório. E o espaço exterior ao tempo. O espaçamento estranho ao tempo da melodia. Mesmo dizendo, como veremos, que o espaçamento assegura a possibilidade da fala e do canto, Rousseau *quereria* pensar o espaço como um simples fora pelo qual sobreviessem a doença e a morte em geral, e especialmente as da fala cantada. Queria agir como se a "finura das inflexões" e do "acento oral" não se prestasse já, e desde sempre, à espacialização, à geometrização, à gramaticalização, à regularização, à prescrição. À razão. Como quereria apagar esse *desde-sempre*, determina o espaçamento como um evento e como um evento catastrófico. Iremos voltar mais de uma vez a esse conceito de catástrofe. Notemos aqui que esta catástrofe tem decerto a forma da razão filosófica. É por isso que o nascimento da filosofia na época da tragédia grega constitui o melhor exemplo de uma tal catástrofe:

"Quando os teatros adquiriram uma forma regular, só se cantava neles segundo modos prescritos; e, à medida que se multiplicavam as regras da imitação, a língua imitativa se enfraquecia. O estudo da filosofia e o progresso do raciocínio, aperfeiçoando a gramática, privaram da língua esse tom vivo e apaixonado que a tornara de início tão cantante. Desde o tempo de Menalípides e de Filoxenes, os sinfonistas, que de início eram pagos pelos poetas e só executavam sob seu mando, e por assim dizer sob seu ditado, tornaram-se independentes; e é desta licença que se queixa tão amargamente a Música em uma comédia de Ferécrates, da qual Plutarco nos conservou a passagem. Assim a melodia, começando a não ser mais tão aderente ao discurso, tomou insensivelmente uma existência separada, e a música tornou-se mais independente das falas. Então, cessaram também pouco a pouco esses prodígios que ela produzira quando não era mais que o acento e a harmonia da poesia, e quando lhe conferia, sobre as paixões, este império que a fala não exerceu mais daí em diante, a não ser sobre a razão. Além disso, desde que a Grécia ficou repleta de sofistas e de filósofos, não se viram mais nem poetas nem músicos célebres. Ao cultivar a arte de convencer perdeu-se a de comover. O próprio Platão, enciumado de Homero e de Eurípedes, desacreditou um e não pôde imitar o outro".

Logo, segundo a lei de aceleração suplementar que reconhecemos mais acima e que poderíamos denominar lei de *regressão geométrica*, uma outra catástrofe vem necessariamente se acrescentar à primeira. Podem-se inventariar aí quase todas as significações que definirão constantemente a figura do mal e o progresso da degenerescência: substituição ao mesmo tempo violenta e progressiva da liberdade política como liberdade da fala viva pela servidão, dissolução da pequena cidade democrática e autárquica, preponderância da articulação sobre a acentuação, da consoante sobre a vogal, do setentrional sobre o meridional, da capital sobre a província. Indo necessariamente no sentido da primeira catástrofe, a catástrofe suplementar, não obstante, destrói seus efeitos positivos ou compensadores. Destaquemo-lo:

"Logo a *servidão adicionou* sua influência à da filosofia. A Grécia agrilhoada perdeu esse fogo que só esquenta as almas livres, e não encontrou mais para louvar seus tiranos o tom no qual cantara seus heróis. A mistura com os romanos enfraquece ainda o que restava à linguagem de harmonia e de acento. O latim, língua mais *surda* e menos musical, fez mal à música ao adotá-la. O canto empregado na *capital* alterou pouco a pouco o das províncias; os teatros de Roma prejudicaram os de Atenas. Quando Nero obteve prêmios a Grécia cessara de merecê-los; e a mesma melodia partilhada pelas duas línguas conveio menos a ambas. Chegou, enfim, a *catástrofe que destruiu os progressos do espírito humano, sem eliminar os vícios que constituíam sua obra*. A Europa, inundada de *bárbaros e escravizada* por ignorantes, perdeu ao mesmo tempo suas ciências, suas artes e o instrumento universal de ambas, a saber, a *língua harmoniosa aperfeiçoada*. Esses homens grosseiros que o *norte* engendrara acostumaram insensivelmente todos os ouvidos à rudeza de seu órgão: sua voz dura e *desprovida de acento*, era ruidosa sem ser sonora. O imperador Juliano comparava o falar dos Gauleses ao coaxar das rãs. Todas as suas *articulações* sendo tão ásperas como suas vozes eram nasais e *surdas*, podiam dar apenas uma espécie de brilho a seu canto, que era reforçar o som das vogais para encobrir a *abundância e a dureza das consoantes*" (cap. XIX).

Além desse sistema de oposições que governa todo o *Essai* (servidão/liberdade político-linguística, Norte/Sul, articulação/

acento, consoante/vogal, capital/província/cidade autárquica e democrática), podemos perceber aqui a estranha marcha do processo histórico segundo Rousseau. Ela não varia nunca: a partir de uma origem ou de um centro que se divide e sai de si, um círculo histórico é descrito, com o sentido de uma degenerescência mas comportando um progresso e efeitos compensadores. Sobre a linha desse círculo, novas origens para novos círculos que aceleram a degenerescência ao anularem os efeitos compensadores do círculo precedente, fazendo aliás aparecer então sua verdade e benefício. É assim que a invasão dos bárbaros setentrionais enceta um novo ciclo de degenerescência histórica, destruindo os "progressos do espírito humano" que o ciclo anterior produzira: os efeitos nefastos e dissolventes da filosofia haviam, com efeito sido limitados por si mesmos. Seu sistema comportava, de certo modo, seu próprio freio. No sistema ou círculo seguinte, esse freio terá desaparecido. Seguir-se-á uma aceleração do mal que encontrará, não obstante, uma nova regulação interna, um novo órgão de equilíbrio, uma nova compensação suplementar (que consistirá, por exemplo, em "reforçar o som das vogais para encobrir a abundância e a dureza das consoantes"), e assim ao infinito. Contudo, este infinito não é o de um horizonte ou de um abismo, de um progresso ou de uma queda. É o infinito de uma repetição que segue um estranho caminho. Pois cumpre ainda complicar o esquema precedente: cada novo ciclo enceta uma progressão-regressão que, destruindo os efeitos da precedente, nos reconduz a uma natureza ainda mais remota, mais velha, mais arcaica. O progresso consiste sempre em nos aproximar da animalidade ao anular o progresso pelo qual transgredimos a animalidade. Verificá-lo-emos amiúde. Em todo caso, o "assim ao infinito" desse movimento dificilmente se deixaria representar pelo traçado de uma linha, por complicado que fosse.

O que não se pode assim representar por uma linha é o torno do retorno quando ele tem o porte da representação. O que não se pode representar é a relação da representação com a presença dita originária A representação é também uma desapresentação. Ela está ligada à obra do espaçamento. O espaçamento insinua na presença um intervalo que não separa somente os diferentes tempos da voz e do canto, mas também o representado do representante. Ora, um tal intervalo é prescrito pela origem da arte, tal como Rousseau a determina. Segundo uma tradição que continua aqui imperturbável, Rousseau está certo de que a essência da arte é a *mimesis*. A imitação reduplica a presença, acrescenta-se-lhe suprindo-a. Faz passar, pois, o presente em seu fora. Nas artes inanimadas, o fora se desdobra e é a reprodução do fora no fora. A presença da coisa mesma é já exposta na exterioridade, deve pois se desapresentar e representar em um fora do fora. Nas artes vivas, e por excelência no canto, o fora imita o dentro. É *expressivo*. "Pinta" paixões. A metáfora que faz do canto uma pintura não é possível, não pode arrancar a si e arrastar para fora, no espaço, a intimidade de sua virtude, senão sob a autoridade comum do conceito de imitação. A pintura e o canto são reproduções, quaisquer que sejam suas diferenças; o dentro e o fora as partilham igualmente, a expressão já começou a fazer a paixão sair para fora de si mesma, começou a expô-la e pintá-la. Isso confirma o que avançamos acima: a imitação não pode deixar-se apreciar por um ato simples. Rousseau precisa da imitação, eleva-a como a possibilidade do canto e a saída para fora da animalidade, mas somente a exalta como reprodução acrescentando-se ao representado, mas *não lhe acrescentando nada*, suprindo-o simplesmente. Nesse sentido, faz o elogio da arte ou da *mimesis* como de um suplemento. Mas, no mesmo ato, o elogio pode instantaneamente virar-se crítica. Dado que a mimética suplementar *não acrescenta nada*, não é ela inútil? E se, não obstante, acrescentando-se ao representado, ele não é nada, esse suplemento imitativo não é perigoso para a integridade do representado? Para a pureza original da natureza?

Eis por que, deslocando-se através do sistema da suplementariedade com uma infalibilidade cega, e uma segurança de sonâmbulo, Rousseau deve ao mesmo tempo denunciar a *mimesis* e a arte como suplemento (suplementos que são perigosos quando não são inúteis, supérfluos quando não são nefastos, na verdade, uma e outra coisa ao mesmo tempo) e neles reconhecer a oportunidade do homem, a expressão da paixão, a saída para fora do inanimado.

É o estatuto do *signo* que assim se encontra marcado pela mesma ambiguidade. O significante imita o significado. Ora, a arte é tecida de signos. Na medida em que a significação parece ser apenas, pelo menos inicialmente, um caso, de imitação, façamos ainda um rodeio pelo *Emile*. A ambiguidade do tratamento reservado à imitação, tornar-nos-á mais clara tal passagem do *Essai* sobre o signo, a arte e a imitação.

A pedagogia não pode não encontrar o problema da imitação. O que é o exemplo? Deve-se ensinar pelo exemplo ou pela explicação? O mestre deve dar-se como modelo e não se incomodar ou prodigar as lições e as exortações? Há virtude em ser virtuoso por imitação? Todas estas questões são colocadas no segundo livro do *Emile*.

Inicialmente, trata-se de saber como ensinar à criança a generosidade, a "liberalidade". Ora, antes mesmo que a palavra e o tema da imitação ocupem a frente do palco, o problema do signo é colocado. Ensinar a verdadeira generosidade à criança é assegurar-se de que ela não se contentará com imitar. Ora, o que é imitar a generosidade? É dar os signos em lugar das coisas, as palavras em lugar dos sentimentos, o dinheiro como substituto dos bens reais. Portanto, será preciso ensinar a criança a não imitar a liberalidade e este ensinamento deve lutar contra uma resistência. A criança quer espontaneamente guardar seus bens e dar o troco: "Notai que apenas se faz a criança dar coisas de que ignora o valor, peças de metal que tem em seu bolso e que lhe servem apenas para isso. Uma criança daria mais facilmente um dinheiro que um doce". O que é dado facilmente não são significantes inseparáveis dos significados ou das coisas, são significantes desvalorizados. A criança não daria tão facilmente o dinheiro se pudesse ou soubesse dele fazer alguma coisa. "Mas, fazei com que este pródigo distribuidor dê as coisas que lhe são caras, brinquedos, balas, sua merenda e logo saberemos se realmente o tornastes liberal" (pp. 97-99).

Não que a criança seja naturalmente avarenta. A criança deseja naturalmente guardar o que deseja. É normal e natural. O vício aqui, ou a perversidade, consistiria em não se prender às coisas naturalmente desejáveis, mas sim a seus significantes substitutivos. Se uma criança amasse o dinheiro pelo dinheiro, ela seria perversa; não seria mais uma criança. *O conceito de infância para Rousseau sempre tem relação com o signo. A infância, mais precisamente, é a não relação com o signo enquanto tal.* Mas, o que é um signo enquanto tal? Não há signo como tal. Ou o signo é considerado como uma coisa, ou ele não é um signo. Ou ele é uma remessa, e então, não é ele mesmo. A criança, segundo Rousseau, é o nome do que deveria não ter nenhuma relação com um significante separado, de algum modo amado por si mesmo, qual um fetiche. Ora, este uso perverso do significante é de alguma forma ao mesmo tempo proibido e tolerado pela estrutura da imitação. Uma vez que um significante não mais é imitativo, a ameaça de perversão torna-se, sem dúvida, aguda. Mas, já na imitação, a defasagem entre a própria coisa e seu duplo, e até, entre o sentido e sua imagem, assegura um alojamento para a mentira, para a falsificação e para o vício.

Donde a hesitação do *Emile*. Por um lado, tudo começa pela imitação e a criança só aprende pelo exemplo. Aqui, a *imitação é boa*, ela é mais humana, não tem nada a ver com a macaquice. Antes, as afetações estariam mais do lado daqueles que, conforme o queria Locke, dispensam às crianças, em lugar de exemplos, raciocínios sabre o interesse que há em ser liberal. Não se passaria nunca desta "liberalidade usurária" à verdadeira generosidade que só se transmite pelo exemplo e pela *boa imitação* – "Mestres, deixai as afetações, sede virtuosos e bons, que vossos exemplos se gravem na memória de vossas crianças, esperando que possam entrar em seus corações".

Mas esta boa imitação traz, já em si mesma, as premissas de sua alteração. E todo o problema da pedagogia no *Emile* pode resumir-se a isso. A criança inicialmente é passiva, o exemplo grava-se inicialmente na memória *"esperando"* entrar no coração. Ora, ele pode permanecer na memória sem tocar o coração; e, inversamente, a semelhança entre o coração e a memória faz com que, por sua vez, a criança possa fingir agir segundo o coração no momento em que se contenta com imitar segundo os signos da memória. Sempre pode contentar-se com *dar signos*. Num primeiro tempo, a boa imitação pode ser impossível, num segundo tempo, ela pode ser desviada de seu bom uso. "Em vez de apurar-me em exigir da minha criança atos de caridade, prefiro fazê-los em sua presença, e mesmo tirar-lhe a possibilidade de nisto me imitar, como uma honra que não corresponde à sua idade." "Sei que todas estas virtudes por imitação são virtudes de macaco, e que toda boa ação só é moralmente boa quando feita como tal, e não porque outros a fazem. Mas, numa idade em que o coração nada sente ainda, é bem necessário fazer com que as crianças imitem os atos cujo hábito se deseja que adquiram, esperando que possam fazê-los por discernimento e por amor ao bem[35]."

A possibilidade da imitação parece pois, interromper a simplicidade natural. Com a imitação, não é a duplicidade que se insinua na presença? E, no entanto, segundo um esquema que já reconhecemos, Rousseau quereria que a boa imitação se regesse por uma imitação natural. O gosto e o poder da imitação

---

35. É útil assinalar aqui que se reencontra a mesma problemática do exemplo e uma formulação literalmente idêntica na *Crítica da razão prática*, é certo, mas sobretudo nos *Éléments métaphysiques de la doctrine de la verstu* (1797) que distinguem entre o exemplo como caso de uma regra prática (*Exempei*) e o exemplo como caso particular na "exibição puramente teórica de um certo conceito (*Beispiel*)", (§ 61) e nas notas sobre a *Pedagogia*, publicadas em 1803.

estão inscritos na natureza. O vício, a duplicidade, bem como a afetação, se é que ela é uma alteração *da* imitação, não é filha da imitação, mas doença da imitação, não seu efeito natural mas sua anomalia monstruosa. O mal vem de uma espécie de perversão da imitação, da imitação na imitação. E este mal é de origem social.

"O homem é imitador, mesmo o animal o é; o gosto da imitação é da natureza bem ordenada; mas degenera em vício na sociedade. O macaco imita o homem que ele teme e não imita os animais que despreza; julga bom o que faz um ser melhor que ele. Entre nós, ao contrário, nossos arlequins de toda espécie imitam o belo para degradá-lo, para torná-lo ridículo; buscam no sentimento de sua baixeza, igualar-se ao que vale mais que eles; ou então, quando se esforçam para imitar o que eles admiram, vê-se na escolha dos objetos, o falso gosto dos imitadores: querem muito mais impor-se aos outros ou fazer aplaudir seu talento que tornaram-se melhores ou mais sábios."

Aqui, as relações entre a infância, a animalidade e o homem da sociedade ordenam-se segundo a estrutura e a problemática que, com tanto esforço, desenhamos ao analisar a piedade. E isto não é um acaso: o mesmo paradoxo – o da alteração da identidade e da identificação com o outro – aí age. A imitação e a piedade têm o mesmo fundamento: uma espécie de êxtase metafórico:

"O fundamento da imitação entre nós vem do desejo de sempre transportar-se fora de si" (*ibidem*).

Voltemos ao *Essai*. As astúcias da metáfora aparecem, então, na mimética de todas as artes. Se a arte é imitação, cumprirá não esquecer que tudo nela é *significante*. Na experiência estética somos afetados não pelas coisas mas pelos signos:

"O homem é modificado pelos seus sentidos, ninguém disso duvida; mas por não distinguirmos as modificações, nós confundimos suas causas; damos muito e muito pouco império às sensações, não vemos que frequentemente elas não nos afetam somente como sensações, mas como signos ou imagens, e que seus efeitos morais também têm causas morais. Assim como os sentimentos, que em nós excita a pintura, não vêm em nada das cores, o império que a música tem sobre nossas almas em nada é obra dos sons. Belas cores bem matizadas agradam à vista, mas este prazer é puramente devido à sensação. É o desenho, é a imitação que dá a estas cores, vida e alma; são as paixões que elas exprimem que vêm comover as nossas: são os objetos que elas representara que vêm nos afetar. O interesse e o sentimento não vêm de forma alguma das cores; os traços de um quadro comovedor nos comovem mesmo numa estampa: omitidos estes traços no quadro, as cores não farão mais nada" (cap. XIII).

Se a operação da arte passa pelo signo e sua eficácia pela imitação, pode agir apenas no sistema de uma cultura e a teoria da arte é uma teoria dos costumes. Uma impressão "moral", por oposição a uma impressão "sensível", reconhece-se por ela confiar sua força a um signo. A estética passa por uma semiologia e mesmo por uma etnologia. Os efeitos dos signos estéticos só são determinados no interior de um sistema cultural. "Se o maior império que têm sobre nós nossas sensações não se deve a causas morais, por que então somos tão sensíveis a impressões que são nulas para bárbaros? Por que nossas músicas mais tocantes não são mais que um vão ruído para o ouvido de um caraíba? São seus nervos de natureza diferente da dos nossos?" (cap. XV).

A própria medicina deve ter em conta a cultura semiológica na qual ela deve curar. Como a arte terapêutica, os efeitos terapêuticos da arte não são naturais a partir do momento em que agem por signos; e se a cura é uma linguagem, os remédios devem fazer-se ouvir pelo enfermo através do código de sua cultura:

"Cita-se como prova do poder físico dos sons a cura das picadas das tarântulas. Este exemplo prova exatamente o contrário. Não é preciso nem sons absolutos nem as mesmas árias para curar todos os que são picados por esse inseto; é preciso a cada um deles árias de melodia que lhe seja conhecida e frases que compreenda. É preciso, ao italiano, árias italianas; ao turco, árias turcas. Cada um só é afetado por acentos que lhes são familiares; seus nervos só se prestam na medida em que seu espírito os dispõe a eles: é preciso que entenda a língua que lhe é falada para que o que se lhe diz possa colocá-lo em movimento. As cantatas de Bernier, segundo se diz, curaram da febre um músico francês: elas teriam levado a febre a um músico de qualquer outra nação" (cap. XV).

Rousseau não chega a considerar que os próprios sintomas pertençam à cultura e que a picada de tarântula possa ter aqui ou ali efeitos diferentes. Mas o princípio de uma tal conclusão é claramente indicado em sua explicação. Uma única exceção, mais que estranha, nesta etnossemiótica : a cozinha, ou antes o gosto. Rousseau empenha-se em condenar sem apelação o vício da gula. Poder-se-ia perguntar por que: "Só conheço um sentido em cujas afeções nada de moral se mistura: é o gosto. E a gula não é nunca o vício dominante, a não ser em pessoas que não sentem nada" (*ibidem*). "Que não sentem nada" quer dizer aqui, bem entendido, "que só sentem", que só têm sensações não educadas, incultas.

Como o valor de *virtualidade* introduz aqui ainda um elemento de transição e de confusão, de gradualidade e mexida no rigor das distinções e no funcionamento dos conceitos – limites de animalidade, de infância, de selvajaria etc. –, é decerto preciso admitir que "a impressão moral" por signos e sistema de diferenças se anuncia desde sempre, embora confusamente, no animal. "Percebe-se algo deste efeito moral até nos animais." Reconhecêramos a necessidade desta hesitação a propósito da piedade e, agora mesmo, da imitação.

"Enquanto se quiser considerar os sons unicamente pela comoção que excitam em nossos nervos não se terão verdadeiros princípios da música e de seu poder sobre os corações. Os sons, na melodia, não agem somente sobre nós como sons, mas como signos de nossas afeções, de nossos sentimentos; é assim que excitam em nós os movimentos que exprimem, cuja imagem neles reconhecemos. Percebe-se algo deste efeito moral até nos animais. O latido de um cão atrai outro. Se meu gato me ouve imitar um miado, de imediato o vejo atento, inquieto, agitado. Se se apercebe que sou eu quem imita a voz de seu semelhante, torna a deitar e repousa. Por que esta diferença de impressão, visto que não houve nenhuma na comoção das fibras, e que ele mesmo foi a princípio enganado?" (*ibidem*).

Desta irredutibilidade da ordem semiótica, Rousseau tira também conclusões contra o sensualismo e o materialismo de seu século: "As cores e os sons podem muito como representações e signos, pouca coisa como simples objetos dos sentidos". O argumento da arte como texto significante está a serviço da metafísica e da ética espiritualista: "Creio que, ao desenvolver melhor essas ideias, se teriam poupado muitos raciocínios tolos sobre a música antiga. Mas, neste século marcado por esforços para materializar todas as operações da alma, e de retirar toda moralidade dos sentimentos humanos, engano-me se a nova filosofia não se torna tão funesta ao bom gosto como à virtude" (*ibidem*).

Cumpre estar atento à finalidade última da consideração de que goza aqui o signo. Segundo uma regra geral que nos importa aqui, a atenção ao significante tem por efeito paradoxal reduzi-lo. Diferentemente do conceito de suplemento que, bem entendido, não *significa* nada, só substitui uma carência, o significante, como se indica na forma gramatical dessa palavra e na forma lógica desse conceito, significa um significado. Não se pode separar sua eficácia do significado ao qual é ligado. Não é o corpo do signo que age, pois ele é todo sensação, mas sim o significado que ele exprime, imita ou transporta. Da crítica do sensualismo por Rousseau, seria errôneo concluir que é o próprio signo que esgota a operação da arte. Somos comovidos, "excitados", pelo representado e não pelo representante, pelo exprimido e não pela expressão, pelo dentro que é exposto e não pelos fora da exposição. Mesmo na pintura, a representação só é viva e só nos toca se imita um objeto, e, melhor, se exprime uma paixão: "É o desenho, é a imitação que dá a essas cores vida e alma; são as paixões que elas exprimem que vêm comover as nossas... os traços de um quadro comovente nos comovem mesmo numa estampa".

A *estampa*: nascendo a arte da imitação, só pertence à obra propriamente dita o que pode ser retido na estampa, na impressão reprodutora dos *traços*. Se o belo nada perde em ser reproduzido, se é reconhecido em seu signo, nesse signo do signo que é uma cópia, é porque na "primeira vez" de sua produção ele era já essência reprodutiva. A estampa, que copia os modelos da arte, não deixa de ser o modelo da arte. Se a origem da arte é a possibilidade da estampa, a morte da arte e a arte como morte são prescritas desde o nascimento da obra. O princípio de vida, uma vez mais, confunde-se com o princípio de morte. Uma vez mais, Rousseau deseja separá-los; uma vez mais, porém, faz justiça, em sua descrição e em seu texto, ao que limita ou contradiz seu desejo.

De um lado, com efeito, Rousseau não duvida que a imitação e o traço formal sejam o próprio da arte e herda, como o óbvio, o conceito tradicional da *mimesis*; conceito que foi, de início, o dos filósofos que Rousseau, como nos recordamos, acusava de terem matado o canto. Esta acusação não podia ser radical, visto que se move no interior da conceitualidade herdada desta filosofia e da concepção metafísica da arte. O traço que se presta à estampa, a linha que *se imita* pertence a todas as artes, tanto às artes do espaço como às artes da duração, e não menos à música que à pintura. Em uma como em outra, ela desenha o espaço da imitação e a imitação do espaço.

"Assim, pois, como a pintura não é a arte de combinar as cores de uma maneira agradável à vista, a música não é tampouco a arte de combinar sons de uma maneira agradável ao ouvido. Se nelas só houvesse isso, ambas estariam incluídas entre as ciências naturais e não entre as belas artes. É a imitação somente que as eleva a essa categoria. Ora, o que faz da pintura uma arte de imitação? É o desenho. Que faz da música uma outra arte de imitação? É a melodia" (cap. XIII).

Ora, o *traço* (desenho ou linha melódica) não é somente o que permite a imitação e o reconhecimento do representado no representante. É o elemento da diferença formal que permite aos conteúdos (à substância colorida ou sonora) aparecer. Ao mesmo tempo, não pode *dar lugar* à arte (*teknné*) como *mimesis* sem constituí-la imediatamente como *técnica de imitação*. Se a arte vive de uma reprodução originária, o traço que permite esta reprodução abre ao mesmo tempo, o espaço do cálculo, da gramaticalidade, da ciência racional dos intervalos dessas "regras da imitação" fatais à energia. Recordemos: "À medida que se multiplicavam as regras da imitação, a língua imitativa se enfraquecia". A imitação seria, pois, ao mesmo tempo a vida e a morte da arte. A arte e a morte, a arte e sua morte estariam compreendidas no espaço de *alteração* e *iteração* originária (*iterum* – de novo – não vem do sânscrito *itara*, outro?); da repetição, da reprodução, da representação; ou também, no espaço como possibilidade de iteração e saída da vida para fora de si mesma.

Pois, o traço é o espaçamento mesmo e, marcando as figuras, trabalha tanto as superfícies da pintura como o tempo da música:

"A melodia faz na música precisamente o que faz o desenho na pintura; é ela que marca os traços e as figuras cujos acordes e sons não são senão cores. Dir-se-á, porém, que a melodia não passa de uma sucessão de sons. Sem dúvida; mas o desenho não é, também, senão um arranjo de cores. Um orador se serve de tinta para traçar seus escritos: isso quer dizer que a tinta seja um licor muito eloquente?" (cap. XIII).

Ao extrair assim um conceito de diferença formal, criticando com vigor uma estética que se poderia chamar de substancialista mais que materialista, mais atenta ao conteúdo sensível que à composição formal, Rousseau nem por isso deixa de confiar a carga da arte – aqui da música – ao *traço*. Isto é, ao que pode dar lugar ao cálculo frio e às regras da imitação. Segundo uma lógica com a qual estamos hoje familiarizados, Rousseau adianta-se a esse perigo *opondo a boa forma à má forma*, a forma de vida à forma de morte, a forma *melódica* à forma *harmônica*, forma a conteúdo imitativo e forma sem conteúdo, forma plena de sentido e abstração vazia. *Rousseau reage então contra o formalismo. Este é também, a seus olhos, um materialismo e um sensualismo.*

É difícil compreender bem o que está em jogo nos capítulos XIII, "Da melodia", e XIV, "Da harmonia", se não se percebe seu contexto imediato: a polêmica com Rameau. Esses capítulos não fazem outra coisa senão reunir e estilizar uma discussão desenvolvida nos artigos correspondentes do *Dictionnaire de musique* e no *Examen de deux principes avancés par M. Rameau dans sa brochure intitulée "Erreurs sur la musique", dans l' "Encyclopédie"* (1755). Mas esse contexto serve apenas de revelador de uma Necessidade sistemática e permanente.

A diferença entre a forma melódica e a forma harmônica tem, aos olhos de Rousseau, uma importância decisiva. Por todos os caracteres que as distinguem uma da outra, elas se opõem como a vida e a morte do canto. E, contudo, se nos ativéssemos à origem da palavra ("originariamente um nome próprio") e aos "antigos tratados que nos restam", "seria muito difícil distinguir a *harmonia* da melodia, a menos que se acrescentem a esta última as ideias de ritmo e de medida, sem as quais, com efeito, nenhuma melodia pode ter um caráter determinado, enquanto a *harmonia* tem o seu por si mesma, independentemente de qualquer outra quantidade". A diferença própria à harmonia deve, pois, ser procurada entre os modernos, segundo os quais, ela é uma "sucessão de acordes segundo as leis da modulação". Os princípios desta harmonia só foram reunidos em sistemas pelos modernos. Examinando o de Rameau, Rousseau lhe recrimina, de início, fazer passar por natural o que é puramente convencional: "Devo contudo declarar que esse sistema, por engenhoso que seja, não é em nada fundado sobre a natureza, como ele o repete sem cessar; é estabelecido unicamente sobre analogias e adequações que um homem inventivo pode substituir amanhã por outras mais naturais" (*Dictionnaire*).

A falta de Rameau seria dupla: uma exuberância artificialista e um recurso ilusório ou abusivo à natureza, um excesso arbitrário que pretende inspirar-se unicamente na física dos sons. Ora, não se pode deduzir uma ciência dos encadeamentos e dos intervalos a partir de uma simples física; a argumentação de Rousseau é, sob muitos aspectos, notável:

"O princípio físico da ressonância nos oferece acordes isolados e solitários; não estabelece sua sucessão. Uma sucessão regular é, não obstante, necessária. Um dicionário de palavras escolhidas não é um discurso, nem uma coleção de bons acordes uma peça musical: *é preciso um sentido, é preciso a ligação na música tanto como na linguagem*; é preciso que alguma coisa do *que precede se transmita ao que se segue para que o todo constitua um conjunto e possa ser chamado verdadeiramente uno.* Ora, a sensação composta que resulta de um acorde perfeito se resolve na sensação absoluta de cada um dos sons que o compõem, e na sensação comparada de cada um dos intervalos que estes mesmos sons formam entre si; *não há nada além de sensível neste acorde; donde se segue que é somente pela relação dos sons e pela analogia dos intervalos que se pode estabelecer u ligação de que se trata, e é este o verdadeiro e único princípio de onde decorrem todas as leis da harmonia e da modulação.* Se, portanto, toda a *harmonia* fosse formada exclusivamente por uma sucessão de acordes perfeitos maiores, bastaria proceder por intervalos semelhantes àqueles que compõem um tal acorde; pois, então, algum som do acorde precedente se prolongaria necessariamente no seguinte e todos os acordes se encontrariam suficientemente ligados, e a *harmonia* seria una ao menos nesse sentido. Mas, além de excluírem tais sucessões toda melodia, ao excluírem o gênero diatônico que constitui sua base, elas não iriam ao verdadeiro alvo da arte, pois *a música, sendo um discurso, deve como ele seus períodos, suas frases, suas suspensões, suas pausas, sua pontuação de toda espécie*, e a uniformidade das marchas harmônicas não ofereceria nada de tudo isso. As marchas diatônicas exigiam que os acordes maiores e menores fossem entremeados, e sentiu-se a Necessidade de dissonâncias para marcar as frases e as pausas. Ora, a sucessão ligada de acordes perfeitos maiores não dá nem o acorde perfeito menor, nem a dissonância, nem nenhuma espécie de frase, e a pontuação se encontra, aí, inteiramente em falta. O Sr. Rameau, querendo absolutamente, em seu sistema, tirar da natureza toda a nossa *harmonia*, recorreu para tal fim a uma outra experiência de sua invenção..." (*Ibidem*. O autor somente grifa a palavra *harmonia*).

A falta de Rameau responde ao modelo de todas as faltas e de todas as perversões históricas, tais como elas *tomam forma* aos olhos de Rousseau: segundo o círculo, a elipse ou a figura irrepresentável do movimento histórico, a racionalidade abstrata e a fria convenção aí se juntam à natureza morta, ao reino físico, e um certo racionalismo se confunde com o materialismo ou o sensualismo. Ou o empirismo: falso empirismo, empirismo falsificador dos dados imediatos da experiência. E esta falsificação que extravia a razão é, de início, uma falta do coração. Se Rameau se engana[36], seus errores são faltas morais, antes de serem erros teóricos. Pode-se ler no *Examen*: "Não fingiria confessando

36. "O Sr Rameau, querendo absolutamente, em seu sistema, tirar da natureza toda a nossa *harmonia*, recorreu para tal fim a uma outra experiência de sua invenção... Mas primeiramente a experiência é falsa... ainda que se supusesse a verdade desta experiência, isso não diminuiria muito as dificuldades Se, como o pretende o Sr. Rameau, toda a *harmonia* é derivada da ressonância do corpo sonoro, ele não as deriva, portanto, das únicas vibrações do corpo sonoro que não ressoa. Com efeito, é uma estranha teoria tirar do que não ressoa os princípios da *harmonia*; e é uma estranha física fazer vibrar e não ressoar o corpo sonoro, como se o próprio som fosse algo diverso do ar abalado por essas vibrações..."

que o escrito intitulado: *Erreurs sur la musique* me parece, com efeito, formigar de erros, e que nele nada vejo mais justo do que o título. Mas esses erros não estão nas luzes do Sr. Rameau; têm sua origem unicamente em seu coração: e, quando a paixão não o cegar, julgará melhor que ninguém as boas regras de sua arte". O extravio do coração que o conduz a perseguir[37] Rousseau, só pode tornar-se erro teórico ao ensurdecê-lo a alma da música: a melodia e não a harmonia; e ao ensurdecer, acusação mais grave, tanto o músico como o musicógrafo: "Observo nos *Erreurs sur la musique* dois desses princípios importantes. O primeiro, que guiou o Sr. Rameau em todos os seus escritos, e, pior ainda, em toda sua música, é que a harmonia é o único fundamento da arte, que a melodia dela deriva, e que todos os grandes efeitos da música nascem apenas da harmonia" (*ibidem*).

O extravio de Rameau é um sintoma. Trai ao mesmo tempo a doença da história ocidental e o etnocentrismo europeu. Pois a harmonia, segundo Rousseau, é uma perversão musical que só domina na Europa (na Europa do Norte) e o etnocentrismo consistiria em considerá-la como um princípio natural e universal da música. A harmonia que destrói a *energia* da música e entrava sua força *imitativa* – a melodia – está ausente nos princípios da música (*in illo tempore*) e nas músicas não europeias (*alibi*). Perguntar-se--á se Rousseau, conforme a um esquema que agora conhecemos bem, não critica o etnocentrismo por um contra etnocentrismo simétrico e um etnocentrismo ocidental profundo: notadamente ao reivindicar a harmonia como o mal e a ciência próprios à Europa[38].

37. Cf., por exemplo, as *Confessions*, p. 334.

38. "Quando se pensa que, de todos os povos da terra, que têm todos uma música e um canto, os Europeus são os únicos que têm uma *harmonia*, acordes, e que acham agradável essa mistura; quando se pensa que o mundo durou tantos séculos sem que, de todas as nações que cultivaram as belas-artes, nenhuma haja conhecido essa *harmonia*; que nenhum animal, que nenhum pássaro, que nenhum ser na natureza produza outro acorde além do uníssono, nem outra música além da melodia; que as línguas orientais, tão sonoras, tão musicais; que os ouvidos gregos, tão delicados, tão sensíveis, exercitados com tanta arte, não tenham jamais guiado esses povos voluptuosos e apaixonados para a nossa *harmonia*; que sem ela sua música tivesse efeitos tão prodigiosos; que com ela a nossa os tenha tão fracos; que, enfim, fosse reservado a povos do Norte, cujos órgãos duros e grosseiros são mais tocados pela explosão e ruído das vozes que pela doçura dos acentos e pela melodia das inflexões, fazer esta grande descoberta e dá-la por princípio a todas as regras da arte; quando, digo, se presta atenção a tudo isso, é bem difícil não suspeitar que toda a nossa *harmonia* não passa de uma invenção gótica e bárbara, à qual jamais nos teríamos atrevido se tivéssemos sido mais sensíveis às verdadeiras belezas da arte e à música verdadeiramente natural. O Sr. Rameau pretende, no entanto, que a *harmonia* seja a fonte das maiores belezas da música; mas esse sentimento é contradito pelos fatos e pela razão. Pelos fatos, pois que todos os grandes efeitos da música cessaram, e ela perdeu sua energia e sua força desde a invenção do contrapondo; ao que acrescento que as belezas puramente harmônicas são belezas eruditas, que só transportam pessoas versadas na arte: enquanto as verdadeiras belezas da

A boa forma da música, a que, por imitação representativa, produz o sentido ao exceder os sentidos, seria, pois, a melodia. É ainda preciso, segundo o mesmo princípio dicotômico que se repete ao infinito, distinguir na própria melodia, um princípio de vida e um princípio de morte; e mantê-los cuidadosamente separados um do outro. Mesmo que aí haja uma boa forma musical (a melodia) e uma má forma musical (a harmonia), há uma boa e uma má forma melódica. Através de uma operação dicotômica que deve incansavelmente recomeçar e reportar sempre a mais longe, Rousseau extenua-se em separar, como duas forças exteriores e heterogêneas, um princípio positivo e um princípio negativo. Certamente, o elemento maligno, na melodia, comunica com o elemento maligno da música em geral, isto é, com a harmonia. Esta segunda dissociação entre boa e má forma melódica, portanto, recoloca em questão a primeira exterioridade: já na melodia há harmonia:

"A *melodia* relaciona-se com dois princípios diferentes, conforme a maneira pela qual seja considerada. Presa pelas relações dos sons e pelas regras do modo, ela *em seu princípio na harmonia*, pois é, uma análise harmônica que, dá os graus da gama, as cordas do modo, e as leis da modulação, únicos elementos do canto. Segundo esse princípio, toda a força da *melodia* se limita a afagar o ouvido por sons agradáveis, como se pode afagar a vista por combinações agradáveis de cor; porém, tomada por uma arte de imitação pela qual se pode afetar o espírito com imagens diversas, comover o coração com sentimentos diversos, excitar e acalmar as paixões, operar, em uma palavra, efeitos morais que ultrapassam o império imediato dos sentidos, é preciso procurar-lhe a um outro princípio: pois não vemos nenhum aspecto pelo qual a harmonia sozinha e tudo que vem dela, possa assim nos afetar".

O que dizer desse segundo princípio? Sem dúvida, deve permitir a imitação: somente a imitação pode nos *interessar* na arte, dizer-nos respeito ao representar a natureza e ao exprimir as paixões. Mas o que, na melodia, imita e exprime? É o *acento*. Se nos detivemos tanto tempo nesse debate com Rameau, foi

música, sendo da natureza, são e devem ser igualmente sensíveis a todos os homens sábios e ignorantes;
Pela razão; pois a *harmonia* não fornece nenhum princípio de imitação pelo qual a música, formando imagens ou exprimindo sentimentos, possa elevar-se ao gênero dramático ou imitativo, que é a parte mais nobre da arte, e a única enérgica, sendo tudo aquilo que diz respeito ao físico dos sons muito limitado no prazer que nos dá, e tendo apenas muito pouco poder sobre o coração humano" (*Dictionnaire*).
Notemos, de passagem, que Rousseau reconhece duas coisas que nega em outras partes: 1. que as belezas da música são da natureza; 2. que existe o canto animal, canto unicamente melódico, decerto, mas, por consequência, canto absolutamente puro. Confirmam-se assim o sentido e a função da contradição na manipulação dos conceitos de natureza e de animalidade: a música, por exemplo, não se torna o que ela é – humana – e não transgride a animalidade senão pelo que a ameaça de morte: a harmonia.

também para delimitar melhor esta noção de acento. Ela nos será indispensável quando chegarmos à teoria das relações entre fala e escritura.

"Qual é esse segundo princípio? Ele está na natureza assim como o primeiro; [o grifo é nosso: Rousseau reconhece que a harmonia, o princípio contra a natureza, princípio de morte e de barbárie, também está na natureza] mas, para descobri-lo é trecho uma observação mais fina, ainda que mais simples, e maior sensibilidade no observador. Esse princípio é o mesmo que faz variar o tom da voz quando falamos, segundo as coisas que dizemos e os movimentos experimentados ao dizê-las. É o *acento* das línguas que determina a *melodia* de cada nação; é o *acento* que faz com que se fale ao cantar, e que se fale com *maior ou menor energia*, conforme a língua tenha maior ou menor acento. Aquela cujo acento é mais marcado deve dar uma *melodia* mais viva e mais apaixonada; a que apenas tem pouco ou nenhum acento só pode ter uma *melodia* lânguida e fria, sem caráter e sem expressão. São estes os verdadeiros princípios" (O grifo é nosso).

O *Essai*, e especialmente os três capítulos sobre a origem da música, sobre a melodia e a harmonia, que seguem assim a ordem do devir, dão-se a ler através da mesma grade. Mas o conceito de suplemento está desta vez presente no texto, *nomeado* mesmo quando não o é – não o é nunca e em parte alguma – *exposto*. É mesmo esta diferença entre implicação, presença nominal e exposição temática que nos interessa aqui.

O capítulo sobre a melodia propõe as mesmas definições, mas não é indiferente que a argumentação pedagógica que as introduz seja inteiramente tomada de empréstimo à analogia com uma arte do espaço, a pintura. Trata-se de mostrar primeiro, por esse exemplo, que a ciência das relações é fria, sem energia imitativa (tal como o cálculo dos intervalos na harmonia) enquanto a expressão imitativa do sentido (da paixão, da coisa enquanto ela nos interessa) é o verdadeiro conteúdo vivo da obra. Não nos surpreendamos ao ver Rousseau classificar, então, o desenho do lado da arte e as cores do lado da ciência e do cálculo das relações. O paradoxo é aparente. Por desenho, cumpre entender condição da imitação; por cor, substância natural, cujo jogo é explicável por causas físicas e pode tornar-se objeto de uma ciência quantitativa das relações, de uma ciência do espaço e da disposição analógica dos intervalos. A analogia entre as duas artes – música e pintura – aparece assim: *é a analogia mesma*. Essas duas artes comportam um princípio corruptor, que, estranhamente, está também na natureza, e, nos dois casos, esse princípio corruptor está ligado ao espaçamento, à regularidade calculável e analógica dos intervalos.

Além disso, nos dois casos, música ou pintura, quer se trate de gamas de cores ou de gamas musicais, de harmonia de tons como nuanças visíveis ou como nuanças audíveis, o cálculo racional dos harmônicos é uma *cromática*, se entendemos essa palavra no sentido amplo, além do que ela especifica, na música, em matéria de gama e de baixo. Rousseau não se serve da palavra no *Essai*, mas a analogia não lhe escapa no *Dictionnaire*: "*Cromático*, adjetivo tomado às vezes substantivamente. Gênero de música que procede por vários semitons consecutivos. Essa palavra vem do grego χρω☐μα, que significa cor, seja porque os gregos marcavam esse gênero por caracteres vermelhos ou diversamente coloridos, seja, dizem os autores, porque o gênero *cromático* é intermediário entre os dois outros, como a cor é intermediária entre o branco e o negro, ou, segundo outros, porque esse gênero varia e embeleza o diatônico por seus semitons, que fazem na música o mesmo efeito que a variedade das cores faz na pintura".

O cromático, a *gama*, é na origem da arte, o que a escritura é para a fala. (E merece reflexão o fato de que *gama* é também o nome de uma letra grega introduzida em um sistema de notação literal da música.) Rousseau quereria restaurar um grau natural da arte no qual o cromático, o harmônico, o intervalo seriam desconhecidos. Quereria apagar o que reconhece *além do mais*, a saber, que há harmônico no melódico etc. Mas a *origem ter(i)á devido* (tais são, aqui e alhures, a gramática e o léxico da relação com a origem) *ser pura melodia*: "As primeiras histórias, as primeiras arengas, as primeiras leis, foram feitas em versos: a poesia foi encontrada antes da prosa; assim *devia ser*, pois as paixões falaram antes da razão. O mesmo se passou com a música: não houve a princípio outra música senão a melodia, nem outra melodia além do som variado da fala; os acentos formavam o canto..." (O grifo é nosso).

Mas, assim como na pintura, a arte do desenho se degrada quando é substituída pela física das cores[39], também no canto, a melodia é originariamente corrompida pela harmonia. A harmo-

---

39. O capítulo XIII "Da melodia" é quase inteiramente consagrado à pintura. Devemos citar *in extenso* esta notável página. A sua ironia pode deixar-se comentar hoje mais que nunca em muitos sentidos: "Supondo um país onde não se tivesse nenhuma ideia do desenho, mas onde muita gente, passando a vida a combinar, misturar e matizar cores, acreditaria exceler em pintura. Essas pessoas raciocinariam, com respeito à nossa música, precisamente como fazemos com a música dos Gregos. Quando se falasse da emoção que nos causam belos quadros e do encanto de enternecer-se diante de um tema patético, seus sábios aprofundariam imediatamente a matéria, comparariam suas cores às nossas, examinariam se nosso verde é mais terno, ou nosso vermelho é mais vistoso; investigariam quais acordes de cor podem fazer chorar, quais outros podem levar a cólera: os Burettes

nia é o suplemento originário da melodia. Mas Rousseau nunca explicita a originariedade da carência que torna necessária a adição da suplência, ou seja, a quantidade e as diferenças de quantidade que desde sempre trabalham a melodia. Não a explicita ou, antes, a diz sem dizê-la, de maneira oblíqua e como de contrabando. Lendo-o, cumpre surpreendê-lo, se assim podemos dizer, colando aqui esta frase das *Confessions*, "nesse trabalho de contrabando"[40]. A definição da origem da música, na passagem do *Essai* que acabamos de citar, continuava assim, sem que a contradição ou impureza se tornassem temas. "...Os acentos

desse país reuniriam em farrapos alguns trapos desfigurados de nossos quadros; depois se perguntariam com surpresa o que há de tão maravilhoso nesse colorido.

Pois se, em alguma nação vizinha, se começasse a formar algum traço, algum esboço de desenho, alguma figura ainda imperfeita, tudo isso passaria por borradela, por uma pintura caprichosa e barroca; e se apegariam, para conservar o gosto, a esse belo simples, que verdadeiramente nada exprime, mas que faz brilhar belas nuanças, grandes placas bem coloridas, longas degradações de tintas sem nenhum traço.

Enfim, talvez com muito progresso, chegar-se-ia à experiência do prisma. De imediato, algum artista célebre estabeleceria a partir daí um belo sistema. Senhores, dir-lhes--ia ele, para bem filosofar, é preciso remontar às causas físicas. Eis a decomposição da luz; eis todas as cores primitivas; eis suas relações, suas proporções, eis os verdadeiros princípios do prazer que vos dá a pintura. Todas essas palavras misteriosas – desenho, representação, figura – são uma pura charlatanice dos pintores franceses, que, por suas imitações, pensam dar não sei que movimentos à alma, enquanto se sabe que não há mais que sensações. Dizem-vos maravilhas de seus quadros; vede, porém, minhas tintas."

E Rousseau prolonga ainda o discurso imaginário desse estrangeiro que não é, em suma, outro senão o correspondente – estrangeiro e teórico da pintura – de um músico e musicógrafo francês, o análogo de Rameau: "Os pintores franceses, continuaria ele, observaram talvez o arco-íris; puderam receber da natureza algum gosto da nuança e algum instinto de colorido. Eu vos mostrei os grandes, os verdadeiros princípios da arte. Que digo eu da arte? de todas as artes, senhores, de todas as ciências. A análise das cores, o cálculo das refrações do prisma dão-vos as únicas relações exatas que estão na natureza, a regra de todas as relações. Ora, tudo no universo não passa de relação. Sabe--se pois tudo quando se sabe pintar; sabe-se tudo quando se sabe combinar cores.

Que diríamos do pintor suficientemente desprovido de sentimento e de gosto para raciocinar dessa maneira, e limitar estupidamente à física de sua arte o prazer que nos dá a pintura? Que diríamos do músico que, repleto de preconceitos semelhantes, acreditasse ver na mera harmonia a fonte dos grandes efeitos da música? Poríamos o primeiro a pintar paredes, e condenaríamos o segundo a fazer óperas francesas".

40. É nessa passagem do primeiro livro que explica "como aprendi a cobiçar em silêncio, a me ocultar, a dissimular, a mentir e a furtar, enfim..." (p. 32). Um pouco mais acima, a passagem seguinte, que nos parece, por diversas razões, dever ser aqui relida: "O ofício não me desagradava em si mesmo; tinha um gosto vivo para o desenho; o jogo do buril me divertia muito, e como o talento do gravador para a relojoaria é muito limitado, tinha a esperança de atingir a perfeição. Chegaria talvez a ela se a brutalidade de meu mestre e o excessivo fastio não me houvesse afastado do trabalho. Eu lhe furtava meu tempo, para empregá-lo em ocupações do mesmo gênero, mas que tinham para mim atrativo da liberdade: Gravava espécies de medalhas para servirem a mim e a meus camaradas de ordem da cavalaria. Meu mestre surpreendeu-me neste trabalho de contrabando, e moeu-me de golpes, dizendo que eu me exercitava em fazer moeda falsa, porque nossas medalhas tinham as armas da República. Posso jurar que não tinha nenhuma ideia da moeda falsa, e bem pouca da verdadeira. Sabia melhor como se faziam os Asses romanos do que nossas peças de três *sous*".

formavam o canto, as quantidades formavam a medida, e falava-se tanto pelos sons e pelo ritmo como pelas articulações e pelas vozes. Dizer e cantar eram outrora a mesma coisa, disse Estrabão; o que mostra, acrescenta ele, que a poesia é a fonte da eloquência. *Era preciso dizer que uma e outra tiveram a mesma fonte*, e foram de início a mesma coisa.

Da maneira como se ligaram as primeiras sociedades, era motivo de espanto que se pusessem era versos as primeiras histórias, e que fossem cantadas as primeiras leis? Era motivo de espanto que os primeiros gramáticos submetessem sua arte à música, e fossem ao mesmo tempo professores de uma e de outra?" Teremos de confrontar essa proposição a outras proposições análogas, as de Vico por exemplo. Interessamo-nos, por enquanto, pela lógica própria do discurso de Rousseau: em vez de concluir desta simultaneidade que o canto se encetava na gramática, que a diferença já começara a corromper a melodia, a torná-la possível ao mesmo tempo que suas regras, Rousseau profere crer que a gramática *ter(i)á devido* ser compreendida, no sentido da confusão, na melodia.

Ter(i)á devido haver plenitude e não carência, presença sem diferença. Desde então o suplemento perigoso, a gama ou a harmonia, *vem do exterior acrescentar-se como o mal e a carência* à feliz e inocente plenitude. Viria do fora que seria simplesmente fora. O que está de acordo com a lógica da identidade e com o princípio da ontologia clássica (o fora é fora, o ser é etc.), mas não com a lógica da suplementaridade, que quer que o fora seja dentro, que o outro e a carência venham se acrescentar como um mais que substitui um menos, que o que se acrescenta a alguma coisa ocupa o lugar da falta desta coisa, que a falta, como fora do dentro, já esteja dentro do dentro etc. O que Rousseau descreve é que a carência, ao acrescentar-se como um mais a um mais, enceta uma energia que *ter(i)á devido* ser e continuar intata. E enceta-a, decerto, como um suplemento perigoso, como um *substituto* que *enfraquece, escraviza, apaga, separa* e *falseia*: "Quando se calculassem durante mil anos as relações dos sons e as leis da harmonia, como jamais se faria dessa arte uma arte de imitação? Onde está o princípio desta pretensa imitação? De que a harmonia é signo? E que há de comum entre acordes e nossas paixões? ... ao pôr entraves à melodia, *retira-lhe a energia* e a expressão; *apaga o acento apaixonado* para substituí-lo pelo intervalo harmônico; sujeita a somente dois modos cantos que deveriam ter tantos modos quantos são os tons oratórios; *apaga* e destrói multidões de sons ou de intervalos que não entram em seu sistema; em uma palavra, *separa* a tal ponto o canto da fala que essas duas linguagens se combatem, se contrariam, *retiram-se mutuamente todo caráter de verdade*, e não podem se reunir sem absurdo em um tema patético." (O grifo é nosso: em particular, ainda uma vez, a associação estranha entre valores de apagamento e de substituição.)

O que Rousseau diz sem dizer, vê sem ver? Que a suplência começou desde sempre; que a imitação, princípio da arte, interrompeu desde sempre a plenitude natural; que, devendo ser um *discurso*, desde sempre encetou a presença na diferência; que sempre, na natureza, ela é aquilo que supre uma carência na natureza, uma voz que supre a voz da natureza. Ele o diz, porém, sem tirar as consequências:

"A harmonia sozinha é mesmo insuficiente para as expressões que parecem depender unicamente dela. O trovão, o murmúrio das águas, os ventos, as tempestades são mal expressos por simples acordes. Faça-se o que se fizer, o ruído por si só nada diz ao espírito; é preciso que os objetos falem para fazerem-se ouvir; *é preciso sempre, em toda imitação, que uma espécie de discurso supra a voz da natureza*. O músico que quer expressar o ruído por ruído se engana; *ele não conhece nem o fraco nem o forte de sua arte*; julga-a sem gosto, sem luz. Ensinai-lhe que ele deve expressar o ruído através do canto; que, se fizesse coaxarem rãs, seria preciso fazê-las cantar: *pois não basta que imite*, é preciso que comova e que deleite; sem o que sua insípida imitação nada é; e, não despertando interesse em ninguém, não provoca nenhuma impressão" (O grifo é nosso).

O TORNO DA ESCRITURA

Somos assim reconduzidos ao discurso como suplemento. E à estrutura do *Essai* (origem da linguagem, origem e degenerescência da música, degenerescência da linguagem), que reflete a estrutura da linguagem não somente em seu devir, mas também em seu espaço, em sua disposição, no que podemos chamar literalmente de sua *geografia*.

A linguagem é uma *estrutura* – um sistema de oposições de lugares e de valores – e uma estrutura *orientada*. Digamos antes, brincando pouco, que sua *orientação é uma desorientação*. Poder-se-ia dizer uma *polarização*. A orientação dá a direção do movimento relacionando-o à sua origem como a seu oriente. E é desde a luz da origem que se pensa o ocidente, o fim e a queda, a cadência ou a caducidade, a morte ou a noite. Ora, segundo Rousseau, que se apropria aqui de uma oposição muito banal no século XVII[41], a linguagem torna, se assim podemos dizer, como a terra. Não se privilegia aqui o oriente e o ocidente. As referências são as duas extremidades do eixo em torno do qual *gira* (πολός, πολῖν) a terra e que denominamos eixo *racional*: o polo norte e o polo sul.

Não haverá nem uma linha histórica nem um quadro imóvel das línguas. Haverá um *torno* de linguagem. E esse movimento da cultura será ao mesmo tempo ordenado e ritmado segundo o mais natural da natureza: a terra e a estação do ano. As línguas são *semeadas*. E passam, elas mesmas, de uma estação a outra. A divisão das línguas, a partilha, na formação das línguas, entre os sistemas voltados para o norte e os sistemas voltados para o sul, este limite interior sulca já a língua em geral e cada língua em particular. Tal é, pelo menos, nossa interpretação. Rousseau *quereria* que a oposição entre meridional e setentrional instaurasse uma fronteira *natural* entre vários tipos de línguas. O que ele *descreve*, porém, proíbe-o de pensá-lo. Esta descrição deixa reconhecer que a oposição norte/sul, sendo racional e não natural, estrutural e não factual, relacional e não substancial, traça um eixo de referência no *interior* de cada língua. Nenhuma língua é do sul ou do norte, nenhum elemento real da língua tem situação absoluta, mas somente diferencial. É por isso que a oposição polar não partilha um conjunto de línguas já existentes, ela é descrita por Rousseau, embora não declarada como origem das línguas. Devemos medir esse afastamento entre a descrição e a declaração.

O que denominaremos livremente de polarização das línguas repete no interior de cada sistema linguístico a oposição que permitiu pensar a emergência da língua a partir da não língua: oposição da paixão da necessidade e de toda a série das significações conotativas. Quer seja ela do norte ou do sul, toda língua em geral brota assim que o desejo apaixonado excede a necessidade física, assim que se *desperta* a imaginação que desperta a piedade e dá movimento à cadeia suplementar. Mas, uma vez constituídas as línguas, a polaridade necessidade/paixão e toda a estrutura suplementar continuam operando no interior mesmo de cada sistema linguístico: as línguas são mais ou menos próximas da paixão pura, isto é, mais ou menos distanciadas da necessidade pura, mais ou menos próximas da língua pura ou da não língua pura. E a medida desta proximidade fornece o prin-

---

41. A referência mais próxima conduz a Condillac. Cf. o capítulo "De l'origine de la poésie" no *Essai sur l'origine des connaissances humaines*.

cípio estrutural de uma classificação das línguas. Assim, as línguas do norte são *sobretudo* línguas da necessidade; as línguas do sul, às quais Rousseau proporciona dez vezes mais espaço em sua descrição, são *sobretudo* línguas da paixão. Mas esta *descrição* não impede Rousseau de *declarar* que umas nascem da paixão, as outras da necessidade: umas exprimem *de início* a paixão, as outras *de início* a necessidade. Nas terras meridionais, os primeiros discursos foram cantos de amor; nas terras setentrionais "a primeira palavra não foi *amai-me*, mas *ajudai--me*". Se tomássemos essas declarações literalmente, deveríamos julgá-las contraditórias tanto com as descrições como com outras declarações: especialmente com a que exclui que uma língua nasça da pura necessidade. Mas, para não serem simplesmente aparentes, essas contradições são reguladas pelo desejo de considerar a origem funcional ou polar como origem real e natural. Não podendo simplesmente resolver que o conceito de origem só ocupe uma função relativa em um sistema que situa em si uma multidão de origens, cada origem podendo ser o efeito ou o rebento de uma outra origem, podendo o norte tornar-se o sul para um sítio mais nórdico etc., Rousseau gostaria que a origem absoluta fosse um merídio absoluto. É a partir desse esquema que cumpre colocar de novo a questão do fato e do direito, da origem real e da origem ideal, da gênese e da estrutura no discurso de Rousseau. Esse esquema é sem dúvida mais complexo do que em geral se acredita.

Cumpre dar conta aqui das Necessidades seguintes: o merídio é o lugar de origem ou o berço das línguas. Desde logo, as línguas meridionais estão mais perto da infância, da não linguagem e da natureza. Mas ao mesmo tempo, mais próximas da origem, são línguas mais puras, mais vivas, mais animadas. Em compensação, as línguas setentrionais distanciam-se da origem, são menos puras, menos vivas, menos quentes. Pode-se seguir nelas o progresso da morte e do resfriamento. Mas, ainda aqui, o irrepresentável é que este distanciamento aproxima da origem. As línguas do norte reconduzem à essa necessidade, esta física, a esta natureza da qual as línguas meridionais, que acabavam de deixá-la, estavam tão próximas quanto possível. É sempre o impossível desenho, a incrível linha da estrutura suplementar. Embora a diferença entre sul e norte, paixão e necessidade, explique a origem das línguas, ela persiste nas línguas constituídas, e, no limite, o norte equivale ao sul do sul, o que põe o sul ao norte do norte. A paixão anima mais ou menos, e de dentro, a necessidade. A necessidade coage mais ou menos, e de dentro, a paixão. Esta diferença polar deveria impedir, a rigor, que se distinguissem duas séries simplesmente exteriores uma à outra. Mas sabe-se agora por que Rousseau empenha-se em manter esta impossível exterioridade. Seu texto se desloca então entre o que chamamos *descrição* e *declaração*, que são elas mesmas polos estruturais, antes que pontos de referência naturais e fixos.

Segundo a força de pressão da necessidade que persiste na paixão, teremos que lidar com diferentes tipos de paixão e, portanto, com diferentes tipos de línguas. Ora, a pressão da necessidade varia segundo o lugar. O lugar é ao mesmo tempo a situação geográfica e o período da estação do ano. Devendo-se a diferença na pressão das necessidades a uma diferença local, não seria possível distinguir a questão de classificação morfológica das línguas, que levar em conta os efeitos da necessidade sobre a forma da língua, e a questão do lugar de origem da língua, a *tipologia* e a *topologia*.

Deve-se considerar em *conjunto* a origem das línguas e a diferença entre as línguas. De sorte que, para continuarmos refletindo sobre a organização do *Essai*, vemos Rousseau abordar esta dupla questão como uma única e mesma questão; e fazê-lo após tratar a definição da língua em geral ou das línguas primitivas em geral. O capítulo VIII, "Diferença geral e local na origem das línguas", apresenta-se assim: "Tudo que disse até aqui convém às línguas primitivas em geral e aos progressos que resultam de sua duração, mas não explica nem sua origem nem suas diferenças".

Em que o lugar de origem de uma língua marca imediatamente a diferença própria da língua? Qual é aqui o privilégio do local? O local significa primeiramente a natureza do solo e do clima: "A principal causa que as distingue é local, vem dos climas onde elas nascem e da maneira como se formam: é a esta causa que é preciso remontar para conceber a diferença geral e característica que se observa entre as línguas do merídio e as do norte". Proposição que se conforma à promessa que abre o *Essai* é preciso fornecer uma explicação *natural*, não metafísica, não teológica da origem das línguas:

"A fala distingue o homem entre os animais: a linguagem distingue as nações entre si; só se conhece de onde é um homem após ele ter falado. O uso e a necessidade fazem cada pessoa aprender a língua de seu país mas o que faz que esta língua seja a de seu país e não de um outro? É preciso remontar, para dizê-lo, a alguma razão pertinente ao local, e que seja anterior aos próprios costumes: a fala, sendo a primeira instituição social, só deve sua forma a causas naturais".

Voltar a essas causas naturais é pois evitar o *hysteron-próteron* teológico-moral, o de Condillac por exemplo. Sabe-se que no segundo *Discurso*, Rousseau, reconhecendo plenamente sua dívida, censura-lhe o referir-se a costumes e a uma sociedade para explicar a origem das línguas, e isso no momento mesmo em que Condillac pretende dar uma explicação puramente natural do que continua não obstante, a seus olhos, um dom de Deus. Rousseau deplora que Condillac suponha o que, precisamente, é preciso pôr em questão na origem, ou seja "uma espécie de sociedade já estabelecida entre os inventores da linguagem". É "a falta daqueles que, raciocinando sobre o estado de natureza, transportam para ele as ideias tomadas na sociedade". Sobre esse ponto também, o *Essai* concorda com o *Discurso*. Não há instituição social antes da língua, esta não é um elemento da cultura entre outros, é o elemento da instituição em geral; compreende e constrói toda a estrutura social. Nada a precedendo na sociedade, sua causa só pode ser pré-cultural: natural. Embora seja de essência passional, sua causa, que não é sua essência, depende pois da natureza, isto é, da necessidade. E, caso quiséssemos encontrar aqui uma juntura nítida entre o segundo *Discurso* e os quatro capítulos do *Essai* que tratam da origem e das diferenças das línguas, especialmente nesse conteúdo factual que já serviu de argumento, seria preciso reler, na Primeira Parte do *Discurso*, certa página sobre as relações entre instinto e sociedade, entre paixão e necessidade entre norte e merídio. Ver-se-ia: 1) que a suplementariedade é a sua regra estrutural ("O homem selvagem, entregue pela natureza unicamente ao instinto, *ou antes, indenizado do instinto que lhe falta talvez por faculdades capazes de inicialmente suprir e em seguida elevá-lo muito acima* daquela, começará pois pelas funções puramente animais". (O grifo é nosso); 2) que, apesar da heterogeneidade essencial da paixão e da necessidade, aquela acrescenta-se a esta como um efeito a uma causa, um produto a uma origem: "Digam o que disserem os moralistas, o entendimento humano deve muito às paixões ... As paixões, por sua vez, têm origem em nossas necessidades"; 3) que Rousseau *dá lugar* então à explicação geográfica: explicação estrutural que diz poder sustentar pelos fatos; e que esta explicação equivale a uma diferença entre os povos do norte e os do merídio, recebendo aqueles um suplemento para responder a uma carência da qual estes não padecem. E quando o capítulo VIII do *Essai* anuncia assim as considerações sobre as diferenças: "Tratemos de seguir em nossas investigações a própria ordem da natureza. Inicio uma longa digressão sobre um tema tão batido que já se tornou trivial, mas ao qual é preciso voltar sempre, por mais que se esteja farto disso, para encontrar a origem das instituições humanas", pode-se imaginar aqui a situação de uma longa nota ocasionada por essa passagem do *Discurso* (Rousseau acaba de explicar que "as paixões, por sua vez, têm origem em nossas necessidades):

> "Ser-me-ia fácil, se isso fosse necessário, apoiar esse sentimento nos fatos, e fazer ver que, em todas as Nações do mundo, os progressos do Espírito foram precisamente proporcionados às necessidades que os Povos receberam da Natureza, ou às quais as circunstâncias os sujeitaram, e por conseguinte, às paixões que os levavam a prover essas necessidades. Mostraria no Egito as artes nascentes e se estendendo com o transbordamento do Nilo; seguiria seus progressos entre os Gregos, onde as vemos germinar, crescer e elevar-se até os Céus entre as Areias e Rochedos da Ática, sem poder enraizar-se entre as Margens férteis do Eurotas; observaria que em geral os povos do Norte são mais industriosos que os do merídio, pois lhes é menos possível não o serem; *como se a Natureza, quisesse assim igualar as coisas, dando aos Espíritos a fertilidade que recusa à Terra*" (pp. 143-144. O grifo é nosso).

Há portanto uma economia da natureza que vela para regular as faculdades segundo as necessidades e distribui os suplementos e as indenizações. Isso supõe que a esfera da necessidade seja ela mesma complexa, hierarquizada, diferenciada. É nesse sentido que seria preciso fazer comunicar com todos esses textos o capítulo VIII do Livro III do *Contrato Social*, ressaltou-se nele a influência do *Esprit des lois*; toda uma teoria do *excedente* da produção do trabalho em relação às necessidades compõe-se nele em sistema com uma tipologia das formas de governo (segundo "a distância do povo ao governo") e com uma explicação pelo clima (segundo a maior distância ou "proximidade da linha"): "Eis pois em cada clima as causas naturais a partir das quais se pode determinar a forma do governo à qual a força do clima leva, e mesmo dizer que espécie de habitantes ele deve ter" (T. III, p. 415).

Mas a teoria das necessidades que subtende o *Essai* é exposta, sem dúvida melhor que em outra parte, em um fragmento de cinco páginas cuja inspiração é incontestavelmente a dos capítulos que nos ocupam e sem dúvida também do projeto das

Institutions politiques[42]. Três espécies de necessidades são aí distinguidas: as que "provêm da subsistência" e da "conservação" (alimento, sono); as que provêm do "bem-estar", que "não são propriamente senão apetites, mas por vezes tão violentos que atormentam mais que as verdadeiras necessidades" ("luxo de sensualidade, de indolência, a união dos sexos e tudo o que agrada aos nossos sentidos"); "uma terceira ordem de necessidades que, nascidas após as outras, não deixam de primar afinal sobre todas, são as que vêm da opinião".

É preciso que as duas primeiras sejam satisfeitas para que as últimas apareçam, observa Rousseau, mas salientou-se que *a necessidade segunda ou secundária suplanta de cada vez, pela urgência e força, a necessidade primeira. Existe já uma perversão das necessidades, uma inversão de sua ordem natural*. E acabamos de ver citar, sob título de necessidade, o que em outros lugares é nomeado paixão. A necessidade é pois bem presente, em permanência, na paixão. Mas, se queremos dar conta da origem primária da paixão, da sociedade e da língua, é preciso voltar à profundidade das necessidades de primeira ordem. Nosso fragmento define assim o programa do *Essai*, que ele já começa, aliás, a cumprir em algumas páginas:

"Assim tudo se reduz primeiramente à subsistência, e por aí o homem se apega a tudo o que o cerca. Ele depende de tudo, e torna-se o que tudo de que ele depende o força a ser. O clima, o solo, o ar, a água, as produções da terra e do mar, formam seu temperamento, seu caráter, determinam seus gostos, suas paixões, seus trabalhos, suas ações de toda espécie." A explicação natural não vale para átomos de cultura, mas para o fato social total: "Se isso não é exatamente verdadeiro dos indivíduos, o é incontestavelmente dos povos... Antes, pois, de iniciar a história de nossa espécie seria' preciso começar por examinar sua moradia e todas as variedades que nela se encontram" (p. 530).

A explicação pelo lugar natural não é uma estática. Tem em conta as revoluções naturais: estações e migrações. A dinâmica de Rousseau é um estranho sistema no qual a crítica do etnocentrismo compõe-se organicamente com o europeucentrismo. Isto se compreenderá melhor entretecendo-se prudentemente um trecho do *Emile* e um trecho do *Essai*. Ver-se-á como o conceito de *cultura*, em um emprego então muito raro, une em sua virtude metafórica a natureza e a sociedade. No *Essai* como no *Emile*, as mudanças de lugares e de estações do ano, os deslo-

---

42. Esse fragmento, cujo manuscrito está perdido, fora publicado em 1861 por Streickeisen-Moultou. E retomado nos *Fragments politiques* da edição da Pléiade, T. III, p. 529) sob o título *L'influence des climats sur la civilisation*.

camentos dos homens e as revoluções terrestres são atribuídos à explicação natural. Mas, se esta atribuição é precedida, no *Essai*, por um protesto contra o preconceito europeu, é seguida, no *Emile*, por uma profissão de fé europeucêntrica. Como o protesto e a profusão de fé não têm a mesma função nem o mesmo nível, e visto que não se contradizem, ganharemos recompondo o seu sistema. Ponhamos primeiramente os textos lado a lado:

O *Essai*:

"O grande defeito dos Europeus é filosofarem sempre sobre as origens das coisas segundo o que se passa em torno deles. Não deixam nunca de nos mostrar os primeiros homens habitando uma terra ingrata e rude, morrendo de frio e de fome, obrigados a fazerem abrigo e roupas; não veem em toda parte senão a neve e os gelos da Europa, sem imaginarem que a espécie humana, assim como todas as outras, nasceu nas regiões quentes, e que, nos dois terços do globo, o inverno mal é conhecido. Quando se deseja estudar os homens, é preciso olhar perto de si; mas para estudar o homem, é preciso aprender a levar a vista ao longe; é preciso primeiramente observar as diferenças, para descobrir as propriedades. O gênero humano, nascido nas regiões quentes, delas se estende às regiões frias; é nessas que ele se multiplica, refluindo em seguida para as regiões quentes. Desta ação e reação vêm as revoluções da terra e a agitação perpétua de seus habitantes" (cap. VIII).

O *Emile*:

"A região não é indiferente à *cultura* dos homens; *eles são tudo o que podem ser apenas nos climas temperados*. Nos climas extremos a desvantagem é visível. *Um homem não é plantado como uma arvore em uma região para nela permanecer para sempre*; e aquele que parte de um dos extremos para chegar ao outro é forçado a fazer o dobro do caminho que faz, para chegar ao mesmo termo, aquele que parte do termo médio... . Um francês vive na Guiné e na Lapônia; mas um negro não viverá tão bem na Torneia, nem um Samoedo no Benin. Parece ainda que a organização do cérebro é menos perfeita nos dois extremos. Nem os negros nem os lapões têm o senso dos europeus. Se quero, pois, que meu aluno possa ser habitante da terra, tomá-lo-ei em uma zona temperada; na França, por exemplo, de preferência a outra parte.
No norte os homens consomem muito num solo ingrato; no merídio eles consomem pouco num solo fértil: nasce daí uma nova diferença que torna uns laboriosos e os outros contemplativos..." (p. 27. O grifo é nosso).

Em que esses dois textos, aparentemente contraditórios, se completam? Veremos mais adiante como a cultura está ligada à agricultura. Parece aqui que o homem, enquanto depende de um solo e de um clima, *se cultiva*: cresce, forma uma sociedade e "a região não é indiferente à cultura dos homens". Mas esta cultura é também o poder de mudar de terreno, de se abrir a outra cultura: o homem pode olhar ao longe, "ele não é plantado como uma árvore", empenha-se, dizem os dois textos, em migrações e revoluções. Desde já, pode-se criticar o etnocentrismo na medida em que nos encerra em uma localidade e em uma cultura empírica: o europeu tem o defeito de não se deslocar, de se considerar o centro imóvel da terra, de ficar plantado como uma árvore em sua região. Mas esta crítica da Europa empírica não deve impedir-nos de reconhecer, parece pensar Rousseau, que o europeu, por sua localidade natural, mantendo-se no meio entre os extremos, tem mais facilidades para se deslocar, para se abrir ao horizonte e à diversidade da cultura universal. No centro do mundo, o europeu tem a oportunidade ou o poder de ser europeu e qualquer outra coisa ao mesmo tempo. (Os homens "não são tudo o que podem ser apenas nos climas temperados".) Ele simplesmente faz mal em não usar *de fato* essa abertura universal.

Toda esta argumentação circula entre duas Europas; permaneceu ou se tornou clássica. Não a examinaremos aqui por ela mesma. Consideremos somente que ela é a condição de todo o discurso de Rousseau. Se não houvesse, a seus olhos, destrancamento de uma cultura determinada, abertura a qualquer outra cultura em geral, mobilidade e possibilidade de variações imaginárias, as questões permaneceriam encerradas. Ou melhor, a determinação da diferença seria impossível. Essa só aparece a partir de um certo meio, uma certa linha mediana, móvel, e temperada, entre o norte e o sul, a necessidade e a paixão, a consoante e o acento etc. Sob a determinação factual desta zona temperada (A Europa, "na França, por exemplo, de preferência a outra parte"), lugar de nascimento do etnólogo e do cidadão do mundo, abriga-se uma Necessidade essencial: é *entre* os diferentes que se pode pensar a diferença. Mas esta entre diferença pode ser entendida de duas maneiras: como uma outra diferença ou como acesso à não diferença. Isso não ocasiona nenhuma dúvida a Rousseau, o habitante da zona temperada *deve* fazer de sua diferença, apagando-a ou superando-a, em uma indiferença interessada, uma abertura para a humanidade do homem. O êxito pedagógico e o humanismo etnológico teriam a possibilidade de se produzir na Europa, "na França, por exemplo, de preferência a outra parte", nesta região feliz do mundo onde o homem não sente calor nem frio.

Desse lugar de observação privilegiado se dominará melhor o jogo das oposições, a ordem e a predominância dos termos extremos. Compreender-se-ão melhor as causas naturais da cultura. Como a língua não é um elemento mas o elemento da cultura, é preciso primeiramente referenciar, tanto na língua como na natureza, oposições de valores correspondentes e articuladas uma sobre a outra. O que, na língua, deverá corresponder à predominância da necessidade, isto é, do norte? A consoante ou a articulação. À predominância da paixão, isto é, do merídio? O acento ou a inflexão.

O jogo das predominâncias seria inexplicável se nos ativéssemos à simples proposição segundo a qual as línguas nascem da paixão (cap. III). £ preciso, para que a necessidade venha, no norte, a dominar a paixão, que uma inversão ou uma perversão seja já possível na ordem da necessidade e de uma necessidade que desde sempre teve relação com a paixão, suscitando-a, perseverando nela, submetendo-se lhe ou controlando-a. O recurso do segundo *Discurso* e do *Fragmento* sobre os climas era pois indispensável. Ele nos permite explicar esta afirmação do *Essai*: "Com o tempo todos os homens se tornam semelhantes, mas a ordem de seu progresso é diferente. Nos climas meridionais, onde a natureza é pródiga, as necessidades nascem das paixões; nas regiões frias, onde ela é avarenta, as paixões nascem das necessidades e as línguas, filhas tristes da Necessidade, ressentem-se de sua dura origem" (cap. X).

Ora, se é de fato *gradual*, a predominância do polo norte sobre o polo sul, da necessidade sobre a paixão, da articulação sobre o acento, não deixa de ter o sentido da *substituição*. Como ressaltamos inúmeras vezes, o apagamento progressivo é também a colocação de um substituto suplementar. O homem do norte *substituiu* o *amai-me* pelo *ajudai-me*, a energia pela clareza, o acento pela articulação, o coração pela razão. A substituição formal traduz sem dúvida, um enfraquecimento da energia, do calor, da vida, da paixão, mas permanece uma transformação, uma revolução na forma e não somente uma diminuição da força. Esta substituição explica-se tão mal por uma simples degradação – ela implica nesse ponto um deslocamento e uma inversão que remete a uma função da necessidade inteiramente diversa. Na ordem *normal* da origem (no sul), a proposição do capítulo II (*Que a primeira invenção da fala não vem das necessidades, mas das paixões* e "o efeito natural das primeiras necessidades foi separar os homens e não aproximá-los") tem um valor absolutamente geral. Mas esta ordem normal da origem é invertida no norte. O norte não é simplesmente o outro distanciado do sul, não é o limite que se atinge partindo-se da única origem meridional. Rousseau é de alguma maneira obrigado a reconhecer que o norte é também uma *outra origem*. É à morte que ele atribui então esse estatuto, pois o norte absoluto é a morte. Normalmente a necessidade separa os homens no lugar de aproximá-los; no norte ela é a origem da sociedade:

> "O ócio que nutre as paixões *deu lugar ao trabalho que as reprime*: antes de pensar em viver feliz, era preciso pensar em viver. Unindo a necessidade mútua aos homens bem melhor que o sentimento o teria feito, a sociedade só se formou pela indústria: o contínuo perigo de perecer não permitia que se limitasse à língua do gesto, e a primeira palavra não foi, entre eles, *amai-me*, mas *ajudai-me*.
> Esses dois termos, embora bem semelhantes, pronunciam-se com um tom bem *diferente*; nada havia a fazer *sentir*, havia tudo a fazer *entender*; não se tratava pois de *energia*, mas de *clareza*. Substituiu-se *acento* que o coração não fornecia por *articulações* fortes e sensíveis; e se houve na forma da linguagem alguma impressão natural, esta impressão também contribuía para sua dureza" (O grifo é nosso).

Ao norte, as paixões não desaparecem: há substituição e não apagamento. As paixões não são extenuadas e sim *reprimidas* pelo que toma o lugar do desejo: o trabalho. O trabalho recalca, mais do que diminui, a força do desejo. Ele a descoloca. Daí por que os "homens setentrionais não são sem paixão mas a têm de uma outra espécie": a cólera, a irritação, o furor, são os deslocamentos da paixão meridional. No merídio esta não é reprimida, donde uma certa indolência, uma intemperança diante da qual o homem das regiões temperadas não tem uma indulgência sem reservas:

> "As [paixões] das regiões quentes são paixões voluptuosas, que vêm do amor e da indolência: a natureza faz tanto pelos habitantes que estes não têm quase nada a fazer; um asiático, tendo mulheres e repouso, está contente. Mas no norte, onde os habitantes consomem tanto num solo ingrato, homens, submetidos a tantas necessidades, são fáceis de irritar; tudo o que se faz à sua volta inquieta-os: como só subsistem a duras penas, quanto mais são pobres, mais apegam-se ao pouco que têm; aproximá-los é atentar contra sua vida. Daí vem este temperamento irascível, pronto para tornar-se furor contra tudo o que os fere: assim, suas vozes mais naturais são as da cólera e das ameaças, e estas vozes sempre se acompanham de *articulações fortes* que as tornam duras e barulhentas... Eis, em minha opinião, as causas físicas mais gerais da diferença característica das línguas primitivas. As do merídio deveriam ser *vivas, sonoras, acentuadas, eloquentes, obscuras por força de energia*: as do norte deveriam ser *surdas, rudes, articuladas, gritantes, monótonas, claras por força das palavras mais que por uma boa construção*.

As línguas modernas, cem vezes misturadas e refundidas, ainda guardam algo destas diferenças..." (caps. X-XI. O grifo é nosso).

O polo da articulação linguística está ao norte. A articulação (a diferença na linguagem) é, pois, um simples apagamento; ela não embota a energia do desejo ou do acento. Ela descoloca e reprime o desejo pelo trabalho. Ela não é o signo de um enfraquecimento da força, apesar do que Rousseau parece aqui e ali dar a pensar, mas traduz, pelo contrário, um conflito de forças antagônicas, uma diferença na força. A força da necessidade, sua economia própria, a que torna o trabalho necessário, trabalha precisamente contra a força do desejo e a reprime, quebra o seu canto na articulação.

Este conflito de forças responde a uma economia que não é mais simplesmente a da necessidade, e sim o sistema das relações de força entre o desejo e a necessidade. Opõem-se aqui duas forças que pode-se, indiferentemente, considerar como forças de vida ou forças de morte. Respondendo à urgência da necessidade, o homem do norte salva sua vida não apenas da penúria, mas da morte que se seguiria à liberação desenfreada do desejo meridional. Guarda-se da ameaça da volúpia. Mas, inversamente, ele luta contra esta força de morte através de uma outra força de morte. Deste ponto de vista, parece que a vida, a energia, o desejo etc., estão no sul. A linguagem setentrional é menos viva, menos animada, menos cantante, mais fria. Para lutar contra a morte, o homem do norte morre um pouco mais cedo e "o povo sabe ... que os homens do norte, assim como os cisnes, não morrem cantando" (cap. XIV).

Ora, a escritura está ao norte: fria, necessitada, raciocinadora, voltada para a morte, é certo, mas por este *tour de force*, este descaminho da força que se esforça para manter a vida. Com efeito, mais uma língua é articulada, mais a articulação nela estende seu domínio, nela ganha em rigor e em vigor, mais ela se presta à escritura, mais ela a chama. Tal é a tese central do *Essai*. O progresso histórico, a degradação que a ele se une segundo o gráfico estranho da suplementariedade, vai em direção ao norte e em direção à morte: a história apaga o acento vocal, ou melhor, reprime-o, aprofunda a articulação, estende os poderes da escritura. Aí está por que os estragos da escritura são mais sensíveis nas línguas modernas:

"As línguas modernas, cem vezes misturadas e refundidas, ainda guardam algo destas diferenças: o francês, o inglês, o alemão, são a linguagem privada dos homens que se entre ajudam, que raciocinam entre si a sangue-frio, ou de pessoas coléricas que se zangam; mas os ministros dos Deuses anunciando os mistérios sagrados, os sábios dando lei ao povo, os chefes arrastando a multidão, devem falar árabe ou persa[43]. *Nossas línguas valem mais escritas que faladas*, e entre nós se lê com mais prazer do que se escuta. Ao contrário, as línguas orientais escritas perdem sua vida e seu calor: só há metade do sentido nas palavras, toda sua força está nos acentos; julgar do gênio dos Orientais por seus livros é querer pintar um homem a partir do seu cadáver" (cap. XI. O grifo é nosso).

O cadáver oriental está no livro. O nosso já está em nossa fala. Nossa língua, mesmo quando nos contentássemos em falá-la, já substituiu acentos demais por articulações demais, perdeu vida e calor, já está comida pela escritura. Seus traços acentuados estão roídos pelas consoantes.

Embora não seja para Rousseau o único grau da articulação, o recorte da língua em palavras já riscara a energia do acento (por esta palavra – "riscar" – deixaremos em sua ambiguidade os valores de apagamento e de rasura, de extenuação e de repressão, tal como Rousseau os propõe simultaneamente). As línguas do norte são "claras por força de palavras"; nas línguas do merídio, "só há metade do sentido nas palavras, toda sua força está nos acentos".

Riscar equivale a produzir um suplemento. Mas como sempre o suplemento é incompleto, não é suficiente para a tarefa, carece de algo para preencher a carência, participa do mal que deveria reparar. A perda do acento é mal suprida pela articulação: esta é "forte", "dura" e "barulhenta", não canta. E quando a escritura tenta suprir o acento pelos acentos, há aí apenas uma maquilagem dissimulando o cadáver do acento. A escritura – aqui a inscrição do acento – não esconde apenas a língua sobre seu artifício, ela mascara o corpo já decomposto da língua. "Nós não temos nenhuma ideia [nós, modernos] de uma língua sonora e harmoniosa, que fala tanto pelos sons quanto pelas vozes. Se acreditamos *suprir* o acento pelos acentos, enganamo-nos: só se inventam os acentos quando o acento já está perdido"[44] (cap. VII. O grifo é nosso). Os acentos são, como a pontuação, um mal de escritura: não somente uma invenção de *copistas* mas de copistas *estranhos* à língua que transcreviam; o copista ou seu leitor são por essência estranhos ao uso vivo da língua. Sempre se atarefam, para maquilá-la, em torno de uma fala moribunda:

---

43. Rousseau acrescenta em nota: "O turco é uma língua setentrional".

44. A palavra "suprir" aparece também no texto sobre a *Pronunciation* a propósito do acento (p. 1249).

"... Quando os romanos começaram a estudar o grego, os copistas, para indicar-lhes a sua pronúncia, inventaram os signos dos acentos, dos espíritos, e da prosódia; mas daí não se segue em nada que estes signos tivessem uso entre os gregos, que deles não tinham qualquer necessidade". Pelas razões que se sabe, a personagem do copista não podia deixar de fascinar Rousseau. Em particular, mas não exclusivamente na ordem musical, o momento da cópia é um momento perigoso, como o da escritura que de uma certa forma já é uma transcrição, a imitação de outros signos; reproduzindo signos, produzindo signos de signos, o copista sempre é tentado a acrescentar signos *suplementares* para melhorar a restituição do original. O bom copista deve resistir à tentação do signo suplementar. Deve, ao contrário, no uso dos signos, mostrar-se econônomo. No admirável artigo "Copista" do *Dictionnaire de musique*, com a minúcia e volubilidade de um artesão explicando seu ofício ao aprendiz, Rousseau aconselha "não escrever jamais notas inúteis", "não multiplicar inutilmente os signos[45]".

A pontuação é o melhor exemplo de uma marca não fonética no interior da escritura. Sua impotência para transcrever o acento e a inflexão isola ou analisa a miséria da escritura reduzida a seus próprios meios. Diferentemente de Duclos[46], em que ainda se inspira, Rousseau acusa aqui, mais que à essência da pontuação, estado de imperfeição em que ela foi deixada: seria preciso inventar um ponto vocativo para "distinguir por escrito um homem que se nomeia de um homem que se chama". E mesmo um ponto de ironia. Pois, embora desprezando a escritura, e nessa medida mesma, Rousseau quer esgotar todos seus recursos de univocidade, de clareza, de precisão. Estes valores são negativos quando esfriam a expressão da paixão, mas são positivos quando evitam o transtorno, o equívoco, a hipocrisia e a dissimulação da fala ou do canto originais. O *Dictionnaire de musique* reco-

---

45. Cf. também o *Projet concernant de nouveaux signes pour la musique* (1742), a *Dissertation sur la musique moderne* (1743), *Emile*, p. 162 (todo o desenvolvimento que começa por: "Decerto, pensa-se que, tendo tão pouca pressa para ensiná-lo a ler a escritura, não teria maior urgência em ensiná-lo a ler a música"), e J. Starobinski, *La transparence et l'obstacle*, pp. 177 e ss.

46. A propósito do acento oratório que "modifica a substância mesma do discurso, sem alterar sensivelmente o acento prosódico", Duclos concluía: "Marcamos na escritura a interrogação e a surpresa; mas quantos movimentos de alma temos nós, e por conseguinte quantas inflexões oratórias, que não têm signos escritos, e que somente a inteligência e o sentimento, podem fazer aprender. Tais são as inflexões que marcam a cólera, o desprezo, a ironia etc." (p. 416).

menda "a exatidão das relações" e a "nitidez dos signos" (art. "Copista").

A diferença entre o acento e os acentos separa portanto a fala e a escritura como a qualidade e a quantidade, a força e o espaçamento. "Nossos pretensos acentos são apenas vogais ou signos de quantidade; não marcam nenhuma variedade de sons." A quantidade está ligada à articulação. Aqui, à articulação em sons, e não, como há um instante, à articulação em palavras. Rousseau leva em conta o que A. Martinet denomina a *dupla articulação* da língua: em sons e em palavras. A oposição das "vogais" e das "vozes" ao acento ou à diversidade dos sons "supõe evidentemente que a vogal não seja uma pura voz mas já uma voz submetida ao trabalho diferencial da articulação. A voz ou a vogal não se opõem aqui, como o fazem num outro contexto, à consoante.

Todo o capítulo VII "Da Prosódia moderna", que critica os gramáticos franceses e que desempenha um papel decisivo no *Essai*, é profundamente inspirado em Duclos. Os empréstimos são declarados, maciços, determinantes. Dada a importância arquitetônica deste capítulo, é difícil crer que os empréstimos a Duclos tenham podido inserir-se *a posteriori*.

Aliás, trata-se de empréstimos? Rousseau, como de hábito, faz jogar as peças emprestadas numa organização perfeitamente original. Ele cita ou recita aqui e ali, tal passagem do *Comentário* (cap. IV). Mesmo quando não cita, embebe-se em passagens como esta, que anunciaria, com muitas outras, tal desenvolvimento saussuriano (*supra*, p. 51).

"A superstição da etimologia faz em seu pequeno domínio tantas inconsequências, quantas faz a superstição propriamente dita em matéria mais grave. Nossa ortografia é uma reunião de esquisitices e de contradições... No entanto, duvido muito que tivesse grande utilidade tentativa alguma que se fizesse para grafar nossa prosódia, e ainda causaria desagrado ver uma impressão eriçada de signos. Há coisas que só se aprendem pelo uso; elas são puramente orgânicas e dão tão pouca oportunidade ao espírito, que seria impossível alcançá-las apenas pela teoria, que falhou mesmo em autores que dela trataram expressamente. Sinto mesmo que o. que aqui escrevo é muito difícil de fazer entender e que seria muito claro se me exprimisse de viva voz" (pp. 414-415)

Mas Rousseau vigia seus empréstimos, reinterpreta-os, dedica-se também a um trabalho de sobrelanço cuja significação não nos será indiferente. Empenha-se, por exemplo, em que o acento seja *riscado* pelo signo, e o uso da fala pelo artifício da escritura. Riscado por um trabalho de rasura e de substituição, mais obliterado que esquecido, embotado, desvalorizado: "*Todos os signos prosódicos dos antigos*, diz o Sr. Duclos, *ainda não valiam o uso*. Eu diria mais; foram-lhe substituídos". E toda a argumentação de Rousseau segue, então, a história da acentuação ou da pontuação acrescentada à língua hebraica primitiva.

Portanto, o conflito está entre a força de acentuação e a força de articulação. Este conceito de articulação deve reter-nos aqui. Ele servira-nos para definir a arquiescritura tal como esta já age na fala. E Saussure, em contradição com suas teses fonologistas, reconhecia, disso lembramo-nos, que só o poder de articulação – e não a linguagem falada – era "natural ao homem". Condição da fala, não permanece a articulação em si mesma afásica?

Rousseau introduz o conceito de articulação no capítulo IV "Dos caracteres distintivos da primeira língua e das mudanças por que teve de passar". Os três primeiros capítulos tratavam da origem das línguas. O capítulo V será intitulado "Da escritura". *A articulação é o vir-a-ser-escritura da linguagem*. Ora, Rousseau que *quereria dizer* que este vir-a-ser-escritura *sobrevém à origem*, precipita-se nela, após ela, *descreve de fato* a maneira pela qual este vir-a-ser-escritura *sobrevém à origem*, advém desde a origem. O vir-a-ser-escritura da linguagem é o vir-a-ser-linguagem da linguagem. Ele *declara* o que ele *quer dizer*, ou seja, que a articulação e a escritura são uma doença pós-originária da língua; ele diz ou *descreve* o que *não quer dizer*: a articulação e consequentemente o espaço da escritura operam na origem da linguagem.

Como os da imitação – e pelas mesmas razões profundas – o valor e a operação da articulação são ambíguos: princípios de vida *e* princípios de morte, logo, motores de progresso no sentido que Rousseau dá a esta palavra. Ele *quereria dizer* que o progresso, por mais ambivalente que seja, dá-se *ou* em direção ao pior *ou* em direção ao melhor, seja para bem, seja para mal. O primeiro capítulo do *Essai* mostra, com efeito, segundo um conceito de linguagem animal que alguns ainda hoje defendem, que as línguas *naturais* dos animais excluem o progresso. "A língua de convenção só pertence ao homem. Daí por que o homem faz progresso, seja para bem, seja para mal, e por que os animais não fazem nenhum".

Mas Rousseau *descreve o que ele não quereria dizer*: que o "progresso" se faz *tanto* em direção ao pior *quanto* em direção ao melhor. Simultaneamente. O que anula a escatologia e a teleologia, assim como a diferença – ou articulação originária – anula a arqueologia.

III. A ARTICULAÇÃO

Tudo isto aparece no manejo do conceito de articulação. Precisaremos fazer um longo desvio para mostrá-lo. Para compreendermos como operam as "articulações, que são de convenção" (cap. IV), devemos atravessar uma vez mais o problema do conceito de natureza. Evitando precipitarmo-nos diretamente ao centro da dificuldade que tantos comentadores de Rousseau já reconheceram muito bem, nós tentaremos, de maneira limitada e liminar, referenciá-la no *Essai*. Onde ela já é temível.

"ESTE MOVIMENTO DE VARETA..."

Comecemos por algumas certezas simples e escolhamos algumas proposições cuja clareza literal deixe pouca dúvida. Nós as lemos no primeiro capítulo.
Primeira proposição. "A fala distingue o homem entre os animais." São estas as primeiras palavras do *Essai*. A fala é também "a primeira instituição social". Portanto, não é natural. Ela é natural ao homem, pertence à sua natureza, à sua essência que não é, como a dos animais, natural.
A fala pertence ao homem, à humanidade do homem. Mas Rousseau distingue entre a língua e a fala. O uso da fala é universalmente humano, mas as línguas são diversas. "A linguagem distingue as nações entre si; só se sabe de onde é um homem depois de ele ter falado. O uso e a necessidade fazem cada um aprender a língua de seu país; mas o que faz que esta língua seja a de seu país, e não a de um outro? Para dizê-lo, é bem necessário remontar a alguma razão que se prenda ao local, e seja anterior aos próprios costumes: a fala, sendo a primeira instituição social, só a causas naturais deve a sua forma". A causalidade natural da linguagem se desdobra, pois.
1. A fala, a possibilidade do discurso em geral, só deve ter, enquanto instituição primeira, causas naturais *gerais* (relações da necessidade e da paixão etc.).
2. Mas, mais além da existência geral da fala, cumpre dar conta, por causas também naturais, de suas *formas* ("a fala,

sendo a primeira instituição social, só a causas naturais deve a sua forma"). É a explicação da diversidade das línguas pela física, pela geografia, pelo clima etc. Esta dupla explicação natural anuncia a divisão do *Essai* na sua primeira parte, a que trata da linguagem e das línguas. Os sete primeiros capítulos explicam por causas naturais a linguagem em geral (ou a língua primitiva), sua origem e sua decadência. A partir do oitavo capítulo, passa-se da linguagem às línguas. Explicam-se as diferenças gerais e locais por causas naturais.

Como se analisa esta explicação natural?

Segunda proposição: "Desde que um homem foi reconhecido por um outro como um ser que sente, pensante e semelhante a ele mesmo, o desejo ou a necessidade de comunicar-lhe seus sentimentos e pensamentos fez-lhe buscar os meios para isso". O desejo *ou* a necessidade: o alojamento das duas origens, meridional ou setentrional, já está assegurado. E Rousseau recusa, como também no segundo *Discurso*, perguntar-se se a língua precedeu a sociedade como a sua condição, ou se foi o contrário. Não vê nenhuma solução, e sem dúvida nenhum sentido, numa tal questão. No segundo *Discurso*, diante da imensa dificuldade da genealogia da língua, renunciando quase à explicação natural e puramente humana, Rousseau escreve algo que é também implicado no *Essai*: "Quanto a mim, receoso das dificuldades que se multiplicam, e convencido da quase demonstrada impossibilidade de que as Línguas tenham podido nascer e estabelecer-se por meios puramente humanos, deixo a quem desejar empreendê-la a discussão deste difícil Problema: o que foi mais necessário, a Sociedade já formada para a instituição das Línguas, ou as línguas já inventadas para o estabelecimento da Sociedade" (p. 151).

Mesmo gesto no *Essai*: dão-se ao mesmo tempo a língua e a sociedade no momento em que se atravessou o puro estado de natureza, no momento em que a dispersão absoluta é vencida pela primeira vez. Tenta-se recobrar a origem da linguagem no momento desta primeira travessia. Podemos ainda citar, no segundo *Discurso*, uma chamada de nota: indica-se um lugar para esta longa digressão que teria sido o *Essai*. É ainda na primeira parte, imediatamente após a crítica a Condillac e aos que, "raciocinando sobre o estado de natureza, transportam-lhe as ideias formadas na sociedade". Rousseau sabe que é bem difícil encontrar no puro estado de natureza e na dispersão original o recurso de uma explicação para o nascimento das línguas. E propõe um salto: "Suponhamos vencida esta primeira dificuldade. Atravessemos por um momento o espaço imenso que teve de existir entre o puro estado de Natureza e a necessidade das Línguas; e investiguemos, supondo-as necessárias, como elas puderam começar a se estabelecer. Nova dificuldade, pior ainda que a anterior..." (p. 147).

"Atravessemos por um momento o espaço imenso Até qual ponto? Não até a sociedade constituída, mas até o momento em que se acham reunidas as condições de seu nascimento. Entre o puro estado de natureza e este momento, "uma multidão de séculos", ritmada por etapas distintas[47]. Mas a distinção destas etapas é difícil. A diferença entre todos os textos de Rousseau é, neste ponto, sutil, talvez instável, sempre problemática. Às distinções já referenciadas cumpre, com o risco de complicar ainda mais o debate, acrescentar a precisão seguinte, que trata precisamente do *Essai* em sua relação com o *Discurso*. Entre o puro estado de natureza e a sociedade, Rousseau descreve, no *Discurso* como no *Essai*, uma era das cabanas. E como esta era, no capítulo IX do *Essai*, é apresentada como a dos "primeiros tempos", poderia ser uma tentação pensar que o puro estado de natureza só é radicalmente situado no segundo *Discurso* (Primeira Parte) e a era das cabanas do *Essai* corresponderia então à que aparece, após o estado de pura natureza, na Segunda Parte do *Discurso*. Embora esta hipótese não pareça simplesmente falsa e encontre confirmação em vários elementos descritivos, ela deve ser matizada ou complicada. Tal como é evocada no *Essai*, a era das cabanas está muito mais próxima do puro estado de natureza. Falando dos "primeiros tempos", quando "os homens dispersos sobre a face da terra só tinham por sociedade a da família, por leis só as da natureza, por língua só o gesto e alguns sons inarticulados", Rousseau acrescenta em nota: "Chamo de primeiros tempos os da dispersão dos homens, seja qual for a era do gênero humano na qual se queira fixar tal época". E é fato que as sociedades familiares não têm aqui o mesmo estatuto que na Segunda Parte do *Discurso*[48]. Elas só se aproximam deste, aparentemente, no momento em que, após uma revolução que examinaremos mais adiante, se constituem os liames de uma outra família, tornando

---

47. Cf. R. Derathé, *Rousseau et la science politique de son temps*, p. 175.

48. J. Mosconi mostra que o estado de pura natureza não está ausente do *Essai* e que a "era das 'cabanas' não tem ... nos dois textos, nada de comparável". Ver "Analyse et génèse: regards sur la théorie du devenir de l'entendement au XVIIIe sciècle", in *Cahiers pour l'analyse* nº 4, p. 75.

possíveis o amor, a moral, a fala. É apenas o fim do capítulo IX do *Essai* que poderia ser comparado à Segunda Parte do *Discurso*.

"Atravessemos por um momento o espaço imenso"... e forneçamo-nos a seguinte hipótese: a partir do estado de pura natureza, o homem, graças a uma certa subversão de que teremos o que falar mais adiante, encontra o homem e o reconhece. A piedade se desperta e se ativa, ele quer comunicar. Mas o homem acaba de deixar a natureza. É ainda por causas naturais que cumpre explicar o meio da comunicação. O homem de início só pode fazer uso de disposições ou de "instrumentos" naturais: os sentidos.

Terceira proposição. O homem deve agir, portanto, pelos sentidos sobre os sentidos de outrem. "Aí está, pois, a instituição dos signos sensíveis para exprimir o pensamento. Os inventores da linguagem não desenvolveram este raciocínio, mas o instinto lhes sugeriu sua consequência". Temos dois meios para agir sobre os sentidos do outro: o movimento e a voz. Naturalmente, Rousseau não se pergunta aqui o que quer dizer "meio" ou "instrumento", nem, como faz no *Emile* (p. 160), se a voz não seria uma espécie de movimento. "A ação do movimento é imediata, pelo tocar, ou mediata, pelo gesto: a primeira, tendo por termo o comprimento do braço, não pode transmitir-se à distância; mas a outra vai tão longe como o ângulo de visão. Assim restam apenas a visão e a audição como órgãos passivos da linguagem entre os homens *dispersados*" (O grifo é nosso).

A análise dos "instrumentos" da linguagem é portanto comandada pela situação de dispersão pura que caracteriza o estado de natureza. A linguagem só pôde surgir a partir da dispersão. As "causas naturais" pelas quais ela é explicada só são reconhecidas como tais – naturais – na medida em que concordam com o estado de natureza, que é determinado pela dispersão. Esta deveria, sem dúvida, ser vencida pela linguagem, mas, por esta precisa razão, ela determina a sua *condição natural*.

A condição natural: é notável que a dispersão natural a partir da qual surgiu a linguagem continue a marcar o seu meio e essência. Que a linguagem deva atravessar o espaço, seja forçada a espaçar-se: este não é um traço acidental, mas o selo de sua origem. Na verdade, a dispersão nunca será um passado, uma situação pré-linguística na qual a linguagem situaria certamente o seu nascimento, mas só para romper com ela. A dispersão original deixa a sua marca na linguagem. Teremos ocasião de constatá-lo: a articulação que parece introduzir a diferença como uma instituição tem por solo e espaço a dispersão natural – isto é, o espaço sem mais.

Neste ponto, o conceito de natureza torna-se ainda mais enigmático e exigem-se grandes somas de análise e simpatia, se se quiser que Rousseau não se contradiga.

O natural é valorizado de início, desqualificado em seguida: o original é também o inferior retido no superior. A língua do gesto e a língua da voz, a visão e a audição são "igualmente naturais". Contudo, uma é mais natural que a outra e sob esse título é primeira e melhor. É a língua do gesto, que é "mais fácil e depende menos das convenções". Pode certamente haver convenções da língua dos gestos. Rousseau alude, mais adiante, a um código gestual. Mas este código distancia-se menos da natureza do que a língua falada. Por essa razão, Rousseau começa pelo elogio da língua dos gestos, enquanto que, mais adiante, quando deseja demonstrar a superioridade da paixão sobre a necessidade, situará a fala acima do gesto. Esta contradição é apenas aparente. A imediatez natural é, ao mesmo tempo, origem e fim, mas no duplo sentido de cada uma destas palavras: nascimento e morte, esboço inacabado e perfeição finita. Desde aí, todo valor é determinado segundo sua proximidade em relação a uma natureza absoluta. Mas, como este conceito é o de uma estrutura polar, a proximidade é um distanciamento. Todas as contradições do discurso são *regidas*, tornadas necessárias e contudo resolvidas, por esta estrutura do conceito de natureza. *Antes de toda determinação de uma lei natural, existe – coagindo eficazmente o discurso – uma lei do conceito de natureza.*

Uma contradição assim regulada aparece de maneira flagrante quando, louvando a língua do gesto, Rousseau fala de amor. Mais adiante dirá, desta paixão, que ela se acha na origem da fala cantada; aqui, faz do desenho seu melhor intérprete. Recorrer à visão para declarar o amor é mais natural, mais expressivo, mais *vivo*: ao mesmo tempo mais imediato e mais vivente, portanto mais enérgico, mais atual, mais livre. *Regendo* assim toda a contradição, resumindo-a em seus dois polos, o *Essai* começa por um elogio e se encerra com uma condenação do signo mudo. O primeiro capítulo exalta a língua sem voz, a do olhar e do gesto (que Rousseau distingue de nossa gesticulação): "Assim se fala aos olhos bem melhor do que aos ouvidos". O capítulo final designa, no outro polo da história, a escravização última de uma sociedade organizada pela circulação de signos silenciosos: "As sociedades tomaram sua forma derradeira: as mudanças só lhes podem vir do canhão e das moedas; e como nada mais há para dizer ao povo, a não ser *dai dinheiro*, isto é dito com editais nas esquinas ou soldados nas casas".

O signo mudo é signo de liberdade quando exprime na imediatez; então, o que ele exprime e quem se exprime através dele são *propriamente* presentes. Não há nem desvio nem anonimato. O signo mudo significa a escravidão quando a mediatez representativa invadiu todo o sistema da significação: então, através da circulação e das remessas infinitas, de signo em signo e de representante em representante, o próprio da presença já não tem lugar: ninguém está aí para ninguém, nem mesmo para si mesmo; não se pode mais dispor do sentido, não se pode mais detê-lo, ele é arrebatado num movimento sem fim de significação. O sistema do signo não tem fora. Como a fala abriu este abismo da significação, que sempre ameaça causar a sua própria perdição, é tentador voltar a um momento arqueológico, a um primeiro instante do signo sem fala, quando a paixão, para além da necessidade mas antes da articulação e da diferença, exprime-se por uma via inaudita: um *signo imediato*:

> "Embora a língua do gesto e a da voz sejam igualmente naturais, contudo, a primeira é mais fácil[49] e depende menos das convenções: pois mais objetos atingem nossos olhos do que os nossos ouvidos, e as figuras têm maior variedade do que os sons; são também mais expressivas e dizem mais em menos tempo. O amor, fala-se, foi o inventor do desenho; também pôde inventar a fala, mas com menos felicidade. Pouco satisfeito com ela, ele a despreza: tem mil maneiras mais vivas de exprimir-se. Quanto dizia a seu amante aquela que, com tanto prazer lhe traçava a sombra! Que sons teria ela empregado para traduzir este movimento de vareta?"

O movimento desta vareta que desenha com tanto prazer não cai fora do corpo. À diferença do signo falado ou escrito, não se corta do corpo desejante de quem traça, ou da imagem imediatamente percebida do outro. Sem dúvida, trata-se ainda de uma imagem que se desenha no extremo da vareta; mas uma

---

49. Pelo menos em seus elementos, esta argumentação não é propriamente de Rousseau. Ela deve, em particular, muito à Segunda Parte do *Essai sur l'origine des connaissances humaines* de Condillac (Seção Primeira, sobre *a origem e os progressos da linguagem*). Por intermédio de Condillac, somos também remetidos a Warburton (*op. cit.*). Provavelmente também às *Réflexions critiques sur la poésie et la peinture*, do abade Du Bos (1719) (sobretudo o capítulo XXXV, sobre a origem das línguas), e à *Rhétorique* do padre Lamy, que por sinal é citada no *Essai*. Sobre estes problemas, remetemos o leitor à edição do segundo *Discurso*, na Bibliothèque de la Pléiade, por J. Starobinski (notadamente à nota 1 da p. 151), e às belas análises que ele dedica ao tema do signo em *La transparence et l'obstacle* (pp. 169 e ss.).

imagem que não se separou totalmente do que ela representa; o desenhado do desenho está quase presente, em pessoa, na sua *sombra*. A distância da sombra ou da vareta é quase nula. Aquela que traça, segurando agora a vareta, está muito perto de tocar aquilo que está muito perto de ser o outro *mesmo*, não fosse uma ínfima diferença; esta pequena diferença – a visibilidade, o espaçamento, a morte – é sem dúvida a origem do signo e a ruptura da imediatez; mas é a reduzi-la ao mínimo possível que se marcam os contornos da significação. O signo é então pensado a partir de seu limite, que não pertence nem à natureza nem à convenção. Ora, este limite – o de um signo impossível, de um signo dando o significado, e mesmo a coisa, *em pessoa*, imediatamente – necessariamente está mais perto do gesto ou do olhar do que da fala. Uma certa idealidade do som se comporta essencialmente como uma potência de abstração e de mediação. O movimento da vareta traz a riqueza de todos os discursos possíveis, mas nenhum discurso pode reproduzi-lo sem empobrecê-lo e deformá-lo. O signo escrito está ausente do corpo, mas esta ausência já foi anunciada no elemento invisível e etéreo da fala, impotente para imitar o contato e o movimento dos corpos. O gesto – mais o da paixão do que o da necessidade –, considerado em sua pureza de origem, protege-nos de uma fala já alienante, fala trazendo já em si a ausência e a morte. É por isso que, quando ele não precede a fala, ele a supre, corrige o seu defeito e preenche a sua carência. O movimento da vareta supre todos os discursos que, a uma distância maior, a substituiriam. Esta relação de suplementariedade mútua e incessante é a ordem da linguagem. É a origem da linguagem, como é descrita – sem ser declarada – no *Essai sur l'origine des langues*, que ainda aqui concorda com o segundo *Discurso*: nos dois textos, o gesto visível, mais natural e mais expressivo, pode-se juntar como um suplemento à fala que, por sua vez, é um substituto do gesto. Este gráfico da suplementariedade é a origem das línguas; separa o gesto e a fala primitivamente unidos na pureza mítica, absolutamente imediata e por isso natural, do grito:

"A primeira linguagem do homem, a linguagem mais universal, mais enérgica, e a única de que teve necessidade antes de precisar persuadir homens reunidos, é o grito da Natureza... Quando as ideias dos homens começaram a se difundir e a se multiplicar, e entre eles se estabeleceu uma comunicação mais estreita, procuraram signos mais numerosos e uma linguagem mais extensa: *Multiplicaram as inflexões da voz, e juntaram-lhes os gestos que, por sua Natureza, são mais expressivos, e cujo sentido depende menos de uma determinação anterior*" (p. 148. O grifo é nosso).

O gesto é aqui um adjunto da fala, mas este *adjunto* não é um suplemento de artifício, é um recurso a um signo mais natural, mais expressivo, mais imediato. É mais universal, na medida em que depende menos das convenções[50]. Mas, se o gesto supõe uma distância e um espaçamento, um meio de visibilidade, perde sua eficácia quando o excesso do distanciamento ou das mediações interrompe a visibilidade: então, a fala supre o gesto. Tudo, na linguagem, é substituto, e este conceito de substituto precede a oposição da natureza e da cultura: o suplemento pode igualmente ser natural – o gesto – ou artificial – a fala.

"Mas, como o gesto não indica quase nada além dos *objetos presentes* ou fáceis de descrever, e das *ações visíveis*; como seu uso não é universal, pois a obscuridade ou a interposição de um corpo o inutilizam, *e mais exige do que excita a atenção*; imaginou-se *substituí-lo* pelas articulações da voz, que, sem terem a mesma relação com certas ideias, são mais aptas a representar a todas, como signos instituídos; *substituição* que só se pôde fazer por comum assentimento e de uma maneira bastante difícil de ser praticada por homens cujos órgãos grosseiros ainda não tinham nenhum exercício – e mais difícil ainda de conceber em si mesma, pois este acordo unânime teve de ser motivado, e a fala parece ter sido necessária para estabelecer o uso da fala (pp. 148-149. O grifo é nosso).

A fala excita a atenção, o visível a exige: será por que a audição sempre está aberta e oferecida à provocação, mais passiva do que o olhar? É *mais natural* fechar os olhos ou distrair o olhar do que impedir-se de ouvir. Esta situação natural é de início, não o esqueçamos, a da criança de peito.

Só essa estrutura de suplementariedade refletida, mútua, especulativa, infinita, permite explicar que a linguagem de espaço, o olhar e o mutismo (que Rousseau também[51] sabia significarem a morte) tomem por vezes lugar de fala, quando esta comporta *uma maior* ameaça de ausência e enceta a energia da vida. Neste caso, é mais viva a língua dos gestos visíveis. O amor "também pôde inventar a fala, mas com menos felicidade. Pouco satisfeito com ela, ele a despreza: tem mil maneiras mais vivas de exprimir-se. Quanto dizia a seu amante aquela que, com tanto prazer,

---

50. A propósito da "língua natural" da criança: "À linguagem da voz *junta-se* a do gesto, não menos enérgica. Este gesto não reside nas débeis mãos das crianças, mas em seus rostos" (*Emile*, p. 45. O grifo é nosso).

51. "A psicanálise nos dirá: o mutismo, no sonho, é uma representação usual da morte" (Freud, *A escolha dos três pequenos cofres*). Rousseau também diz, nas *Rêveries*, que o silêncio "fornece uma imagem da morte" (p. 1047).

lhe traçava a sombra! Que sons teria ela empregado para traduzir este movimento de vareta?"

É portanto após a invenção da linguagem e o nascimento da paixão que, para se reapoderar da presença, o desejo, segundo um esquema que reconhecemos, volta ao movimento da vareta, ao dedo e ao olho, ao mutismo carregado de discurso. Trata-se de um retorno suplementar rumo ao mais natural, e não de uma origem da linguagem. Rousseau esclarece-o logo adiante, ao distinguir o gesto da gesticulação: aquele, que desenha a sombra da presença, maneja silenciosamente a primeira metáfora; esta é um adjunto indiscreto e incômodo da fala. É um mau suplemento. A linguagem silenciosa do amor não é um gesto pré-linguístico, é uma "eloquência muda".

"Nossos gestos [nós = Europeus] nada significam além da nossa inquietude natural, mas não é desses gestos que desejo falar. Somente os Europeus gesticulam ao falar: dir-se-ia que toda a força da sua língua está em seus braços; acrescentam-lhe ainda a dos pulmões, e no entanto tudo isto de quase nada lhes serve. Depois que um francês se agitou e martirizou o corpo para dizer muitas falas, um turco tira por um momento o cachimbo da boca, diz duas palavras a meia voz, e o esmaga com uma sentença". (Aqui o turco não é mais, como a sua língua, do Norte, mas do Oriente. Nós pertencemos ao mesmo tempo ao Norte e ao Ocidente.)

O valor do signo mudo é igualmente o da sobriedade e da discrição *na fala*: a economia da fala.

"Desde que aprendemos a gesticular, esquecemos a arte das pantomimas, pela mesma razão que, contando com tantas belas gramáticas, já não entendemos os símbolos dos egípcios. Não era através de palavras, mas de signos, que os antigos exprimiam o que diziam com mais vivacidade. Não o diziam: mostravam-no."

O que eles mostravam, compreendamos, não era a coisa mas a sua metáfora hieroglífica, o signo visível. Este elogio da simbólica egípcia poderia surpreender: é um elogio da escritura e um elogio da selvajaria, mais precisamente, desta escritura da qual nos dirá mais adiante que convém aos povos selvagens. A selvajaria não caracteriza o estado primitivo do homem, o estado de pura natureza, mas o estado da sociedade nascente, da primeira linguagem e das primeiras paixões. Estado estruturalmente anterior ao estado bárbaro, por sua vez anterior à sociedade civil. Com efeito, no capítulo "Da escritura" (V), os hieróglifos egípcios são definidos como a escritura mais grosseira e mais antiga. Ela conviria aos povos reunidos em nação sob a forma da selvajaria:

"Quanto mais grosseira a escritura, mais antiga a língua. O primeiro modo de escrever não é pintar os sons, mas os próprios objetos, seja diretamente, como faziam os mexicanos, seja por figuras alegóricas, como fizeram outrora os egípcios. Esse estado corresponde à língua apaixonada, e supõe já alguma sociedade e necessidade que as paixões fizeram nascer." ... "A pintura dos objetos convém aos povos selvagens".

A língua hieroglífica é uma língua apaixonada. A selvajaria se mantém na máxima proximidade desta origem passional da língua. O paradoxo é que assim ela se mantenha mais perto da escritura do que da fala. Pois o gesto, que em outro lugar exprime a necessidade, aqui representa a paixão. É escritura não só por traçar, como o movimento da vareta, um desenho no espaço, mas porque o significante significa de início um significante, e não a coisa mesma nem um significado diretamente apresentado. O grafo hieroglífico é já alegórico. O gesto que diz a fala antes das palavras, e que "argumenta aos olhos": eis o momento da escritura selvagem.

"Abri a história antiga, e a encontrareis cheia destas maneiras de argumentar aos olhos, e nunca elas deixam de produzir efeito mais seguro do que todos os discursos que se pudesse *por em seu lugar*. O objeto oferecido antes de falar abala a imaginação, excita a curiosidade, mantém o espírito em suspenso e na expectativa do que se vai dizer. Notei que os italianos e provençais, entre os quais de ordinário o gesto precede o discurso, encontram assim o meio de se fazerem escutar melhor, e até com mais prazer. *Mas a mais enérgica linguagem é aquela onde o signo já disse tudo antes de se falar*. Tarquínio, Trasíbulo despedaçando os botões de papoulas, Alexandre apondo seu selo à boca do favorito, Diógenes passeando à frente de Zenão – não falavam melhor do que através de palavras? Que circuito de falas exprimiria tão bem as mesmas ideias[52]?" (O grifo é nosso).

Como pode a língua do gesto ou do olhar exprimir aqui a paixão, e em outro lugar a necessidade? A "contradição" entre esses diferentes textos responde à unidade de uma intenção e à Necessidade de uma coerção.
1. Rousseau diz o desejo da presença imediata. Quando esta é *mais bem representada* pelo alcance de voz e reduz a dispersão, ele elogia a fala viva, que é então a língua das paixões. Quando a imediatez da presença é *mais bem representada* pela

---

52. Todos esses exemplos são reencontrados, em termos vizinhos, no Livro IV do *Emile*. Trata-se de louvar, na eloquência antiga, a economia da fala: "O que se dizia mais vivamente, não se exprimia por palavra, mas por signos: não era dito, era mostrado. O objeto que é exposto aos olhos abala a imaginação, excita a curiosidade, mantém o espírito na expectativa do que se vai dizer: e muitas vezes este simples objeto disse tudo. Trasíbulo e Tarquínio decepando botões de papoulas. Alexandre apondo seu selo... etc.... Que circuito de falas traduziria tão bem as mesmas ideias?" (p. 400).

proximidade e rapidez do gesto e do olhar, elogia a mais selvagem escritura, a que não representa o representante oral: o hieróglifo.

2. Este conceito de escritura designa o lugar do mal-estar, da incoerência regida na conceitualidade, muito para além do *Essai*, e muito para além de Rousseau. Esta incoerência se deveria ao incessante apagar, pela unidade da necessidade e da paixão (com todo o sistema das significações associadas), do limite que Rousseau obstinadamente desenha e recorda. Esta nervura central, cuja omissão arruinaria todo o organismo conceitual, Rousseau a *declara* e *quer pensá-la* como uma distinção, *descreve-a* como uma diferência suplementar. Esta coage, em seu gráfico, a estranha unidade da paixão e da necessidade.

No que a escritura a revela? No que a escritura está, como por exemplo a piedade, dentro da natureza e fora da natureza? E o que significa aqui, como há um instante o despertar da imaginação, o despertar da escritura, se esta não pertence nem à natureza nem ao seu outro?

A escritura precede e segue a fala, compreende-a. Isto já é verdade do único ponto de vista que nos ocupa neste momento: o da estrutura do *Essai*. De um lado, com efeito, a teoria da escritura segue a genealogia da fala e se propõe como uma espécie de apêndice suplementar. Já que se descreveu a origem passional da fala, pode-se acessoriamente considerar este acessório que é a escritura, para extrair alguma informação suplementar quanto ao estado das línguas. Todo o capítulo "Da escritura" está aberto e comandado por este projeto declarado. Após resumir o progresso das línguas e o movimento de suplementariedade e de substituição que o mantém sob a sua lei ("são supridos" por novas articulações os acentos que se apagam, "substituem-se os sentimentos pelas ideias" etc.), Rousseau introduz um novo desenvolvimento: "Um outro meio de comparar as línguas e de julgar sua antiguidade está na escritura, e na razão inversa da perfeição desta arte".

E no entanto a escritura deveu aparecer antes mesmo que se tratasse da fala e da sua origem passional. O movimento da vareta e o hieróglifo exprimiam uma paixão anterior à paixão que arranca "as primeiras vozes"; e, como a escritura também será reconhecida como a linguagem da necessidade, ela terá dito a necessidade antes da necessidade. A primeira alusão à escritura se mantém fora do alcance de toda *distinção*, senão de toda diferência da necessidade à paixão. O *interesse* de escrever reclama uma conceitualidade nova.

É que a origem metafórica da fala abre um olho, poder-se-ia dizer, no centro da língua. E a paixão que arranca as primeiras vozes se relaciona com a imagem. A visibilidade inscrita na ata de nascimento da voz não é puramente perceptiva, é significante. A escritura é a véspera da fala. Isto também aparece desde o primeiro capítulo.

"Dario, em campanha na Cítia com seu exército, recebe do rei dos Citas uma rã, um pássaro, um rato e cinco flechas: o arauto entrega seu presente em silêncio e parte. Essa terrível arenga foi ouvida, e Dario só se empenhou em regressar a seu país a toda pressa. *Substituí por uma carta* (isto é, por uma escritura fonética) estes signos: quanto mais ela ameaçar, menos aterrorizará. Não será mais do que uma fanfarronada, da qual Dario apenas riria[53]." E, após uma outra série de exemplos bíblicos ou gregos, "*Assim se fala aos olhos muito melhor do que aos ouvidos*. Ninguém deixa de sentir a verdade deste juízo de Horácio. Nota-se até que os mais eloquentes discursos são os mais dotados de imagens; e os sons nunca têm mais *energia* do que quando fazem o efeito das cores" (O grifo é nosso).

Consequência decisiva: a eloquência prende-se à imagem. O que já se anuncia, é que "A primeira linguagem teve de ser figurada" (título do cap. III). A metáfora na linguagem falada extrai sua *energia* do visível e de uma espécie de picto-hieroglifia oral. Ora, se consideramos que Rousseau associa em outros lugares a visibilidade, o espaço, a pintura, a escritura etc., à perda de energia passional, à necessidade e por vezes à morte, somos forçados a concluir pela unidade, no *interesse de escrever*, de valores heterogêneos ou assim declarados. Mas esta unidade do interesse de escrever, Rousseau não pode declará-la.

---

53. Este relato, recordado por todas as grandes obras consagradas à história da escritura, vem-nos de Clemente de Alexandria e de Heródoto. Rousseau talvez o tenha lido no *Essai sur les hiéroglyphes*, de Warburton: "Clemente de Alexandria nos refere essa história nestes termos: 'Segundo o relato de Ferécides Syrus, Idanthura, rei dos Citas, apresentando-se a combater Dario, que havia transposto o Ister, em vez de lhe enviar uma carta, enviou-lhe, por forma de símbolo, um rato, uma rã, um pássaro, um dardo e uma charrua'. Devendo esta mensagem suprir a fala e a escritura, vemos sua significação expressa por uma mistura de ação e de pintura". Warburton recorda, em nota, a interpretação de Heródoto (I, IV): "Dario acreditou que os Citas queriam dizer-lhes, por este enigma, que lhe apresentavam a terra e a água, e se submetiam a ele. O rato, pretendia ele, significava a terra; a rã significava a água; o pássaro podia ser comparado ao cavalo; e, pelas flechas, eles marcavam despojar-se de sua potência. Mas Gobrias, um dos que tinham destruído os Magos, deu uma outra interpretação. 'Se em vez de fugirdes, disse ele, como pássaros, vos esconderdes na terra, ou na água, como os ratos e as rãs, morrereis por estas flechas.' Pois Heródoto, em vez de um dardo, conta cinco flechas, e nada diz da charrua etc... Acredito ter agradado ao Leitor transcrevendo este Comentário de Heródoto ao Texto de Ferécides" (pp. 63-65).

Apenas pode descrevê-la de contrabando, jogando sobre os diferentes lugares do seu discurso. Com o risco de contradizer-se, põe a escritura do lado da necessidade e a fala do lado da paixão. Na passagem que acabamos de citar, é claro que se trata de signos passionais. O que será confirmado mais adiante, quando a escritura hieroglífica será definida como uma "língua apaixonada". E contudo, se "os sons nunca têm mais energia do que quando fazem o efeito das cores não é a cor ou o espaço neles que se dirige à paixão. Rousseau inverte então, bruscamente, a ordem da demonstração: só a fala tem poder de exprimir ou de excitar a paixão.

"Mas tudo se torna diferente quando se trata de comover o coração e inflamar as paixões. A impressão sucessiva do discurso, que impressiona por golpes redobrados, proporciona-vos uma *emoção diferente da presença do objeto mesmo*, quando de um só olhar se vê tudo. Suponha o leitor uma situação de dor perfeitamente conhecida; vendo a pessoa aflita, dificilmente se comoverá a ponto de chorar; mas dê-lhe o tempo de dizer-lhe tudo o que ela sente, e logo se desmanchará em lágrimas. É assim que as cenas de tragédia produzem efeito†. A mera pantomima, sem discurso, o deixará quase tranquilo; o discurso, sem gestos, lhe roubará lágrimas. *As paixões têm os seus gestos, mas também os seus acentos*; e estes acentos que nos fazem tremer, *estes acentos, aos quais não se pode esquivar o órgão, penetram por ele até o fundo do coração, levam a este, apesar de nós mesmos, os movimentos que os arrebatam, e nos fazem sentir o que ouvimos. Concluamos que os signos visíveis tornam mais exata a imitação, mas que o interesse melhor se excita pelos sons.*

† Expliquei em outro lugar por que *as infelicidades fingidas nos tocam bem mais do que as verdadeiras*. Na tragédia, soluça mesmo quem nunca em sua vida sentiu piedade por nenhum infeliz. A invenção do teatro é admirável por fazer nosso amor-próprio orgulhar-se de todas as virtudes que não possuímos."

Neste encadeamento, pudemos sublinhar duas linhas-mestras.

Antes de mais nada, o som nos toca, nos interessa, nos apaixona mais, porque *ele nos penetra*. Ele é o elemento da interioridade porque sua essência, sua energia própria torna obrigatória a sua recepção. Como notamos acima, eu posso fechar os olhos, posso evitar ser tocado pelo que vejo e que se percebe à distância. Mas minha passividade e minha paixão oferecem-se inteiramente aos "acentos aos quais não se pode esquivar o órgão", que "penetram por ele até o fundo do coração, levando a este, apesar de nós mesmos, os movimentos que os arrebatam". A voz penetra violentamente em mim, é a via privilegiada para a efratura e a interiorização, cuja reciprocidade se produz no "ouvir-se-falar", na estrutura da voz e da interlocução[54].

Esta violência obriga Rousseau a temperar o elogio da paixão e a lançar a suspeição sobre esta cumplicidade da voz e do coração. Mas uma outra violência complica ainda mais este esquema. Na voz, a presença do objeto já desaparece. A presença a si da voz e do ouvir-se-falar esquiva a coisa mesma que o espaço visível deixava estar à nossa frente. Desaparecendo a coisa, a voz a substitui por um signo sonoro que pode, em lugar do objeto esquivado, penetrar profundamente em mim, alojar-se "no fundo do coração". É a única maneira de interiorizar o fenômeno: transformá-lo em ecúmeno. O que supõe uma sinergia e uma sinestesia originárias; mas também que a esquivança da presença na forma do objeto, do estar-diante-dos-olhos ou sob-a-mão, instaure na origem mesma da fala uma espécie de ficção, senão de mentira. A fala nunca fornece a coisa mesma, mas um simulacro que nos afeta mais profundamente do que a verdade e nos "impressiona" com maior eficácia. Outra ambiguidade na apreciação da fala. Não é a presença mesma do objeto que nos comove, mas o seu signo fônico: "A impressão sucessiva do discurso, que impressiona por golpes redobrados, proporciona-vos uma emoção diferente da presença do objeto mesmo... Expliquei em outro lugar por que as infelicidades fingidas nos tocam bem mais do que as verdadeiras..." Se o teatro é condenado, não é – como o seu nome indica – por ser um lugar de espetáculo: é porque dá a entender.

Assim se explica a nostalgia de uma sociedade da necessidade, que Rousseau desqualifica tão duramente em outro lugar. Sonho de uma sociedade muda, de uma sociedade antes da origem das línguas, isto é, com todo o rigor, de uma sociedade antes da sociedade.

"Isto me faz pensar que, se nada tivéssemos além de necessidades físicas, bem poderíamos não falar nunca e nos entendermos perfeitamente apenas pela linguagem dos gestos. Poderíamos ter estabelecido sociedades pouco diferentes das de hoje, ou que mesmo se teriam dirigido melhor para a sua finalidade. Teríamos podido instituir leis, eleger chefes, inventar artes, estabelecer o comércio e fazer, numa só palavra, quase tantas coisas quantas fazemos com o auxílio da fala. A língua epistolar dos salames* transmite, sem temor dos ciu-

---

54. Cf. *La Voix et le Phénomène*.

* Em sua terceira nota de roda pé ao capítulo I do *Essai*, Rousseau explica: "Os salames são multidões das coisas mais comuns, como uma laranja, uma fita, carvão etc., cujo envio possui um sentido conhecido de todos os amantes, nas regiões onde se usa esta língua." (N. dos T.)

mentos, os segredos da galantaria oriental para o interior dos haréns mais bem vigiados. Os mudos do Grande Senhor (o sultão) se entendem entre si, e entendem tudo o que lhes é dito por signos, tão bem como se lhes pode dizer pelo discurso."

Ao olhar desta sociedade de escritura muda, o advento da fala se assemelha a uma catástrofe, a uma imprevisível falta de sorte. Nada a tornava necessária. No final do *Essai*, este esquema é exatamente invertido.

As coisas se complicam ainda mais, se se considerar que a língua das necessidades é uma língua natural e que por isso seria difícil encontrar um critério seguro para distinguir entre esta sociedade muda e a sociedade animal. Percebe-se então que a única diferença entre o que Rousseau desejaria considerar como a fixidez da linguagem animal e o progresso das línguas humanas não depende de nenhum órgão, de nenhum sentido, não deve ser buscada nem na ordem do visível nem na ordem do audível. É uma vez mais o *poder de substituir um órgão por outro, de articular o espaço e o tempo*, a visão e a voz, a mão e o espírito, é *esta faculdade de suplementariedade* que é a verdadeira "origem" – ou não origem – das línguas: a articulação em geral, como articulação da natureza e da convenção, da natureza e de todos os seus outros. É o que se deve sublinhar, desde o fim do capítulo I:

"Parece, ainda pelas mesmas observações, que a invenção da arte de comunicar nossas ideias depende menos dos órgãos que nos servem para este fim, do que de uma faculdade própria do homem, que o faz empregar seus órgãos para este uso e que, *se estes lhe faltassem, o faria empregar outros com o mesmo fim*. Daí ao homem uma organização tão grosseira como quiserdes: sem dúvida, ele adquirirá menos ideias; mas, bastando que haja entre ele e seus semelhantes algum meio de comunicação pelo qual um possa agir e o outro sentir, eles virão a comunicar-se, afinal, tantas ideias quantas tiverem. Os animais contam, para esta comunicação, com uma organização mais do que suficiente, e nunca nenhum deles utilizou-a. Esta me parece uma diferença bem característica. Os animais que *trabalham e vivem em comum, os castores, as formigas, as abelhas, têm alguma língua natural para se comunicarem entre si, disso não faço a menor dúvida*. Cabe até mesmo acreditar que a língua dos castores e a língua das formigas residem *no gesto e falam somente aos olhos*. Como quer que seja, exatamente por serem naturais umas e outras destas línguas, elas não são adquiridas; os animais que as falam as têm de nascença: todos as têm e sempre a mesma; não alteram nada, não introduzem o menor progresso. A língua de convenção só pertence ao homem".

A língua animal – e a animalidade em geral – representam aqui o mito ainda vivaz da fixidez, da incapacidade simbólica, da não suplementariedade. Se considerarmos o *conceito* de animalidade não em seu conteúdo de conhecimento ou de desconhecimento, mas na *função* que lhe é reservada, veremos que deve referenciar um momento da vida que ainda ignora tudo cuja aparição e jogo aqui se quer descrever: o símbolo, a substituição, a carência e a adição suplementar etc. Uma vida que ainda não tenha encetado o jogo da suplementariedade e que igualmente ainda não se tenha deixado encetar por ele: uma vida sem diferença e sem articulação.

A INSCRIÇÃO DA ORIGEM

Era necessário esse desvio para se re-apreender a função do conceito de *articulação*. Esta enceta a linguagem: abre a fala, como instituição nascida da paixão, mas ameaça o canto como fala original. Ela a puxa do lado da necessidade e da razão – que são cúmplices – e assim se presta melhor à escritura. Quanto mais é articulada uma língua, menos ela é acentuada, mais ela é racional, menos é musical, e por isso menos perde com ser escrita, melhor ela exprime a necessidade. A língua torna-se nórdica.

Este movimento, Rousseau gostaria de dá-lo a pensar como um acidente. Contudo, descreve-o na sua Necessidade originária. Também este infeliz acidente é um "progresso natural". Não sobrevém a um canto constituído, não surpreende uma música plena. Por isso, sabemos, não há fala, não há canto, e portanto não há música, antes da articulação. A paixão não poderia, pois, ser exprimida ou imitada sem articulação. O "grito da natureza" (segundo *Discurso*), "os sons simples (que) saem naturalmente da garganta" (*Essai*, cap. IV) não constituem uma língua porque a articulação ainda não agiu. "As vozes naturais são inarticuladas" (*Essai*, cap. IV). A convenção só tem poder sobre a articulação que arranca a língua ao grito e aumenta com as consoantes, os tempos e a quantidade. *A língua nasce, pois, do processo de sua degenerescência.* É por isso que, para traduzir o procedimento *descritivo* de Rousseau, que não quer restaurar fatos mas medir um afastamento, talvez seja imprudente denominar grau zero ou origem simples aquilo, a partir do que que se mede o afastamento ou se desenha a estrutura. O grau zero ou a origem implicam que o começo seja simples, que não seja simultaneamente a mola de uma degenerescência, que possa ser pensado sob a forma da presença geral, trate-se ou não da presença modificada, de evento passado ou essência permanente. Para falar de origem simples, seria também necessário que o afastamento pudesse ser medido sobre um eixo simples e num único sentido. Seria preciso recordarmos que nada, na descrição de Rousseau, nos autoriza a empregar esses termos? Falar de origem e de grau zero é comentar, efetivamente, a intenção declarada de Rousseau e esta corrige a este respeito mais de uma leitura clássica ou precipitada. Mas, apesar desta intenção declarada, o discurso de Rousseau se deixa coagir por uma complexidade que tem sempre a forma do suplemento de origem. Sua intenção declarada não é anulada, mas *inscrita* num sistema que ela já não domina. O desejo da origem torna-se uma função indispensável e indestrutível, mas situada numa sintaxe sem origem. Rousseau desejaria separar a originariedade da suplementariedade. Tem a seu favor todos os direitos constituídos por nosso *logos*: é impensável e intolerável que o que tem o nome de *origem* não seja mais do que um ponto situado no sistema da suplementariedade. Esta rouba, com efeito, a língua à sua condição de origem, ao seu condicional ou futuro de origem, ao que ela *ter(i)á devido* ser e nunca foi: ela só pode nascer ao suspender sua relação com toda origem. A sua história é a do suplemento de origem: do suplente originário e do suplente da origem. Observe-se o jogo dos tempos e dos modos no final do capítulo IV, que descreve o ideal da língua de origem:

"Como as vozes naturais são inarticuladas, as palavras *teriam* poucas articulações; algumas consoantes interpostas, apagando o hiato das vogais, *bastariam* para torná-las fluentes e fáceis de pronunciar. Em compensação, os sons seriam muito variados e a diversidade dos acentos *multiplicaria* as mesmas vozes; a quantidade e o ritmo *seriam* novas fontes de combinações; de modo que as vozes, os sons, o acento, o número, que são da natureza, deixariam bem pouco a fazer às articulações, que são de convenção, e *cantar--se-ia* em vez de se falar. A maioria dos radicais *seriam* sons imitativos quer do acento das paixões, quer do efeito dos objetos sensíveis: a onomatopeia aí se *faria* continuamente presente. Esta língua *teria* muitos sinônimos, para exprimir o mesmo ser nas suas diferentes relações†; *teria* poucos advérbios e palavras abstratas para exprimir estas mesmas relações. *Teria* muitos aumentativos, diminutivos, palavras compostas, partículas expletivas para conferir cadência aos períodos e fluência às frases; *teria* muitas irregularidades e anomalias; *negligenciaria* a analogia gramatical para destacar a eufonia, o número, a harmonia e a beleza dos sons. Em vez de argumentos, *teria* sentenças; *persuadiria* sem convencer, e *pintaria* sem raciocinar". A seguir, como de hábito, a referência ao alhures e ao arqueológico: *"parecer-se-ia* com a língua chinesa sob certos aspectos, com a grega sob outros. Estendei estas ideias em todas as suas direções, e vereis que o *Crátilo* de Platão não é tão ridículo como parece.

† Conta-se que o árabe tem mais de mil palavras diferentes para dizer um *camelo*, mais de cem para designar um *gládio* etc."

O estado assim descrito no condicional é o de uma língua que *já* rompeu com o gesto, com a necessidade, com a animalidade etc. Mas de uma língua *ainda não* corrompida pela articulação, pela convenção, pela suplementariedade. O tempo desta língua é o limite instável, inacessível, mítico, entre este *já* e este *ainda não*: tempo da língua *nascente*, assim como havia um tempo da "sociedade nascente". Nem antes, nem após a origem.

Depois de observarmos este jogo do modo temporal, prossigamos a leitura. Vem logo em seguida o capítulo "Da escritura". Apenas o título separa a citação anterior da seguinte: sublinhe-se nesta o sentido de alguns verbos e o modo de todos:

"Quem quer que estude a história e o progresso das línguas constatará que, quanto mais se tornam monótonas as vozes, mais se multiplicam as consoantes; e que os acentos que se apagam, as quantidades que se igualam, são *supridos* por combinações gramaticais e novas articulações. Mas é somente com o passar do tempo que se dão estas mudanças. À medida que crescem as necessidades, que se tornam complexos os negócios, que se difundem as luzes, a linguagem muda de caráter; torna-se mais justa e menos apaixonada; *substitui* os sentimentos pelas ideias; não fala mais ao coração, mas à razão. Por isso mesmo o acento se extingue e a articulação se expande; a língua torna-se mais exata, mais clara, mas também mais morosa, mais surda e mais fria. Este progresso me parece inteiramente natural".

A suplementariedade torna assim possível tudo o que constitui o próprio do homem: a fala, a sociedade, a paixão etc. Mas o que é este próprio do homem? De um lado, é aquilo cuja possibilidade cumpre pensar antes e fora do homem. O homem deixa-se anunciar a si mesmo a partir da suplementariedade, que por isso não é um atributo, essencial ou acidental, do homem. Pois, de outro lado, a suplementariedade, que *não é nada*, nem uma presença nem uma ausência, não é nem uma substância nem uma essência do homem. É precisamente o jogo da presença e da ausência, a abertura deste jogo que nenhum conceito da metafísica ou da ontologia pode compreender. É por isso que este próprio do homem não é o próprio do homem: é a descolocação mesma do próprio em geral, a impossibilidade – e portanto o desejo – da proximidade a si; a impossibilidade, e portanto o desejo, da presença pura. Que a suplementariedade não seja o próprio do homem não significa apenas e tão radicalmente que ela não seja um próprio; mas também que o seu jogo precede o que se denomina homem e se prolonga fora dele. O homem só *se denomina* homem ao desenhar limites excluindo o seu outro jogo da suplementariedade: a pureza da natureza, da animalidade, da primitividade, da infância, da loucura, da divindade. O aproximar-se destes limites é simultaneamente temido, como ameaça de morte, e desejado, como acesso à vida sem diferença. A história do homem *denominando-se* homem é a articulação de *todos* estes limites entre si. Todos os conceitos que determinam uma não suplementariedade (natureza, animalidade, primitividade, infância, loucura, divindade etc.) carecem, é evidente, de qualquer valor de verdade. Pertencem – assim como, por sinal, a própria ideia de verdade – a uma época da suplementariedade. Só têm sentido dentro de uma clausura do jogo.

A escritura nos aparecerá cada vez mais como um outro nome desta estrutura de suplementariedade. Se levarmos em conta que, segundo o próprio Rousseau, a articulação torna possível tanto a fala como a escritura (uma língua é necessariamente articulada, quanto mais articulada for, mais se presta à escritura), estaremos certos do que Saussure, no que conhecemos dos *Anagramas*, parecia hesitar em dizer: a saber, que não há fonemas antes do grafema. Isto é, antes do que opera como um princípio de morte na fala.

Talvez se apreenda melhor aqui a situação do discurso de Rousseau com respeito a este conceito de suplemento e, simultaneamente, o estatuto da análise que ensaiamos. Não basta dizer que Rousseau pensa o suplemento sem o pensar, que não conforma o seu dito ao seu querer-dizer, suas descrições às suas declarações. É ainda preciso organizar este afastamento ou esta contradição. Rousseau utiliza a palavra e descreve a coisa. Mas sabemos agora que aquilo com que lidamos aqui não é nem palavra nem coisa. A palavra e a coisa são limites referenciais que só a estrutura suplementar pode produzir e marcar.

Utilizando a palavra e descrevendo a coisa, Rousseau desloca e deforma de um certo modo o signo "suplemento", a unidade do significante e do significado, tal como ela se articula entre os nomes (suplemento, suplente), os verbos (suprir, substituir-se etc.), os adjetivos (suplementar, supletivo) e faz jogar os significados no registro do mais ou do menos. Mas estes deslocamentos e estas deformações são regidos pela unidade contraditória – ou também suplementar – de um desejo. Como no sonho, tal como Freud o analisa, incompatíveis são admitidos simultaneamente, desde que se trata de consumar um desejo, a despeito do princípio de identidade ou do terceiro excluído, isto é, do tempo lógico da consciência. Utilizando uma palavra diferente de "sonho", inaugurando uma conceitualidade que não seria mais a da metafísica da presença ou da consciência (opondo, ainda no interior do discurso de Freud a vigília e o sonho), cumpriria portanto definir um espaço dentro do qual esta "contradição" regida foi possível e pode ser descrita. O que se denomina "história das ideias" deveria começar por extrair este espaço, antes de articular o seu campo sobre outros campos. Estas são, é claro, questões que podemos apenas formular.

Quais são as duas possibilidades contraditórias que Rousseau quer salvar simultaneamente? E como as organiza? De um lado ele quer *afirmar*, atribuindo-lhe um valor positivo, tudo o que tem por princípio a articulação ou com o qual ela compõe sistema (a paixão, a língua, a sociedade, o homem etc.). Mas entende afirmar, simultaneamente, tudo o que é riscado pela articulação (o acento, a vida, a energia, também a paixão etc.). Sendo o suplemento a estrutura articulada destas duas possibilidades, Rousseau só pode então decompô-lo e dissociá-lo em dois simples, logicamente contraditórios, mas deixando ao negativo e ao positivo uma pureza não encetada. E contudo, Rousseau, preso – como a lógica da identidade – *no* gráfico da suplementariedade, diz o que ele não quer dizer, descreve o que ele não quer concluir: que o positivo (é) o negativo, a vida (é) a morte, a presença (é) a ausência, e que esta suplementariedade repetitiva não é compreendida em nenhuma dialética, pelo menos se este conceito for comandado – como sempre foi – por um horizonte de presença. Igualmente Rousseau não é o único a ser preso no gráfico da suplementariedade. Todo sentido, e como sequência todo discurso, também o é. Em particular, e por um torno singular, o discurso da metafísica em cujo interior se deslocam os conceitos de Rousseau. E, quando Hegel afirmar a unidade da ausência e da presença, do não ser e do ser, a dialética ou a história permanecerão, pelo menos nesta camada do discurso que denominávamos o querer-dizer de Rousseau, um movimento de mediação entre duas presenças plenas. A parusia escatológica é também presença da fala plena, resumindo todas as suas diferenças e articulações na consciência (de) si do *logos*. Por isso, antes de formular as questões necessárias sobre a situação histórica do texto de Rousseau, cumpre referenciar todos os traços de sua pertencença à metafísica da presença, de Platão a Hegel, ritmada pela articulação da presença como presença a si. A unidade desta tradição metafísica deve ser respeitada na sua permanência geral através de todos os traços de pertencença, das sequências genealógicas, dos circuitos mais estritos de causalidade que encadeiam o texto de Rousseau. Cumpre reconhecer, prévia e prudentemente, o que compete a esta historicidade; sem este passo, o que se inscrevesse numa estrutura mais estreita não seria um texto, e muito menos o texto de Rousseau. Não basta compreender o texto de Rousseau no interior desta implicação das épocas da metafísica ou do Ocidente – o que nos limitamos aqui a esboçar muito timidamente. Também é necessário saber que essa história da metafísica, da qual depende o próprio conceito de história, pertence a um conjunto ao qual o nome história sem dúvida já não convém. Todo este jogo de implicações é tão complexo que seria mais do que imprudente desejar ter certeza do que depende propriamente de um texto, por exemplo do de Rousseau. Isto não é apenas difícil, ou mesmo impossível de fato: a questão à qual assim se pretenderia responder não tem certamente nenhum sentido fora da metafísica da presença, do próprio e do sujeito. Não existe, a rigor, texto cujo autor ou sujeito seja Jean-Jacques Rousseau. Desta proposição principal resta ainda tirar as consequências rigorosas, sem embaralhar todas as proposições subordinadas sob pretexto de que o seu sentido e limites estejam já contestados em sua raiz primeira.

O PNEUMA

Investigaremos portanto como opera Rousseau, por exemplo quando tenta definir o limite de possibilidade daquilo cuja impossibilidade descreve: a voz natural ou a língua inarticulada. Não mais o grito animal, antes do nascimento da linguagem; mas ainda não a língua articulada, já trabalhada pela ausência e pela morte. Entre o pré-linguístico e o linguístico, entre o grito e a fala, entre o animal e o homem, a natureza e a sociedade, Rousseau procura um limite "nascente" e lhe atribui várias determinações. Há pelo menos duas destas que têm a mesma função. Dizem respeito à infância e a Deus. De cada vez, dois predicados contraditórios estão reunidos: trata-se de uma língua pura de toda suplementariedade.

O modelo desta impossível "voz natural" é, de início, o da infância. Descrita no condicional no *Essai* – recordemos a análise das "vozes naturais", que "são inarticuladas" – ei-la no

Emile. O *alibi* e o *in illo tempore* já não são o chinês ou o grego, mas a criança:

> "Todas as nossas línguas são obras da arte. Pesquisou-se por muito tempo se haveria uma *língua natural* e comum a todos os homens; sem dúvida, ela existe – e *é a que as crianças falam antes de saberem falar. Esta língua não é articulada, mas é acentuada, sonora, inteligível. O uso das nossas faz-nos negligenciá-la, a ponto de finalmente a esquecermos por completo*. Estudemos as crianças, e logo a reaprenderemos junto a elas. As amas de leite são nossas mestras nesta língua; entendem tudo o que dizem suas crianças; respondem-lhes, têm com estas diálogos longos. E, embora pronunciem palavras, tais palavras são perfeitamente inúteis: *não é o sentido das palavras que os nenês entendem, mas o acento que o acompanha*." (p. 45. O grifo é nosso).

Falar antes de saber falar, este o limite para o qual obstinadamente Rousseau conduz a sua repetição de origem. Este limite é efetivamente o da não suplementariedade mas, como já deve existir linguagem, cumpre que o suplemento seja anunciado sem se ter produzido, que a carência e a ausência tenham começado sem começar. Sem o apelo do suplemento, a criança não falaria absolutamente: se não sofresse, se nada lhe faltasse, ela não chamaria, não falaria. Mas, se a suplementariedade se tivesse simplesmente produzido, se tivesse verdadeiramente começado, a criança falaria sabendo falar. Ora, *a criança fala antes de saber falar*. Tem a linguagem, mas o que falta à sua linguagem é poder *substituir-se a si mesma*, poder substituir um signo por outro, um órgão de expressão por outro; o que lhe falta é, como dizia o *Essai*, recordamo-nos, "uma faculdade própria do homem, que o faz empregar seus órgãos para este uso e que, se estes lhe faltassem, o faria empregar outros com o mesmo fim". A criança – o conceito de criança – é aqui o conceito do que possui uma só linguagem por contar com um único órgão. E isto significa que a sua carência, o seu próprio mal-estar é único e uniforme, não se prestando a nenhuma substituição, a nenhuma operação de suplência. Assim é a criança de Rousseau. Não tem a linguagem, porque só tem uma linguagem:

> "Só possui uma linguagem, porque tem, por assim dizer, apenas uma espécie de mal-estar: na imperfeição de seus órgãos, não distingue absolutamente a diversidade das impressões que vêm deles: todos os males formam para ela apenas uma sensação de dor" (p. 46).

A criança saberá falar quando as formas de seu mal-estar puderem substituir-se umas pelas outras; poderá então deslizar de uma linguagem a outra, deslizar um signo por debaixo de outro, jogar com as substâncias significantes: entrará na ordem do suplemento, aqui determinada como ordem humana: não chorará mais, saberá dizer "sinto dor".

"Quando as crianças começam a falar, choram menos. Este progresso é natural: uma linguagem substitui outra... Assim que *Emile* tiver dito, uma só vez, *'sinto dor'*, serão necessárias dores muito vivas para forçá-lo a chorar" (p. 59).

Falar antes de saber falar: a infância é o bem porque a fala é o bem, o próprio do homem. Ora, a criança fala. A infância é o bem porque o saber-falar não se dá sem o mal de articulação. Ora, a criança não sabe falar. Mas a infância não é o bem, pois ela já fala; e não é o bem, porque não possui o próprio e o bem do homem: o saber-falar. Donde a instabilidade regida dos juízos sobre a infância: para o melhor e para o pior, ela ora está do lado da animalidade, ora do lado da humanidade. Que a criança fale sem saber falar, pode ser-lhe creditado; mas fala também sem saber cantar: e nisto já não é o animal, que não fala nem canta, mas nem ainda é o homem, que fala e canta:

"O homem tem três espécies de voz, a saber: a voz falante ou articulada, a voz cantante ou melodiosa, e a voz patética ou acentuada, que serve de linguagem às paixões e anima o canto e a fala. A criança tem, como o homem, estas três espécies de voz, sem saber uni-las do mesmo modo; como nós ela possui o riso, os gritos, as lamentações, a exclamação, os gemidos, mas não sabe misturar as suas inflexões com as duas outras vozes. Uma música perfeita é a que reúne da melhor forma essas três vezes. As crianças são incapazes de tal música e o seu canto nunca tem alma. Da mesma forma, na voz falante, a sua linguagem não tem nenhum acento: elas gritam mas não acentuam; e, como no seu discurso há pouco acento, há também pouca energia em sua voz" (*Emile*, pp. 161-162).

A articulação é, por onde quer que seja tomada, certamente a articulação: a dos membros e dos órgãos, a diferença (no) corpo (próprio). Ora, o que parece mais próprio para apagar esta diferença na expressão natural, não é o sopro? Um sopro falante, cantante, sopro de linguagem, mas sopro inarticulado.

Um sopro tal não pode ter origem e destinação humanas. Não está mais na via da humanidade, como a língua da criança, mas da sobre-humanidade. Seu princípio e fim são teológicos, como a voz e a providência da natureza, é sobre este modelo ontoteológico que Rousseau regra suas repetições de origem. Deste modelo exemplar de um sopro (*pneuma*) puro e de uma vida não encetada, de um canto e de uma linguagem inarticulados, de uma fala sem espaçamento, nós temos, embora utópico e atópico, um paradigma à nossa medida. Podemos nomeá-lo e defini-lo. É o *pneuma*: pura vocalização, forma de um canto inarticulado, sem fala, cujo nome quer dizer "sopro", que nos é inspirado por Deus e só a Ele se pode dirigir. Assim o define o *Dictionnaire de musique*:

"PNEUMA, s. m. Termo de cantochão. O *pneuma* é uma espécie de curta recapitulação do canto de um modo, que se faz ao fim de uma antífona por uma simples variedade de sons e sem palavra nenhuma. Os católicos autorizam este singular uso com base numa passagem de Santo Agostinho, que diz que, não se podendo encontrar palavras dignas de agradar a Deus, é bom dirigir-lhe cantos confusos de júbilo: Pois a quem, se não ao ser inefável, convém um tal júbilo sem palavras, *quando não podemos nem nos calar, nem nada encontrar em nossos transportes que os exprima, a não ser sons inarticulados?*" (O grifo é nosso).

Falar antes de saber falar, não poder calar-se nem falar, este limite da origem bem é o de uma presença pura, presente o bastante para ser viva, sentida num gozo, mas pura o bastante para permanecer não encetado pelo trabalho da diferença, inarticulada o bastante para que o gozo de si não seja alterado pelo intervalo, pela descontinuidade, pela alteridade. Esta experiência da presença contínua a si, pensa Rousseau, só é *consentida* a Deus: dada a Deus ou àqueles cujo coração consente com o de Deus. É precisamente este consentir, esta semelhança do divino e do humano, que o inspira ao sonhar, nas *Rêveries*, com esta experiência de um tempo reduzido à presença, "*onde o presente dure sempre sem contudo marcar sua duração e sem nenhum rastro de sucessão*".

Releiam-se todas estas páginas: elas afirmam a infelicidade do tempo dilacerado em sua presença pela recordação e pela antecipação. O gozo de um presente contínuo e inarticulado é uma experiência *quase* impossível: "Mal há, em nossos mais vivos gozos, um instante em que o coração possa verdadeiramente nos dizer: *Desejaria que esse instante durasse para sempre*". O coração não é um órgão, porque não está inscrito num sistema de diferenças e de articulações. Não é um órgão, porque é o órgão da presença pura. Esse estado quase impossível, Rousseau o sentiu na Ilha de Saint-Pierre. Muito foi escrito[55] a res-

---

55. Contentar-nos-emos em remeter às notas e à bibliografia dadas pelos editores das *Rêveries* na Bibliothèque de la Pléiade (pp. 1045 e ss.).

peito desta descrição, sobre os temas da natureza, da água, do escorrer etc. Comparando-a à pura vocalização, às puras vogais da língua natural e do pneuma, recortaremos nela apenas o sistema de quatro significações.

A fruição da presença a si, a autoafeção pura, inalterada por nenhum fora, é *consentida* a Deus:

"O que se goza numa situação destas? Nada exterior a si, nada a não ser si mesmo e a própria existência. Enquanto dura esse estado, uma pessoa basta--se a si mesma, como Deus".

Deve haver *movimento*, vida, gozo do tempo, presença a si. Mas este movimento deve ser *sem intervalos*, sem diferença, sem descontinuidade:

"Não é preciso nem um repouso absoluto nem excessiva agitação, mas um movimento uniforme e moderado, sem abalos nem intervalos. Sem movimento a vida não passa de uma letargia. Se o movimento for desigual ou forte demais, desperta-nos ... O movimento que não vem do exterior dá-se então dentro de nós".

Este movimento é uma *fala inarticulada*, uma fala prévia às palavras, viva o bastante para falar, pura, interior e homogênea o bastante para não se referir a nenhum objeto, para não acolher em si nenhuma diferença mortal, nenhuma negatividade; é um encanto e, por isso, um canto:

"Se o movimento for desigual ou forte demais, ele desperta; recordando--nos os objetos à volta, destrói o encanto do devaneio, e nos arranca do nosso dentro para imediatamente nos recolocar sob o jugo da fortuna e dos homens, restituindo-nos o sentimento de nossas infelicidades. Um silêncio absoluto leva à tristeza. Oferece uma imagem da morte".

E, no entanto, esta experiência quase impossível, quase estranha às coações da suplementariedade, nós a vivemos, se nosso coração for puro o bastante, já como um suplemento, como uma *indenização*. E aí está a diferença entre a nossa experiência e a de Deus mesmo:

"Mas um infortunado, que foi excluído da sociedade humana e nada mais pode fazer neste mundo de útil e bom para outrem e nem para si, pode encontrar nesse estado indenizações tais pela perda de todas as felicidades humanas de que nem a fortuna nem os homens poderiam privá-lo. É verdade que essas indenizações não podem ser sentidas por todas as almas nem em todas as situações. É preciso que o coração esteja em paz e que nenhuma paixão venha perturbar a sua calma".

A diferença entre Deus e nós é que Deus distribui e nós recebemos as indenizações. Toda a teologia moral de Rousseau implica – e no *Vigário* aparece muito esta palavra – que a solicitude divina possa sempre fornecer justas *indenizações*. Só Deus é dispensado do suplemento que Ele dispensa. Ele é a dispensa do suplemento.

O pneuma, o encanto da presença a si, a experiência inarticulada do tempo: em outras palavras, a *utopia*. Uma linguagem tal – pois deve-se tratar de uma linguagem – não tem propriamente lugar. Ignora a articulação, que não se dá sem espaçamento e sem organização dos lugares. Não há linguagem antes da diferença local.

Ora, os quatro capítulos sobre a "Diferença geral e local na origem das línguas" (VIII), a "Formação das línguas meridionais" (IX), a "Formação das línguas do norte" (X) e as "Reflexões sobre estas diferenças" (XI) desmentem, por sua descrição, o que parece requerido pela organização declarada do *Essai*. O que eles descrevem é que não há nada que se possa denominar linguagem antes da articulação, isto é, da diferença local. Pois veremos que as diferenças locais entre os dois polos das línguas dependem sempre de um jogo articulatório. Por isso não se pode descrever a estrutura ou a essência geral da língua sem levar em conta a topografia. E, contudo, é o que Rousseau desejou fazer ao tratar da língua em geral, antes de abordar o capítulo da diferença geral e local na origem das línguas. Com isto, acreditou poder dissociar da origem local a estrutura da origem, ou ainda a origem estrutural: "Tudo o que afirmei até agora convém às línguas primitivas em geral e aos progressos que resultam da sua duração, mas não explica nem sua origem nem sua diferença". Assim começa o capítulo VIII.

Se é verdade que a articulação doravante mede a diferença local e que nada a precede na linguagem, pode-se concluir daí que, na classificação das línguas, na sua distribuição local (geográfica), na estrutura do seu devir, não haja mais do que um jogo de relações, de situações, de conexões? Pode-se concluir daí que não haja nenhum centro absoluto, imóvel e natural? Cumpre-nos, também aqui, distinguir a descrição da declaração.

Rousseau *declara* o centro: há uma única origem, um único ponto-zero da história das línguas. É o sul, o calor da vida, a energia da paixão. Apesar da simetria aparente dos dois capítulos, apesar desta *descrição* de uma dupla origem de que falamos acima, Rousseau *não quer* falar de dois polos de formação: mas apenas de uma formação e de uma deformação. A língua só se forma, verdadeiramente, no merídio. O centro originário da linguagem reflete-se com precisão no centro do *Essai*, neste capítulo IX que de longe supera todos os demais em comprimento e riqueza.

Apesar da aparência, e contrariamente ao que se pôde pensar, Rousseau aqui não deixa simplesmente de descartar os fatos. Sem dúvida, o conteúdo factual é mais rico do que no segundo *Discurso*. Mas funciona como índice estrutural, com esta "consciência de exemplo" que rege a intuição fenomenológica da essência. Já as primeiras linhas, e a primeira nota autorizam esta interpretação:

"Nos primeiros tempos†, os homens dispersos sobre a face da terra só tinham por sociedade a da família, por leis só as da natureza, por língua só o gesto e alguns sons inarticulados.

† *Chamo de primeiros tempos os da dispersão dos homens, seja qual for a era do gênero humano na qual se queira fixar tal época*".

A expressão "os primeiros tempos", e todos os índices a serem utilizados para descrevê-los, não se referem pois a nenhuma data, a nenhum evento, a nenhuma cronologia. Pode-se fazer variar os fatos sem modificar o invariante estrutural. Trata-se de um tempo antes do tempo. Em toda estrutura histórica possível haveria um estrato pré-histórico e pré-social, pré-linguístico também, que sempre se poderia desnudar. A dispersão, a solidão absoluta, o mutismo, a experiência votada à sensação pré-reflexiva, ao instante, sem memória, sem antecipação, sem imaginação, sem poder de razão nem de comparação: seria este o solo virgem de toda aventura social, histórica, linguística. O recurso à ilustração factual, e mesmo a eventos distanciados da origem, é puramente fictício. Rousseau não se ilude a este respeito. E, quando alguém lhe opõe – ou finge opor – objeções históricas em nome da verossimilhança ou da compossibilidade dos fatos, ele pirueta, recorda que zomba dos fatos ao descrever a origem e que deu uma definição dos "primeiros tempos".

"Dir-me-ão que Caim foi lavrador, e que Noé plantou a vinha. Por que não? Viviam sós; que tinham a temer? Aliás, isso em nada me contradiz; já disse antes o que entendia por primeiros tempos."

Temos aqui um novo acesso ao problema das relações entre o *Essai* e o segundo *Discurso*, do ponto de vista do estado de pura natureza. Nada existe antes dos primeiros tempos, nem portanto nenhuma defasagem rigorosamente determinável entre os dois textos. Nós o sugerimos acima, a respeito da era das cabanas. Este é o lugar de precisá-lo.

A uma primeira leitura, a defasagem parece incontestável. O "homem selvagem" do *Discurso* erra nas florestas "sem indústria, sem fala, sem domicílio". O bárbaro do *Essai* tem uma família, uma cabana e uma língua, ainda que esta se reduza ao "gesto e alguns sons inarticulados".

Mas estas discordâncias não parecem pertinentes do ponto de vista que nos interessa. Rousseau não descreve dois estados diferentes e sucessivos. A família, no *Essai*, não é uma sociedade. Ela não limita a dispersão primitiva. "Nos primeiros tempos, os homens *dispersos* sobre a face da terra só tinham por sociedade a da família..." O que significa que esta família não era uma sociedade. Era, como recordou J. Mosconi (cf. *supra*), um fenômeno pré-institucional, puramente natural e biológico. Era a condição indispensável deste processo das gerações que também o *Discurso* reconhece ("as gerações se multiplicavam inutilmente"). Este meio natural não comportando nenhuma instituição, não possui *língua verdadeira*. E, depois de lhe atribuir por língua "o gesto e alguns sons inarticulados", Rousseau precisa, em nota:

"As verdadeiras línguas não têm absolutamente uma origem doméstica – apenas uma convenção mais geral e mais durável pode estabelecê-las. Os selvagens da América quase nunca falam, a não ser fora de casa; guardam silêncio em suas cabanas, falam por signos a suas famílias; e estes signos são pouco frequentes, pois um selvagem é menos inquieto e menos impaciente do que um europeu, não tendo tantas necessidades e cuidando de provê-las sozinho".

Mas, em se apagando a contradição ou a rigorosa defasagem entre os dois textos, estes não são reduzidos a se repetirem ou a se recobrirem. Na passagem de um a outro, um acento é deslocado, um deslizar contínuo é operado. Ou antes, sem com isto afirmar nenhuma ordem de sucessão, pode-se dizer que do *Discurso* ao *Essai* o deslizar se faz no rumo da continuidade. O *Discurso* quer *marcar* o *começo*: por isso aguça e radicaliza os traços de virgindade no estado de pura natureza. O *Essai* quer fazer *sentir os começos*, o movimento pelo qual "os homens dispersos sobre a face da terra" se subtraem continuamente, na sociedade *nascente*, ao estado de pura natureza. Apreende o homem na *passagem* do nascimento, nesta sutil transição da origem à gênese. Estes dois projetos não se contradizem, nem sequer se ordenam em prioridades e, como notamos acima, a descrição da pura natureza, no *Discurso*, dava lugar em seu interior a uma tal travessia.

Como sempre, é o limite inatingível do *quase*. Nem natureza nem sociedade, mas *quase* sociedade. Sociedade no momento de nascer. Momento em que o homem, não pertencendo mais ao estado de pura natureza (que, bem diz o Prefácio ao *Discurso*, "não existe mais, talvez nunca existiu, provavelmente nunca existirá, mas do qual é necessário ter noções justas, para bem julgar o nosso estado presente"), ou quase, mantém-se ainda aquém da sociedade, ou quase. Único meio de restaurar o vir-a-ser-cultura da natureza. A família, que também Hegel considerará pré-histórica, a cabana, a língua dos gestos e dos sons inarticulados são os índices deste *quase*. A vida "selvagem" dos caçadores, a vida "bárbara" e pré-agrícola dos "pastores correspondem a esse estado de quase-sociedade. Como no *Discurso*, o *Essai* faz depender a sociedade da agricultura e a agricultura da metalurgia[56].

Rousseau reencontra aqui o problema das referências à Escritura bíblica. Pode-se, com efeito, objetar-lhe que "encontra-se a agricultura em grande escala desde o tempo dos patriarcas". A resposta lança luz também sobre o estatuto da história factual. Os fatos referidos pela Escritura não tratam, em absoluto, do estado de pura natureza. Mas, em vez de distinguir brutalmente entre a origem estrutural e a origem empírica, Rousseau abriga-se, conciliador, por trás da autoridade bíblica, que lhe fornece um esquema estrutural ao admitir que a era patriarcal está muito distanciada das origens:

> "Tudo isso é verdadeiro; mas não confundamos os tempos. A era patriarcal que conhecemos está bem distante da primeira era. A Escritura conta dez gerações entre ambas, em séculos em que os homens viviam muito. Que fizeram eles no decorrer dessas dez gerações? Nada sabemos. *Vivendo dispersos e quase sem sociedade, mal falavam: como poderiam escrever?* e, na uniformidade de sua vida isolada, que eventos nos teriam transmitido?" (O grifo é nosso)

---

56. *Discours*: "*A* invenção das outras artes foi, pois, necessária, para forçar o Gênero-humano a aplicar-se à da agricultura" (p. 173). *Essai*: "Os primeiros homens foram caçadores ou pastores, e não lavradores; os primeiros bens foram rebanhos, e não campos. Antes de repartir-se a propriedade da terra, ninguém pensava em cultivá-la. A agricultura é uma arte que exige *instrumentos*" (cap. IX).

A este recurso bíblico, Rousseau acrescenta outro: a decadência ou a recaída na barbárie, após a passagem pela agricultura. Graças a um evento catastrófico que anula o progresso e força à repetição, a análise estrutural pode recomeçar de zero. O que confirma que o relato estrutural não segue uma gênese unilinear, mas referencia possibilidades permanentes que podem reaparecer a qualquer momento no decorrer de um ciclo. O estado quase-social da barbárie pode *de fato* existir antes ou depois, e mesmo durante e sob o estado de sociedade.

"Adão falava, Noé falava – seja. Adão fora instruído pelo próprio Deus. Ao se dividirem, os filhos de Noé abandonaram a agricultura, e a língua comum morreu com a primeira sociedade. Isto aconteceria, mesmo que nunca houvesse torre de Babel."

Porque a dispersão sempre pode ressurgir, porque a sua ameaça pertence à essência da sociedade, é sempre possível a análise do estado de pura natureza e o recurso à explicação natural. Neste ponto o procedimento de Rousseau recorda o de Condillac: que, mesmo admitindo que Deus deu já acabada a linguagem a Adão e Eva, "supõe que, algum tempo depois do dilúvio, duas crianças, dos dois sexos, se tenham extraviado nos desertos, antes de conhecerem o uso de nenhum signo…" "Permitam-me supô-lo; a questão é saber como esta nação nascente se fez uma língua"[57]. Este discurso, este desvio, era já praticado por Warburton – a quem Condillac subscreve – e o que Kant seguirá na *Religião dentro dos limites da mera razão* ser-lhe-á pelo menos análogo.

Se houvesse, pois, um ligeiro descolocamento do *Discurso* ao *Essai*, dever-se-ia a este deslizar contínuo, a esta transição lenta da pura natureza à sociedade nascente. No entanto, esta evidência não é tão simples. Pois não é possível nenhuma continuidade do inarticulado ao articulado, da pura natureza à cultura, da plenitude ao jogo da suplementariedade. Devendo o *Essai* descrever o *nascimento*, o ser-nascente do suplemento, deve conciliar ambos os tempos. *A saída para fora da natureza é ao mesmo tempo progressiva e brutal, instantânea e interminável.* A cesura estrutural é incisiva, mas a separação histórica é lenta, laboriosa, progressiva, insensível. Também a

---

57. *Essai sur l'origine des connaissances humaines* (II, I. "De l'origine et des progrès du langage", Ed. Armand Colin, p. 111).

respeito desta dupla temporalidade o *Essai* concorda com o *Discurso*[58].

ESTE "SIMPLES MOVIMENTO DE DEDO". A ESCRITURA E A PROIBIÇÃO DO INCESTO.

A sociedade nascente submete-se, com efeito, segundo o *Essai*, a uma espécie de lei dos três estados. Mas, dos "três estados do homem considerado em relação à sociedade" (cap. IX), ou dos "três estados pelas quais se podem considerar os homens reunidos em nação" (cap. V), apenas o último marca o acesso do homem a si mesmo na sociedade. É o do homem civil e lavrador. Os dois precedentes estados (selvagem caçador e bárbaro pastor) pertencem ainda a uma espécie de pré-história. O que interessa a Rousseau, em primeira linha, é pois a passagem do segundo ao terceiro estado.

Esta passagem foi de fato extremamente lenta, incerta, precária, mas, como nada no estado precedente continha estruturalmente do que produzir o estado seguinte, a genealogia deve descrever uma ruptura ou uma inversão, uma revolução ou uma catástrofe.

O segundo *Discurso* fala frequentemente de revolução. Se o termo "catástrofe" só é pronunciado uma vez no *Essai*, o conceito está rigorosamente presente neste. E não é, como se pôde afirmar, uma fraqueza do sistema: é prescrito pela cadeia de todos os outros conceitos.

Por que a origem do homem civil, a origem das línguas etc., a origem – numa palavra – da estrutura suplementar, a origem da escritura também, como veremos, é catastrófica? Por que segue uma subversão na forma da inversão, do retorno, da revolução, do movimento progressivo sob a espécie da regressão?

Se seguirmos o tema antropogeográfico e o esquema da explicação natural, que orientam os capítulos sobre a formação das línguas, cumprirá efetivamente que uma tal catástrofe apareça neles inicialmente como uma revolução terrestre. Sem ela, o homem jamais teria deixado o "século de ouro" da "barbárie".

---

58. Apesar de aguçar ainda mais a censura entre o estado de pura natureza e o estado da sociedade nascente, nem por isso o *Discours* deixa de multiplicar as alusões "às inconcebíveis penas e ao tempo infinito que teve de custar a primeira invenção das Línguas" (p. 146), "tempo que se escoa", ao "progresso quase insensível dos começos"; "pois, mais eram lentos os acontecimentos em sus sucessão, mais são fáceis de descrever" (p. 167. Observação que Voltaire julgara "ridícula". Ver a nota do editor na Pléiade).

Nada, no interior do sistema da barbárie, podia produzir uma força de ruptura ou uma razão para dele sair. A causalidade da ruptura devia, portanto, ser ao mesmo tempo natural e exterior ao sistema do estado pré-civil. A revolução terrestre responde a estas duas exigências. Ela é evocada num ponto que é, rigorosamente, o centro do *Essai*:

> "Os climas amenos, as regiões abundantes e férteis foram as primeiras a se povoarem e as últimas onde as nações se formaram, porque nelas os homens podiam passar mais facilmente uns sem os outros, e as necessidades que fazem nascer a sociedade nelas só se fizeram sentir mais tarde.
>
> Suponde uma primavera perpétua sobre a terra; suponde em toda a parte água, gado, pastos; suponde os homens, saindo das mãos da natureza e dispersados num tal meio – não consigo imaginar como jamais eles renunciariam à sua liberdade primitiva e abandonariam a vida isolada e pastoril, tão adequada à sua indolência natural[59], para se impor sem Necessidade a escravidão, os trabalhos, as misérias inseparáveis do estado social.
>
> Aquele que desejou que o homem fosse sociável pôs o dedo no eixo do globo e o inclinou sobre o eixo do universo. Com este *ligeiro movimento*, vejo mudar-se a face da terra e decidir-se a vocação do gênero humano: ouço, ao longe, os gritos de alegria de uma multidão insensata; vejo edificarem-se os palácios e as cidades; vejo nascerem as artes, as leis, o comércio; veio os povos formarem-se, espalharem-se, dissolverem-se, sucederem-se como as ondas do mar; vejo os homens, reunidos em alguns pontos do território por eles habitados, para aí se devorarem mutuamente e tornarem o resto do mundo um terrível deserto, digno monumento da união social e da utilidade das artes" (O grifo é nosso).

A indolência natural do homem bárbaro não é um caráter empírico entre outros. É uma determinação originária, indispensável ao sistema natural. Explica que o homem não pudesse sair espontaneamente da barbárie e do seu século de ouro; não tinha dentro de si movimento para ir mais adiante. O repouso é natural. A origem e o fim são a inércia. Não podendo a inquietude nascer do repouso, apenas por catástrofe ela sobrevém ao estado do homem e ao estado terrestre correspondente, ao bárbaro e à primavera perpétua: por efeito de uma força rigorosamente imprevisível no sistema da terra. É por isso que o

---

59. Rousseau precisa em nota: "Não se pode conceber a que ponto o homem é naturalmente preguiçoso. Dir-se-ia que *só* vive para dormir, vegetar, ficar imóvel; mal pode decidir-se a realizar os movimentos necessários para escapar à morte pela fome. Nada mantém nos selvagens o amor ao seu estado como esta deliciosa indolência. As paixões que tornam o homem inquieto, previdente, ativo, só nascem em sociedade. Nada fazer é a primeira e a mais forte paixão do homem, depois da própria conservação. Se olharmos com cuidado, veremos que, mesmo entre nós, é para chegar ao repouso que se trabalha, é também a preguiça que nos torna laboriosos".

atributo antropológico da preguiça deve corresponder ao atributo geológico da inércia.

Como a catástrofe da inquietude e da diferenciação das estações não pôde produzir-se logicamente a partir do dentro do sistema inerte, cumpre imaginar o inimaginável: um piparote perfeitamente exterior à natureza. Esta explicação de aparência "arbitrária"[60] responde a uma Necessidade profunda e concilia desta forma numerosas exigências. A negatividade, a origem do mal, a sociedade, a articulação vêm *do fora*. A presença é surpreendida por aquilo que a ameaça. De outro lado, é indispensável que esta exterioridade do mal seja nada ou quase nada. Ora, o piparote, o "ligeiro movimento" produz uma revolução a partir de nada. Basta que a força de quem pôs o dedo no eixo do globo seja exterior ao globo. Uma força quase nula é uma força quase infinita, desde o momento em que ela é rigorosamente alheia ao sistema que põe em movimento. Este não lhe opõe nenhuma resistência, as forças antagonistas só jogam no interior de um globo. O piparote é onipotente, porque descoloca o globo no vazio. A origem do mal ou da história é, pois, o nada ou o quase nada. Assim se explica o anonimato d'Aquele que inclinou, com o dedo, o eixo do mundo. *Talvez não seja Deus*, pois a Providência divina, tão citada por Rousseau, não pode ter desejado a catástrofe e não precisaria do acaso e do vazio para agir. Mas *talvez seja Deus*, na medida em que a força de mal não foi nada, não supõe nenhuma eficiência real. *É provavelmente Deus*, pois sua eloquência e potência são simultaneamente infinitas e não encontram nenhuma resistência à sua medida. Potência infinita: o dedo que inclina um mundo. Eloquência infinita, porque silenciosa: basta a Deus um movimento do dedo para comover o mundo. A ação divina se conforma ao mais eloquente modelo do signo, tal como obseda – por exemplo – as *Confessions* e o *Essai*. Em ambos os textos, o exemplo do signo mudo é o "simples movimento de dedo", o "pequeno signo feito pelo dedo"[61], um "movimento de vareta".

O dedo ou a vareta são aqui metáforas. Não por designarem outra coisa. Trata-se de Deus. Deus não tem mão, não tem necessidade de nenhum órgão. A diferenciação orgânica é o próprio e o mal do homem. Aqui o movimento silencioso não substitui sequer uma elocução. Deus não tem necessidade de boca para

---

60. É assim que a qualificou Robert Derathé (*Rousseau et la science...*, p. 180).
61. Cf. J. Starobinski, *La transparence et l'obstacle*, pp. 190-191.

falar, nem de articular vozes. O *Fragment* sobre os climas é mais agudo a este respeito do que o *Essai*:

"Se a eclíptica se tivesse confundido com o equador, talvez jamais houvesse emigração de gente, e ninguém, incapaz de suportar clima diferente daquele em que nasceu, nunca deixaria sua terra. Inclinar com o dedo o eixo do mundo, ou dizer ao homem: *Cobre a terra e sê sociável*, foi a mesma coisa para Aquele que não tem necessidade nem de mão para agir nem de voz para falar" (p. 531).

Trata-se certamente de Deus, pois a genealogia do mal é ao mesmo tempo uma teodiceia. A origem catastrófica das sociedades e das línguas permitiu, simultaneamente, atualizar as faculdades virtuais que dormiam no homem. Só uma causa fortuita podia atualizar potências naturais que não comportavam em si mesmas nenhuma motivação suficiente para se despertarem à sua própria finalidade. A teleologia é de algum modo externa: eis o que significa a forma catastrófica da arqueologia. De tal modo que, entre este dedo dando o movimento a partir de nada e esta autoafeção da imaginação que, como vimos, *desperta* sozinha a partir de nada e em seguida desperta todas as demais virtual Hades, a afinidade é essencial. A imaginação situa-se na natureza, e contudo nada na natureza pode explicar o seu despertar. O suplemento à natureza está na natureza como o seu jogo. Quem jamais dirá se a carência na natureza está *dentro* da natureza, se a catástrofe pela qual a natureza *se afasta de si mesma* é ainda natural? Uma catástrofe natural conforma-se às leis, para subverter a lei.

Que haja algo de catastrófico no movimento que faz sair do estado de natureza, e no despertar da imaginação que atualiza as faculdades naturais – e essencialmente a perfectibilidade –, é uma proposição do *Essai* cujo alojamento ou desenho filosófico se encontra no final da Primeira Parte do *Discurso*:

"Depois de provar que no estado de Natureza a Desigualdade mal é sensível, e quase nula a sua influência, resta-me mostrar a sua origem e seus progressos nos sucessivos desenvolvimentos do Espírito humano. Depois de mostrar que a *perfectibilidade*, as virtudes sociais, e as outras faculdades que o homem Natural recebera em potência nunca poderiam ter-se desenvolvido sozinhas, que para tanto precisavam do concurso fortuito de várias causas estranhas, que poderiam jamais ter nascido e sem as quais ele teria permanecido eternamente em sua condição primitiva; resta-me considerar e aproximar os diferentes acasos que puderam aperfeiçoar a razão humana deteriorando a espécie, tornar malvado um ser ao torná-lo sociável e de um termo tão afastado trazer finalmente o homem e o mundo ao ponto onde o vemos" (p. 162).

O que aqui denominamos teleologia externa permite fixar uma espécie de discurso do método: a questão de origem não é nem da ordem do evento nem da ordem da estrutura; escapa à alternativa simples do fato e do direito, da história e da essência.. A passagem de uma estrutura a outra – por exemplo, do estado de natureza ao estado de sociedade – não pode ser explicada por nenhuma análise estrutural: um *factum* exterior, irracional, catastrófico deve irromper. O acaso não faz parte do sistema. E, quando a história é incapaz de determinar este fato ou os fatos desta ordem, a filosofia deve, por uma espécie de invenção livre e mítica, produzir hipóteses factuais que desempenhem o mesmo papel, que expliquem o surgimento de uma nova estrutura. Por isso seria abusivo reservar os fatos à história, e o direito ou a estrutura à filosofia. O simplismo desta dicotomia é intolerável a uma forma de questão de origem que requer a intervenção de "causas muito ligeiras", cuja "potência" é "surpreendente".

> "Isto me dispensará de prosseguir minhas reflexões sobre a maneira como o lapso de tempo compensa a pouca verossimilhança dos eventos; sobre a potência surpreendente das causas muito ligeiras, quando elas agem incessantes; sobre a impossibilidade em que, de um lado, estamos de destruir certas hipóteses, se de outro lado nos encontramos sem condições para dar-lhes o grau de certeza dos fatos; sobre que, dados dois fatos como reais e sendo necessário ligá-los por uma sequência de fatos intermediários, desconhecidos ou considerados como tais, compete à história, quando a temos, fornecer os fatos que os liguem; e na sua falta é à Filosofia que cabe determinar os fatos semelhantes que podem ligá-los; finalmente, sobre que, em matéria de eventos, a similitude reduz os fatos a um número de classes diferentes muito menor do que se imagina. Basta-me oferecer estes objetos à consideração de meus Juízes: basta-me ter agido de modo que os Leitores vulgares não precisassem considerá-los" (pp. 162-163).

A passagem do estado de natureza ao estado de linguagem e de sociedade, o advento da suplementariedade, mantém-se pois fora do alcance da simples alternativa da gênese e da estrutura, do fato e do direito, da razão histórica e da razão filosófica. Rousseau explica o suplemento a partir de uma negatividade perfeitamente exterior ao sistema que ela vem subverter, nele intervindo portanto à maneira de um *factum* imprevisível, de uma força nula e infinita, de uma catástrofe natural que não está nem dentro da natureza nem fora da natureza e permanece não racional, como deve ser a origem da razão (e não simplesmente irracional como uma opacidade no sistema da racionalidade). O gráfico da suplementariedade é irredutível à lógica, e de início porque ele a compreende como um dos seus *casos* e só ele pode produzir a origem dela. É por isso que a catástrofe da suplementariedade, como a que forneceu a Jean-Jacques o "perigoso suplemento" e a "funesta vantagem" bem é – tal era, recordamos, a palavra das *Confessions* – "inconcebível para a razão". A possibilidade da razão, da linguagem, da sociedade, a *possibilidade suplementar é inconcebível para a razão*. A revolução que a deu à luz não pode ser compreendida segundo os esquemas da Necessidade racional. O segundo *Discurso* fala em "funesto acaso"; Rousseau está evocando a sociedade nascente – bárbara – entre o estado de natureza e o estado *social*. É o momento da "primavera perpétua" do *Essai*, da "mais feliz e mais durável época" segundo o *Discurso*:

> "Quanto mais se reflete sobre esse estado, mais se compreende que era ele o menos sujeito às revoluções, o melhor para o homem, e que este só deve tê-lo deixado devido a algum funesto acaso que, para a utilidade comum, mais deveria nunca ter acontecido" (p. 171).

Teve de acontecer o que teria devido nunca acontecer. Entre essas duas modalidades se inscreve pois a Necessidade da não Necessidade, a fatalidade de um jogo cruel. O suplemento só pode responder à lógica não lógica de um jogo. Este jogo é o jogo do mundo. O mundo deveu poder jogar sobre seu eixo, para que um simples movimento do dedo o fizesse tornear sobre si mesmo. É porque havia jogo no movimento do mundo que uma força quase nula pôde, *de um golpe*, de um gesto silencioso, dar sua oportunidade ou importunidade à sociedade, à história, à linguagem, ao tempo, à relação com o outro, morte etc. A oportunidade, e o mal de escritura que se seguirão terão o sentido do jogo. Mas Rousseau não o *afirma*. Resigna-se a isto, retém os seus sintomas nas contradições regidas de seu discurso, aceita-o e recusa-o mas não o afirma. Quem inclinou o eixo do globo poderia ter sido um Deus jogador, arriscando simultaneamente o melhor e o pior, sem o saber. Mas em todos os outros lugares é determinado como providência. Através deste último gesto e de tudo o que se ordena a ele no pensamento de Rousseau, o sentido é posto fora de jogo. Como em toda a metafísica ontoteológica, como já em Platão. E a condenação da arte, cada vez que ela é unívoca, é um claro testemunho disso.

Se as sociedades nasceram da catástrofe, é porque nasceram por acidente. Rousseau naturaliza o acidente bíblico: faz da queda um acidente da natureza. Mas, no mesmo lance, transforma o lance de, dados, a oportunidade ou a caducidade de um Deus jogador, em uma queda culposa. Entre os acidentes da natureza e o mal social, há uma cumplicidade que manifesta, aliás, a Providência divina. A sociedade apenas se cria para reparar os acidentes da natureza. Os dilúvios, os tremores de terra, as erupções vulcânicas, os incêndios sem dúvida aterrorizaram os selvagens, mas em seguida os reuniram "para repararem em comum as perdas comuns". Eis "de quais instrumentos se serviu a Providência para forçar os humanos a se aproximarem". A formação das sociedades desempenhou um papel compensador na economia geral do mundo. Nascida da catástrofe, a sociedade apazigua a natureza desencadeada. Cumpre que ela tenha, por sua vez, este papel regulador sem o qual a catástrofe teria sido mortal. A própria catástrofe obedece a uma economia. Ela é *contida*. "Desde que se estabeleceram as sociedades, estes grandes acidentes cessaram e tornaram-se raros; parece que isso perdurará: as mesmas infelicidades que reuniram os homens dispersos dispersariam os que estão reunidos"[62] (cap. IX).

A guerra dos homens tem por efeito reduzir a guerra dos elementos naturais. Esta economia marca bem que a degradação surgida da catástrofe deve ser, como verificamos em outro lugar, compensada, limitada, regularizada, por uma operação suplementar cujo esquema havíamos destacado. "Sem isso, não vejo como o sistema poderia subsistir, e o equilíbrio manter-se. Nos dois reinos organizados, as grandes espécies teriam acabado por absorver as pequenas: toda a terra logo estaria coberta apenas de árvores e animais ferozes; e finalmente todo pereceria". Segue-se uma admirável descrição do trabalho do homem, cuja "mão" retém a degradação da natureza e "atrasa este progresso".

A catástrofe abre o jogo do suplemento, porque inscreve a diferença local. À unidade da "primavera perpétua", ela faz suceder a dualidade dos princípios, a polaridade e a oposição dos lugares (o norte e o sul), a revolução das estações que regularmente repete a catástrofe[63]; de alguma forma, ela faz mudar de

62. Se a força de dispersão pode aparecer antes e depois da catástrofe, se a catástrofe reúne os homens quando da sua aparição mas os dispersa novamente pela sua persistência, então se acha explicada a coerência da teoria da necessidade, sob as contradições aparentes. Antes da catástrofe, a necessidade mantém dispersos os homens; quando da catástrofe, ela os reúne. "A terra nutre os homens; mas, quando as primeiras necessidades dispersaram, outras necessidades os reúnem, e só então eles falam e fazem falar de si. Para não cair em contradição, preciso que me deem tempo para explicar-me."

63. *Essai*: "As mudanças das estações são outra causa, mais geral e mais permanente, que deve ter produzido o mesmo efeito nos climas expostos a esta variedade".

lugar e de clima o mesmo local, finalmente produz a alternância do quente e do frio, da água e do fogo.

Língua e sociedade instituem-se seguindo a relação suplementar dos dois princípios ou das duas séries de significações (norte/inverno/frio/necessidade/articulação; merídio*/verão/calor/paixão/acentuação).

Ao norte, no inverno, quando faz frio, a necessidade cria a convenção.

"Forçados a se abastecerem para o inverno, veem-se os habitantes levados a se socorrerem, obrigados a estabelecerem entre si alguma espécie de convenção. Quando as expedições se tornam impossíveis e o rigor do frio os detém, o tédio os liga tanto como a necessidade: os lapões, enterrados nos gelos, os esquimós, o mais selvagem de todos os povos, reúnem-se no inverno em suas cavernas e, no verão, nem se conhecem mais. Aumentai de um grau o seu desenvolvimento e as suas luzes, e eles estarão reunidos para sempre."

O fogo supre o calor natural, os homens do norte devem reunir-se à volta de uma fogueira. Não apenas para cozinhar as carnes – e o homem é aos olhos de Rousseau o único animal capaz simultaneamente de falar, de viver em sociedade e de cozinhar o que come – mas para dançar e para amar.

"O estômago e os intestinos do homem não são feitos para digerir carne crua que, em geral, não agrada ao seu paladar. Talvez com a única exceção dos esquimós de que acabo de falar, os próprios selvagens tostam as carnes. Ao uso do fogo, necessário para cozinhá-las, acrescenta-se o prazer que dá à vista e o seu calor agradável ao corpo: o aspecto da chama, que põe os animais em fuga, atrai o homem. Reúnem-se à volta de uma fogueira comum, aí fazem festins, aí dançam: os doces liames do hábito aproximam insensivelmente o homem de seus semelhantes, e nesta fogueira rústica arde o fogo sagrado que conduz ao fundo dos corações o primeiro sentimento de humanidade."

Ao sul, o movimento é inverso, não mais conduz da necessidade à paixão, mas da paixão à necessidade. E o suplemento não é o calor da fogueira, mas o frescor do ponto d'água:

Fragment sobre os climas: "Outra diversidade, que multiplica e combina a anterior, é a das estações. A sua sucessão, trazendo alternadamente vários climas a um único, acostuma os homens que o habitam a suas impressões diversas e os capacita a transitar e viver em todas as regiões cuja temperatura se faça sentir na sua" (p. 531).

* O Autor emprega a palavra *Midi*, que em francês designa o Sul da França (em sentido corrente) ou o Sul de modo geral, ou ainda, a hora do meio-dia. Para deixarmos clara esta ambiguidade entre o que é meridional e a hora que divide a manhã e a tarde, usamos o termo *merídio*, adjetivo pouco empregado que recobre os dois sentidos. (N. dos T.)

"Nas regiões quentes, as fontes e os rios, desigualmente dispersos, constituem outros pontos de reunião, tornados ainda mais necessários porque a água é mais indispensável aos homens do que o fogo: sobretudo os bárbaros, que vivem de seus rebanhos, precisam de bebedouros comuns... A facilidade das águas pode retardar a sociedade dos habitantes de lugares bem irrigados".

Este movimento é, sem dúvida, inverso ao anterior, mas seria errado daí inferir alguma simetria. O privilégio do merídio é declarado. À estrutura de reversibilidade que acabamos de descrever, Rousseau faz questão de atribuir um começo absoluto e fixo: "o gênero humano, nascido nas regiões quentes". A reversibilidade se sobrepôs à simplicidade da origem. As regiões quentes estão mais perto da "primavera perpétua" da idade de ouro. Harmonizam-se melhor com a sua inicial inércia. Nelas a paixão está mais perto da origem, a água tem mais relação do que o fogo tanto com a primeira necessidade como com a primeira paixão.

Com a primeira necessidade, pois "a água é mais indispensável aos homens do que o fogo". Com a primeira paixão, isto é, com o amor, cujos "primeiros fogos" brotaram do "puro cristal das fontes". Assim a língua e a sociedade originais, tais como apareceram nas regiões quentes, são absolutamente puras. São descritas o mais perto possível deste limite inacessível onde a sociedade se formou sem ter começado a degradar-se; onde a língua é instituída, mas permanece ainda um canto puro, uma língua de pura acentuação, uma espécie de pneuma. Já não é animal, pois exprime a paixão, mas não é totalmente convencional, pois se esquiva da articulação. A origem desta sociedade não é um contrato, não passa por tratados, convenções, leis, diplomatas e *representantes*. É uma *festa*. Ela se consome na *presença*. Há certamente uma experiência do tempo, mas de um tempo de presença pura, que não dá lugar nem ao cálculo, nem à reflexão, nem à comparação: "idade feliz em que nada marcava as horas"[64]. É o tempo das *Rêveries*. Tempo também sem diferença: não deixa nenhum intervalo, não autoriza nenhum desvio entre o desejo e o prazer: "O prazer e o desejo, confundidos, faziam sentir-se juntos".

64. Comparar-se-á esta descrição da festa a que é dada na *Lettre à M. d'Alembert* e, mais precisamente no que diz respeito ao tempo, à dada no *Emile*. "Seríamos nossos criados por sermos nossos senhores, cada um seria servido por todo: o tempo passaria sem ser contado" (p. 440). Um caminho curtíssimo nos faria compreender que estas duas notações não são justapostas: a possibilidade da "comparação", no sentido que dá Rousseau a este conceito, é a raiz comum da diferença temporal (que permite medir o tempo e nos lança para fora do presente) e da diferença ou dissimetria entre o senhor e o criado.

Leiamos esta página, sem dúvida a mais bela do *Essai*. Que nunca é citada, mas mereceria sê-lo a cada vez que se evoca o tema da água ou da "transparência do cristal"[65].

"... nos lugares áridos, onde só os poços forneciam água, foi preciso reunir-se para cavá-los, ou pelo menos entrar em acordo sobre o seu uso. Terá sido esta a origem das sociedades e das línguas nas regiões quentes.
Aí se formaram os primeiros laços entre as famílias, aí se deram os primeiros encontros entre os dois sexos. As moças vinham buscar água para casa e os rapazes para dar de beber aos seus rebanhos. Olhos acostumados aos mesmos objetos desde a infância aí começaram a ver outros, mais doces. O coração se emocionou com estes novos objetos, uma atração desconhecida tornou-o menos selvagem, sentiu o prazer de não estar só. A água tornou-se, insensivelmente, mais necessária, o gado teve sede mais vezes: chegava-se com pressa e partia-se com tristeza. Nesta idade feliz em que nada marcava as horas, nada obrigava a contadas: o tempo só tinha por medida a distração e o tédio. Debaixo de velhos carvalhos, vencedores dos anos, uma juventude ardente esquecia aos poucos a sua ferocidade. Atraíam-se gradativamente uns e outros; esforçando-se por se fazerem entender, aprenderam a explicar-se. Aí se fizeram as primeiras festas: os pés saltavam de alegria, o gesto ardoroso já não bastava, a voz o acompanhava de acentos apaixonados; o prazer e o desejo, confundidos, faziam sentir-se juntos. Tal foi, enfim, o verdadeiro berço dos povos, e do puro cristal das fontes brotaram os primeiros fogos do amor" (cap. IX).

Não esqueçamos: o que Rousseau aqui descreve não é nem a véspera da sociedade, nem a sociedade formada, mas o movimento de um nascimento, o contínuo advento da *presença*. Cumpre dar um sentido ativo e dinâmico a esta palavra. É a presença agindo, no apresentar-se a si mesma. Esta presença não é um estado, mas o vir-a-ser-presente da presença. Nenhuma das oposições de predicados determinados pode aplicar-se claramente àquilo que, entre o estado de natureza e o estado de sociedade, não é um estado mas uma passagem que teria devido continuar, durar como o presente das *Rêveries*. Que é já a sociedade, a paixão, a linguagem, o tempo – mas ainda não é a escravização, a preferência, a articulação, a medida e o intervalo. A suplementariedade é possível, mas nada jogou ainda. A festa segundo Rousseau exclui o jogo. O momento da festa é o momento desta continuidade pura, da indiferença entre o tempo do desejo e o tempo do prazer. Antes da festa, não há, no estado de pura natureza, *experiência* do contínuo; depois da festa, começa a experiência do *descontínuo* –, a festa é o modelo da experiência

---

65. Cf. M. Raymond, *Introduction aux Rêveries* e o capítulo consagrado por J. Starobinski à "Transparência do cristal", em *La transparence et l'obstacle*, p. 317. Rousseau não é nunca citado em *L'eau et les rêves* de Bachelard.

contínua. Por isso, tudo o que podemos fixar em oposições de conceitos se refere à sociedade formada no dia seguinte à festa. E estas oposições suporão previamente a oposição fundamental do contínuo ao descontínuo, da festa original à organização da sociedade, da dança à lei.

O que se segue a esta festa? A era do suplemento, da articulação, dos signos, dos representantes. Ora, esta era é a da proibição do incesto. Antes da festa, não havia incesto, porque não havia proibição do incesto nem sociedade. Depois da festa, não há mais incesto, porque é proibido. Isto Rousseau declara, como vamos ler. Mas, como ele não diz o que acontece neste lugar durante a festa, nem em que consiste a indiferença do desejo ao prazer, poderemos, se pelo menos o quisermos, completar esta descrição das "primeiras festas" e levantar o interdito que pesa ainda sobre ela.

Antes da festa:

"Mas como? antes desse tempo, os homens nasciam da terra? sucediam-se as gerações sem que os dois sexos se unissem e sem que ninguém se entendesse? Não: havia famílias, mas não havia nações; havia línguas domésticas, mas não havia línguas populares; havia casamentos, mas não havia amor. Cada família bastava-se a si mesma e se perpetuava por seu próprio sangue: as crianças, nascidas dos mesmos pais, cresciam juntas, e encontravam aos poucos maneiras de se explicarem entre si: os dois sexos distinguiam-se com a idade: a inclinação natural bastava para uni-los, o instinto ocupava o lugar da paixão, o hábito o da preferência, e passava-se a marido e mulher sem se deixar de ser irmão e irmã."

Esta não proibição se interrompe *depois da festa*. Nossa surpresa pela omissão do incesto na evocação da festa será ainda menor, se prestarmos atenção a outra lacuna, é verdade que bem corrente: descrevendo a não proibição*, Rousseau não faz menção alguma da mãe, mas apenas da irmã[66]. E, numa nota provocada pelo nome "irmã", Rousseau explica com certo embaraço que a proibição do incesto teve de seguir a festa,

* Nas impressões de *De la Grammatologie* anteriores à de 1970, consta "proibição", erro corrigido na que é datada de 30-IX-1970. (N. dos T.)

66. Enquanto o incesto é permitido, não há incesto, é claro, mas nem tampouco paixão amorosa. As relações sexuais se limitam às necessidades da reprodução; ou simplesmente não existem: é esta a situação da criança, segundo o *Emile*. Mas Rousseau diria, das relações da criança com sua mãe, o que diz aqui das suas relações com a irmã? É verdade que a mãe está totalmente ausente do *Emile*. "A criança educada de acordo com a sua idade é solitária. De ligações só conhece as do hábito; ama a irmã como ama o seu relógio, e o amigo como o seu cão. Não se sente de nenhum sexo, de nenhuma espécie: o homem e a mulher lhe são igualmente estranhos" (p. 256).

nascer da ata de nascimento da sociedade humana, selá-la de uma lei *sagrada*:

> "Foi preciso que os primeiros homens desposassem suas irmãs. Na simplicidade dos primeiros costumes, este uso se perpetuou sem inconveniente, enquanto as famílias permaneceram isoladas, *e mesmo depois da reunião dos povos mais antigos*; mas, *por ser de instituição humana, a lei que o aboliu não é menos sagrada*. Os que só a consideram pela ligação que forma entre as famílias não veem o seu lado mais importante. Na familiaridade que o comércio doméstico necessariamente estabelece entre os dois sexos, a partir do memento em que uma tão *santa lei deixasse de falar ao coração* e de impor-se aos sentidos, não haveria mais honestidade entre os homens, e os mais horríveis costumes logo causariam a destruição do gênero humano" (O grifo é nosso).

De modo geral, Rousseau só atribui o caráter de sagrado, de santidade, à voz natural que fala ao coração, à lei natural que é a única a inscrever-se no coração. A seus olhos só é sagrada *uma única* instituição, *uma única* convenção fundamental: é – diz-nos o *Contrato Social* – a própria ordem social, o direito do direito, a convenção que serve de fundamento a todas as convenções: "A ordem social é um direito sagrado que serve de base a todos os outros. Contudo, este direito não vem em absoluto da natureza; é fundado, pois, em convenções" (Livro I, cap. I, p. 352).

Não poderemos autorizar-nos disto para situarmos a proibição do incesto, lei sagrada entre todas, ao nível desta instituição fundamental, desta ordem social que suporta e legitima todas as outras? A função da proibição do incesto não é nomeada nem exposta no *Contrato Social*, mas tem o seu lugar marcado em branco nele. Reconhecendo a família como a simples sociedade "natural", Rousseau esclarece que ela só pode manter-se, para além das urgências biológicas, "por convenção". Ora, entre a família como sociedade natural e a organização da sociedade civil, há relações de analogia e de imagem: "O chefe é a imagem do pai, o povo é a imagem das crianças; e, sendo todos iguais e livres, só alienam a sua liberdade por sua utilidade". Um único elemento rompe esta relação de analogia: o pai político não ama mais os seus filhos, o elemento da lei o separa. A primeira convenção, a que transformou em sociedade de instituição a família biológica, deslocou pois a figura do pai. Mas como o pai político deve, apesar da sua separação e apesar da abstração da lei que ele encarna, obter prazer, é necessário um novo investimento. Terá a forma do suplemento: "Toda a diferença reside em que, na família, o amor do pai pelos seus filhos paga-o dos cuidados que lhes dá; enquanto no Estado o prazer de comandar supre este amor, que o chefe não tem pelos seus povos" (p. 352).

Assim, dificilmente se pode separar a proibição do incesto (lei sagrada, diz o *Essai*) da "ordem social", "direito sagrado que serve de base a todos os outros". Se esta santa lei pertence à própria ordem do contrato social, por que não é *nomeada* na exposição do *Contrato Social?* Por que só aparece numa nota de rodapé, num *Essai* inédito?

Tudo permite, com efeito, sem desrespeitar a coerência do discurso teórico de Rousseau, reinscrever neste lugar a proibição do incesto. Se ela é afirmada sagrada apesar de instituída, é por ser, apesar de instituída, universal. É a ordem universal da cultura. E Rousseau só *consagra* a convenção sob uma condição: que se possa universalizá-la e considerá-la, ainda que fosse o artifício dos artifícios, como uma lei quase natural, conforme à natureza. É precisamente este o caso desse interdito. Também pertence à ordem desta primeira e *única* convenção, desta primeira unanimidade à qual, diz-nos o *Contrato Social*, "é sempre preciso remontar" (p. 359) para compreender a possibilidade da lei. Deve ser uma lei a origem das leis.

Na nota do *Essai*, evidentemente não é justificada esta lei. Não deve ser explicada pela circulação social e pela economia das leis de parentesco, pela ligação que forma entre as famílias": tudo isto supõe o interdito mas sem dar conta dele. O que deve desviar-nos do incesto é então descrito em termos em que se misturam e embaralham a moral ("horríveis costumes") e alguma economia biológica da espécie ("a destruição do gênero humano"). Além de heterogêneos, senão contraditórios (como o argumento do caldeirão, referido por Freud na *Traumdeutung*) nenhum desses dois argumentos é pertinente no interior mesmo da argumentação: a moral que condena o incesto é construída a partir do interdito, tem nele a sua origem; e o argumento biológico ou natural é *ipso facto* anulado pelo que nos é dito a respeito da era que precedeu o interdito: as gerações se sucediam às gerações. "Mesmo depois da reunião dos povos mais antigos", "este uso se perpetuou sem inconveniente": este fato, que deveria limitar a universalidade da santa lei, não detém Rousseau.

A sociedade, a língua, a história, a articulação, numa palavra, a suplementariedade, nascem pois ao mesmo tempo que a proibição do incesto. Esta é a brisura entre a natureza e a cultura. Este enunciado não nomeia a mãe, no texto de Rousseau. Mas com isto só faz mostrar-lhe melhor o lugar. A era dos signos de instituição, a época da relação convencional entre o representante e o seu representado pertencem ao tempo desse interdito.

Se considerarmos agora que a mulher natural (a natureza, a mãe ou, se assim se quiser, a irmã) é um representado ou um significado substituído, suprido, no desejo, isto é, na paixão social, para além da necessidade, teremos aí o único representado, o único significado que Rousseau, exaltando a santidade do interdite, prescreva substituir por seu significante. Ele não apegas aceita, mas ordena que, *por uma vez*, se faça justiça à obrigação sagrada do signo, à santa Necessidade do representante. "Em geral, lê-se no *Emile*, não substituais nunca a coisa pelo signo, a não ser quando vos for *impossível mostrá-la*; pois o signo absorve a atenção da criança e a faz esquecer-se da coisa representada" (pp. 189-190. O grifo é nosso).

Assim, há aqui uma impossibilidade de mostrar a coisa, mas esta impossibilidade não é natural. O próprio Rousseau o diz; ela não é um mero elemento da cultura entre outros, pois se trata de um interdito sagrado e universal. É o elemento da cultura em si mesma, a origem não declarada da paixão, da sociedade, das línguas: a primeira suplementariedade que permite de modo geral a substituição do significado pelo significante, dos significantes por outros significantes, o que posteriormente dá lugar a um discurso sobre a diferença entre as palavras e as coisas. Suplementariedade tão perigosa que só é mostrada indiretamente, exemplificada em alguns de seus efeitos derivados. Não se pode nem mostrá-la, nem nomeá-la nela mesma, mas apenas indicá-la, por um movimento silencioso de dedo.

O deslocamento da relação à mãe, à natureza, ao ser como ao significado fundamental: tal é, certamente, a origem da sociedade e das línguas. Mas, de agora em diante, pode-se falar de origem? O conceito de origem, ou de significado fundamental, é outra coisa a não ser uma função, indispensável mas situada, inscrita, no sistema de significação inaugurado pelo interdito? No jogo da suplementariedade, sempre será possível referir substitutos ao seu significado, que ainda assim permanecerá um significante. Nunca o significado fundamental, o sentido do ser representado, e menos ainda a coisa mesma, nos serão dados em pessoa, fora do signo ou fora do jogo. Mesmo aquilo que dizemos, nomeamos, descrevemos sob o nome de proibição do incesto não consegue escapar ao jogo. Há no sistema um ponto em que o significante não pode mais ser substituído pelo seu significado, o que tem por consequência que nenhum significante possa sê-lo, pura e simplesmente. Pois o ponto de não substituição é também o ponto de orientação de todo o sistema de significação, o ponto em que o significado fundamental se promete como o termo de todas as remessas e se esquiva como aquilo que destruiria, do mesmo gesto, todo o sistema dos signos. Ele é ao mesmo tempo dito e interdito por todos os signos. A linguagem não é nem a proibição nem a transgressão, acopla-as sem fim uma à outra. Este ponto não existe, é sempre esquivado ou, o que dá no mesmo, desde sempre inscrito naquilo a que deveria ou teria devido, seguindo nosso indestrutível e mortal desejo, escapar. Este ponto se reflete na festa, no ponto d'água à cuja volta "os pés saltavam de alegria", quando "o prazer e o desejo, confundidos, faziam sentir-se juntos". A festa *mesma* seria o incesto *mesmo*, se alguma coisa semelhante – *mesmo* – pudesse *ter lugar*, se, tendo lugar, o incesto não devesse confirmar o interdito: antes do interdito, não é o incesto; interdito, só pode tornar-se incesto se reconhecer o interdito. Sempre se está aquém ou além do limite, da falta, da origem da sociedade, deste presente no qual simultaneamente o interdito se dá(ria) com a transgressão: o que (se) passa sempre e (contudo) jamais tem *propriamente* lugar. É sempre *como se* eu tivesse cometido um incesto.

Assim, este *nascimento da sociedade* não é uma passagem, mas sim um ponto, um limite puro, fictício e instável, inacessível. Alcançá-lo é tê-lo atravessado. Nele se enceta e se difere a sociedade. Ao começar, ela começa a degradar. O merídio passa imediatamente para o norte de si mesmo. Transcendendo a necessidade, a paixão engendra novas necessidades, que a corrompem por sua vez. A degradação pós-originária é análoga à repetição pré-originária. A articulação, substituindo a paixão, restaura a ordem da necessidade. O tratado tem lugar de amor. Mal é ensaiada, a dança degenera. A festa logo se torna guerra. E, já no ponto d'água:

> "Sobretudo os bárbaros, que vivem de seus rebanhos, precisam de bebedouros comuns, e bem nos conta a história dos mais antigos tempos que foi neles que começaram tanto os seus tratados como as suas querelas†.
> † Vede o exemplo de ambos no capítulo XXI do *Gênesis*, entre Abraão e Abimelec, a respeito do poço do juramento".

É que o ponto d'água está na fronteira da paixão e da necessidade da cultura e da terra. A pureza da água reflete os fogos do amor; é "o puro cristal das fontes"; mas a água não é apenas a transparência do coração, também é o frescor: o corpo *necessita* dela em sua secura, o corpo da natureza, o dos rebanhos e o do pastor bárbaro: "A água é mais indispensável aos homens do que o fogo".

Embora a cultura se encete assim em seu ponto de origem, não deixa reconhecer nenhuma ordem linear, quer seja lógica ou cronológica. Neste encetar, o que se inicia já está alterado, dando assim a volta para aquém da origem. A fala só se deixa ouvir no merídio ao se articular, ao se resfriar por exprimir de novo a necessidade. Ela volta então ao norte ou, o que dá no mesmo, ao merídio do merídio. O dia seguinte à festa assemelha-se em todo detalhe à véspera da festa, e o ponto de dança é apenas o limite inacessível da sua diferença. O sul e o norte não são territórios, mas lugares abstratos, que só aparecem ao se referirem a si mesmos a partir do outro. A língua, a paixão, a sociedade não são nem do norte nem do sul. São o movimento de suplementariedade pelo qual os polos se substituem *alternadamente* um pelo outro: pelo qual o acento enceta-se na articulação, difere-se ao se espaçar. A diferença local é apenas a diferença entre o desejo e o prazer. Não diz respeito apenas, portanto, à diversidade das línguas, não é apenas um critério da classificação das línguas, é a origem das línguas. Rousseau não o declara, mas nós vimos que ele o descreve.

Que a escritura seja o outro nome desta diferença, não deixaremos agora de verificá-lo.

4. Do Suplemento à Fonte: a Teoria da Escritura

Fechemos o ângulo e penetremos no texto no lugar onde a escritura é nomeada, analisada por ela mesma, inscrita na teoria e colocada em perspectiva histórica. Os capítulos V, "Da escritura", e VI, "Se é provável que Homero soubesse escrever", separados talvez um pouco artificialmente, estão entre os mais longos do *Essai*, são em todo caso os mais longos depois do capítulo sobre a formação das línguas meridionais. Já evocamos os remanejamentos do capítulo sobre Homero: trata-se, então, de reconstituir ou manter a coerência da teoria contra um fato que parece ameaçá-la. Se o canto, o poema, o *epos* são incompatíveis com a escritura, se nela correm risco de morte, como explicar a coexistência das duas eras? E que Homero soubesse escrever, que em todo caso conhecesse a escritura, como testemunha o episódio de Belerofonte[1] na *Ilíada*? Rousseau leva em conta o fato, mas,

---

1. "Veio-me muitas vezes ao espírito duvidar não só que Homero soubesse escrever, mas mesmo que em sua época se escrevesse. Entristece-me que esta dúvida seja tão formalmente desmentida pela história de Belerofonte, na *Ilíadia*" (cap. V). Ocupado depois em negar o alcance e até a autenticidade do episódio de Belerofonte, Rousseau não presta atenção nenhuma ao seu sentido: que o único traço da escritura em Homero fosse uma carta (*lettre*) de morte. Belerofonte porta consigo, sem o saber, a inscrição de sua ordem de morte. Numa cadeia sem fim de representações, o desejo traz a morte pelo desvio da escritura. "A mulher de Proetos, a divina Anteia, nutria um desejo furioso de unir-se a ele [Belerofonte, filho de Glaucus] em amores furtivos." Não obtendo êxito, ela ameaça o seu marido: "Voto-te à morte, Proetos, se não matares Belerofonte, que desejava unir-se em amores a mim, contra a minha vontade". O rei, representando o

"obstinado em [meus] paradoxos", diz-se tentado a acusar os "compiladores de Homero". Não escreveram eles esta história da escritura *a posteriori*, introduzindo-a violentamente em "poemas [que] por muito tempo permaneceram escritos somente na memória dos homens"? "Não somente se encontram, no resto da *Ilíada*, poucos rastros desta arte; mas ouso adiantar que toda a *Odisseia* não passa de um tecido de idiotices e besteiras que uma letra ou duas reduziriam a fumo, enquanto que, supondo-se que estes heróis tenham ignorado a escritura, torna-se este poema razoável e mesmo mais ou menos bem conduzido. Se a *Ilíada* tivesse sido escrita, teria sido muito menos cantada."

Assim, deve-se salvar a qualquer preço uma tese sem a qual toda a teoria da linguagem desmoronaria. O signo de obstinação que acabamos de assinalar no-lo mostra bem: esses capítulos sobre a escritura são um momento decisivo do *Essai*. Eles abordam, além do mais, um dos raros temas que, tratados no *Essai*, estejam ausente do segundo *Discurso*; ausentes mesmo, enquanto temas articulados numa teoria organizada, de qualquer outro texto.

Por que Rousseau nunca completou nem publicou uma teoria da escritura? Por considerar-se mau linguista, como diz no seu projeto de prefácio? Por que a teoria da escritura é rigorosamente dependente da teoria da linguagem desenvolvida no *Essai*? E, se não fosse desta maneira, este argumento, razoavelmente presumido, não seria com isso ainda mais significativo? Ou ainda, será por que o *Essai* devia ser um apêndice do segundo *Discurso*? Ou por que Rousseau, como diz no *Emile*, tem "vergonha" de falar desta ninharia que é a escritura? Por que vergonha aqui? O que se deve ter investido na significação da escritura para ter-se vergonha de falar dela? de escrever sobre ela? de escrevê-la? E por que ninharia, esta operação a que se reconhecem simultaneamente, notadamente no *Essai*, poderes tão perigosos e mortais?

Em todo caso, a importância desses dois capítulos, o esforço obstinado par consolidar uma teoria, a astúcia laboriosa para desqualificar o interesse votado à escritura, eis signos que não podem ser negligenciados. Tal é a situação da escritura na história da

---

desejo de Anteia, não ousa matar com sua própria mão. Ousa escrever e, diferindo o assassínio, traça com sua mão, "sobre plaquetas dobradas sobre si mesmas", "traços assassinos" (θνμσοθόρα). Envia Belerofonte à Lícia, confiando-lhe estes "signos funestos" (σημοτχ λνγοά). Pela leitura desta mensagem, ilegível para Belerofonte, o sogro de Proetos, que reina sobre a Lícia, deverá compreender que se trata de fazer matar o portador dos "traços". Por sua vez, ele difere o assassínio, manda Belerofonte expor-se à morte matando a Quimera invencível ou os famosos Sólimos, arma-lhe emboscadas. Nada surte efeito. Acaba por dar-lhe sua filha. Mais tarde, Belerofonte deixa de ser amado pelos deuses e caminha sozinho, "errando pela planície da Acaia, roendo o coração e fugindo à rota dos homens".

metafísica: tema rebaixado, lateralizado, reprimido, deslocado, mas exercendo uma pressão permanente e obsedante a partir do lugar onde permanece contido. Trata-se de riscar uma escritura temida por rasurar ela mesma a presença do próprio na fala.

A METÁFORA ORIGINÁRIA

Esta situação é refletida pelo lugar do capítulo "Da escritura" no *Essai*. Como vem Rousseau, a partir daí, a construir efetivamente essa teoria da escritura com a ajuda de elementos tomados de empréstimo? Ele o faz depois de descrever a origem das línguas. Trata-se de um suplemento à origem das línguas. Este suplemento expõe precisamente uma suplência aditiva, um suplemento da fala. Insere-se no ponto em que a linguagem começa a articular-se, isto é, nasce de carecer-se a si mesma, quando seu acento, marca nela da origem e da paixão, apaga-se sob esta *outra* marca de origem que é a articulação. Segundo Rousseau, a história da escritura é efetivamente a da articulação. O vir-a-ser-linguagem do grito é o movimento pelo qual a plenitude falada começa a tornar-se o que ela é perdendo-se, escavando-se, quebrando-se, articulando-se. O grito vocaliza-se começando a apagar a fala vogal. Ora, é bem no momento em que se trata de explicar este apagamento originário do que constitui, contudo, falando *propriamente*, o falado do falar, a saber, o acento vocal, que Rousseau introduz o seu capítulo sobre a escritura. É preciso tratar ao mesmo tempo da consoante – que é do norte – e da escritura. O capítulo "Da escritura" deve de início – este é o seu primeiro parágrafo – evocar a *obliteração* do acento pela articulação consonântica: *apagamento* e *substituição* ao mesmo tempo. Devemos reler aqui esta introdução:

"Quem quer que estude a história e o progresso das línguas constatará que, quanto mais se tornam monótonas as vozes, mais se multiplicam as consoantes; e que os acentos que se apagam, as quantidades que se igualam, são supridos por combinações gramaticais e novas articulações. Mas é somente com o passar do tempo que se dão estas mudanças. À medida que crescem as necessidades, que se tornam complexos os negócios, que se difundem as luzes, a linguagem muda de caráter; torna-se mais justa e menos apaixonada; substitui os sentimentos pelas ideias; não fala mais ao coração, mas à razão. Por isso mesmo o acento se extingue, a articulação se expande; a língua torna-se mais exata, mais clara, mas também mais morosa, mais surda e mais fria. Este progresso me parece inteiramente natural.

Outro meio de comparar as línguas e julgar sua antiguidade encontra-se na escritura, e na razão inversa da perfeição desta arte. Quanto mais grosseira a escritura, mais antiga a língua".

O progresso da escritura é, portanto, um progresso natural. E é um progresso da razão. O progresso como regressão é o devir da razão como escritura. Por que este perigoso progresso é *natural*? Sem dúvida, porque é *necessário*. Mas também porque a Necessidade opera, no interior da língua e da sociedade, segundo vias e forças que pertencem ao estado de pura *natureza*. Esquema que já experimentamos: é a necessidade e não a paixão que substitui pela luz o calor, pela clareza o desejo, pela justeza a força, pelas ideias o sentimento, pela razão o coração, pela articulação o acento. O natural, o que era inferior e anterior à linguagem, age *a posteriori* na linguagem, opera nela depois da origem e nela provoca a decadência ou a regressão. Torna-se então o ulterior deitando a mão no superior e arrastando-o para o inferior. Tal seria o tempo estranho, o indescritível traçado da escritura, o movimento irrepresentável de suas forças e de suas ameaças.

Ora, em que consistem a *justeza* e a *exatidão* da linguagem, esta morada da escritura? Antes de mais nada na *propriedade*. Uma linguagem justa e exata deveria ser absolutamente unívoca e própria: não metafórica. A língua escreve-se, pro-regride à medida que domina ou apaga em si a figura.

Isto é, a sua origem. Pois a linguagem é originariamente metafórica. Ela o é, segundo Rousseau, devido à sua mãe, a paixão. A metáfora é o traço que reporta a língua à sua origem. A escritura seria, então, a abliteração desse traço. "Traços maternos" (cf. mais acima, pp. 245-6). É, portanto, aqui que se deve falar deste "Que a primeira linguagem teve de ser figurada" (cap. III), proposição que só é explícita no *Essai*:

"Como os primeiros motivos que fizeram o homem falar foram paixões, as suas primeiras expressões foram tropos. A linguagem figurada foi a primeira a nascer, o sentido próprio foi encontrado por último. Só se denominaram as coisas por seus verdadeiros nomes quando foram vistas sob sua forma verdadeira. A princípio só se falou em poesia; só se tratou de raciocinar muito tempo depois".

Épica ou lírica, relato ou canto, a fala arcaica é necessariamente poética. A poesia, primeira forma da literatura, é de essência metafórica. Assim, Rousseau pertence, não poderia ser de outro modo e tal constatação é mais do que banal, à tradição que determina a escritura literária a partir da fala presente no relato ou no canto; a literalidade literária seria um acessório suplementar fixando ou congelando o poema, representando a metáfora. O literário não teria nenhuma especificidade; quando muito a de um infeliz negativo do poético. Apesar de tudo o que dissemos da urgência literária tal como ele a viveu, Rousseau está à vontade nesta tradição. Tudo o que se poderia denominar a modernidade literária faz empenho, ao contrário, em marcar a especificidade literária contra a sujeição ao poético, isto é, ao metafórico, ao que Rousseau mesmo analisa como a linguagem espontânea. Se há uma originalidade literária, o que sem dúvida não é certo sem mais, ela deve emancipar-se, senão da metáfora, que a tradição também julgou redutível, pelo menos da espontaneidade selvagem da figura tal como ela aparece na linguagem não literária. Este protesto moderno pode ser triunfante ou, à maneira de Kafka, despojado de toda ilusão, desesperado e sem dúvida mais lúcido: a literatura que vive de ser fora de si, nas figuras de uma linguagem que de início não é a sua, morreria assim que reentrasse em si na não metáfora. "De uma carta: 'É junto deste fogo que me aqueço durante esse triste inverno'. As metáforas são uma das coisas que me fazem desesperar da escritura (Schreiben).* A escritura carece de independência, ela depende da criada que acende o fogo, do gato que se aquece perto da caldeira, mesmo deste pobre homem simples que se aquece. Tudo isso responde a funções autônomas dotadas de leis próprias, apenas a escritura não extrai de si mesma nenhum socorro, não mora em si mesma, é ao mesmo tempo jogo e desespero" (Kafka, *Diário*, 6 de dezembro de 1921).

"Que a primeira linguagem teve de ser figurada": embora esta proposição não seja própria de Rousseau, embora ele possa tê-la encontrado em Vico[2], embora a tenha não apenas mas se-

---

* Até a impressão de 1969, citando Kafka, Derrida transcreve: "literatura", "criação literária", nisto seguindo a tradução francesa do *Diário*. Contudo, esta aparece corrigida, desde a edição de 1970, em função do original alemão, onde está "Schreiben" (forma substantivada do verbo escrever). (N. dos T.)

2. Vico diz ter compreendido a origem das línguas no momento em que, após numerosas dificuldades, apareceu-lhe que as primeiras nações "foram nações de poetas; nestes mesmos princípios, reconhecemos então a verdadeira origem das línguas" (*Scienza Nuova*, I, p. 174). A distinção de três línguas corresponderia, *mutatis mutandis*, ao esquema de Rousseau; a segunda língua, que marca a aparição tanto da fala como da metáfora, seria o momento da origem propriamente dita, quando o canto poético ainda não se rompeu na articulação e na convenção. Comparando: "Três espécies de línguas foram sucessivamente faladas: a) a primeira, no tempo da vida familial: os homens, agrupados apenas em família, haviam regressado pouco antes à humanidade. Esta primeira língua foi uma língua muda através de signos e pela escolha de certas posições do corpo que podem representar relações com as ideias que querem significar; b) a segunda composta de emblemas heroicos: foi esta uma língua baseada em semelhanças, língua simbólica formada de comparações, de imagens muito vivas, de metáforas, de descrições naturais; estas imagens são o corpo principal desta língua heroica, que foi falada enquanto reinavam os heróis; c) a terceira foi a língua humana, composta de vocábulos estabelecidos pelos povos, de palavras cujo sentido eles podem fixar a seu bel-

guramente lido em Condillac que a tinha, não apenas mas seguramente, tomado de Warburton, devemos sublinhar aqui a originalidade do *Essai*.

"Eu sou o primeiro, talvez, que viu o seu alcance", diz Rousseau de Condillac, lembrando seus "colóquios em piquenique", quando este "trabalhava no *Essai sur l'origine des connaissances humaines*" (*Confessions*, p. 347). Rousseau está mais próximo de Condillac do que de Warburton. O *Essai sur les hiéroglyphes* é sem dúvida governado pelo tema de uma linguagem originariamente figurada e inspirou, entre outros artigos da *Enciclopédia*, o sobre a metáfora, um dos mais ricos. Mas, diferentemente de Vico, de Condillac[3] e de Rousseau, Warburton pensa que a metáfora originária "não vem em absoluto, como se supõe geralmente, do fogo de uma imaginação poética". "A metáfora deve-se evidentemente à grosseria da concepção".[4] Se a

-prazer ' (3, 1, p. 32). Em outra parte: "Esta primeira língua não foi fundada, em nada, sobre a natureza mesma das coisas; foi uma língua totalmente de imagens, de imagens divinas na maioria, que transformava em seres animados as coisas inaminadas" (3, 1, p. 163). "Ora, se procuramos o princípio de uma tal origem das línguas e das letras, encontramo-lo neste fato: os primeiros povos das nações pagas, por uma Necessidade ligada à sua natureza, foram poetas; exprimiram-se por meio de caracteres poéticos. Esta descoberta é a chave-mestra de nossa *Science nouvelle*: custou-nos longas pesquisas, que ocuparam toda a nossa vida de letrado" (3, *Idea dell'Opera*, I, pp. 28-29). "Os homens se libertam de suas grandes paixões pelo canto... só devem ter-se tornado capazes de formarem, cantando, as primeiras línguas, devido à pressão de violentíssimas paixões" (3, 1, p. 95, na tradução francesa de Chaix-Ruy). "Acreditamos termos refutado vitoriosamente o erro comum dos gramáticos que pretendiam que *a prosa precedeu os versos*, após termos mostrado na *origem da poesia*, tal como a descobrimos, *a origem das línguas* e a *das letras*" (Livro II, *De Ia sagesse poétique*, cap. V. § 5, tradução francesa de Michelet, p. 430). Para Vico, como para Rousseau, os progressos da língua seguem os progressos da articulação. A língua também decai, ela humaniza-se ao perder a sua poesia e o seu caráter divino: "A língua dos deuses foi uma língua muda, escassamente articulada; a língua heroica foi, em parte articulada, em parte muda; a língua humana foi, por assim dizer, inteiramente articulada, simultaneamente formada de signos e gestos" (3, 1, p. 178, na tradução de Chaix-Ruy).

3. Condillac reconhece, mais do que a sua dívida, a convergência do seu pensamento com o de Warburton. Todavia, esta convergência, como veremos logo a seguir, não é integral: "Esta seção estava quase acabada quando me caiu nas mãos o *Essai sur les Hiéroglyphes*, traduzido do inglês, do Sr. Warburton: obra em que reinam igualmente o espírito filosófico da erudição. Verifiquei com prazer que pensara, como o seu autor, que a linguagem teve, desde os começos, de ser muito figurada e muito metafórica. Minhas próprias reflexões também me haviam conduzido a notar que a escritura inicialmente não fora mais do que uma simples pintura; mas eu não tentara absolutamente ainda, descobrir por quais progressos se chegara à invenção das letras, e parecia-me difícil tal descoberta. A coisa foi perfeitamente executada pelo Sr. Warburton; extraí de sua obra tudo o que digo sobre este assunto, ou quase tudo" (cap. XIII, "Da escritura", § 127, p. 177).

4. P. 195. "Pode-se dizer que a semelhança responde às marcas ou caracteres da escritura chinesa; e que, como estas marcas produziram o método abreviado das letras alfabéticas, do mesmo modo, para tornar mais corrente e mais elegante o discurso, a semelhança produziu a metáfora, que não é mais do que outra semelhança em tamanho menor: Pois os homens, habituados como são aos objetos materiais, sempre tiveram necessidade de imagens sensíveis, para comunicar as suas ideias abstratas" (*Essai sur*

primeira metáfora não é poética, é porque não é cantada, mas agida. Segundo Warburton, passa-se por uma transição contínua da linguagem de ação à linguagem de fala. Esta será também a tese de Condillac. Rousseau é, portanto, o único a marcar uma ruptura absoluta entre a língua de ação ou língua da necessidade e a fala ou língua da paixão. Sem criticá-lo diretamente neste ponto, opõe-se desta maneira a Condillac. Para este, "a fala, sucedendo à linguagem de ação, conservou o seu caráter. Esta nova maneira de comunicar nossos pensamentos não podia ser imaginada a não ser sobre o modelo da primeira. Assim, para ocupar o lugar dos movimentos violentos do corpo, a voz elevou-se e abaixou-se por intervalos muito sensíveis" (II, I, 11, § 13). Esta analogia e esta continuidade são incompatíveis com as teses de Rousseau quanto à formação das línguas e quanto às diferenças locais. Tanto para Condillac como para Rousseau, o norte convida sem dúvida à precisão, à exatidão e à racionalidade. Mas por razões inversas: o distanciamento da origem aumenta a influência da linguagem de ação para Rousseau, ele a reduz para Condillac, desde que tudo começa segundo este pela linguagem de ação, continuada na fala: "A precisão do estilo foi conhecida muito mais cedo entre os povos do norte. Por um efeito do seu temperamento frio e fleumático, abandonaram mais facilmente tudo o que estava marcado pela linguagem de ação. Em outros lugares, as influências desta maneira de comunicar os pensamentos conservaram-se por muito tempo. Mesmo hoje, nas partes meridionais da Ásia, o pleonasmo é visto como uma elegância do discurso. § 67. O estilo, na sua origem, foi poético..." (p. 149).

A posição de Condillac é mais difícil de sustentar. Ela deve conciliar a origem poética (Rousseau) e a origem prática (Warburton). Sobre a trama destas dificuldades e destas diferenças, a intenção de Rousseau precisa-se. A história dirige-se para o norte distanciando-se da origem. Mas, enquanto para Condillac este distanciamento segue uma linha simples, reta e contínua, ela reconduz para ele aquém da origem, em direção ao não metafórico, em direção à língua das necessidades e à linguagem de ação.

les Hiéroglyphes, tomo I, pp. 85-86). "Tal é a origem verdadeira da expressão figurada, que não provém absolutamente, como correntemente se supõe, do fogo de uma imaginação poética. O estilo dos Bárbaros da América, embora eles tenham compleição muito fria e muito fleumática, demonstra-o ainda hoje... O seu fleuma bem pôde tornar conciso o seu estilo, mas não pôde depurá-lo das figuras. Assim, a união destes caracteres diferentes mostra claramente que a metáfora é devida à Necessidade e não à escolha... A conduta do homem, como vemos, sempre foi, veja no discurso e na escritura, seja no vestuário e no alojamento, transformar as suas necessidades e Necessidades em pompa e adorno" (pp. 195-197).

Apesar de todos os empréstimos, de todas as convergências, o sistema do *Essai* permanece, pois, original. A despeito de todas as dificuldades, nele é mantida a cesura entre o gesto e a fala, a necessidade e a paixão:

> "Pode-se, portanto, crer que as necessidades ditaram os primeiros gestos, e que as paixões arrancaram as primeiras vozes. Rastreando os fatos com base nessas distinções, talvez fosse preciso raciocinar sobre a origem das línguas de maneira totalmente diversa da seguida até o momento. O gênio das línguas orientais, as mais antigas que conheçamos, desmente absolutamente a marcha didática pela qual imaginamos a sua composição. Estas línguas nada têm de metódico e raciocinado; são vivas e figuradas. A linguagem dos primeiros homens é-nos apresentada como línguas de geômetras – e vemos que foram línguas de poetas".

A distinção entre a necessidade e a paixão não se justifica, em última instância, a não ser pelo conceito de "pura natureza". A Necessidade funcional deste conceito-limite e desta ficção jurídica aparece também deste ponto de vista. Pois o predicado essencial do estado de pura natureza é a *dispersão*; e a cultura é sempre o efeito da aproximação, da proximidade, da presença própria. Ora, a necessidade, quer se manifeste *de fato antes ou depois da paixão*, mantém, prolonga ou repete a dispersão original. Enquanto tal, e na medida em que não nasce de uma paixão anterior que a modifique, ela é pura força de dispersão.

> "Assim teve de ser. Não se começou raciocinando, mas sentindo. Pretende-se que os homens inventaram a fala para exprimir as suas necessidades; esta opinião me parece insustentável. O efeito natural das primeiras necessidades foi separar os homens e não aproximá-los. Assim era preciso, para que a espécie viesse a expandir-se e rapidamente a Terra a povoar-se; sem isso o gênero humano se teria amontoado num canto do mundo e permaneceria deserto todo o resto."

Se "tudo isto não é indistintamente verdadeiro", é porque a necessidade, estruturalmente anterior à paixão, pode sempre suceder-lhe de fato. Mas trata-se apenas de um fato, de uma eventualidade empírica? Se o princípio de dispersão continua agindo, trata-se de um acidente, ou de um resíduo? Na verdade, a necessidade é necessária para explicar a véspera de uma sociedade, o que precede a sua *constituição*, mas é indispensável para dar conta da *extensão* da sociedade. Sem necessidade, a força de presença e de atração jogaria livremente, a constituição seria uma concentração absoluta. Compreender-se-ia como a sociedade resiste à dispersão, não se explicaria mais que ela se distribua e se diferencie no espaço. A extensão da sociedade, que pode efetivamente resultar na deslocação do "povo reunido", nem por isso deixa de contribuir para a *organização*, para a diferenciação e a divisão orgânicas do corpo social. No *Contrato Social*, as dimensões ideais da cidade, que não deve ser nem demasiado pequena nem demasiado grande, exigem uma certa extensão e uma certa distância entre os cidadãos. A dispersão, como lei do espaçamento, é portanto ao mesmo tempo a pura natureza, o princípio de vida e o princípio de morte da sociedade. Assim, embora a origem metafórica da linguagem se analise como a transcendência da necessidade pela paixão, o princípio de dispersão não lhe é estranho.

Rousseau não pode, com efeito, como fazem Warburton e Condillac, alegar a continuidade da linguagem de sons e da linguagem de ação que nos retinha em "concepções grosseiras". Ele deve explicar tudo pela estrutura da paixão e da afetividade. Ele desembaraça-se laboriosamente num resumo muito denso e muito complexo, sob a sua aparência. Qual é o seu ponto de partida neste segundo parágrafo do terceiro capítulo?

Não a dificuldade de dar conta da metáfora pela paixão: a seus olhos a coisa é óbvia. Mas a dificuldade de fazer aceitar a ideia, com efeito surpreendente, de uma linguagem primitivamente figurada. Pois o *bom* senso* e a boa *retórica*, que estão de acordo em considerar a metáfora como um descolocamento de estilo, não exigem que se proceda do sentido próprio para constituir e para definir a figura? Esta não é uma transferência do sentido próprio? um transporte? Não é assim que a definiam os teóricos da retórica conhecidos de Rousseau? Não é esta a definição dada pela *Enciclopédia*[5]?

---

* A palavra francesa *sens* possui duas acepções básicas: uma vinda do latim *sensus*, equivale a "sentido" como "forma ou órgão de receber sensações" ou ainda como "significação"; deste uso derivam-se as expressões *bom senso* e *senso comum*, onde "senso" equivale a "juízo", "faculdade de bem julgar"; outra acepção vem do germânico *sinno* (raiz do alemão *Sinn*) e é o mesmo que "direção". (N. dos T.)

5. METÁFORA, S. F. (gram.) "É, diz o Sr. du Marsais, uma figura pela qual se transporta, por assim dizer, a significação própria de um nome (eu preferiria dizer: de *uma palavra*) a uma outra significação, que lhe convém somente em virtude de uma comparação que está no espírito. Uma palavra tomada num sentido *metafórico* perde a sua significação própria, e assume uma nova, que só se apresenta ao espírito pela comparação que é feita entre o sentido próprio desta palavra, e o que se lhe compara: por exemplo quando se diz que a mentira se adorna muitas vezes com as cores da verdade..." E, após longas citações de Marsais: "Ouvi algumas vezes censurarem o Sr. du Marsais por ser um pouco prolixo; e confesso que era possível, por exemplo, dar menos exemplos da *metáfora*, e desenvolvê-los em menor extensão: mas quem não tem alguma inveja de uma tão feliz prolixidade? O autor de um dicionário de língua não pode ler este artigo da metáfora sem impressionar-se com a espantosa exatidão de nosso gramático, ao distinguir o sentido próprio do sentido figurado, e ao designar num o fundamento do outro..."

Ora, para repetir o jorro primeiro da metáfora, Rousseau não parte nem do bom senso nem da retórica. Não se dá a disposição do sentido próprio. E deve, instalando-se num lugar anterior à teoria e ao senso comum que se dão a possibilidade constituída daquilo que querem deduzir, mostrarmos como são possíveis tanto o senso comum quanto a ciência estilística. Tal é, pelo menos, seu projeto e a mirada original da sua psicolinguística das paixões. Mas, apesar da sua intenção e de muitas aparências, ele também *parte*, como veremos, *do sentido próprio*. E *ele vem a este porque o próprio deve estar tanto na origem como no fim*. Numa palavra, ele dá à *expressão das emoções* uma propriedade que aceita perder, desde a origem, na *designação dos objetos*.

Eis a dificuldade e o princípio da solução:

"Ora, pressinto que aqui o leitor me deterá e perguntará como uma expressão pode ser figurada antes de ter um sentido próprio, pois é apenas na translação do sentido que consiste a figura. Concordo; mas, para entender-me, é preciso substituir a palavra que transpomos pela ideia que a paixão nos apresenta; pois só se transpõem as palavras porque também se transpõem as ideias; de outro modo, a linguagem figurada nada significaria" (cap. III).

A metáfora deve, pois, ser entendida como processo da ideia ou do sentido (do significado, se se quiser) antes de o ser como jogo de significantes. A ideia é o sentido significado, o que a palavra exprime. Mas é também um signo da coisa, uma representação do objeto no meu espírito. Enfim, esta representação do objeto, significando o objeto e significada pela palavra ou pelo significante linguístico em geral, pode também indiretamente significar um afeto ou uma paixão. É neste jogo da ideia representativa (que é significante ou significado segundo tal ou qual relação) que Rousseau aloja a sua explicação. Antes de deixar-se prender em signos verbais, a metáfora é a relação de significante a significado na ordem das ideias e das coisas, segundo o que ata a ideia àquilo que ela é a ideia, isto é, já o signo representativo. Então, o sentido próprio será a relação da ideia ao afeto que ela *exprime*. E é a *inadequação da designação* (a metáfora) que *exprime propriamente* a paixão. Se o medo me faz ver gigantes onde há apenas homens, o significante – como ideia do objeto – será metafórico, mas o significante de minha paixão será próprio. E, se disser então "eu vejo gigantes", esta falsa designação será uma expressão própria do meu medo. Pois com efeito vejo gigantes, e há aí uma verdade certa, a de um cogito sensível, análoga à que Descartes analisa nas *Regulae*: fenomenologicamente, a proposição "eu vejo amarelo" é irrecusável, o erro só se torna possível no juízo "o mundo é amarelo"[6].

Contudo, o que interpretamos como expressão própria na percepção e na designação dos gigantes permanece uma metáfora que nada precedeu nem na experiência nem na linguagem. Não dispensando a fala a referência a um objeto, o fato de "gigante" ser próprio como signo do medo não impede, ao contrário, implica que seja impróprio ou metafórico como signo do objeto. Não pode ser a ideia-signo da paixão, a não ser dando-se como ideia-signo da causa presumida desta paixão, abrindo um olho sobre o fora. Esta abertura dá passagem a uma metáfora selvagem. Nenhum sentido próprio a precede. Nenhum retor a vigia.

Deve-se portanto voltar ao afeto subjetivo, substituir pela ordem fenomenológica das paixões a ordem objetiva das designações, pela expressão a indicação, para compreender o jorro da metáfora e a possibilidade selvagem da translação. À objeção da prioridade do sentido próprio, Rousseau responde assim, com um exemplo:

"Um homem selvagem, encontrando outros, ter-se-á inicialmente aterrorizado. O seu pavor o terá feito ver esses homens maiores e mais fortes do que ele mesmo; e lhes terá dado o nome de *gigantes*. Depois de muitas experiências, terá reconhecido que, não sendo esses pretensos gigantes nem maiores nem mais fortes do que ele, a sua estatura convinha em nada à ideia que inicialmente ligara à palavra de gigante. Inventará, pois, um outro nome, comum a eles e a ele, tal como por exemplo o nome de *homem*, e reservará o de *gigante* ao objeto falso que o impressionara durante a sua ilusão. Eis como a palavra figurada nasce antes da palavra própria, quando a paixão nos fascina os olhos, e a primeira ideia que ela nos oferece não é a da verdade. O que eu disse das palavras e dos nomes aplica-se sem dificuldade ao torneio de frases. Mostrando-se primeiro a imagem ilusória oferecida pela paixão, a linguagem que lhe correspondia foi também a primeira a ser inventada; tornou-se mais tarde metafórica, quando o espírito esclarecido, reconhecendo o seu primeiro erro, só empregou suas expressões para as mesmas paixões que as haviam produzido".

1. O *Essai* descreve, assim, ao mesmo tempo o advento da metáfora e a sua retomada "a frio" na retórica. Portanto, só se pode falar da metáfora como figura de estilo, como técnica ou

6. Neste ponto, a doutrina de Rousseau é muito cartesiana. Interpreta-se a si mesma como uma justificação da natureza. Os sentidos, que são naturais, não nos enganam nunca. "Nunca a natureza nos engana; sempre somos nós que a enganamos." Passagem do *Emile* (p. 237), que o manuscrito autógrafo substituíra por esta: "Digo que é impossível que os nossos sentidos nos enganem, pois é sempre verdade que sentimos o que sentimos". Elogia os epicurianos por o terem reconhecido, mas critica-os por terem pretendido que "os juízos que fazíamos sobre nossas sensações nunca eram falsos". "Nós sentimos nossas sensações, mas não sentimos nossos juízos."

procedimento de linguagem, por uma espécie de analogia, de volta e de repetição do discurso; percorre-se então por decisão o deslocamento inicial, o que exprimiu propriamente a paixão. Ou antes, o representante da paixão: não é o terror mesmo que a palavra *gigante* exprime propriamente – e é necessária uma nova distinção que encetaria até mesmo o próprio da expressão – mas sim "a ideia que a paixão nos apresenta". A ideia "gigante" é, ao mesmo tempo, o signo próprio do representante da paixão, o signo metafórico do objeto (homem) e o signo metafórico do afeto (terror). Este signo é metafórico porque *falso* no que diz respeito ao objeto; é metafórico porque é *indireto* no que diz respeito ao afeto: é signo de signo, não exprime a emoção a não ser através de um outro signo, através do representante do terror, a saber, o signo *falso*. Não representa propriamente o afeto, a não ser representando um falso representante.

A seguir, o retor ou o escritor podem reproduzir e calcular esta operação. O intervalo desta repetição separa a selvajaria da civilidade; separa-as na história da metáfora. Naturalmente, esta selvajaria e esta civilidade relacionam-se no interior do estado de sociedade aberto pela paixão e pelas primeiras figuras. O "espírito esclarecido", isto é, a clareza sem calor da razão, voltada para o norte e arrastando o cadáver da origem, pode então, tendo reconhecido "seu primeiro erro", manejar as metáforas como tais, referindo-as ao que ele sabe ser seu sentido próprio e verdadeiro. No merídio da linguagem, o espírito apaixonado estava preso na metáfora: poeta sem relação com o mundo a não ser no estilo da impropriedade. O raciocinador, o escritor calculador, o gramático organizam sabiamente, friamente, os efeitos da impropriedade do estilo. Mas cumpre também retornar estas relações: o poeta tem uma relação de verdade e de propriedade com o que exprime, mantém-se no mais próximo da sua paixão. Não atingindo a verdade do objeto, ele se diz plenamente e refere autenticamente a origem da sua fala. O retor acede à verdade objetiva, denuncia o erro, trata as paixões, mas isso porque perdeu a verdade viva da origem.

Assim, embora aparentemente afirmando que a primeira linguagem foi figurada, Rousseau mantém o próprio: como *arquia* e como *telos*. Na origem, uma vez que a ideia primeira da paixão, seu primeiro representante, é propriamente exprimida. No fim, porque o espírito esclarecido fixa o sentido próprio. Ele o faz então por um processo de conhecimento e *em termos de verdade*. Ter-se-á observado que, em última análise, é também nesses termos que Rousseau trata o problema. Nisso, é sustentado por toda uma filosofia ingênua da ideia-signo.

2. O exemplo do terror deve-se ao acaso? A origem metafórica da linguagem não nos conduz necessariamente a uma situação de ameaça, de aflição e de derrelição, a uma solidão arcaica, à angústia da dispersão? O medo absoluto seria então o primeiro encontro do outro como *outro*: como outro em relação a mim e como outro em relação a si mesmo. Só posso responder à ameaça do outro como outro (em relação a mim) transformando-o em outro (em relação a si mesmo), alterando-a na minha imaginação, no meu medo ou no meu desejo. "Um homem selvagem, encontrando outros, ter-se-á *inicialmente* aterrorizado." O terror seria então a primeira paixão, a face de erro da piedade de que falávamos acima. A piedade é a força de aproximação e de presença. O terror estaria ainda voltado para a situação imediatamente anterior da pura natureza como dispersão; o outro é *inicialmente* encontrado à distância, é preciso vencer a separação e o medo para abordá-lo como um próximo. De longe, ele é imensamente grande, como um senhor e uma força ameaçadora. É a experiência do homem pequeno e *infans*. Ele só começa a falar a partir destas percepções deformadoras e naturalmente aumentadoras[7]. E, como a força de dispersão não é nunca reduzida, a fonte de terror compõe sempre com o seu contrário.

A influência reconhecida de Condillac também faz pensar que o exemplo do terror não é gratuito. Angústia e repetição, tal é, segundo o *Essai sur l'origine des connaissances humaines*, a dupla raiz da linguagem.

Mas da linguagem de ação. Que a linguagem tenha sido dada aos homens por Deus não proíbe interrogar a sua origem natural por meio de uma ficção filosófica que informe sobre a essência

---

7. Aqui se recordará ainda mais um texto de Vico: "Os caracteres poéticos, que constituem a essência mesma das fábulas, derivam, por um liame necessário, da natureza mesma dos primeiros homens, incapazes de abstrair as formas e as propriedades dos sujeitos; teriam de ser uma maneira de pensar comum a todos os indivíduos de povos inteiros, na época em que estes povos estavam envoltos na maior barbárie. Entre estes caracteres, podemos mencionar uma disposição para engrandecer desmedidamente, em todas as circunstâncias, as imagens dos objetos particulares. Assim observa Aristóteles: o espírito humano, que a natureza leva ao infinito, vê-se incomodado, abafado pelo vigor dos sentidos; um só meio lhe é deixado para mostrar tudo o que deve à sua natureza quase divina: empregar a imaginação para engrandecer as imagens particulares. É sem dúvida por isso que, entre os poetas gregos – e também entre os poetas latinos –, as imagens que representam os deuses e os heróis são sempre maiores do que as que representam os homens. E, quando voltaram os tempos bárbaros e recomeçou o curso da história, os afrescos e quadros onde são pintados o Pai Eterno, Jesus Cristo e a Virgem Maria nos apresentam Seres Divinos desmedidamente engrandecidos" (*Scienza Nuova*, 3, II, p. 18 na tradução de Chaix-Ruy).

do que assim foi recebido. Não basta "a um filósofo dizer que uma coisa foi feita por vias extraordinárias". É "seu dever explicar como ela teria podido fazer-se por meios naturais". É então a hipótese das duas crianças perdidas no deserto depois do dilúvio, "sem conhecerem o uso de nenhum signo"[8]. Ora, estas duas crianças só começaram a falar no momento do terror: para pedir socorro. Mas a linguagem não começa na angústia pura, ou antes, a angústia só se significa na repetição.

Que aqui se denomina imitação e se mantém entre a percepção e a reflexão. Ressaltemo-lo:

> "Assim, apenas pelo instinto, estes homens pediam-se e prestavam-se socorro. Digo *apenas pelo instinto*, pois a reflexão ainda não podia ter parte nisso. Uma não dizia: *devo agitar-me dessa maneira para dar-lhe a conhecer o que me é necessário, e para fazê-lo socorrer-me*; nem o outro: *vejo por seus movimentos o que ele quer, vou satisfazê-lo*; mas ambos agiam em consequência da necessidade que mais se lhes impunha... Quem, por exemplo, via um lugar onde tinha sido *aterrorizado*, *imitava* os gritos e movimentos que eram os signos do pavor, para advertir o outro a não se expor ao perigo que ele havia corrido"[9].

3. O trabalho que produz o nome comum supõe, como todo trabalho, o *resfriamento* e o *deslocamento* da paixão. O nome de *gigante* só pode ser substituído pelo nome comum adequado (*homem*) depois de apaziguado o pavor e reconhecido o erro. Com esse trabalho, aumentam o número e a extensão dos nomes comuns. Com isso, o *Essai* comunica-se estreitamente com o segundo *Discurso*: os primeiros substantivos não foram nomes comuns, mas sim nomes próprios. O próprio absoluto está efetivamente na origem: um signo para cada coisa, um representante para cada paixão. É o momento em que, quanto mais

---

8. II, I, pp. 111-112. Este é também o procedimento de Warburton nos notáveis parágrafos que consagra à *Origem e Progresso da Linguagem*: "A julgar-se apenas pela natureza das coisas e independentemente da revelação, que é um guia mais seguro, ser-se-ia levado a admitir a opinião de Deodoro da Sicília e Vitruvo, segundo a qual os primeiros homens viveram durante algum tempo nas cavernas e florestas, à maneira das alimárias, articulando somente sons confusos e indeterminados, até que, tendo-se associado para se socorreram mutuamente, tenham gradualmente chegado a formar sons distintos, por intermédio de signos ou marcas arbitrárias convencionadas entre eles, para que aquele que falasse pudesse exprimir as ideias que precisava comunicar aos outros. É o que deu lugar às diferentes línguas; pois todas as pessoas concordam que a linguagem não é, absolutamente, inata". E, contudo, "nada é tão evidente, na Santa Escritura, como o fato de que a linguagem teve uma origem diferente. Ela diz-nos que Deus ensinou a Religião ao primeiro homem; o que não nos permite suspeitar que Ele não o tivesse ensinado ao mesmo tempo, a falar".

9. II, I. § 2. 3, p. 113. Grifamos apenas as palavras "aterrorizado" e "imitava". O mesmo exemplo é retomado no capítulo sobre *A Origem da Poesia*: "Por exemplo, na linguagem de ação, para dar-se a alguém a ideia de um homem aterrorizado, não havia meio senão imitar os gritos e movimentos do pavor" (§ 66, p. 148).

limitados são os conhecimentos, mais extenso é o léxico[10]. Mas isto só é verdade com respeito aos categoremas, o que deveria suscitar mais de uma dificuldade lógica e linguística. Pois o substantivo como nome próprio não é o primeiríssimo estado da língua. Não está sozinho na língua. Já representa uma articulação e uma "divisão do discurso". Não que, à maneira de Vico, Rousseau faça nascer o nome quase por último, depois das onomatopeias, das interjeições, dos prenomes, dos pronomes, dos artigos, mas antes dos verbos. O nome não pode aparecer sem o verbo. Depois de uma primeira etapa, durante a qual o discurso é indiviso, cada palavra tendo "o sentido de uma proposição inteira", o nome surge simultaneamente ao verbo. É a primeira cisão interna da proposição que abre o discurso. Neste momento, de nome só há o próprio, de modo verbal só o infinitivo, de tempo só o presente: "Quando eles começaram a distinguir o sujeito do atributo, e o verbo do nome, o que não foi um medíocre esforço de engenho, os substantivos não foram inicialmente mais do que outros tantos nomes próprios, o infinitivo[11] foi o único tempo dos verbos e com respeito aos adjetivos a sua noção deve ter-se desenvolvido com muita dificuldade, porque todo adjetivo é uma palavra abstrata, e as abstrações são Operações penosas e pouco naturais" (p. 149).

Esta correlação do nome próprio e do infinitivo presente nos interessa. Abandonam-se, pois, o presente e o próprio no mesmo movimento: aquele que, discernindo o sujeito do seu verbo – e mais tarde do seu atributo – supre o nome próprio pelo nome comum e pelo pronome – pessoal ou relativo – instrui a classificação num sistema de diferenças e substitui pelos tempos o presente impessoal do infinitivo.

Antes dessa diferenciação, o momento das línguas "ignorando a divisão do discurso" corresponde a esta época suspensa entre o estado de natureza e o estado de sociedade: época das línguas naturais, do pneuma, do tempo da Ilha de Saint-Pierre,

10. "Cada objeto recebeu inicialmente um nome particular, sem atenção aos gêneros e às Espécies, que os primeiros Instituidores não tinham condições de distinguir... de modo que, quanto mais limitados eram os conhecimentos mais se tornou extenso o Dicionário... Aliás, as ideias gerais só podem introduzir-se no Espírito através da ajuda das palavras, e o entendimento só as apreende por proposições. Esta é uma das razões pelas quais os animais não poderiam formar ideias tais nem adquirir a perfectibilidade que delas depende... é preciso, pois, falar, para ter ideias gerais: pois, assim que se detém a imaginação, o espírito já não marcha sem a ajuda do discurso. Se assim, os primeiros Inventores não puderam dar nomes a não ser às ideias que já possuíam, segue-se que os primeiros substantivos nunca puderam ser mais do que nomes próprios" (pp. 159-150. Ver também as notas do editor).

11. "O presente do infinitivo" (edição de 1782).

da festa à volta do ponto d'água. Entre a pré-linguagem e a catástrofe linguística instaurando a divisão do discurso, Rousseau tenta reapreender uma espécie de pausa feliz, o instantâneo de uma linguagem plena, a imagem fixando o que não foi mais do que um ponto de pura passagem:, uma linguagem sem discurso, uma fala sem frase, sem sintaxe, sem partes, sem gramática, uma língua de pura efusão, para além do grito mas aquém da brisura que articula e simultaneamente desarticula a unidade imediata do sentido, na qual o ser do sujeito não se distingue nem do seu ato nem dos seus atributos. É o momento em que há palavras ("as primeiras palavras") que não funcionam ainda como "nas línguas já formadas" e em que os homens "deram inicialmente a cada palavra o sentido de uma proposição inteira". Mas a linguagem só nasce verdadeiramente pela disrupção e fratura desta feliz plenitude, no instante em que este instantâneo é arrancado à sua imediatez fictícia e reposto em movimento. Serve então de ponto de referência absoluto para quem quer medir e descrever a diferença no discurso. Apenas se pode fazê-lo referindo-se ao limite desde sempre transposto de uma linguagem indivisa, onde o próprio-infinitivo-presente está a tal ponto soldado a si mesmo que não pode sequer aparecer-se na oposição do nome próprio e do verbo ao presente do infinitivo.

Toda a linguagem embrenha-se a seguir nesta brecha entre o nome próprio e o nome comum (dando lugar ao pronome e ao adjetivo), entre o presente do infinitivo e a multiplicidade dos modos e dos tempos. Toda a linguagem se substituirá a esta viva presença a si do próprio, que enquanto linguagem supria já as coisas mesmas. A linguagem *acrescenta-se* à presença e a supre, diferindo-lhe no desejo indestrutível de a ela reunir-se.

A articulação é o suplemento perigoso do instantâneo fictício e da boa fala: do gozo pleno, pois a presença é sempre determinada como gozo por Rousseau. O presente é sempre o presente de um gozo; e o gozo é sempre a acolhida da presença. O que descoloca a presença introduz a diferência e o prazo, o espaçamento entre o desejo e o prazer. A linguagem articulada, o conhecimento e o trabalho, a procura inquieta do saber não são mais que o espaçamento entre dois gozos. "Procuramos conhecer apenas porque desejamos gozar" (segundo *Discurso*, p. 143). E, na *Art de jouir* (Arte de gozar), este aforismo que diz a restituição simbólica da presença suprida no passado do verbo: "Dizendo-me 'eu gozei', eu gozo ainda[12]". O grande assunto das

12. Tomo I, p. 1174.

Confessions não era também "gozar novamente quando assim o desejo"? (p. 585).

HISTÓRIA E SISTEMA DAS ESCRITURAS

O verbo *"suprir"* define bem o ato de escrever. É a palavra que começa e termina o capítulo "Da escritura". Já lemos o seu parágrafo de abertura. Eis agora suas últimas linhas:

> "Escrevem-se as vozes e não os sons; ora, numa língua acentuada, são os sons, os acentos, as inflexões de toda espécie que produzem a maior energia da linguagem, e tornam uma frase, comum em outro lugar, *apropriada somente no lugar onde se encontra*. Os meios empregados para *suprir* este recurso estendem, alongam a língua escrita e, passando dos livros para o discurso, tiram o nervo da fala mesma. Dizendo-se tudo como se escreveria, não se faz mais do que ler falando" (O grifo é nosso).

Se a suplementariedade é um processo necessariamente indefinido, a escritura é o suplemento por excelência pois ela marca o ponto onde o suplemento se dá corno suplemento de suplemento, signo de signo, *tendo o lugar* de uma fala já significante: ela desloca o *lugar próprio* da frase, a vez única da frase pronunciada *hic et nunc* por um sujeito insubstituível, e retro retira o nervo da voz. Ela marca o lugar da reduplicação inicial.

Entre esses dois parágrafos: 1º) uma análise brevíssima das diversas estruturas e do devir geral da escritura; 2º) a partir das premissas dessa tipologia e dessa história, uma longa reflexão sobre a escritura alfabética e uma apreciação do sentido e valor da escritura em geral.

Ainda aqui, apesar de empréstimos maciços, a história e a tipologia permanecem muito singulares.

Warburton e Condillac propõem o esquema de uma racionalidade econômica, técnica e puramente objetiva. O imperativo econômico deve aqui entender-se no sentido restritivo da economia *a fazer*: da *abreviação*. A escritura *reduz* as dimensões da presença no seu signo. A *miniatura* não é reservada às letras vermelhas, ela é, entendida em seu sentido derivado, a forma mesma da escritura. A história da escritura seguiria então o progresso contínuo e linear das técnicas de abreviação. Os sistemas de escritura derivariam uns dos outros sem modificação essencial da estrutura fundamental e segundo um processo homogêneo e monogenético. As escrituras não se substituem umas pelas outras, a não ser na medida em que fazem ganhar mais espaço e mais tempo. A acreditar-se no projeto de *história geral da escritura* proposto por Condillac[13], a escritura não tem por origem senão a fala: a necessidade e a distância. Prolonga, assim, a linguagem de ação. Mas é no momento em que a *distância* social que havia conduzido o gesto à fala aumenta até tornar-se *ausência*, que a escritura se torna necessária. (Este vir-a-ser-ausência da distância não é interpretado por Condillac como uma ruptura, mas descrito como a consequência de um aumento contínuo.) A escritura tem, desde sempre, por função atingir *sujeitos* que não somente estão afastados mas fora de todo campo de visão e além de todo alcance de voz.

Por que *sujeitos?* Por que a escritura seria um outro nome da constituição dos *sujeitos* e, poder-se-ia dizer, da *constituição* enquanto tal? de um sujeito, isto é, de um indivíduo obrigado a responder (de) si diante de uma lei e simultaneamente submetido a esta lei?

Sob o nome de escritura, Condillac pensa efetivamente na possibilidade de um tal sujeito. E na lei que domina a sua ausência. Quando o campo da sociedade se estende ao ponto da ausência, do invisível, do inaudível, do imemorável, quando a comunidade local é descolocada a ponto que os indivíduos não se aparecem mais uns aos outros, tornam-se sujeitos a serem imperceptíveis, começa a era da escritura.

"... Os fatos, as leis e todas as coisas, cujo conhecimento era preciso que os homens tivessem, multiplicaram-se tanto que a memória era muito fraca para um tal fardo; as sociedades cresceram a tal ponto que a promulgação das leis muito dificilmente podia caber a todos os cidadãos. Foi preciso, pois, para instruir o povo, recorrer a algum novo meio. Foi então que se imaginou a escritura: exporei adiante quais foram os seus progressos..." (II, 1, § 73). "Os homens, em estado de comunicar os pensamentos por sons, sentiram a Necessidade de imaginar novos signos próprios para perpetuá-los e dá-los a conhecer a pessoas ausentes" (§ 127).

A operação da escritura reproduzindo aqui a da fala, a primeira grafia refletirá a primeira fala: a figura e a imagem. Ela será pictográfica. Paráfrase ainda de Warburton:

"Então, a imaginação lhes representou apenas as mesmas imagens que eles já haviam exprimido por ações e palavras e que, desde os começos, tornaram a linguagem figurada e metafórica. O meio mais natural foi, portanto, desenhar as imagens das coisas. Para exprimir a ideia de um homem ou de um

---

13. Ver o capítulo XIII ("Da escritura") e, especialmente, o § 134 do *Essai*.

cavalo, representou-se a forma de um ou de outro, e o primeiro ensaio da escritura não foi mais do que uma mera pintura"[14].

Como a primeira palavra, o primeiro pictograma é, pois, uma imagem, ao mesmo tempo no sentido de representação imitativa e de deslocamento metafórico. O intervalo entre a coisa mesma e a sua reprodução, por fiel que seja esta, só é percorrido por uma translação. O primeiro signo é determinado como imagem. A ideia tem uma relação essencial com o signo, substituto representativo da sensação. A imaginação supre a atenção que supre a percepção. A atenção pode ter por "primeiro efeito" "fazer subsistir no espírito, na ausência dos objetos, as percepções que estes ocasionaram" (I, 11, § 17). A imaginação, por sua vez, permite "a representação de um objeto a partir de um signo, por exemplo, de seu simples nome". A teoria da origem sensível das ideias em geral, a teoria dos signos e da linguagem metafórica que comanda quase todo o pensamento do século XVIII recorta aqui a sua crítica ao racionalismo de tipo cartesiano sobre um fundo teológico e metafísico não encetado. É o pecado original, funcionando como anteriormente o dilúvio, que torna possível e necessária a crítica sensualista das ideias inatas, o recurso ao conhecimento por signos ou metáforas, fala ou escritura, o sistema dos signos (acidentais, naturais, arbitrários). "Assim, quando direi *que não temos absolutamente ideias que não nos venham dos sentidos*, será preciso recordar sempre que falo apenas do estado em que estamos desde o pecado. Esta proposição, aplicada à alma em seu estado de inocência, ou depois de sua separação do corpo, seria totalmente falsa... Limito-me pois, ainda uma vez, ao estado presente" (I, 1, 8, p. 10).

É portanto, como – por exemplo – em Malebranche, o conceito mesmo de experiência que permanece sob a dependência da ideia de pecado original. Há aí uma lei: a noção de experiência, mesmo quando se desejasse empregá-la para destruir a metafísica ou a especulação, continua, num ponto ou outro do seu funcionamento, fundamentalmente inscrita na onto-teologia: pelo menos pelo valor de *presença*, cuja implicação ela jamais poderá reduzir nela mesma. A experiência é sempre a relação com uma plenitude, quer seja a simplicidade sensível ou a pre-

14. II, I, capítulo XIII. Ver as passagens correspondentes de Warburton que, ao contrário de Condillac, leva em conta (no Tomo I, p. 5) a "influência recíproca" que exercem entre si a fala e a escritura. "Seria preciso um volume inteiro para bem desenvolver esta influência recíproca" (p. 202). (Sobre a impossibilidade de uma escritura puramente figurativa, cf. Duclos, *op. cit.*, p. 421.)

sença infinita de Deus. Até em Hegel e Husserl se poderia fazer aparecer, por esta mesma razão, a cumplicidade de um certo sensualismo e de uma certa teologia. A ideia ontoteológica de sensibilidade ou de experiência, a oposição da passividade e da atividade constituem a homogeneidade profunda, escondida sob a diversidade dos sistemas metafísicos. A ausência e o signo aí vêm, sempre, fazer um entalhe aparente, provisório, derivado, no sistema da presença primeira e derradeira. São pensados como os acidentes e não como a condição da presença desejada. O signo é sempre o signo da queda. A ausência relaciona-se sempre com o distanciamento de Deus.

Não basta, para escapar à clausura deste sistema, desembaraçar-se da hipótese ou da hipoteca "teológica". Se se priva das facilidades teológicas de Condillac ao procurar a origem natural da sociedade, da fala e da escritura, Rousseau faz os conceitos substitutivos de natureza ou de origem desempenharem um papel análogo. E como acreditar que o tema da queda esteja ausente deste discurso? Como acreditá-lo ao ver aparecer o dedo desaparecente de Deus no momento da catástrofe dita natural? As diferenças entre Rousseau e Condillac serão sempre contidas na mesma clausura. Não se poderá formular o problema do modelo da queda (platônico ou judaico-cristão) a não ser no interior desta clausura comum[15].

A primeira escritura é, pois, uma imagem pintada. Não que a pintura tenha servido à escritura, à miniatura. Ambas confundiram-se inicialmente: sistema fechado e mudo no qual a fala não tinha ainda nenhum direito de entrar e que era subtraído a qualquer outro investimento simbólico. Não havia aí nada mais que um puro reflexo do objeto ou da ação. "É provavelmente à Necessidade de traçar assim nossos pensamentos que a pintura deve a sua origem, e esta Necessidade sem dúvida concorreu para conservar a linguagem de ação, como a que mais se prestava a ser pintada" (§ 128).

Esta escritura natural é, pois, a única escritura universal. A diversidade das escrituras aparece assim que se transpõe a soleira da pictografia pura. Esta seria, portanto, uma origem simples. Condillac, seguindo nisso Warburton, engendra, ou antes, deduz, a partir deste sistema natural, todos os outros tipos e to-

---

15. H. Gouhier aborda-o sistematicamente e em seu fundo (*Nature et Histoire dans la pensée de Jean-Jacques Rousseau. Annales J.-J. Rousseau*, Tomo XXXIII, 1953-1955). – "Sim e não", responde ele à questão do modelo judaico-cristão (p. 30).

das as outras etapas da escritura[16]. O progresso linear será sempre de condensação. E de condensação puramente quantitativa. Mais precisamente, ela dirá respeito a uma quantidade objetiva: volume e espaço natural. É a esta lei profunda a que estão submetidos todos os deslocamentos e todas as condensações gráficas que só aparentemente se lhe subtraem.

Deste ponto de vista, a pictografia, método primário que utiliza um signo para cada coisa, é o menos econômico. Este esbanjamento dos signos é americano: "Apesar dos inconvenientes que nasciam deste método, os povos mas polidos da América não souberam inventar outro melhor. Os selvagens do Canadá não possuem outro" (§ 129). A superioridade da escritura hieroglífica "pintura e caráter" deve-se a ser utilizada "apenas uma única figura para ser o signo de várias coisas". O que supõe que possa haver – é a função do limite pictográfico – algo como um signo único de uma coisa única. O que contradiz o conceito mesmo e a operação do signo. Determinar assim o primeiro signo, fundar ou deduzir todo o sistema dos signos por referência a um signo que não o é, consiste na verdade em reduzir a significação à presença. O signo não é, desde então, senão uma arrumação das presenças na biblioteca. O interesse dos hieróglifos – um signo para várias coisas – reduz-se à economia das bibliotecas. É o que compreenderam os egípcios, "mais engenhosos". Eles "foram os primeiros a servir-se de um meio mais resumido ao qual deram o nome de Hieróglifos". "O embaraço causado pela enorme espessura dos volumes levou a empregar apenas uma única figura para ser o signo de várias coisas." As formas de deslocamento e condensação que diferenciam o sistema egípcio são compreendidas sob este conceito econômico e cão conformes à "natureza da coisa" (à natureza das coisas) que basta, então, "consultar". Três graus ou três momentos: a parte pelo todo (duas mãos, um escudo e um arco, por uma batalha) nos hieróglifos curiológicos; o instrumento – real ou metafórico – pela coisa (um olho pela ciência de Deus, uma espada pelo tirano); enfim uma coisa análoga, em sua totalidade, à coisa mesma (uma serpente e o multico-

---

16. Quanto a este monogenetismo e à racionalidade econômica desta genealogia, a prudência de Condillac tem limites, se bem que se manifeste no *Traité des Systèmes* (1749) (cap. XVII): "Se todos os caracteres que foram usados desde a origem da história tivessem podido chegar a nós com uma chave que os explicasse, destrincharíamos este progresso de uma maneira bem sensível. Contudo, podemos, com os meios à nossa disposição, desenvolver este sistema, senão em todos os seus pormenores, pelo menos o bastante para nos assegurarmos da geração das diferentes espécies de escritura. Assim o prova " obra do Sr. Warburton" (cf. DE, p. 101).

lorido de suas manchas pelo universo estrelado) nos hieróglifos trópicos.

Era já por razão de economia que, segundo Warburton, fora substituída pela hieroglifia cursiva ou demótica a hieroglifia propriamente dita ou escritura sagrada. A *filosofia* é o nome do que precipita esse movimento: alteração econômica que dessacraliza ao abreviar e apagar o significante em proveito do significado:

"Mas é hora de falar de uma alteração que esta mudança de assunto (*sujet*) e esta maneira de exprimi-lo introduziram nos traços das figuras Hieroglíficas. O animal, ou a coisa, que serviam para representar, haviam até então sido desenhados ao natural. Mas, quando o estudo da Filosofia, que ocasionara a escritura simbólica, levou os Sábios do Egito a escreverem muito e sobre diversos assuntos, pareceu-lhes tedioso este desenho exato que multiplicava em demasiado os volumes. Serviram-se então gradativamente de um *outro caráter*, que podemos denominar a *escritura corrente* dos hieróglifos. Assemelhava-se aos caracteres dos chineses e, após ter sido inicialmente formado pelo mero contorno de cada figura, tornou-se a mais longo prazo uma espécie de *marcas*. Não devo deixar de falar aqui de um efeito natural que esse caráter da escritura corrente produziu com o tempo. Quero dizer, que seu uso diminuiu muito da atenção que se dava ao símbolo, e fixou-a na coisa significada. Por esse meio o estudo da escritura simbólica encontrou-se muito abreviado; não havendo nele quase nada mais a fazer do que recordar-se do *poder* da marca simbólica, enquanto anteriormente era preciso instruir-se das propriedades da coisa ou do animal, que era utilizado como símbolo. Numa palavra, isto reduziu esta espécie de escritura ao estado onde seta atualmente a dos chineses" (T. I, pp. 139-140). Este apagamento do significante conduziu gradativamente ao alfabeto (cf. p. 148). É também essa a conclusão de Condlilac (§ 134).

É portanto a história do saber – da filosofia – que, tendendo a multiplicar os volumes, impele à formalização, à abreviação, à álgebra. Simultaneamente, afastando-se da origem, escava-se e dessacraliza-se o significante, que se "demotiza" e universaliza. A história da escritura, como história da ciência, circularia entre as duas épocas da escritura universal, entre duas simplicidades, entre duas formas de transparência e de univocidade: uma pictografia absoluta reduplicando a totalidade do ente natural num consumo desenfreado de significantes, e uma grafia absolutamente formal reduzindo a quase nada o dispêndio significante. Não haveria história da escritura e história do saber – poder-se-ia dizer, história sem mais – a não ser entre esses dois polos. E, se a história só é pensável entre esses dois limites, não é possível desqualificar as mitologias da escritura universal – pictografia ou álgebra – sem lançar suspeição sobre o conceito mesmo de história. Se sempre se pensou o contrário, opondo-se a história à transparência da linguagem verdadeira, foi sem dúvida por cegamento aos limites a partir dos quais, arqueológico ou escatológico, formou-se o conceito de história.

A ciência – o que Warburton e Condillac denominam aqui a filosofia –, a *episteme* e eventualmente o saber de si, a consciência, seriam portanto o movimento da idealização: formalização algebrizante, despoetizante, cuja operação consiste em recalcar, para melhor dominá-lo, o significante carregado, o hieróglifo atado. Que este movimento torne necessária a passagem pela etapa logocêntrica – não é mais do que um aparente paradoxo: o privilégio do *logos* é o da escritura fonética, de uma escritura provisoriamente mais econômica, mais algébrica, em razão de um certo estado do saber. A época do logocentrismo é um momento do apagamento mundial do significante: acredita-se então proteger e exaltar a fala, mas apenas se está fascinado por uma figura da *tekhné*. Ao mesmo tempo, despreza-se a escritura (fonética) porque tem a vantagem de garantir uma maior dominação ao apagar-se: traduzindo da melhor forma possível um significante (oral) para um tempo mais universal e mais cômodo; a autoafeção fônica, dispensando todo recurso "exterior", permite, a uma certa época da história do mundo e do que então se denomina o homem, a maior dominação possível, a maior presença a si da vida, a maior liberdade. É esta história (como época: época não da história mas como história) que se fecha ao mesmo tempo que a forma de ser no mundo que se denomina saber. O conceito de história é, pois, o conceito da filosofia e da *episteme*. Mesmo que só se tenha imposto tardiamente no que se chama a história da filosofia, a ela estava chamado desde o começo desta aventura. É num sentido até agora inaudito – e que nada tem a ver com as ninharias idealistas ou convencionalmente hegelianas de aparência análoga – que a história é a história da filosofia. Ou, se se prefere, é preciso tomar ao pé da letra a fórmula de Hegel: a história é apenas a história da filosofia, o saber absoluto está efetivado. O que excede então esta clausura *não é nada*: nem a presença do ser, nem o sentido, nem a história nem a filosofia; mas outra coisa que não tem nome, que se anuncia no pensamento desta clausura e conduz aqui nossa escritura. Escritura na qual a filosofia está inscrita como um lugar num texto que ela não comanda. A filosofia não é, na escritura, mais do que este movimento da escritura como apagamento do significante e desejo da presença restituída, do ser significado no seu brilho e clarão. A evolução e a economia propriamente filosóficas da escritura vão, portanto, no sentido do apagamento do significante, quer ele assuma a forma do esquecimento ou do recalcamento. Esses dois últimos conceitos são igualmente insuficientes, quer sejam opostos ou sejam associados. O esquecimento é, em todo caso, se for entendido como apagamento por *finidade* do poder de retenção, a possibilidade mesma do recalcamento. E o recalcamento, aquilo sem o qual a dissimulação não teria nenhum *sentido*. O conceito de recalcamento é, portanto, pelo menos tanto como o de esquecimento, o produto de uma filosofia (do sentido).

Como quer que seja, o movimento de retiro do significante, o aperfeiçoamento da escritura liberaria a atenção e a consciência (o saber e o saber de si como idealização do objeto dominado) para a presença do significado. Este é tanto mais disponível porquanto é ideal. E o valor de verdade em geral, que implica sempre a *presença* do significado (*aletheia* ou *adequado*), longe de comandar este movimento e de dá-lo a pensar, não é senão uma época sua, qualquer que seja o seu privilégio. Época europeia no interior do devir do signo; e mesmo, digamo-lo aqui com Nietzsche que rouba a proposição de Warburton ao seu contexto e à sua segurança metafísica, da *abreviação dos signos*. (Se bem, diga-se entre parênteses, que, em se desejando restaurar uma *verdade* e uma *ontologia* originária e fundamental no pensamento de Nietzsche, corre-se o risco de desconhecer, talvez ao preço de todo o resto, a intenção axial de seu conceito de interpretação).

Repetindo fora de sua clausura o enunciado de Warburton e Condillac, pode-se dizer que a história da filosofia é a história da prosa; ou antes, do vir-a-ser-prosa do mundo. A filosofia é a invenção da prosa. O filósofo fala em prosa. Menos ao excluir o poeta da cidade, do que ao escrever. Escrevendo necessariamente esta filosofia que o filósofo acreditou por muito tempo – não sabendo o que ele fazia e que uma escritura bem cômoda lhe permitia – que podia de direito contentar-se em falar-lhe.

No seu capítulo sobre a *Origine de la poésie*, Condillac recorda-o como um *fato*: "Enfim, um Filósofo, não podendo dobrar-se às regras da poesia, foi o primeiro a arriscar-se a escrever em prosa" (§ 67). Trata-se de "Ferécides da ilha de Siros..., o primeiro de quem se sabe que escreveu em prosa". A escritura no sentido corrente é, por si mesma, prosaica. Ela é a prosa. (Também neste ponto Rousseau se separa de Condillac.) Quando aparece a escritura, não se precisa mais do ritmo e da *rima*, que têm por função, segundo Condillac, gravar o sentido na memória (*ibidem*). Antes da escritura, o verso seria de alguma maneira uma gravura espontânea, uma escritura pré-literal. Intolerante com a poesia, o filósofo teria tomado a escritura literalmente.

É difícil *apreciar* o que separa aqui Rousseau de Warburton e Condillac, determinar o seu *valor de ruptura*. De um lado, Rousseau parece aguçar os modelos que toma de empréstimo: a derivação genética não é mais linear nem causal. É mais atento às *estruturas* dos sistemas de escritura nas suas relações com os sistemas sociais ou econômicos e com as figuras da paixão. A aparição das formas da escritura é relativamente independente dos ritmos da história das línguas. Os modelos de explicação têm aparência menos teológica. A economia da escritura refere-se a motivações que não são as da necessidade e da ação, entendidas num sentido homogêneo, simplista e objetivista. Mas, *por outro lado*, ele neutraliza o que se anunciava como irredutivelmente *econômico* no sistema de Warburton e Condillac. E sabemos como procedem em seu discurso as astúcias da razão teológica.

Aproximemo-nos do seu texto. Aos imperativos técnicos e econômicos do espaço objetivo, a explicação de Rousseau faz apenas uma concessão. Não há dúvida, porém, de que o faz para retificar discretamente o simplismo de Warburton e Condillac.

Trata-se da *escritura por sulcos*. O sulco é a linha, tal como a traça o lavrador: a rota – *via rupta* – cortada pela relha do arado. O sulco da agricultura, também o recordamos, abre a natureza à cultura. E sabe-se também que a escritura nasce com a agricultura, que não se dá sem a sedentarização.

Ora, como procede o lavrador?

Economicamente. Chegando ao fim do sulco, ele não volta ao ponto de partida. Dá meia volta ao arado e ao boi. Depois, parte novamente, em sentido inverso. Poupança de tempo, de espaço e de energia. Melhoria do rendimento e diminuição do tempo de trabalho. A escritura *de volta de boi – bustrofédon –*, a escritura por sulcos foi um momento da escritura linear e fonográfica[17]. Ao término da linha percorrida da esquerda para a direita, parte-se novamente, da direita para a esquerda e vice-versa. Por que ela foi abandonada num momento dado, pe-

---

17. Sobre o problema da escritura bustrofédon, cf. J. Février e M. Cohen *op. cit.* E, sobre as relações entre a escritura, a *via rupta* e o incesto, cf. "Freud e a cena da escritura", em *A Escritura e a Diferença*.

los gregos, por exemplo? Por que a economia do escrevedor rompeu com a do lavrador? Por que o espaço de um não é o espaço do outro? Se o espaço fosse "objetivo", geométrico, ideal, nenhuma diferença de economia seria possível entre os dois sistemas de incisão.

Mas o espaço da objetividade geométrica é um objeto ou um significado ideal produzido num momento da escritura. Antes dele, não há espaço homogêneo, submetido a um único e mesmo tipo de técnica e economia. Antes dele, o espaço ordena-se inteiramente em conformidade com a habitação e inscrição nele do corpo "próprio". Contudo, no interior de um espaço ao qual se refere um único e mesmo corpo "próprio", há fatores de heterogeneidade e, por conseguinte, imperativos econômicos diferentes, e mesmo incompatíveis, entre os quais é preciso escolher e em meio aos quais sacrifícios são necessários, e uma organização das hierarquias. Assim, por exemplo, a superfície da página, a extensão do pergaminho ou de qualquer outra substância receptora distribuiu-se diferentemente conforme se trate de escritura ou de leitura. Uma economia original é prescrita de cada vez. No primeiro caso, e durante toda uma época da técnica, ela devia ordenar-se ao sistema da mão. No segundo caso, e durante a mesma época, ao sistema de olho. Nos dois casos, trata-se de um percurso linear e orientado, cuja orientação não é indiferente e reversível num meio homogêneo. Numa palavra, é mais cômodo ler, mas não escrever, por sulcos. A economia visual da leitura obedece a uma lei análoga à da agricultura. O mesmo não vale para a economia manual da escritura, e esta dominou numa área e num período determinados da grande época fonográfico-linear. Sua maré sobrevive às condições de sua Necessidade: continua na idade da imprensa. Nossa escritura e nossa leitura são ainda maciçamente determinadas pelo movimento da mão. A máquina impressora não libertou ainda a organização da superfície da sua escravização imediata ao gesto manual, à ferramenta de escritura.

Rousseau, pois, já se surpreendia:

"De início, os gregos não apenas adotaram os caracteres dos fenícios, mas também a direção de suas linhas, da direita para a esquerda. A seguir, imaginaram escrever em sulcos, isto é, voltando da esquerda para a direita, e depois da direita para a esquerda, alternadamente. Terminaram por escrever como fazemos hoje, recomeçando todas as linhas da esquerda para a direita. Este progresso nada tem de natural: a escritura por sulcos é irrefutavelmente a mais cômoda de ler. Espanto-me mesmo que ela não se tenha restabelecido com a imprensa; contudo, sendo difícil de ser escrita a mão, teve de ser abolida quando se multiplicaram os manuscritos" (cap. V).

O espaço da escritura não é, portanto, um espaço originalmente *inteligível*. Contudo, começa a *vir a sê-lo* desde a origem, isto é, desde que a escritura, como toda obra de signos, produz nele a repetição e portanto a idealidade. Se se denomina leitura este momento que vem imediatamente duplicar a escritura originária, pode-se dizer que o espaço da pura leitura é desde sempre *inteligível*, o da pura escritura sempre se conserva *sensível*. Provisoriamente, entendemos estas palavras no interior da metafísica. Mas a impossibilidade de separar pura e simplesmente a escritura e a leitura desqualifica de início de jogo esta oposição. Mantendo-a por comodidade, dizemos contudo que o espaço da escritura é puramente sensível, no sentido em que o entendia Kant: espaço irredutivelmente orientado, no qual a esquerda não recobre a direita. Contudo, também é preciso levar em conta o predomínio de uma direção sobre a outra no movimento. Pois, trata-se aqui de uma operação e não apenas de uma percepção. Ora, os dois lados nunca são simétricos do ponto de vista da aptidão, ou simplesmente da atividade do corpo próprio.

Assim, a "volta de boi" convém mais à leitura do que à escritura. Entre essas duas prescrições econômicas, a solução será um compromisso lábil que deixará resíduos, acarretará desigualdades de desenvolvimento e dispêndios inúteis. Compromisso, se assim se quiser, entre o olho e a mão. Na época desta transação, não se escreve apenas, também se lê um pouco às cegas, guiado pela ordem da mão.

Ainda é útil lembrar tudo o que uma tal Necessidade econômica tornou possível?

Ora, este compromisso já é muito derivado, tendo surgido bem tardiamente, se se pensar que só prevalece no momento em que um certo tipo de escritura, por sua vez carregado de história, já era praticado: a fonografia linear. O sistema da fala, o ouvir-se-falar, a autoafeção que parece suspender todo pedido de empréstimo de significantes ao mundo e tornar-se assim universal e transparente ao significado, a *phoné* que parece comandar a mão nunca pôde preceder o seu sistema nem lhe ser, na sua essência mesma, estranha. Ela nunca pôde representar-se como ordem e predomínio de uma linearidade temporal, a não ser *vendo-se* e, melhor ainda, *manejando-se* na sua própria leitura de si. *Não basta dizer que o olho ou as mãos façam. Já, na sua própria representação, a voz se vê e se mantém,* O conceito de temporalidade linear é apenas uma *maneira* da fala. Esta forma de sucessividade retro impôs-se à *phoné,* à consciência e à pré-consciência a partir de um certo espaço determinado de sua inscrição. Pois a voz foi desde sempre investida, solicitada, requerida, marcada na sua essência por uma certa espacialidade[18].

Quando dizemos que uma forma se *impôs,* não pensamos, é óbvio, em nenhum modelo de causalidade clássico. A questão, tantas vezes formulada, de saber se se escreve como se fala ou se se fala como se escreve, se se lê como se escreve ou inversamente, remete da sua banalidade a uma profundidade histórica ou pré-histórica bem mais escondida do que se desconfia geralmente. Se se imagina, enfim, que o espaço escritural está ligado, como Rousseau intuiu, à natureza do espaço social, à organização perceptiva e dinâmica do espaço técnico, religioso, econômico etc., mede-se a dificuldade de uma questão transcendental sobre o espaço. Uma nova estética transcendental deveria deixar-se guiar não apenas pelas idealidades matemáticas mas pela possibilidade da inscrição em geral, não sobrevindo como um acidente contingente a um espaço já constituído, mas produzindo a espacialidade do espaço. Dizemos claramente da inscrição *em geral,* para ressaltar que não se trata apenas da notação de uma fala pronta, representando-se a si mesma, mas da inscrição na fala e da inscrição como *habitação* situada desde sempre. Não há dúvida de que um tal questionamento, apesar da sua referência a uma forma de passividade fundamental, não deveria mais denominar-se *estética* transcendental, nem no sentido kantiano, nem no sentido husserliano destas palavras. Uma questão transcendental sobre o espaço diz respeito à camada pré-histórica e pré-cultural da experiência espaço-temporal que fornece um solo unitário e universal a toda subjetividade, a toda cultura, aquém da diversidade empírica, das orientações próprias de seus espaços e de seus tempos. Ora, se nos deixamos guiar pela inscrição como habitação em geral, a radicalização husserliana da questão kantiana é indispensável mas insuficiente. Sabe-se que Husserl censurava Kant por se ter deixado conduzir na sua questão por objetos ideais já constituídos numa ciência (geometria ou mecânica). A um espaço ideal constituído correspondia necessa-

---

18. Sobre estas questões e o desenvolvimento que se segue, permitimo-nos remeter, uma vez mais, a *La Voix et le Phénomène.*

riamente uma subjetividade constituída (em faculdades). E, do ponto de vista que é aqui o nosso, haveria muito a dizer sobre o conceito de *linha* que intervém tantas vezes na crítica kantiana. (O tempo, forma de todos os fenômenos sensíveis, internos *e* externos, parece dominar o espaço, forma dos fenômeno: sensíveis externos; mas é um tempo que se pode sempre representar por uma linha, e a "refutação do idealismo" inverterá esta ordem.) O projeto husserliano não põe apenas entre parênteses o espaço objetivo da ciência; devia articular a estética sobre uma cinestética transcendental. Contudo, apesar da revolução kantiana e da descoberta da sensibilidade *pura* (pura de toda referência à sensação), enquanto o conceito de sensibilidade (como pura passividade) e seu contrário continuarem a comandar estas questões, estas permanecerão prisioneiras da metafísica. Se o espaço-tempo que habitamos é *a priori* espaço-tempo do rastro, não há nem atividade nem passividade puras. Este par de conceitos – e sabe-se que Husserl os rasurava sem cessar, substituindo-os um pelo outro – pertencem ao mito de origem de um mundo desabitado, de um mundo estranho ao rastro: presença pura do presente puro, que se pode indiferentemente denominar pureza da vida ou pureza da morte: determinação do ser que sempre vigiou não apenas as questões teológicas e metafísicas, mas também as questões transcendentais, quer sejam pensadas em termos de teologia escolástica ou no sentido kantiano e pós-kantiano. O projeto husserliano de uma estética transcendental, de uma restauração do "*logos* do mundo estético" (*Lógica formal e lógica transcendental*) permanece submetido, como à forma universal e absoluta da experiência, à instância do *presente vivo*. É pelo que complica este privilégio e lhe escapa, que se é aberto ao espaço da inscrição.

Rompendo com a gênese linear e descrevendo correlações entre sistemas de escrita, estruturas sociais e figuras da paixão, Rousseau abre suas questões na direção que acabamos de indicar.

Três estados do homem em sociedade: três sistemas de escritura, três formas de organização social, três tipos de paixão. "Esses três modos de escrever correspondem com bastante exatidão aos três diferentes estados pelos quais se podem considerar os homens reunidos em nação" (cap. V). Entre esses três modos, há sem dúvida diferenças de "grosseria" e de "antiguidade". Mas, enquanto pudessem assegurar uma referenciação cronológica e linear, pouco interesse têm elas para Rousseau. Diversos sistemas podem coexistir, um sistema mais grosseiro pode aparecer depois de outro mais refinado.

Também aqui, tudo começa pela pintura. Isto é, pela selvajaria: "O primeiro modo de escrever não é pintar os sons, mas os próprios objetos..." (cap. V). Esta pintura se contentará em reproduzir a coisa? Corresponde a esta protoescritura, universal porque reduplica a natureza sem nenhum deslocamento? Introduz-se aqui a primeira complicação. Rousseau distingue, com efeito, duas pictografias. Uma procederia *diretamente* e a outra *alegoricamente*, "seja diretamente, como faziam os mexicanos, seja por figuras alegóricas como fizeram outrora os egípcios". E quando concatena: "Esse estado corresponde à língua apaixonada e supõe já alguma sociedade e necessidades que as paixões suscitaram", é verossímil que não designa apenas o estado "egípcio" ou "alegórico". Se assim fosse, seria preciso concluir que uma escritura – a pictografia direta – pôde existir numa sociedade sem paixão, o que contraria as premissas do *Essai*. Em compensação, como imaginar uma pintura direta, própria, sem alegoria, num estado de paixão? Isso também contraria as premissas.

Só se pode superar essa alternativa restituindo-se um não dito: a representação pura, sem deslocamento metafórico, a pintura puramente reflexionante é a primeira figura. Nela, a coisa mais fielmente representada já não está presente propriamente. O projeto de repetir a coisa corresponde já a uma paixão social e comporta, pois, uma metaforicidade, uma translação elementar. Transporta-se a coisa no seu duplo (isto é, já numa idealidade) para um outro, e a representação perfeita é desde sempre outra, em relação ao que ela duplica e representa. Começa aí a alegoria. A pintura "direta" já é alegórica e apaixonada. É por isso que não há escritura *verdadeira*. A duplicação da coisa na pintura, e já no clarão do fenômeno onde ela está presente, guardar e resguardar, mantida por pouco que seja em olhar e sob o olhar, abre o aparecer como ausência da coisa a seu próprio e à sua verdade. Nunca há pintura da coisa mesma, e antes de mais nada porque não há coisa mesma. Supondo-se que tenha um estágio primitivo e pictórico, a escritura acusa esta ausência, este mal ou este recurso que desde sempre trabalha a verdade do fenômeno: a produz e certamente a supre. A possibilidade original da imagem é o suplemento: que se acrescenta sem nada acrescentar para preencher um vazio que no pleno pede para se deixar substituir. A escritura como pintura é, pois, simultaneamente o *mal* e o *remédio* no *phainesthai* ou no *eidos*. Platão já dizia que a arte ou a técnica (*tekhné*) da escritura era um *pharmakon* (droga ou tintura, salutar ou maléfica). E o inquietante da escritura já era sentido a partir da sua semelhança com a pintura. A escritura é *como* a pintura, como o *zoografema*, que por sua vez é determinado (cf. o *Crátilo*, 430-432) numa problemática de *mimesis*; a semelhança é inquietante: "O que há com efeito de terrível, penso eu, na escritura, é também, *Fedro*, que ela tenha verdadeiramente tanta semelhança com a pintura" (ζωγραφία) (275 d). Aqui a pintura, a zoografia, trai o ser e a fala, as palavras e as próprias coisas, porque os cristaliza. Seus rebentos aparentam viventes, mas, quando são interrogados, não mais respondem. A zoografia trouxe a morte. O mesmo se dá com a escritura. Ninguém, e sobretudo o pai, está aí para responder quando é interrogado. Rousseau aprovaria sem reserva. A escritura traz a morte. Poder-se-ia jogar: a escritura como pintura do vivente, fixando a animalidade, a zoografia, é segundo Rousseau a escritura dos selvagens. Que por sua vez são apenas caçadores, como sabemos: homens da *zoogreia*, da captura do vivente. A escritura seria efetivamente representação pictural da alimária caçada: captura e matança mágicas.

Outra dificuldade neste conceito de protoescritura: não se salienta nele nenhum recurso à convenção. Esta só aparece no "segundo modo": momento da barbárie e da ideografia. O caçador pinta os seres, o pastor inscreve já a língua: "O segundo modo consiste em representar as palavras e as proposições por caracteres convencionais; o que só se torna possível quando a língua está completamente formada e um povo inteiro está unido por leis comuns, pois neste caso já há dupla convenção. Tal é a escritura dos chineses, que consiste verdadeiramente em pintar os sons e falar aos olhos".

Daí se pode concluir, portanto, que – no primeiro estado – a metáfora não dava lugar a nenhuma convenção. A alegoria era, ainda, uma produção selvagem. Não era preciso nenhuma instituição para representar os seres mesmos e a metáfora consistia efetivamente na transição entre a natureza e a instituição. Assim, a protoescritura que não pintava a linguagem, mas sim as coisas, podia acomodar-se com uma língua, e portanto uma sociedade que não estivesse "completamente formada". Esse primeiro estágio sempre permanece este limite instável do nascimento: abandonou-se a "pura natureza" mas sem se alcançar inteiramente o estado de sociedade. Os mexicanos e os egípcios só teriam tido direito, segundo Rousseau, a "alguma sociedade".

O segundo modo pinta os sons, mas sem decompor as palavras e as proposições. Seria, portanto, ideofonográfico. Cada significante remete a uma totalidade fônica e a uma síntese conceitual, a uma unidade complexa e global do sentido e do som. Ainda não se atingiu a escritura puramente fonográfica (de tipo alfabético, por exemplo), na qual o significante visível remete a uma unidade fônica que, nela mesma, não tem sentido nenhum.

Talvez seja por esta razão que o ideofonograma supõe uma "dupla convenção": a que liga o grafema ao seu significado fonemático e a que liga este significado fonemático, enquanto significante, ao seu sentido significado, se se quiser, a seu conceito. Mas, neste contexto, "dupla convenção": pode também querer dizer – o que é menos provável – outra coisa: convenção linguística *e* convenção social. ("O que só se torna possível quando a língua está completamente formada e um povo inteiro está unido por leis comuns.") Para se entender sobre a pintura das coisas e dos seres naturais não se exigem leis instituídas, que – porém – se tornam necessárias para fixar as regras da pintura dos sons e da unidade das palavras e das ideias.

No entanto, Rousseau denomina "bárbaras" as nações capazes destas "leis comuns" e desta "dupla convenção". O uso do conceito de barbárie é muito desconcertante no *Essai* Repetidas vezes (nos capítulos IV e IX), Rousseau o faz funcionar de maneira perfeitamente deliberada, rigorosa e sistemática: três estados de sociedade, três línguas, três escrituras (selvagem/ bárbaro/civil; caçador/pastor/lavrador; pictografia/ideofonografia/fonografia analítica). E contudo, em outro lugar, um uso aparentemente menos rígido da palavra (é certo que da palavra "barbárie", antes do que da palavra "bárbaro") designa ainda o estado de dispersão, quer seja de pura natureza ou de estrutura doméstica. A nota 2 do capítulo IX denomina "selvagens" aqueles cuja barbárie é descrita adiante: "Aplicai estas ideias aos primeiros homens e vereis a razão da sua barbárie... Esses tempos de barbárie foram o século de ouro, não porque os homens estivessem unidos, mas porque estavam separados... Dispersos neste vasto deserto do mundo, os homens voltaram a cair na estúpida barbárie onde se teriam encontrado se tivessem nascido da terra". Ora, a sociedade doméstica-bárbara não tem língua.

O idioma familial não é uma língua. "Vivendo dispersos e quase sem sociedade, mal falavam: como poderiam escrever?" Esta frase não está em contradição flagrante com a atribuição, no capítulo IV, de uma escritura e mesmo de uma dupla convenção aos bárbaros?

Comentário nenhum pode, ao que parece, apagar esta contradição. Uma interpretação pode tentá-lo. Esta consistiria, atingindo um nível profundo da literalidade, neutralizando um outro, mais superficial, em procurar – depois – no texto de Rousseau o direito de isolar relativamente a estrutura do sistema gráfico da estrutura do sistema social. Embora os tipos sociais e gráficos se correspondam ideal e analogicamente, uma sociedade de tipo civil pode ter, *de fato*, uma escritura de tipo bárbaro. Embora os bárbaros mal falem e não escrevam, salientam-se na barbárie os traços de uma certa escritura. Dizendo assim que "a pintura dos objetos convém aos povos selvagens; os signos das palavras e das orações, aos povos bárbaros; e o alfabeto, aos povos policiados", longe de se faltar ao princípio estrutural, ao contrário, este é confirmado. Em nossa sociedade, onde apareceu o tipo civil, os elementos de escritura pictográfica seriam selvagens, os elementos ideofonográficos seriam bárbaros. E quem negaria a presença de todos estes elementos em nossa prática da escritura?

Pois, mesmo mantendo o princípio da analogia estrutural, Rousseau nem por isso deixa de preservar a independência relativa das estruturas sociais, linguísticas e gráficas. Ele o dirá mais adiante: "A arte de escrever não se funda absolutamente na de falar. Funda-se em necessidades de uma outra natureza, que nascem mais cedo ou mais tarde, segundo circunstâncias totalmente independentes da duração dos povos, e que poderiam nunca ter ocorrido em nações antiquíssimas".

O *fato* da aparição da escritura não é, portanto, necessário. E é esta contingência empírica que permite pôr entre parênteses o fato, na análise estrutural ou eidética. Que uma estrutura, cuja organização interna e Necessidade essencial nós conhecemos, apareça de fato aqui ou ali, mais cedo ou mais tarde, eis – já o notamos em outro lugar – a condição e o limite de uma análise estrutural enquanto tal e no seu momento próprio. Na sua instância própria, a atenção à especificidade interna da organização abandona sempre ao acaso a passagem de uma estrutura a outra. Este acaso pode ser pensado, como no caso em questão, negativamente como catástrofe ou afirmativamente como jogo. Este

limite e este poder estruturalistas têm uma comodidade ético-
-metafísica. A escritura em geral, como a emergência de um
novo sistema de inscrição, é um suplemento do qual só se deseja
conhecer a face *aditiva* (ele *sobreveio de golpe*, como um acréscimo) e a influência *nociva* (ele *mal-veio, além do mais*, do exterior, quando nada o tornava necessário nas condições do seu
passado). Não atribuir Necessidade nenhuma à sua aparição histórica é ao mesmo tempo ignorar o apelo de suplência e pensar
o mal como uma adição surpreendente, exterior, irracional, acidental: portanto, apagável.

O ALFABETO E A REPRESENTAÇÃO ABSOLUTA

O gráfico e o político remetem, pois, um ao outro segundo
leis complexas. Devem assim revestir, ambos, a forma da razão
como processo de degradação que, entre duas universalidades e
de catástrofe em catástrofe, *deveria* voltar a uma reapropriação
total da presença. *Deveria*: é o medo e o tempo de uma antecipação teleológica e escatológica que vigia todo o discurso de
Rousseau. Pensando a diferência e a suplementariedade sob este
modo e sob esse tempo, Rousseau desejaria anunciá-las a partir
do horizonte de seu apagamento final.

Neste sentido, na ordem da escritura como na ordem da cidade, enquanto não é consumada a reapropriação absoluta do
homem[19] na sua presença, o pior é simultaneamente o melhor.
O mais remoto no tempo da presença perdida é o mais próximo
do tempo reencontrado da presença.

Assim o terceiro estado: o homem civil e a escritura alfabética. É aqui que, da maneira mais vidente e mais grave, a lei
supre a natureza e a escritura, a fala. Em ambos os casos, o suplemento é a representação. Recorda-se o fragmento sobre a
Pronúncia:

"As línguas são feitas para serem faladas, a escritura serve *somente de
suplemento* à fala... A análise do pensamento faz-se pela fala, e a análise da
fala pela escritura; a fala *representa* o pensamento por signos convencionais,
e a escritura *representa* da mesma forma a fala; assim, a arte de escrever não
é mais que uma *representação* mediata do pensamento pelo menos no tocante
às línguas vocais, as únicas em uso entre nós".

---

19. Esta reapropriação final da presença, é, na maior parte das vezes, chamada
por Rousseau como um *telos* antropológico: "Que o homem se aproprie de tudo; mas o
que lhe importa apropriar-se é o homem mesmo" (Manuscrito do *Emile*). Mas, como.
sempre, este antropologismo compõe-se essencialmente com uma teologia.

O movimento da representação suplementar aproxima-se da origem ao distanciar-se dela. A alienação total é a reapropriação total da presença em si. A escritura alfabética, representante de representante, suplemento de suplemento, agrava a *potência* da representação. Perdendo um pouco mais a presença, restitui-a um pouco melhor. Mais puramente fonográfica que a escritura do segundo estado, ela é mais apta a apagar-se diante da voz, a deixá-la ser. Na ordem política, a alienação total, a que se faz, diz o *Contrato Social*, "sem reserva", "faz ganhar o equivalente do que se perde, e maior força para conservar o que se tem" (Livro I, p. 361). Sob a condição, bem entendido, de que a saída para fora do estado anterior – ao limite, do estado de pura natureza – não o faça cair novamente, como sempre é possível, aquém da origem, e por conseguinte "se os abusos dessa nova condição não o degradassem frequentemente a uma condição inferior àquela donde saiu" (p. 364).

A alienação sem reserva é, pois, a representação sem reserva. Ela arranca absolutamente a presença a si e absolutamente a si a representa. O mal tendo sempre a forma da alienação representativa, da representação na sua face desapossante, todo o pensamento de Rousseau é – num sentido – uma crítica da representação, tanto no sentido linguístico como no sentido político. Mas ao mesmo tempo – e aqui se reflete toda a história da metafísica – esta crítica vive na ingenuidade da representação. Supõe simultaneamente que a representação segue uma presença primeira e restitui uma presença final. Não há que perguntar-se sobre o papel da presença e da representação na presença. Criticando a representação como perda da presença, dela esperando uma reapropriação da presença, dela fazendo um acidente ou um meio, é se instalado na evidência da distinção entre apresentação e representação, no *efeito* desta cisão. Critica-se o signo, instalando-se na evidência e no efeito da diferença entre significado e significante. Isto é, sem pensar (o que não é tampouco feito pelas críticas mais tardias que, no interior do mesmo *efeito*, invertem este esquema e opõem uma lógica do representante a uma lógica do representado) o movimento produtor do efeito de diferença: o estranho gráfico da diferência.

Assim, nada há de espantoso em descrever-se o terceiro estado (sociedade civil e alfabeto) segundo esquemas que são tão bem os do *Contrato Social* como os da *Lettre à M. d'Alembert*.

O elogio do "povo reunido" na festa ou no *forum* político é sempre uma crítica da representação. A instância legitimante, na cidade como na linguagem – fala ou escritura – e nas artes, é o representado de corpo presente: fonte de legitimidade e origem sagrada. A perversidade consiste precisamente em sacralizar o representante ou o significante. A soberania é a presença, e o gozo da presença. "No momento em que o Povo se encontra legitimamente reunido em corpo soberano, cessa qualquer jurisdição do Governo, suspende-se o poder executivo, e a pessoa do último Cidadão é tão sagrada e inviolável quanto a do primeiro Magistrado, pois onde se encontra o Representado não mais existe o Representante" (*Contrato Social*, Livro III, cap. XIV, pp. 427-428).

Em todas as ordens, a possibilidade do representante sobrevém à presença representada como o mal ao bem, a história à origem. O significante-representante é a catástrofe. Assim, é sempre "novo" em si, a qualquer época que apareça. Ele é a essência da modernidade. "A ideia de Representantes é moderna", eis uma proposição que é preciso extrapolar para fora dos limites que lhe designa Rousseau (Livro III, cap. XV, p. 430). A liberdade política só é plena no momento em que a potência do representante é suspensa e restituída ao representado: "De qualquer modo, no momento em que um Povo se dá Representantes, não é mais livre; não mais existe" (*idem*, p. 431).

Seria necessário, portanto, atingir este ponto onde a fonte se retém em si, retorna ou remonta para si mesma na imediatez inalienável do gozo de si, no momento da impossível representação, na sua soberania. Na ordem política, esta fonte é determinada como vontade: "A Soberania não pode ser representada, pela mesma razão por que não pode ser alienada; consiste essencialmente na vontade geral e a vontade absolutamente não se representa. É ela mesma ou é outra, não há meio termo" (*idem*, p. 429). "... o soberano, que nada é senão um ser coletivo, só pode ser representado por si mesmo. O poder pode transmitir-se; não, porém, a vontade" (Livro II, cap. I, p. 368).

Enquanto princípio corruptor, o representante não é o representado, mas apenas o representante do representado; não é o mesmo que si mesmo. Enquanto representante, não é meramente o outro do representado. O mal do representante ou do suplemento da presença não é nem o mesmo nem o outro. Intervém no momento da diferência, quando se delega a vontade soberana e, por conseguinte, a lei se escreve. Então, a vontade geral corre o risco de tornar-se poder transmitido, vontade particular, preferência, desigualdade. A lei pode ser substituída pelo decreto, isto é, pela escritura: nos decretos que representam vontades particulares, "a vontade geral emudece" (*Contrato Social*, Livro IV, cap. I, p. 438). O sistema do contrato social, que se funda sobre a existência de um momento anterior à escritura e à representação, não pode, porém, tornar-se imune à ameaça da letra. É por isso que, obrigado a recorrer à representação, "o corpo político, como o corpo do homem, começa a morrer desde o nascimento, e traz em si mesmo as causas de sua destruição" (Livro II, cap. XI, p. 424. O capítulo XI do Livro III, "Da morte do corpo político", abre todos os desenvolvimentos sobre a representação). A escritura é a origem da desigualdade[20]. É o momento em que a *vontade geral* – que nela mesma não pode errar – cede lugar ao *juízo*, que pode arrastá-la às "seduções das vontades particulares" (Livro II, cap. VI, p. 380). Cumprirá, pois, separar nitidamente a soberania legislativa do poder de *redigir* as leis. "Quando Licurgo deu leis à sua pátria, começou por abdicar a sua Realeza ..." "Aquele, pois, que redige as leis, não tem nem deve ter qualquer direito legislativo. O próprio povo não poderia, se o desejasse, despojar-se desse direito incomunicável" (Livro II, cap. VII, pp. 382-383). É portanto absolutamente necessário que a vontade geral se exprima por *vozes* sem procuração. Ela "gera lei" ao *declarar-se* na voz do "corpo do povo", onde ela é indivisível; de outro modo, divide-se em vontades particulares, em atos de magistratura, em decretos (Livro II, cap. II, p. 369).

Mas a catástrofe que interrompeu o estado de natureza abre o movimento do distanciamento que aproxima: a representação perfeita deveria representar perfeitamente. Ela restaura a presença e apaga-se como representação absoluta. Este movimento é necessário[21]. O *telos* da imagem é a sua própria

20. Outros exemplos da desconfiança que inspirava a Rousseau tudo o que, na vida social e política, é tratado por escrito: 1 – Em Veneza: "Aqui se trata com um governo invisível e sempre por escrito, o que força a uma grande circunspecção". 2 – "Quando se quer referir ao país das quimeras, cita-se a instituição de Platão: se Licurgo tivesse tratado da sua apenas por escrito, eu a consideraria bem mais quimérica." *Emile*, p. 10. 3 – "*Não* sei como isto se faz, mas sei com certeza que as operações das quais se tem o maior número de registros e livros de contas são precisamente as onde há o maior número de patifarias". J. de Maistre dirá: "O que é mais essencial não é nunca escrito e nem mesmo o poderia ser, sem expor o Estado".

21. É por isso que Rousseau admite a Necessidade dos representantes, embora deplorando-a. Ver as *Considerações sobre o Governo de Polônia*, onde propõe uma renovação muito rápida dos representantes para tornar a sua "sedução mais custosa e mais difícil" – o que se deve aproximar da regra, formulada pelo *Contrato*, de que "o Soberano deve mostrar-se frequentemente" (p. 426); cf. também Derathé, *Rousseau et la Science Politique de son Temps* pp. 277 e ss.

imperceptibilidade. Ao cessar, imagem perfeita, de ser outra que a coisa, ela respeita e restitui a sua presença originária. Ciclo indefinido: a fonte – representada – da representação, a origem da imagem pode por sua vez representar seus representantes, substituir seus substitutos, suprir seus suplementos. Dobrada, retornando a si mesma, representando-se a si mesma, soberana, a presença não é então – e ainda – mais que um suplemento de suplemento. É assim que o *Discours sur l'économie politique* define "a vontade geral, *fonte e suplemento* de todas as leis, e que deve sempre ser consultada na falta dessas" (p. 250. O grifo é nosso). A ordem da lei pura, que devolve ao povo a sua liberdade e à presença a sua soberania, não é sempre o suplemento de uma ordem natural deficiente em alguma parte? Quando o suplemento cumpre seu ofício e preenche a falha, não há mal. O abismo é o oco que pode ficar aberto entre o desfalecimento da natureza e o *atraso do suplemento*: "O tempo dos mais vergonhosos desregramentos e das maiores misérias do homem deu-se quando, novas paixões tendo sufocado os sentimentos naturais, o entendimento humano ainda não progredira o bastante para suprir pelas máximas da sabedoria os movimentos da natureza"[22]. O jogo do suplemento é indefinido. As remessas remetem às remessas. A vontade geral, esta "voz celeste" (*Discours sur l'économie politique*, p. 248) é, pois, o suplemento da natureza. Mas quando, por um retorno de catástrofe, a sociedade se degrada, a natureza pode substituir o seu suplemento. É então uma natureza má, "é então que os chefes são forçados a *substituir* a voz do dever, que não fala mais nos corações, *pelo grito* do terror ou pelo engodo de um *interesse aparente*" (p. 253. O grifo é nosso).

Este jogo do suplemento, isto é, a possibilidade sempre aberta da regressão catastrófica e da anulação do progresso, não faz apenas pensar nos *ricorsi* de Vico. Conjugado com o que denominamos a regressão geométrica, faz escapar a história a uma teleologia infinita de tipo hegeliano. De certo modo, considerando que a história pode sempre interromper o seu pro-

---

A que lógica Rousseau obedece, justificando assim a Necessidade de uma representação que simultaneamente condena? À lógica, precisamente, da representação: à medida que agrava o seu mal, que se torna mais representativa, a representação restitui o que ela esquiva: a presença do representado. Lógica segundo a qual é preciso esforçar-se para "tirar, do mal mesmo, o remédio que deve curá-lo" (Fragmento sobre *O Estado de Natureza*, p. 479), e segundo a qual, ao término de seu movimento, a convenção reencontra a natureza, a escravização reencontra a liberdade etc. ("Como! A liberdade só se mantém com o apoio da servidão? Talvez. Os dois excessos se tocam." *Contrato Social*, p. 431).

22. *Do Estado de Natureza*, p. 478. Cf. também *Emile*, p. 70.

gresso, (e deve mesmo progredir na regressão), (re)tornar para trás de si mesma, Rousseau não faz o "trabalho da morte", o jogo da diferença e a operação da negatividade servirem à efetivação dialética da verdade no horizonte da parusia. Mas todas estas proposições podem inverter-se. Este finitismo de Rousseau se eleva também sobre o fundo de uma teologia providencialista. Interpretando-se, apaga-se a si mesmo, num outro nível, reduzindo o histórico e o negativo ao acidental. Também é pensado no horizonte de uma restituição infinita da presença etc. No campo cerrado da metafísica, o que aqui esboçamos como uma troca indefinida dos lugares "rousseauísta" e "hegeliano" (poderiam citar-se tantos outros exemplos) obedece a leis inscritas em todos os conceitos que recordamos há pouco. Uma formalização destas leis é possível e se faz.

O que acabamos de marcar na ordem política vale para a ordem gráfica.

O acesso à escritura fonética constitui ao mesmo tempo um grau suplementar da representatividade e uma revolução total na estrutura da representação. A pictografia direta – ou hieroglífica – representa a coisa – ou o significado. O ideofonograma representa já um misto de significante e significado. Pinta, já, a língua. É o momento em que todos os historiadores da escritura assinalam o nascimento da fonética, por exemplo, pelo procedimento da charada de transferência[23]: um signo que representa uma coisa nomeada em seu conceito deixa de remeter ao conceito e conserva apenas o valor de um significante fônico. O seu significado não é mais do que de um fonema desprovido por si mesmo de todo sentido. Mas, antes desta decomposição e apesar da "dupla convenção", a representação é reprodução: repete em bloco, sem analisá-las, massa significante e massa significada. Este caráter sintético da representação é o resíduo pictográfico do ideofonograma que "pinta as vozes". É a fim de reduzi-lo que trabalha a escritura fonética. Em vez de empregar significantes tendo uma relação imediata com um significado conceitual, ela utiliza, por análise dos sons, significantes de algum modo insignificantes. As letras, que por

23. Sobre a charada, cf. *supra*, p. 131. Vico, que também distingue três estados ou etapas da escritura, dá como exemplo, entre outros, da primeira escritura (ideográfica ou hieroglífica, "nascida espontaneamente" e que "não deve absolutamente sua origem a convenções"), a "charada de Picardia". "A segunda forma de escritura é também totalmente espontânea: é a escritura simbólica ou por emblemas heroicos" (armas, brazões, "semelhanças mudas que Homero denomina σηματα, signos que os heróis empregam para escrever"). "Terceira forma de escritura: a escritura alfabética" (*Scienza Nuova*, 3, 1, pp. 61-62, 181-182, 194 na tradução de Chaix-Ruy).

si mesmas não têm nenhum sentido, significam apenas significantes fônicos elementares que só fazem sentido ao reunirem-se conforme certas regras.

A análise suprindo a pintura e levada até a insignificância, tal é a racionalidade própria do alfabeto e da sociedade civil. Anonimato absoluto do representante e absoluta perda do próprio. A cultura do alfabeto e a aparição do homem policiado correspondem à era do lavrador. E a agricultura, não esqueçamos, supõe a indústria. Como, desde então, explicar a alusão ao comerciante, que – contudo – nunca é nomeado na classificação dos três estados e por isso parece não ter nenhuma era própria?

"O terceiro [modo de escrever] consiste em decompor a voz falante em um certo número de partes elementares, sejam vocais, sejam articuladas [vogais ou consoantes], com as quais se possam formar todas as palavras e todas as sílabas possíveis. Esta maneira de escrever que é nossa, deve ter sido imaginada por povos comerciantes, que, viajando por muitos países e tendo de falar várias línguas, foram forçados a inventar caracteres que pudessem ser comuns a todas. O que não consiste precisamente em pintar a fala, mas em analisá-la."

O comerciante inventa um sistema de signos gráficos que, no seu princípio, não se prende mais a nenhuma língua particular. Esta escritura pode, em princípio, transcrever toda língua em geral. Ela adquire universalidade, por isso favorece o comércio e torna "mais fácil a comunicação com outros povos que falem outras línguas". Mas está perfeitamente escravizada à língua em geral, ao libertar-se de cada língua particular. No seu princípio, ela é uma escritura fonética universal. Sua transparência neutra deixa a cada língua sua forma própria e sua liberdade. A escritura alfabética lida apenas com puros representantes. É um sistema de significantes cujos significados são significantes: os fonemas. Desta maneira se facilita infinitamente a circulação dos signos. A escritura alfabética é a mais muda de todas, pois não diz imediatamente língua nenhuma. Mas, estranha à voz, ela lhe é a mais fiel, a que melhor a represente.

Esta independência com respeito à diversidade empírica das línguas orais confirma uma certa autonomia do devir da escritura. Esta pode não apenas nascer mais cedo ou mais tarde, independentemente da "duração dos povos", lentamente ou de uma só vez[24]; ela não implica, ademais, nenhuma derivação linguística. Isto se aplica mais ao alfabeto, desligado de toda língua, do que aos outros sistemas. Pode-se, pois, tomar de empréstimo os signos gráficos, fazê-los emigrar sem dano para fora de sua cultura e de sua língua de origem. "...Embora o alfabeto grego provenha do fenício, daí não se infere que a língua grega provenha da fenícia."

Este movimento de abstração analítica na circulação dos signos arbitrários é realmente paralelo ao em que se constitui a moeda. O dinheiro substitui as coisas por seus signos. Não apenas no interior de uma sociedade, mas de uma cultura para outra, ou de uma organização econômica para outra. É por isso que o alfabeto é comerciante. Ele deve ser compreendido no momento monetário da racionalidade econômica. A descrição crítica do dinheiro é a reflexão fiel do discurso sobre a escritura. Nos dois casos, substitui-se por um suplemento anônimo a coisa. Assim como o conceito só conserva o comparável das coisas diversas, assim a moeda dá "comum medida"[25] a objetos incomensuráveis para constituí-los em mercadorias, assim a escritura alfabética transcreve num sistema de significantes arbitrários e comuns significados heterogêneos: as línguas vivas. Ela abre, assim, uma agressão contra a vida, que ela faz circular. Se "os signos fazem negligenciar as coisas", como diz o *Emile*[26] sobre a moeda, então

24. É esta a tese de Duclos: "A escritura (falo da dos sons) não nasceu, como a linguagem, por uma progressão lenta e insensível: passaram-se vários séculos antes que nascesse; mas nasceu de um só golpe, como a luz". Depois de retraçar a história das escrituras pré-alfabéticas, Duclos faz apelo ao "golpe de gênio": "Assim é hoje a escritura dos chineses, que corresponde às ideias e não aos sons; assim são, entre nós, os signos algébricos e os algarismos arábicos. A escritura estava nesse estado, e não tinha a menor relação com a escritura atual, quando um gênio feliz e profundo sentiu que o discurso, por variado e extenso que possa ser quanto às ideias, compõe-se porém de um número bem pequeno de sons e que só se tratava de dar a cada um destes um caráter representativo. Refletindo-se sobre isto ver-se-á que esta arte uma vez concebida deveu quase ao mesmo tempo ser formada; e isto ressalta a glória do inventor. Era muito mais fácil contar todos os sons de uma língua, do que descobrir que eles podiam ser contados. Um ato é um golpe de gênio, o outro um simples efeito da atenção" (*Op. cit.* pp. 421-423).

25. *Emile*, p. 218, onde Rousseau apresenta uma teoria da origem da moeda, de sua Necessidade e de seu perigo.

26. *Ibidem*. Ler-se-á também, nos *Fragments Politiques*: "O ouro e a prata*. sendo apenas os signos representativos das matérias pelas quais são trocados, não têm propriamente nenhum valor absoluto..." "Embora a prata por si mesma não tenha nenhum valor real, adquire um, por convenção tácita em cada país onde é usada..." (p. 520) e nas *Considerações sobre o Governo de Polônia*: "No fundo, a prata não é a riqueza, é apenas o seu signo; não é o signo que se deve multiplicar, mas a coisa representada" (p. 1008). É precisamente no início do capítulo XV, sobre os *deputados ou representantes*, que o *Contrato Social* (Livro III) condena a prata como poder de escravização: "Dai prata e logo tereis ferros".

o esquecimento das coisas é levado ao auge no uso destes signos perfeitamente abstratos e arbitrários que são o dinheiro e a escritura fonética.

Seguindo o mesmo gráfico, o alfabeto introduz, portanto, um grau suplementar de representatividade que marca o progresso da racionalidade analítica. Desta vez o elemento que vem à luz é um significante puro (puramente arbitrário) e nele mesmo insignificante. Esta insignificância é a face negativa, abstrata, formal da universalidade ou da racionalidade. O valor de uma tal escritura é, pois, ambíguo. Havia uma universalidade natural, de alguma maneira, no grau mais arcaico da escritura: a pintura, não mais que o alfabeto, não está ligada a nenhuma língua determinada. Capaz de reproduzir todo ser sensível, ela é uma espécie de escritura universal. Mas a sua liberdade com respeito às línguas prende-se, não à distância que separa a pintura do seu modelo, mas à proximidade imitativa que a encadeia a ele. Sob uma aparência universal, a pintura seria tão perfeitamente empírica, múltipla e mutante como os indivíduos sensíveis que ela representa fora de todo código. Ao contrário, a universalidade ideal da escritura fonética baseia-se na sua distância infinita com respeito ao som (o primeiro significado desta escritura que o marca arbitrariamente) e do sentido significado pela fala. Entre estes dois polos, a universalidade está perdida. Nós dizemos com efeito entre estes dois polos, pois, como verificamos, a pictografia pura e a fonografia pura são duas ideias da razão. Ideias da presença pura: no primeiro caso, presença da coisa representada à sua imitação perfeita, no segundo caso, presença a si da fala mesma. De cada vez o significante tenderia a apagar-se diante da presença do significado.

Esta ambiguidade marca a apreciação que toda a metafísica formulou sobre a sua própria escritura desde Platão. E o texto de Rousseau pertence a esta história, nela articulando uma época notável. Mais racional, mais exata, mais precisa, mais clara, a escritura da voz corresponde a uma melhor polícia. Mas, na medida em que ela se apaga melhor do que qualquer outra diante da presença possível da voz, ela a representa melhor e lhe permite ausentar-se com o mínimo de danos. Serva fiel da voz, dá-se preferência a ela sobre as escrituras em uso em ou-

---

Cf. também J. Starobinski, *La Transparence et l'Obstacle*, p. 129 e ss., e a nota 3 dos editores à p. 37 das *Confessions* (volume I na edição da Bibliothèque de la Pléiade).

* Recordamos que *argens* refere-se em francês tanto ao metal "prata" como, mais abstratamente, ao dinheiro – duplo sentido conservado em nosso uso coloquial da palavra "prata". (N. dos T.)

tras sociedades, mas assim como se prefere um escravo a um bárbaro, e temendo-a simultaneamente como uma máquina de morte.

Pois a sua racionalidade a afasta da paixão e do canto, isto é, da origem viva da linguagem. Ela progride com a consoante. Correspondendo a uma melhor organização das instituições sociais, também dá o meio de dispensar mais facilmente a presença soberana do povo reunido. Ela tende, portanto, a restituir a dispersão natural. A escritura naturaliza a cultura. Ela é esta força pré-cultural agindo como articulação na cultura, empregando-se a apagar nesta uma diferença por ela aberta. A racionalidade política – a racionalidade de fato, e não aquela cujo direito o *Contrato Social* descreve – favorece ao mesmo tempo, no mesmo movimento, a escritura e a dispersão.

A propagação da escritura, o ensino das suas regras, a produção dos seus instrumentos e dos seus objetos, Rousseau os pensa como uma empresa política de escravização. É o que também se lera nos *Tristes Trópicos*. É do interesse de certos governos que a língua se ensurdeça, que não se possa falar diretamente ao povo soberano. O abuso da escritura é um abuso político. Ou antes, este é a "razão" daquele:

"... a língua, aperfeiçoando-se nos livros, altera-se no discurso. Ela é mais clara quando se escreve, mais surda quando se fala, a sintaxe apura-se e perde-se a harmonia, a língua francesa torna-se dia a dia mais filosófica e menos eloquente, logo ela só se apropriará à leitura e todo o seu preço estará nas bibliotecas.

A razão deste abuso está, como disse em outro lugar (no último capítulo do *Essai*), na forma que tomaram os governos e que faz que nada mais haja a dizer ao povo além das coisas mundanas que menos o tocam e que menos lhe interessa ouvir – sermões, discursos acadêmicos" (Fragmento sobre a *Pronúncia*, pp. 1249-1250).

A descentralização política, a dispersão e o descentramento da soberania chamam, paradoxalmente, à existência uma capital, um centro de usurpação e de substituição. Em oposição às cidades autárquicas da Antiguidade, que eram o próprio centro de si mesmas e se entretinham de viva voz, a capital moderna é sempre monopólio de escritura. Ela comanda pelas leis escritas, pelos decretos e pela literatura. Tal é o papel que Rousseau reconhece a Paris no texto sobre a *Pronúncia*. Não esqueçamos que o *Contrato Social* julgava incompatíveis o exercício da soberania do povo e a existência da capital. E, como no caso dos representantes, se fosse indispensável recorrer a ela, pelo menos o mal devia ser remediado, mudando-se constantemente de capital. O que vem a recarregar a escritura de viva voz: "Todavia, se não se pode reduzir o Estado a justos limites, resta ainda um recurso; e o de não admitir capital, dar por sede ao Governo alternadamente todas as cidades e assim reunir de cada vez os Estados do país"[27] (Livro II, cap. XIII, p. 427). A instância da escritura deve apagar-se a tal ponto que o povo soberano *não deve nem mesmo escrever-se a si mesmo*, sua assembleia deve reunir-se espontaneamente, sem "outra convocação formal". O que implica, e aí está uma escritura que Rousseau não quer ler, que haja para tanto assembleias "fixas e periódicas" que "nada possa suprimir nem adiar", e portanto um "dia marcado". Esta marca deveria fazer-se oralmente, pois, desde que se introduzisse na operação a possibilidade da escritura, ela insinuaria a usurpação no corpo social. Mas uma marca, onde quer que se produza, não é a possibilidade da escritura?

O TEOREMA E O TEATRO

A história da voz e da sua escritura seria compreendida entre duas escrituras mudas, entre dois polos de universalidade referindo-se um ao outro como o natural e o artificial: o pictograma e a álgebra. A própria relação do natural ao artificial ou ao arbitrário estaria submetida à lei dos "excessos" que "se tocam". E, se Rousseau lança suspeição sobre a escritura alfabética sem a condenar de maneira absoluta, é porque há pior. Estruturalmente, ela não é mais do que a penúltima etapa desta história. Seu artifício tem um limite. Desligada de toda língua particular, ela ainda remete à *phoné* ou à língua em geral. Conserva, enquanto escritura fonética, uma relação essencial à presença de um sujeito falante *em geral*, de um locutor transcendental, à voz como presença a si de uma vida que se ouve falar. Neste sentido, a escritura fonética não é o mal absoluto. Não é a carta (*lettre*) de morte. Anuncia-a, todavia. Na medida em que esta escritura progride com o resfriamento consonântico, ela permite antecipar o gelo, o grau zero da fala: a desaparição da vogal, a escritura de uma língua morta. A consoante, que se escreve melhor que a vogal, prefigura este fim da voz na escritura universal, na álgebra:

"Seria fácil criar, apenas com as consoantes, uma língua muito clara por escrito, mas que não se poderia falar. A álgebra tem algo desta língua. Quando

27. Cf. também o *Projet de construction pour la corse*, pp. 911-912.

uma língua é mais clara na sua ortografia que na sua pronúncia, eis um signo de que ela é mais escrita que falada: assim poderia ser a língua erudita dos egípcios; assim são a nossos olhos as línguas mortas. Nas que são sobrecarregadas de consoantes inúteis, a escritura parece até mesmo ter precedido a fala – e quem não incluiria a polonesa neste caso?" (cap. VII).

A característica universal, a escritura tornada puramente convencional por ter rompido todo liame com a língua falada, eis o que seria, então, o mal absoluto. Com a *Logique de Port--Royal*, o *Ensaio* de Locke, Malebranche e Descartes, Leibniz foi uma das primeiras leituras filosóficas de Rousseau[28]. Não é citado no *Essai*, mas o é no fragmento sobre a *Pronúncia*. Com a mesma desconfiança merecida pela "arte de Raymond Lulle", no *Emile* (p. 575).

"As línguas são feitas para serem faladas, a escritura serve somente de suplemento à fala; se algumas línguas há que sejam somente escritas e impossíveis de se falar, apropriadas unicamente às ciências, elas não têm nenhum uso na vida civil. Assim é a álgebra, assim teria sido, sem dúvida, a língua universal pesquisada por Leibniz. Provavelmente esta teria sido mais cômoda a um metafísico do que a um artesão" (p. 1249).

A escritura universal da ciência seria, pois, a alienação absoluta. A autonomia do representante torna-se absurda: atingiu o seu limite e rompeu com todo representado, com toda origem viva, com todo presente vivo. Nela se efetiva – vale dizer, se esvazia – a suplementariedade. O suplemento, que não é meramente nem o significante nem o representante, não toma o lugar de um significado ou de um representado, da maneira que é prescrita pelos conceitos de significação e representação ou pela sintaxe das palavras "significante" ou "representante". O suplemento vem no lugar de um desfalecimento, de um não significado ou de um não representado, de uma não presença. Não há nenhum presente antes dele, por isso só é precedido por si mesmo, isto é, por um outro suplemento. O suplemento é sempre o suplemento de um suplemento. Deseja-se remontar *do suplemento à fonte*: deve-se reconhecer que há *suplemento na fonte*.

Assim, ele é desde sempre algébrico. Nele a escritura, o significante visível, começou desde sempre a separar-se da voz e a suplantá-la. A escritura não fonética e universal da ciência é, também neste sentido, um *teorema*. Basta olhar para calcular. Como dizia Leibniz, *"ad vocem referri non est necesse"*.

28. *Confessions*, p. 237.

Através deste olhar silencioso e mortal trocam-se as cumplicidades da ciência e da política: mais precisamente, da ciência política moderna. "A letra mata" (*Emile*, p. 226).

Onde buscar, na cidade, esta unidade perdida do olhar e da voz? Em qual *espaço* ainda se poderá *ouvir-se*? O teatro, que une o espetáculo ao discurso, não poderia tomar o lugar da assembleia unânime? "Há muito tempo que não se fala mais ao público, a não ser por livros, e, se alguma coisa que o interessa ainda lhe é dita de viva voz, o é no teatro" (*Pronúncia*, p. 1250).

Mas o próprio teatro está trabalhado pelo mal profundo da representação. Ele é esta própria corrupção. Pois a cena não é ameaçada por nada a não ser ela mesma. A representação teatral, no sentido da exposição, da encenação, do que aí é posto à frente (o que traduz a *Darstellung* alemã) está contaminada pela representação suplementar. Essa está inscrita na estrutura da representação, no espaço da cena. Não nos enganemos: o que Rousseau critica, em última análise, não é o conteúdo do espetáculo, o sentido por ele *representado*, embora *também* o critique: é a representação mesma. Exatamente como na ordem política, a ameaça tem a forma do representante.

Com efeito, depois de evocar os malefícios do teatro considerado no conteúdo do que ele encena, no seu *representado*, a *Lettre à M. d'Alembert* incrimina a representação e o *representante*: "Além destes efeitos do teatro relativos às coisas *representadas*, há outros *não menos necessários*, que se referem diretamente à *cena* e aos personagens *representantes*; e é a estes que os genebrinos já citados atribuem o gosto pelo luxo, pelo adorno e pela dissipação, cuja introdução entre nós temem eles com razão"[29]. A imoralidade prende-se, pois, ao estatuto mesmo de representante. O vício é sua propensão natural. É normal que quem faz ofício de representante tenha gosto pelos significantes exteriores e artificiais, pelo uso perverso dos signos. O luxo, o adorno e a dissipação não são significantes que sobrevêm aqui e ali, são os malefícios do significante ou representante mesmo.

Dupla consequência:

1. Há duas espécies de personagens públicos, dois homens de espetáculo: o orador ou o pregador de um lado, o comediante de outro. Aqueles representam-se a si mesmos, neles o representante e o representado são unos. Em compensação, o comediante nasce da cisão entre o representante e o representado.

29. Edição Garnier, p. 168. O grifo é nosso.

Como o significante alfabético, como a letra, o próprio comediante não é inspirado, animado por nenhuma língua particular. Ele nada significa. Ele mal vive, empresta a sua voz. É um porta-voz. Bem entendido, a diferença entre o orador ou o pregador e o comediante supõe que os primeiros cumpram seu dever, digam o que devem dizer. Se não assumirem a responsabilidade ética de sua fala, voltam a ser comediantes, e mal são comediantes, pois estes se prescrevem como dever dizer o que não pensam.

"Alguém poderá dizer-me ainda que o orador, o pregador pagam com sua pessoa assim como o comediante. A diferença é muito grande. Quando o orador se mostra, é para falar, e não para dar-se como espetáculo: ele só *representa a si mesmo*, desempenha apenas o seu próprio papel, não fala sem ser em seu próprio nome, nada diz ou deve dizer fora do que ele pensa: *o homem e a personagem sendo o mesmo ser*, ele está *em seu lugar*; está no caso de qualquer outro cidadão que preencha as funções de seu estado. Mas um comediante sobre o palco, ostentando sentimentos que não são os seus, dizendo unicamente o que lhe fazem dizer, *representando muitas vezes um ser quimérico*, aniquila-se, por assim dizer, anula-se com o seu herói; e, neste esquecimento do homem, se deste resta algo, é para ser o brinquedo dos espectadores" (p. 187. O grifo é nosso).

Este é o melhor dos casos: o comediante aceita o papel e ama o que encarna. A situação pode ser ainda pior. "Que direi daqueles que parecem temer valerem demais por si mesmos e se degradam a ponto de representarem personagens a quem sentiriam muito desgosto de assemelharem-se?"

A identidade do representante e do representado pode consumar-se de duas vias. A melhor: pelo apagamento do representante e pela presença do representado em pessoa (o orador, o pregador); ou a pior: não é ilustrada pelo mero comediante (representante esvaziado do seu representado) mas por uma certa sociedade, pelas pessoas do mundo parisiense que se alienou para se reencontrar num certo teatro, teatro sobre o teatro, comédia representando a comédia desta sociedade. "É unicamente para eles que são feitos os espetáculos. Eles aí se mostram ao mesmo tempo como representados no meio do teatro e como representantes dos dois lados; são personagens sobre o palco e comediantes nos bancos" (*La Nouvelle Héloise*, p. 252). Esta alienação total do representado no representante é, pois, a face negativa do pacto social. Nos dois casos, o representado se reapropria ao perder-se sem reserva na sua representação. Em que termos definir a inapreensível diferença que separa a face positiva da face negativa, o pacto social autêntico de um teatro pervertido para sempre? de uma sociedade *teatral*?

2. O significante é a morte da festa. A inocência do espetáculo público, a boa festa, a dança à volta do ponto d'água, se se quiser, abririam um teatro sem representação. Ou antes, um palco sem espetáculo: sem *teatro*, sem nada a ver. A visibilidade – um instante atrás o teorema, aqui o teatro – é sempre o que, separando-a de si mesma, enceta a voz viva.

Mas o que é um palco que nada dá a ver? É o lugar onde o espectador, dando-se a si mesmo como espetáculo, não será mais vidente nem vedor (*voyeur*), apagará em si a diferença entre o comediante e o espectador, o representado e o representante, o objeto olhado e o sujeito olhante. Com esta diferença, toda uma série de oposições se desconstituirão em cadeia. A presença será plena, mas não à maneira de um objeto, *presente* por ser visto, por dar-se à intuição como um indivíduo empírico ou como um *eidos* mantendo-se *à frente* ou *muito próximo*; mas como a intimidade de uma presença a si, como consciência ou sentimento da proximidade a si, da propriedade. Essa festa pública terá, então, uma forma análoga à dos comícios políticos do povo reunido, livre e legislando: a diferença representativa será apagada na presença a si da soberania. "A exaltação da festa coletiva tem a mesma estrutura que a vontade geral do *Contrato Social*. A descrição da *alegria pública* nos oferece o aspecto lírico da vontade geral: é o aspecto que ela assume em roupas domingueiras"[30]. Esse texto é bem conhecido. Recorda a evocação da festa no *Essai*. Vamos relê-lo para reconhecer nele o desejo de fazer desaparecer a *representação*, com todos os sentidos que se enlaçam nesta palavra: a dilação e a delegação da festa no *Essai*. Vamos relê-lo para reconhecer nele a proposição ou a oposição de um espetáculo, de um objeto a ver:

"Como! Então não é necessário nenhum espetáculo numa república? Ao contrário, são necessários muitos. É nas repúblicas que eles nasceram, é em seu seio que são vistos brilhar com um verdadeiro ar festivo".

Estes inocentes espetáculos terão lugar ao ar livre e nada terão de "afeminado" nem de "mercenário". O signo, a moeda, a astúcia, a passividade, a servilidade serão excluídos. Ninguém

---

30. J. Starobinski, *La Transparence et l'Obstacle*, 119. Remetemos também a todo o seu capítulo consagrado à *Festa* (p. 114), que Starobinski opõe ao teatro como um "*mundo de transparência*" a um "*mundo de opacidade*".

usará ninguém, ninguém será objeto de ninguém. Não haverá, de uma certa maneira, nada mais a ver:

"Mas quais serão, enfim, os objetos deste espetáculo, o que se mostrará nele? Nada, se se quiser. Com a liberdade, onde quer que reine a afluência, também reina o bem-estar. Plantai no meio de uma praça uma estaca coroada de flores, reuni o povo, e tereis uma festa. Fazei melhor ainda: dai os espectadores como espetáculo; tornai-os eles próprios atores; fazei que cada um se veja e se ame nos outros, para que assim todos melhor se unam" (*Lettre à M. d'Alembert*, pp. 224-225).

Essa festa sem objeto é também, deve-se frisá-lo, uma festa sem sacrifício, sem dispêndio e sem jogo. Acima de tudo, sem máscaras[31]. Ela não tem fora, embora se produza ao ar livre. Mantém-se numa relação puramente interior a si mesma. "Que cada um se veja e se ame nos outros." De um certo modo, ela é confinada e abrigada, enquanto a sala de teatro, arrancada a si pelo jogo e pelos desvios da representação, desencaminhada de si e dilacerada pela diferença, multiplica em si o fora. Há efetivamente *jogos* na festa pública mas nenhum *jogo*, se se entende por este singular a substituição dos conteúdos, a troca das presenças e das ausências, o acaso e o risco absoluto. Essa festa reprime a relação com a morte; o que não estava necessariamente implicado na descrição do teatro fechado. Essas análises podem correr nos dois sentidos.

Em todo caso, o jogo está a tal ponto ausente da festa que a dança nela é admitida como iniciação ao casamento e compreendida na clausura do baile. Tal é, pelo menos, a interpretação à qual Rousseau submete, para fixá-lo prudentemente, o sentido do seu texto sobre a festa. Poder-se-ia fazê-lo dizer coisa totalmente diversa. E cumpre incessantemente considerar o texto de Rousseau como uma estrutura complexa e escalonada: certas proposições podem nele ser lidas como interpretações de outras proposições que, até certo ponto e tomadas certas precauções, somos livres de ler de outra maneira. Rousseau diz A, depois interpreta, por razões que devemos determinar, A em B. A, que era já uma interpretação, é reinterpretado em B. Depois de o estabelecermos, podemos, sem sair do texto de Rousseau, isolar A de sua interpretação em B e descobrir possibilidades nele, recursos de sentido que pertencem efeti-

---

31. Sabe-se que Rousseau denunciou infatigavelmente a *máscara*, da *Lettre à M. d'Alembert* à *Nouvelle Héloise*, Uma das tarefas da pedagogia consiste mesmo em neutralizar o efeito das máscaras sobre as crianças. Pois, não esqueçamos, "todas as crianças temem as máscaras" (*Emile*, p. 43). A condenação da escritura é também, como é óbvio, uma condenação ambígua da máscara.

vamente ao texto de Rousseau mas não foram produzidos ou explorados por ele, recursos que, por motivos também legíveis, ele, num gesto que não é nem consciente nem inconsciente *preferiu decepar cedo*. Por exemplo, há na sua descrição da festa proposições que muito bem poderiam ter sido interpretadas no sentido do teatro da crueldade de Antonin Artaud[32] ou da festa e da soberania cujos conceitos G. Bataille propôs. Mas estas proposições são diversamente interpretadas pelo próprio Rousseau, que assim transforma o jogo em jogos e a dança em baile, o dispêndio em presença.

De que baile se trata aqui? Para compreendê-lo, deve-se primeiro entender este elogio do ar livre. O ar livre é, sem dúvida, a natureza, e nesta medida devia de mil madeiras conduzir o pensamento de Rousseau, através de todos os temas da pedagogia, do passeio, da botânica etc. Mas, mais precisamente, o ar livre é o elemento da voz, a liberdade de um sopro que nada decapita. Uma voz que pode fazer-se ouvir ao ar livre é uma voz livre, uma voz que o princípio setentrional ainda não ensurdeceu de consoantes, ainda não quebrou, articulou, enclausurou, e que pode atingir imediatamente o interlocutor. O ar livre é o falar franco, a ausência de desvios, de mediações representativas entre falas vivas. É o elemento da cidade grega, cuja "grande causa era a sua liberdade". Ora, o norte limita as possibilidades do ar livre: "Vossos climas mais severos vos submetem a mais necessidades: seis meses por ano não podeis usar a praça pública. *Vossas línguas surdas não podem fazer-se ouvir ao ar livre*; dais mais importância ao ganho do que à vossa liberdade, e temeis muito menos a escravidão do que a miséria" (*Contrato Social*, Livro II, cap. XV, p. 431). Uma vez mais, a influência do norte é nefasta. Mas um nórdico deve viver como um nórdico. Adotar ou adaptar os costumes meridionais ao norte é pura loucura e pior servidão (*ibidem*). Cumpre assim encontrar, ao norte ou no inverno, substitutos. Este suplemento hibernal da festa é, entre nós, o baile para as moças casadouras. Rousseau recomenda esta prática: sem equívoco e, ele mesmo o diz, sem escrúpulo; e o que ele diz do inverno esclarece de uma certa luz o que ele pôde pensar do verão.

---

32. Entre outras analogias, por esta desconfiança com respeito ao texto falado, de Corneille e Racine que são apenas "falantes", quando seria preciso, "imitando os ingleses", ousar "pôr às vezes o palco em representação" (*La Nouvelle Héloise*, p. 253). Mas as aproximações, suspeita-se, devem operar-se com a maior prudência. O contexto põe às vezes uma distância infinita entre duas proposições idênticas.

"O inverno, tempo consagrado ao comércio privado dos amigos, convém menos às festas públicas. Eu bem desejaria, porém, que houvesse menos escrúpulos no tocante a uma espécie destas festas: a saber, os bailes para os jovens casadouros. Nunca entendi direito por que há tanta indignação contra a dança e as reuniões que ela ocasiona – como se fosse pior dançar do que cantar, como se ambos estes divertimentos não fossem igualmente inspirados pela natureza, e como se, fosse um crime que aqueles que estão destinados a se unirem se alegrem em comum, numa honesta recreação! O homem e a mulher foram formados um para o outro. Deus quer que sigam a sua destinação; e certamente o primeiro e o mais santo de todos os liames da sociedade é o casamento"[33].

Seria preciso comentar palavra por palavra o edificante e longo discurso que se segue. Uma charneira articula toda a argumentação: o dia radioso da presença evita o suplemento perigoso. Cumpre permitir os prazeres a uma "juventude jovial e brincalhona", para evitar que "ela os substitua por mais perigosos" e que "os colóquios íntimos, habilmente combinados, tomem o lugar das assembleias públicas"... "A alegria inocente ama evaporar-se no dia aberto, mas o vício é amigo das trevas" (*Lettre à M. d'Alembert*, p. 227). De outro lado, a nudez que apresenta o corpo mesmo é menos perigosa que o recurso ao significante vestimentário, ao suplemento nórdico, ao "hábil adorno": este não tem "menos perigo que uma nudez absoluta, cujos primeiros efeitos o hábito logo tornaria em indiferença, e talvez em asco". "Não se sabe que as estátuas e os quadros só ofendem os olhos quando uma mistura de roupas torna obscenas as nudezas? O poder imediato dos sentidos é fraco e limitado: é pelo intermédio da imaginação que eles fazem os maiores estragos; é ela que se ocupa em irritar os desejos" (p. 232). Ter-se-á observado que se escolheu a representação – o quadro – antes do que a percepção para ilustrar o perigo do suplemento cuja eficiência se deve à imaginação. Enojar-se-á adiante que, numa nota inserida no coração deste elogio do casamento, prevenindo os erros da posteridade, Rousseau só faz uma exceção aos seus desmentidos:

"Agrada-me imaginar, às vezes, os juízos que vários exprimirão sobre meus gostos, sobre meus escritos. Com respeito a este não se deixará de dizer: 'Este homem é louco pela dança'. Dançar me aborrece. 'Ele não suporta a comédia'. Amo apaixonadamente a comédia. 'Tem aversão pelas mulheres'. Deste lado as justificativas me virão em excesso" (p. 229).

33. P. 226. Aproximar-se-á deste texto a seguinte passagem do *Emile*: "... vinda a primavera, a neve derrete-se e o casamento permanece; é preciso pensar nele para todas as estações" (p. 570).

Assim, o norte, o inverno, a morte, a imaginação, o representante, a irritação dos desejos, toda esta série de significações suplementares não designam um lugar natural ou termos fixos: mas antes uma periodicidade. Estações do ano. Na ordem do tempo, ou antes como o próprio tempo, elas dizem o movimento pelo qual a presença do presente se separa de si mesma, se supre a si mesma, se substitui ausentando-se, se produz na substituição a si. É o que a metafísica da presença como proximidade a si desejaria apagar, privilegiando uma espécie de agora absoluto, a *vida* do presente, o presente vivo. Ora, a frieza da representação não rompe apenas a presença a si, mas a originariedade do presente enquanto forma absoluta da temporalidade.

Esta metafísica da presença se retoma e se resume sem cessar no texto de Rousseau a cada vez que a fatalidade do suplemento parece limitá-la. É preciso sempre acrescentar um suplemento de presença à presença subtraída. "O grande remédio para as misérias deste mundo" é "a absorção no instante presente", diz Rousseau em *Les Solitaires*. O presente é originário, isto quer dizer que a determinação da origem tem sempre a forma da presença. O nascimento é o nascimento (da) presença. Antes dele, não há presença; e, desde que a presença, retendo-se ou anunciando-se a si mesma, fende a sua plenitude e encadeia a sua história, está começando o trabalho da morte. O nascimento em geral escreve-se como Rousseau descreveu o seu: "Custei a vida a minha mãe; e o meu nascimento foi a primeira das minhas desgraças" (*Confessions*, p. 7). Sempre que Rousseau tenta reapreender uma essência (sob a forma de uma origem, de um direito, de um limite ideal), reconduz-nos a um ponto de presença plena. Interessa-se menos pelo presente, pelo ente-presente, do que pela presença do presente, pela sua essência tal como ela se aparece e se retém em si. A essência é a presença. Como vida, isto é, como presença a si, ela é nascimento. E, como o presente só sai de si para depois a si voltar, é possível um renascimento – que, aliás, é a única razão que permite todas as repetições de origem. O discurso e as questões de Rousseau só são possíveis por anteciparem um renascimento ou uma reativação da origem. O renascimento, a ressurreição ou o despertar reapropriam sempre, na sua fugitiva instância, a plenitude da presença voltando a si.

Esta volta à presença da origem se produz após cada catástrofe, na medida, pelo menos, em que ela *inverte* a ordem da vida sem a destruir. Depois de um dedo divino ter *invertido* a ordem do mundo ao inclinar o eixo do globo sobre o eixo do universo e ter assim desejado que "o homem fosse sociável", é possível a festa à volta do ponto d'água e o prazer está imediatamente presente ao desejo. Depois de um "grande cão dinamarquês" ter derrubado Jean-Jacques, *invertendo-o* na segunda *Promenade*; quando, após "a queda" que o tinha *precipitado* ("minha cabeça ficou mais abaixo do que meus pés"), é necessário primeiro *relatar-lhe* o "acidente" que ele não pôde viver; quando ele nos explica o que acontece no momento em que – diz duas vezes – "voltei a mim", "recobrei a consciência", o que descreve é precisamente o despertar como redespertar para a pura presença, e sempre segundo o mesmo modelo: nem antecipação, nem recordação, nem comparação, nem distinção, nem articulação, nem situação. A imaginação, a memória e os signos são apagados. Na paisagem, física ou psíquica, todos os pontos de referência são naturais.

"O estado em que me encontrei naquele instante é por demais singular para que eu omita aqui a sua descrição.
A noite avançava. Percebi o céu, algumas estrelas e algo de verde. Esta primeira sensação foi um momento delicioso. Eu apenas me sentia ainda através disto. Naquele instante eu nascia para a vida, e me parecia que eu preenchia com minha leve existência todos os objetos, que percebia. Exclusivamente no momento presente, de nada me recordava; não tinha nenhuma noção distinta de meu indivíduo, nem a menor ideia do que acabava de me acontecer; não sabia quem eu era nem onde estava; não sentia nem mal, nem temor, nem inquietação."

E, como à volta do ponto d'água, e como na Ilha de Saint--Pierre, o gozo da presença pura é o gozo de um certo escorrer. Presença nascente. Origem da vida, semelhança do sangue à água. Rousseau prossegue:

"Via correr meu sangue como teria visto correr um riacho, sem sequer imaginar que este sangue de algum modo me pertencesse. Sentia em todo o meu ser uma calma deslumbrante, à qual – sempre que a recordo – nada encontro de comparável na atividade dos prazeres conhecidos" (p. 1005).

Com efeito, há outro prazer, e há prazer mais arquetípico? Este prazer, que é o único, é ao mesmo tempo propriamente *inimaginável*. Tal é o paradoxo da imaginação: só ela desperta ou irrita o desejo mas só ela, e pela mesma razão, no mesmo movimento, transborda ou divide a presença. Rousseau desejaria separar o despertar para a presença e a operação da imaginação – ele se esforça sempre em direção deste limite impossível. Pois o despertar da presença nos projeta ou rejeita imediatamente para fora da presença a que somos conduzidos... por este vivo interesse, previdente e pro vidente que... lança sempre longe do presente, e que nada é para o homem da natureza" (*Diálogos*[34]). Função da representação, a imaginação é também, com efeito, a função temporalizante, o excesso do presente e a economia dos excedentes de presença. Só há presente único e pleno (mas há, então, presença?) no sono de imaginação: "A imaginação adormecida não sabe absolutamente estender o seu ser sobre dois tempos diferentes" (*Emile*, p. 69). Quando ela aparece, surgem os signos, os valores fiduciários e as cartas, piores do que a morte.

"Quantos mercadores basta tocar nas Índias, para fazê-los gritar em Paris!... Vejo um homem descontraído, alegre, vigoroso, de boa aparência; sua presença inspira alegria... Chega uma carta pelo correio... ei-lo desfalecido. Voltado a si, parece atacado por medonhas convulsões. Insensato! que mal te fez, então, este papel? Que membro te amputou...? Não existimos mais onde nos encontramos, só existimos onde não estamos. Vale a pena ter um medo tão grande da morte, desde que permaneça aquilo onde vivemos?" (*Emile*, pp. 67-68).

Rousseau mesmo articula esta cadeia de significações (essência, origem, presença, nascimento, renascimento) sobre a metafísica clássica do ente como *energia*, compreendendo as relações entre o ser e o tempo a partir do agora como ser em ato (*energeia*) :

"Libertado da inquietude da esperança, *e certo de perder assim pouco a pouco a do desejo*, vendo que o passado já não me era nada, tratei de me pôr inteiramente no estado de um homem que começa a viver. Eu me dizia que, com efeito, *nunca fazíamos mais do que começar, e que não há outra ligação em nossa existência além de uma sucessão de momentos presentes, dos quais o primeiro é sempre o que está em ato*. Nascemos e morremos a cada instante de nossa vida".

Segue-se – mas é uma *ligação* que Rousseau só faz para elidir – que a essência mesma da presença, se ela deve sempre repetir-se numa outra presença, abre originariamente, na presença mesma, a estrutura da representação. E, se a essência *é a* presença, não há essência da presença nem presença da essência. Há um jogo da representação e, elidindo esta ligação ou esta

---

34. Cf. também *Emile*, pp. 66-69.

* *Se jouer*, verbo pronominal. 1º) *Antigo*: jogar, brincar, folgar. *Mod.*: fazer algo *en se jouant*: com muita facilidade. 2º) *Se jouer* de (alguém, alguma coisa): agir sobre, sem se preocupar com as consequências; zombar de. "Ó sorte, como zombas de nós!" (Théophile Gautier). *Se jouer* das dificuldades: zombar delas, resolvê-las como brincando. 3º) (Passivo). Ser jogado, representado, executado (jogo, teatro, música...) (Do *Dictionnaire Robert*). (N. dos T.)

consequência, Rousseau põe o jogo fora de jogo: ele elude, o que é uma outra maneira de jogar, ou antes, como dizem os dicionários, de zombar (de)*. O que assim se elude, é que a representação não sobrevém à presença; habita-a como a condição mesma da sua experiência, do desejo e do gozo. O dobramento interior da presença, o seu desdobramento a faz aparecer como tal, isto é, esquivando o gozo na frustração, a faz desaparecer como tal. Pondo para fora a representação, o que resulta em por para fora o fora, Rousseau desejaria fazer do suplemento de presença uma pura e simples adição, uma contingência: desejando assim eludir o que, no dentro da presença, chama o suplente, e só se constitui neste apelo e em seu rastro.

Daí, a letra. A escritura é o mal da repetição representativa, o duplo abrindo o desejo e re(s)guardando o gozo. A escritura literária, os rastros das *Confessions* dizem esta duplicação da presença. Rousseau condena o mal de escritura e busca uma salvação na escritura. Esta repete simbolicamente o gozo. E, como o gozo nunca foi possível a não ser numa certa repetição, a escritura, ao recordá-lo, também o proporciona. Rousseau elude a sua confissão mas não o seu prazer. Recordamo-nos destes textos ("Dizendo-me 'eu gozei', eu gozo ainda"... "Gozo ainda o prazer que já se foi"... "Ocupado sem cessar com minha felicidade passada, eu a recordo e a rumino, por assim dizer, a ponto de gozá-la novamente quando assim o desejo"). A escritura *representa* (em todos os sentidos desta palavra) o gozo. Ela joga o gozo, torna-o ausente e presente. Ela é o jogo. E é por ela também ser a ocasião do gozo repetido que Rousseau a pratica, condenando-a: "Fixarei pela escritura aquelas (as 'contemplações encantadoras') que poderão vir-me ainda: cada vez que as reler terei de volta o seu gozo" (*Rêveries*, p. 999).

Todo este desvio para marcar bem que, a menos que nela se invista algum desejo a ela extrínseco, a característica universal de Leibniz representa, com efeito, a morte mesma do gozo. Ela conduz ao seu limite o excesso do representante. A escritura fonética, por abstrata e arbitrária que fosse, conservava alguma relação com a presença da voz representada, com a sua presença possível em geral e portanto com a presença de alguma paixão. A escritura que rompe radicalmente com a *phoné* é talvez a mais racional e a mais eficaz das máquinas científicas; já não responde mais a nenhum desejo, ou antes, *ela significa a sua morte ao desejo*. Ela era o que, já na voz, operava como escritura e máquina. Ela é o representante em estado puro, sem representado, ou sem ordem de representado ligado naturalmente a ele. É por isso que esta pura convencionalidade cessa, sendo pura, de ter algum emprego na "vida civil", que mistura sempre a natureza à convenção. A perfeição da convenção toca aqui o seu excesso contrário, ela é a morte e a alienação perfeita da polícia. O *telos* da alienação escritural tem efetivamente, aos olhos de Rousseau, a figura da escritura científica ou técnica, onde quer que ela possa agir, isto é, mesmo fora dos domínios reservados à "ciência" ou à "técnica". Não é por acaso que na mitologia, em particular na egípcia, o deus das ciências e das técnicas é também o deus da escritura; e que é ele (Tote, Theuth, Teuthus ou seu homólogo grego Hermes, deus da astúcia, do comércio e dos ladrões) que Rousseau incrimina no *Discours sur les sciences et les arts*. (Já Platão denunciava a sua invenção da escritura, no final do *Fedro*):

> "Rezava uma antiga tradição, a ida do Egito à Grécia, que um deus inimigo do descanso dos homens era o inventor das ciências†... Com efeito, quer se folheiem os anais do mundo, quer se supram crônicas incertas através de investigações filosóficas, não se encontrará para os conhecimentos humanos uma origem que responda à ideia que se gosta de formar a seu respeito... A falha da sua origem nos é retraçada, até com excesso, nos seus objetos...
> † Vê-se facilmente a alegoria da fábula de Prometeu; e não parece que os gregos, que o pregaram no Cáucaso, o vissem sob uma luz algo mais favorável do que os egípcios ao seu Deus Teuthus" (p. 12).

O SUPLEMENTO DE ORIGEM

Nas últimas páginas do capítulo "Da escritura", a crítica, a apresentação apreciativa da escritura e da sua história *declara* a exterioridade absoluta da escritura mas *descreve* a interioridade do princípio de escritura à linguagem. O mal como se diz, igual ou inversamente, a nostalgia (*le mal*) do fora (que vem do fora mas que também atrai no fora, da terra natal) está no coração da fala viva, como o seu princípio de apagamento e a sua relação com a própria morte. Em outras palavras, não basta e nem se trata, na verdade, de mostrar a interioridade do que Rousseau teria acreditado exterior; mas, antes, de dar a pensar a potência de exterioridade como constitutiva da interioridade; da fala, do sentido significado, do presente como tal; no sentido em que dizíamos há um instante que o mortal redobramento-desdobramento representativo constituía o presente vivo, sem acrescentar-se simplesmente a ele; ou antes, o constituía, paradoxalmente, acrescentando-se a ele. Trata-se, pois, de um suplemento originário, se se pode arriscar esta expressão absurda, inteiramente inaceitável numa lógica clássica. Ou antes, suplemento de origem: que supre a origem desfalecente e que, contudo, não é derivado; este suplemento é, como se diz de uma peça, de origem. Assim se explica que a *alteridade* absoluta da escritura possa, contudo, afetar, do fora em seu dentro, a faia viva: *alterá-la*. Embora tendo uma história independente, como vimos, e apesar das desigualdades de desenvolvimento e do jogo das correlações estruturais, a escritura marca a história da fala. Embora nasça de "necessidades de uma outra natureza" e "segundo circunstâncias totalmente independentes da duração dos povos", embora estas necessidades pudessem "nunca ter ocorrido", a irrupção desta contingência absoluta determinou o dentro de uma história essencial e afetou a unidade interior de uma vida, *literalmente* a *infectou*. Ora, a estranha essência do suplemento é precisamente não ter essencialidade: sempre lhe é possível não correr. Ao pé da letra, aliás, ele nunca ocorre: nunca está presente, aqui, agora. Se o estivesse, não seria o que é, um suplemento, tendo o lugar e mantendo a posição do outro. O que altera o nervo vivo da língua ("A escritura, que parece dever fixar as palavras, é precisamente o que a altera; não lhe muda as palavras, mas o gênio") portanto, sobretudo, não ocorre. Menos do que nada e contudo, a julgar por seus efeitos, muito mais do que nada. O suplemento não é nem uma presença nem uma ausência. Nenhuma ontologia pode pensar a sua operação.

Como o fará Saussure, Rousseau quer ao mesmo tempo manter a exterioridade do sistema da escritura e a eficiência maléfica cujos sintomas se assinalam sobre o corpo da língua. Mas dizemos nós outra coisa? Sim, na medida em que mostramos a interioridade da exterioridade, o que vem a anular a qualificação ética e a pensar a escritura para além do bem e do mal; sim principalmente, na medida em que designamos a impossibilidade de formular o movimento da suplementariedade no *logos* clássico, na lógica da identidade, na ontologia, na oposição da presença e da ausência, do positivo e do negativo, e mesmo na dialética, pelo menos se esta for determinada – como sempre o foi pela metafísica, espiritualista ou materialista – no horizonte da presença e da reapropriação. Bem entendido, a *designação* desta impossibilidade só escapa à linguagem da metafísica por uma ponta. Quanto ao resto, ela deve tirar os seus recursos da lógica que ela desconstrói. E através disso mesmo achar lá as suas presas.

Não se pode mais ver o mal na substituição, desde o momento em que se sabe que o substituto é substituído por um substituto. Ora, não é isto o que o *Essai descreve?* "A escritura substitui a expressão pela exatidão." A expressão é a expressão do afeto, da paixão que está na origem da linguagem, de uma fala que foi de início substituída a um canto, marcado pelo *tom* e pela *força*. O tom e a força significam a *voz presente*: são anteriores ao conceito, são singulares e, de outro lado, prendem-se às vogais, ao elemento vocal e não consonântico da língua. A força de expressão só cabe no som vocálico, no momento em que o sujeito está aí, em pessoa, para proferir sua paixão. Quando o sujeito não está mais aí, a força, a entonação, o acento perdem-se no conceito. Então se escreve, "supre"-se em vão o acento pelos "acentos", é-se submetido à generalidade da lei: "Escrevendo-se, é-se forçado a tomar todas as palavras na acepção comum; mas quem fala varia as acepções pelos tons, determina-as como lhe apraz; menos preocupado com a clareza, dá mais destaque à força; e não é possível que uma língua, ao ser escrita, conserve por muito tempo a vivacidade da que só é falada".

A escritura é, assim, sempre atonal. O lugar do sujeito nela é tomado por um outro, ela é furtada. A frase falada, que só vale uma vez e permanece "apropriada somente no lugar onde se encontra", perde o seu lugar e o seu sentido próprio desde que é escrita. "Os meios utilizados para suprir este recurso expandem, alongam a língua escrita e, passando dos livros para o discurso, tiram o nervo da fala mesma."

Mas, se Rousseau pôde dizer que "escrevem-se as vozes e não os sons", é que as vozes se distinguem dos sons por aquilo mesmo que permite a escritura, a saber, a consoante e a articulação. Estas só substituem a si mesmas. A articulação, que substitui o acento, é origem das línguas. A alteração pela escritura é uma exterioridade originária. Ela é a origem da linguagem. Rousseau o descreve sem o declarar. De contrabando.

Uma fala sem princípio consonântico, isto é, segundo Rousseau, uma fala ao abrigo de toda escritura, não seria uma fala[35]: ela se manteria no limite fictício do grito inarticulado e pura-

35. Rousseau sonha com uma língua inarticulada, mas descreve a origem das línguas como passagem do grito à articulação. A consoante, que para ele vai de par com a articulação, é o vir-a-ser-língua do som, o devir fonético da sonoridade natural. É ela que, poder-se-ia dizer, inscrevendo o som numa oposição, dá-lhe a possibilidade de uma pertinência linguística. Jakobson mostrou, contra o preconceito corrente, que "na aquisição da linguagem, a primeira oposição vocálica é posterior às primeiras oposições consonânticas; há portanto um estágio em que as consoantes já preenchem uma função distintiva, enquanto a vogal única só serve ainda de apoio à consoante e de matéria para as variações expressivas. Assim, vemos as consoantes tomarem o valor de fonemas antes das vogais" (*As leis fônicas da linguagem infantil e o seu papel na fonologia geral*, in *Selected Writings*, I, p. 325).

mente natural. Inversamente, uma fala que fosse de pura consoante, de pura articulação, se tornaria uma pura escritura, álgebra ou língua morta. A morte da fala é, pois, o horizonte e a origem da linguagem. Mas uma origem e um horizonte que não se manteriam sobre suas molduras exteriores. Como sempre, a morte, que não é nem um presente por vir nem um presente passado, trabalha o dentro da fala como o seu rastro, sua reserva, sua diferença interior e exterior: como o seu suplemento.

Mas Rousseau não podia pensar esta escritura que tem lugar *antes da* fala e *na* fala. Na medida de sua pertencença à metafísica da presença, ele *sonhava* com a exterioridade simples da morte à vida, do mal ao bem, da representação à presença, do significante ao significado, do representante ao representado, da máscara ao rosto, da escritura à fala. Mas todas estas oposições estão irredutivelmente enraizadas nesta metafísica. Empregando-as, só se pode operar por inversões, isto é, por confirmação. O suplemento não é nenhum desses termos. Em particular, não é mais um significante do que um significado, um representante do que uma presença, uma escritura do que uma fala. Nenhum dos termos desta série pode, nela estando compreendido, dominar a economia da diferença ou da suplementariedade. O *sonho* de Rousseau consistiu em fazer o suplemento entrar à força na metafísica.

Mas o que há a dizer? A oposição do sonho à vigilância não é também uma representação da metafísica? E o que deve ser o sonho, o que deve ser a escritura se, como agora sabemos, se pode sonhar escrevendo? E se a cena do sonho for sempre uma cena de escritura? Ao pé de uma página do *Emile*, depois de nos advertir uma vez mais contra os livros, contra a escritura, contra os signos ("Para que serve inscrever na sua cabeça um catálogo de signos que para eles nada representam?"), depois de opor a "gravura" destes signos artificiais aos "caracteres indeléveis" do livro da natureza, Rousseau acrescenta uma nota: "… fazem-nos passar, com toda a seriedade, por filosofia os sonhos de algumas noites más. Dir-me-ão que eu também sonho; concordo: mas, o que os outros não cuidam em fazer, eu dou meus sonhos como sonhos, e deixo às pessoas espertas o encargo de averiguar se eles têm algo de útil".

FILOSOFIA NA PERSPECTIVA

O Socialismo Utópico
  Martin Buber (D031)
Filosofia em Nova Chave
  Susanne K. Langer (D033)
Sartre
  Gerd A. Bornheim (D036)
O Visível e o Invisível
  M. Merleau-Ponty (D040)
Linguagem e Mito
  Ernst Cassirer (D050)
Mito e Realidade
  Mircea Eliade (D052)
A Linguagem do Espaço e do Tempo
  Hugh M. Lacey (D059)
Estética e Filosofia
  Mikel Dufrenne (D069)
Fenomenologia e Estruturalismo
  Andrea Bonomi (D089)
A Cabala e seu Simbolismo
  Gershom Scholem (D128)
Do Diálogo e do Dialógico
  Martin Buber (D158)
Visão Filosófica do Mundo
  Max Scheler (D191)
Conhecimento, Linguagem, Ideologia
  Marcelo Dascal (org.) (D213)
Notas para uma Definição de Cultura
  T. S. Eliot (D215)
Dewey: Filosofia e Experiência Democrática
  Maria Nazaré de C. Pacheco Amaral (D229)
Romantismo e Messianismo
  Michel Löwy (D234)
Correspondência
  Walter Benjamin e Gershom Scholem (D249)
Isaiah Berlin: Com Toda a Liberdade
  Ramin Jahanbegloo (D263)
Existência em Decisão
  Ricardo Timm de Souza (D276)
Metafísica e Finitude
  Gerd A. Bornheim (D280)
O Caldeirão de Medéia
  Roberto Romano (D283)
George Steiner: À Luz de Si Mesmo
  Ramin Jahanbegloo (D291)
Um Ofício Perigoso
  Luciano Canfora (D292)
O Desafio do Islã e Outros Desafios
  Roberto Romano (D294)
Adeus a Emmanuel Lévinas
  Jacques Derrida (D296)
Platão: Uma Poética para a Filosofia
  Paulo Butti de Lima (D297)
Ética e Cultura
  Danilo Santos de Miranda (D299)
Emmanuel Lévinas: Ensaios e Entrevistas
  François Poirié (D309)
Preconceito, Racismo e Política
  Anatol Rosenfeld (D322)
Razão de Estado e Outros Estados da Razão
  Roberto Romano
Homo Ludens
  Johan Huizinga (E004)
Gramatologia
  Jacques Derrida (E016)
Filosofia da Nova Música
  T. W. Adorno (E026)
Filosofia do Estilo
  Gilles Geston Granger (E029)
Lógica do Sentido
  Gilles Deleuze (E035)
O Lugar de Todos os Lugares
  Evaldo Coutinho (E055)
História da Loucura
  Michel Foucault (E061)
Teoria Crítica I
  Max Horkheimer (E077)
A Artisticidade do Ser
  Evaldo Coutinho (E097)
Dilthey: Um Conceito de Vida e uma Pedagogia
  Maria Nazaré de C. P. Amaral (E102)
Tempo e Religião
  Walter I. Rehfeld (E106)
Kósmos Noetós
  Ivo Assad Ibri (E130)
História e Narração em Walter Benjamin
  Jeanne Marie Gagnebin (E142)
Cabala: Novas Perspectivas
  Moshe Idel (E154)
O Tempo Não-Reconciliado
  Peter Pál Pelbart (E160)
Jesus
  David Flusser (E176)
Avicena: A Viagem da Alma
  Rosalie Helena de S. Pereira (E179)
Nas Sendas do Judaísmo
  Walter I. Rehfeld (E198)
Cabala e Contra-História: Gershom Scholem
  David Biale (E202)
Nietzsche e a Justiça
  Eduardo Rezende Melo (E205)
Ética contra Estética
  Amelia Valcárcel (E210)
O Umbral da Sombra
  Nuccio Ordine (E218)
Ensaios Filosóficos
  Walter I. Rehfeld (E246)
Filosofia do Judaísmo em Abraham Joshua Heschel
  Glória Hazan (E250)
A Escritura e a Diferença
  Jacques Derrida (E271)
Mística e Razão: Dialética no Pensamento

Judaico. De Speculis Heschel
    Alexandre Leone (E289)
A Simulação da Morte
    Lúcio Vaz (E293)
Judeus Heterodoxos: Messianismo, Romantismo, Utopia
    Michael Löwy (E298)
Estética da Contradição
    João Ricardo Carneiro Moderno (E313)
Pessoa Humana e Singularidade em Edith Stein
    Francesco Alfieri (E328)
Ética, Responsabilidade e Juízo em Hannah Arendt
    Bethania Assy (E334)
Arqueologia da Política: Leitura da República Platônica
    Paulo Butti de Lima (E338)
A Presença de Duns Escoto no Pensamento de Edith Stein: A Questão da Individualidade
    Francesco Alfieri (E340)
Ensaios sobre a Liberdade
    Celso Lafer (EL038)
O Schabat
    Abraham J. Heschel (EL049)
O Homem no Universo
    Frithjof Schuon (EL050)
Quatro Leituras Talmúdicas
    Emmanuel Levinas (EL051)
Yossel Rakover Dirige-se a Deus
    Zvi Kolitz (EL052)
Sobre a Construção do Sentido
    Ricardo Timm de Souza (EL053)
A Paz Perpétua
    J. Guinsburg (org.) (EL055)
O Segredo Guardado
    Ili Gorlizki (EL058)
Os Nomes do Ódio
    Roberto Romano (EL062)
Kafka: A Justiça, O Veredicto e a Colônia Penal
    Ricardo Timm de Souza (EL063)
Culto Moderno dos Monumentos
    Alois Riegl (EL064)
A Filosofia do Judaísmo
    Julius Guttmann (PERS)
Averróis, a Arte de Governar
    Rosalie Helena de Souza Pereira (PERS)
Testemunhas do Futuro
    Pierre Bouretz (PERS)
Na Senda da Razão
    Rosalie Helena de Souza Pereira (org.) (PERS)
O Brasil Filosófico
    Ricardo Timm de Souza (K022)

Diderot: Obras I – Filosofia e Política
    J. Guinsburg (org.) (T012-I)
Diderot: Obras II – Estética, Poética e Contos
    J. Guinsburg (org.) (T012-II)
Diderot: Obras III – O Sobrinho de Rameau
    J. Guinsburg (org.) (T012-III)
Diderot: Obras IV – Jacques, o Fatalista, e Seu Amo
    J. Guinsburg (org.) (T012-IV)
Diderot: Obras V – O Filho Natural
    J. Guinsburg (org.) (T012-V)
Diderot: Obras VI (1) – O Enciclopedista – História da Filosofia I
    J. Guinsburg e Roberto Romano (orgs.) (T012-VI)
Diderot: Obras VI (2) – O Enciclopedista – História da Filosofia II
    J. Guinsburg e Roberto Romano (orgs.) (T012-VI)
Diderot: Obras VI (3) – O Enciclopedista – Arte, Filosofia e Política
    J. Guinsburg e Roberto Romano (orgs.) (T012-VI)
Diderot: Obras VII – A Religiosa
    J. Guinsburg (org.) (T012-VII)
Platão: República – Obras I
    J. Guinsburg (org.) (T019-I)
Platão: Górgias – Obras II
    Daniel R. N. Lopes (intr., trad. e notas) (T019-II)
Hegel e o Estado
    Franz Rosenzweig (T021)
Descartes: Obras Escolhidas
    J. Guinsburg, Roberto Romano e Newton Cunha (orgs.) (T024)
Spinoza, Obra Completa I: (Breve) Tratado e Outros Escritos
    J. Guinsburg; N. Cunha e R. Romano (orgs.) (T029)
Spinoza, Obra Completa II: Correspondência Completa e Vida
    J. Guinsburg; N. Cunha e R. Romano (orgs.) (T029)
Spinoza, Obra Completa III: Tratado Teológico-Político
    J. Guinsburg; N. Cunha e R. Romano (orgs.) (T029)
Spinoza, Obra Completa IV: Ética e Compêndio de Gramática da Língua Hebraica
    J. Guinsburg; N. Cunha e R. Romano (orgs.) (T029)
Comentário Sobre a República
    Averróis (T30)
As Ilhas
    Jean Grenier (LSC)

COLEÇÃO ESTUDOS
(Últimos Lançamentos)

326. *Os Ensinamentos da Loucura: A Clínica de Dostoiévski*, Heitor O´Dwyer de Macedo
327. *A Mais Alemã das Artes*, Pamela Potter
328. *A Pessoa Humana e Singularidade em Edith Stein*, Francesco Allieri
329. *A Dança do Agit-Prop*, Eugenia Casini Ropa
330. *Luxo & Design*, Giovanni Cutolo
331. *Arte e Política no Brasil*, André Egg, Artur Freitas e Rosane Kaminski (orgs.)
332. *Teatro Hip-Hop*, Roberta Estrela D'Alva
333. *O Soldado Nu: Raízes da Dança Butō*, Éden Peretta
334. *Ética, Responsabilidade e Juízo em Hannah Arendt*, Bethania Assy
335. *Alegoria em Jogo: A Encenação Como Prática Pedagógica*, Joaquim Gama
336. *Jorge Andrade: Um Dramaturgo no Espaço Tempo*, Carlos Antônio Rahal
337. *Nova Economia Política dos Serviços*, Anita Kon
338. *Arqueologia da Política*, Paulo Butti de Lima (E338)
340. *A Presença de Duns Escoto no Pensamento de Edith Stein: A Questão da Individualidade*, Francesco Alfieri (E340)
341. *Os Miseráveis Entram em Cena: Brasil, 1950-1970*, Marina de Oliveira
342. *Antígona, Intriga e Enigma*, Kathrin H. Rosenfield
343. *Teatro: A Redescoberta do Estilo e Outros Escritos*, Michel Saint-Denis
344. *Isto Não É um Ator*, Melissa Ferreira
345. *Música Errante*, Rogério Costa
346. *O Terceiro Tempo do Trauma*, Eugênio Canesin Dal Molin
347. *Machado e Shakespeare: Intertextualidade*, Adriana da Costa Teles
350. *Educação, uma Herança Sem Testamento*, José Sérgio Fonseca de Carvalho

Este livro foi impresso na cidade de Cotia,
nas oficinas da Meta Brasil,
para a Editora Perspectiva.